俄罗斯叶尼塞河流域
人面像岩画研究

肖波／著

文物出版社

图书在版编目（CIP）数据

俄罗斯叶尼塞河流域人面像岩画研究／肖波著.—
北京：文物出版社，2020.8
（考古新视野）
ISBN 978－7－5010－6405－2

Ⅰ.①俄…　Ⅱ.①肖…　Ⅲ.①叶尼塞河－流域－岩画
－研究　Ⅳ.①K885.129.42

中国版本图书馆 CIP 数据核字（2019）第 255521 号

俄罗斯叶尼塞河流域人面像岩画研究

著　　者：肖　波

责任编辑：谷　雨
装帧设计：肖　晓
责任印制：张　丽

出版发行：文物出版社
社　　址：北京市东直门内北小街 2 号楼
邮　　编：100007
网　　址：http://www.wenwu.com
邮　　箱：web@wenwu.com
经　　销：新华书店
印　　刷：北京京都六环印刷厂
开　　本：710mm×1000mm　1/16
印　　张：27.25
版　　次：2020 年 8 月第 1 版
印　　次：2020 年 8 月第 1 次印刷
书　　号：ISBN 978－7－5010－6405－2
定　　价：118.00 元

内容提要

　　人面像岩画是指岩画中以人面为表现形式的一种类型，广泛分布于环太平洋地区。其中，俄罗斯叶尼塞河流域是人面像岩画分布比较集中的一个区域，数量众多，类型丰富，作画方式多样。同时，该地区考古学文化中发现了大量的人面形象，创作时间从新石器时代持续至铁器时代，而又以青铜时代奥库涅夫文化人面像数量为最多，与岩画的相似度最高。这些发现为本地区人面像岩画的断代提供了难得的实物证据。叶尼塞河流域的人面像岩画随着时空环境的变化而显示出地域性的特点，但多变的形式中也存在着一些不变的内在结构，反映在作画地点的选择、作画方式的使用、岩画的构图以及细部特征的刻画等方面。将镜头进一步拉长，我们发现，人面像岩画最早出现于中国新石器时代的中期阶段，到晚期阶段，部分类型开始向外扩散到叶尼塞河地区，并在此形成了一个创作的高峰期。本书试图通过对上述地区人面像岩画资料的全面梳理，从文化人类学的角度，探讨其起源、结构、功能和发展规律，并对人面像岩画的文化内涵进行剖析，进而在考古学文化动态演变的基础上重建早期东西方文化交流的部分片段。

作者简介

　　肖波，男，1982 年生，湖北枣阳人。毕业于南京师范大学考古学专业，历史学博士。现任职于广西民族大学民族研究中心，副研究馆员，主要研究方向为艺术考古、岩画。2010 年至今，发表论文 30 余篇，其中 CSSCI 期刊 4 篇（含扩展版 1 篇），北大核心 1 篇，A&HCI 期刊 2 篇。主持项目 4 项，其中国家社科基金项目"西辽河流域与俄罗斯远东地区人面像岩画比较研究"（编号：19XKG003）1 项，广西社科规划项目 1 项；参与项目 5 项。学术兼职有：中国岩画学会会员、中国古代铜鼓研究会会员、国际岩画断代与保护中心成员。

专家推荐意见（一）

岩画是人类重要的文化遗产，占据了史前艺术品的绝大部分。岩画的年代跨度很大，从旧石器时代一直持续到近现代。目前，在欧洲的洞穴中发现旧石器时代的岩画点约200个，绝大多数集中在法国和西班牙，最早的年代在4万年前。2014年，澳大利亚格里菲斯大学的马克西姆·奥伯特等人在英国《自然》杂志上发表的题为《印度尼西亚苏拉威西岛旧石器时代洞穴岩画》的文章中，通过铀系测年的方法，证明了在苏拉威西岛存在着旧石器时代岩画，最早的年代接近4万年，引起了国际学术界的轰动。关于岩画的起源研究开始从西欧的"单线起源论"向欧亚并举的"多线起源论"转变。到了新石器时代，岩画的数量、题材和类型均进一步增加，而人面像岩画也出现在这一时期。

《俄罗斯叶尼塞河流域人面像岩画研究》一书的选题在东亚和北亚岩画研究中具有重要意义。总体来看，人面像岩画是环太平洋地区的一种文化现象。宋耀良在《北太平洋地区的史前人面岩画》一文中就指出人面像岩画主要存在于环北太平洋的边缘地带，东亚地区的人面像岩画与北美西北地区的人面像岩画之间存在着共同的元素，它们的相似性体现在人面的类型、符号、装饰性主题以及对图像的一般处理上，并认为人面像岩画是从亚洲出发，沿着阿拉斯加西部传向美国西北海岸。俄罗斯学者 M. A. 杰夫列特在《叶尼塞河萨彦岭地区青铜时代岩画》一文中也指出，亚洲和美洲太平洋沿岸岩画主题非常类似，一系列北美沿岸人面像岩画的原型似乎可以在中国北方的岩画中找到，"来自内蒙古的古代移民经过几个批次推进到北方。通过凿刻在阿穆尔河下游和安加拉河沿岸地区的人面像岩画可以对其迁徙路径进行仔细研究。来自中亚的移民前往北方的通道有两条，一条沿着太平洋沿岸，另一条沿着安加拉河谷地到泰加林地区和叶尼塞河地区。不同类型的人面岩画均指向中国北方的一个区域——内蒙古的阴山等地"。但人面像岩画传播的链条并不完整，主要就是缺少中国与西伯利亚岩画的比较研究，而该选题正弥补了这一缺环，因此具有非常重要的学术价值。

　　另外，该书资料翔实，俄文资料的收集方面也做了大量的工作，在充分吸取国内外研究成果的基础上，以考古学方法为基础，结合多学科方法对叶尼塞河流域人面像岩画进行系统的梳理、分析和综合研究，从而得出了一些独到见解和结论，达到了较高的学术水平。特此推荐。

2018 年 8 月 15 日

专家推荐意见（二）

　　岩画是世界上广泛存在的一种文化现象，迄今为止，在世界上160多个国家和地区均有发现。岩画作为古代艺术的精品和珍贵的历史资料，是我们了解原始艺术品进化链条中的重要一环，它既是古人物质文化遗存的重要表现形式，同时也是古人精神世界的一种反映。通过研究叶尼塞河地区的岩画，不仅可以在与本地区出土文物进行比较的基础上揭示其物质文化方面的意义，而且可以通过民族学、文献学等资料的梳理揭示其精神文化方面的意义。同时，叶尼塞河流域岩画与中国北方地区岩画关系密切，从中国岩画研究的内在需求出发，也需要对上述地区岩画有一个系统的梳理和总体的把握。

　　此外，西伯利亚岩画研究还具有特别重要的意义。在岩画的众多解释理论中，萨满教的理论无疑影响最为广泛。自从20世纪80年代南非学者路易斯·威廉提出"岩画的萨满教假说"以来，在全世界范围内迅速聚集了众多的追随者。他将神经心理学和民族志材料的类推应用于萨满教的岩画研究，从而在古代岩画与现代的解释理论之间搭建了一座桥梁。路易斯·威廉的萨满教岩画研究理论是将自然科学融入岩画研究的一个典范，为岩画研究提供了一个有效的操作工具。但是，该理论仍然引起了众多批评，除了本身的方法论之外，最被诟病之处就在于萨满教本身是发源于西伯利亚的一个宗教概念，但他的萨满教岩画研究理论本身并未采用任何来自西伯利亚的资料。本书作者在写作的过程中，尝试运用西伯利亚当地的岩画资料来重建当地的萨满教观念的做法正填补了该项研究的空白。另外，这种针对特定区域及文化语境中特定萨满教的观念进行民族学考察的方法也是对以路易斯·威廉为代表的早期萨满教岩画研究理论中泛萨满主义倾向的一种纠正。

最后，本书所选取的"俄罗斯叶尼塞河流域人面像岩画研究"这一论题具有科学前沿价值，研究范围合适，选题精当，填补了某些岩画学研究领域的空白。本书采取了跨学科的视野，将图像学、风格学分析与考古学、民俗学有机结合起来，较充分地利用了这份文化遗产，探索了这一地区新石器时代至青铜时代人们的生活状态、信仰与崇拜、审美意趣及其变化，以及与周边地区的交流及关系，这对学术研究及文化遗产阐释与利用，都具有重要的意义。且作者能将图像分类及文化象征意义的释读放在考古学的框架中展开，较好地梳理出岩画的源头及演变过程，并对其类型作了较合理的分类，从而得出了令人信服的结论；同时，对了解更广泛地区的文化交流与相互之间的影响，也具有很好的启发意义。特此推荐。

汤惠生

2018 年 8 月 17 日

目 录

插图目录

绪　论

第一节　选题缘起

对亚洲北部和中部地区历史和文化的研究一直是笔者的兴趣所在。众所周知，西伯利亚尤其是其南部和东部地区是人类迁徙的两条重要通道。南部阿尔泰山脉最迟从公元前4千纪开始就成为牧猎族群迁徙的一个重要地方，他们经由此处在南西伯利亚和蒙古之间往返①。而西伯利亚东部则是古代中国人向美洲迁徙的一条关键通道，为此，张光直提出了"玛雅—中国连续体"②的概念，受到学术界的广泛关注。古往今来，众多民族活跃在这片土地上，随着历史的变迁，许多民族的社会生活、宗教信仰、艺术形式等都已经消失在历史的长河中，但岩画却记录下了这一切，它为我们了解这些已经消失的文明提供了独特的线索，而这些线索通常是其他考古资料无法提供的。

所谓岩画，是指古人用颜料或者石质、金属工具在岩石表面涂绘、敲凿或磨刻的图画或符号。在中国历史上曾有"画石、崖画、崖壁画、崖壂、石头画、崖刻等称谓"③。就制作方式而言，大致可以分为岩绘类和岩刻类。岩画是主体文化族群在特殊的自然环境中，社会与自然长期相互作用的文化产物，是社会历史发展及其文明片段的见证。据学者统计，"俄罗斯西伯利亚地区（包括远东）发现的岩画超过了

---

① 在青铜时代的阿凡纳谢沃文化时期，上述地区就已经●生了文化交流，具体情况请参阅本书第一章的"阿凡纳谢沃文化"条。

② 张光直：《中国古代文明的环太平洋的底层》，《辽海文物学刊》1989年第2期。

③ 盖山林：《中国岩画学》，北京：书目文献出版社，1995年，第3页。

50 万幅"①。除一部分由颜料涂绘而成外，绝大多数由敲凿或研磨法制成。俄罗斯西伯利亚岩画按照其所处自然环境基本上分成三大类型，即"北部的苔原类型、中部和东部的森林类型以及南部的森林草原类型"②。北部居民与驯鹿关系密切，这也反映在岩画中，驯鹿是北方岩画最主要的主题③；中部地区公元前 2 千纪最典型的图像是双轮战车④，公元前 1 千纪占统治地位的图像是斯基泰风格的动物⑤，随后岩画反映的是匈奴、突厥和蒙古等游牧民族的生活⑥；而人的形象（其中也包括人面像）在南西伯利亚铜石并用时代和青铜时代的岩画中占有特殊地位⑦。在上叶尼

① Burchard Brentjes, *Rock Art in Russian Far East and in Siberia*, from http：//www. rupestre. net/tracce/? p = 2065.

② 关于北部苔原带的岩画类型可参阅：Диков Н. Н.，*Наскальные Загадки Древней Чукотки：Петроглифы Пегтымеля*. Москва：Наука，1971；Колпаков Е. М.，Шумкин В. Я.，*Петроглифы Канозера*. Санкт‐Петербург：Искусство России，2012. 森林地带岩画类型可参阅：Мазин А. И.，*Таежные Писаницы Приамурья*. Новосибирск：Наука，1986；Савватеев Ю. А.，*Вечные Письмена（Наскальные Изображения Карелии）*. Петрозаводск：Карелия，2007；Ковтун И. В.，*Петроглифы Висящего Камня и Хронология Томских Писаниц*. Кемерово：Кузбассвузиздат，1993；Окладников А. П.，Запорожская В. Д.，*Петроглифы Средней Лены*. Ленинград：Наука，1972；Окладников А. П.，*Петроглифы Байкала‐Памятники Древней Культуры Народов Сибири*. Новосибирск：Наука，1974. 草原地带岩画类型可参阅：Дэвлет М. А.，*Петроглифы на Кочевой Тропе*. Москва：Наука，1982；Кубарев В. Д.，*Петроглифы Калбак‐Таша I（Российский Алтай）*. Новосибирск：Институт Археологии и Этнографии Сибирское Отделение Российской Академии Наук，2011；Шер Я. А.，*Петроглифы Средней и Центральной Азии*. Москва：Наука，1980.

③ 参见注释 2 中关于北部苔原带岩画类型的相关书籍。

④ 关于青铜时代的车辆岩画，请参阅：Devlet M. A.，*Petroglyphs on the Bottom of the Sayan Sea（Mount Aldy‐Mozaga）*. Anthropology & Archeology of Eurasia，2002（1）. 原文中所述卡拉苏克文化为公元前 1 千纪下半叶应为笔误，实际情况应为公元前 2 千纪下半叶。

⑤ Чадамба Л. Д.，*Сюжеты и Стили в Наскальном Искусстве Тувы*. Известия Российского Государственного Педагогического Университета им. А. И. Герцена. 2008（74‐1）.

⑥ 这些游牧民族的代表性图像有骑士、尤尔塔等。而尤尔塔是一种草原民族广泛使用的房子，类似于蒙古包，是草原游牧文化的一种见证，在中叶尼塞河的大小巴雅尔岩画点中大量出现。见 Дэвлет Е. Г.，Дэвлет М. А.，*Мифы в Камне. Мир Наскального Искусства России*. Москва：Алетейя，2005.

⑦ Дэвлет М. А.，*Древнейшие Антропоморфные Изображения Южной Сибири и Центральной Азии*. В Васильевский Р. С.（ред.），Наскальные Рисунки Евразии. Первобытное Искусство. Новосибирск：Наука，1992，с. 29.

塞河①图瓦共和国的乌鲁克—海姆有几个岩画点，其中最引人注目的是超过 70 幅头上有角的人面像，这些图像或成组或单独出现，具有非常强烈的宗教巫术意味②。这些图像总体来说具有很高的相似度，这种相似性在某种程度上可能表明了创作这些岩画的族群在宗教观念、宗教仪式、神话等方面具有相似性。而黑龙江下游岩画最大的特点是人面像很集中。在萨卡齐—阿连（Сакачи‐Алян）村发现了 19 块装饰岩画图像的石块，以人面像为主，这些人面像用粗线条勾勒，酷似人颅骨③。类似的岩画在乌苏里江地区也有分布。西伯利亚岩画分布在河流两岸以及高山峡谷中，并与中国新疆、内蒙古、宁夏以及蒙古国和中亚等地的岩画在题材和创作方法上都有很多相似之处，表明了欧亚大陆中部及北部地区的古代文化之间可能存在着广泛的交流。因此，西伯利亚岩画对研究整个亚洲北部和中部岩画带的产生原因、形成机制以及风格特点等，都具有重要的意义。

此外，岩画作为古代艺术的精品和珍贵的历史资料，是我们了解原始艺术品进化链条中的重要一环，它既是古人物质文化遗存的重要表现形式，同时也是古人精神世界的一种反映。通过研究本地区的人面像岩画，不仅可以在断代的基础上，对其不同的类型进行分期、分区，进而与欧亚大陆其他类似的文化现象进行比较，从而揭示其物质文化方面的意义，而且可以通过对其反映的宇宙观、神话学以及宗教观念、宗教仪式等进行探讨，进而揭示其精神方面的意义。由于兼具古老性、具象性、完整性等特点，岩画已经成为宗教考古学的一种重要资料来源。因此，全面深入地对该地区的岩画进行系统研究，按不同的符式特征进行分类、分期，综合利用考古出土文物包含的各种纹饰进行细致对比，就有可能重建各类岩画的发展序列，进而重建上古人类文明发展的一些片段。

初步确定研究方向后，接下来开始选择研究主题。2010 年 6 月，笔者受邀赴宁夏银川参加"第三届贺兰山岩画艺术节暨国际岩画学术研讨会"，现场聆听了著名岩

---

① 所谓的"上叶尼塞河"即叶尼塞河上游。同理，下文的"中叶尼塞河"和"下安加拉"分别指叶尼塞河中游和安加拉河下游地区。

② Дэвлет М. А.，*Петроглифы Улуг‐Хема*. Москва：Наука，1976.

③ Пономарева И. А.，*Личины Нижнего Амура（Вопросы Хронологии）*. В Толпенко И. В.（отв. ред.），VIII Исторические Чтения Памяти Михаила Петровича Грязнова. Омск：Амфора，2012；Окладникова Е. А.，*Череповидные Маски Сикачи‐Аляна*. Природа. 1980（8）.

画专家宋耀良先生关于"贺兰山岩画人面像之谜——跨越太平洋的史前人类大迁徙的印记"报告，了解到人面像岩画是环太平洋地区广泛存在的一种文化现象，与人类的迁徙和文明发展有着重要的关联；随后又拜读了宋先生的《中国史前神格人面岩画》一书，对这一岩画主题在中国的分布范围、分布特点、传播路线等有所了解[1]。后来，通过苏联学者 A. П. 奥克拉德尼科夫等人的著作，了解到在俄罗斯西伯利亚地区也广泛存在着这种类型的岩画[2]。这些人面像岩画分布范围广泛、形式多样、内涵丰富，随着时空环境的变化而显示出地域性的特点。但是，也必须注意到，这些多变的形式中也存在着一些不变的内在结构，反映在作画地点的选择、作画方式的使用、岩画的构图以及细部特征的刻画等方面。与邻近的中国内蒙古、宁夏等地的人面像岩画相比，部分岩画高度相似，部分岩画却有很大的差别。这些相似性和差异性正是该地区民族迁徙以及民族成分复杂的一种具体表现。而缺失了西伯利亚地区的人面像岩画，整个人面像岩画研究的链条是不完整的。

总体上讲，人面像岩画牵涉面广，内涵丰富，与人类文明的产生和发展都具有重要的关联，因此，笔者选择人面像岩画为切入点，从文化人类学的角度，探讨它的起源、结构、功能和发展规律，并对人面像岩画的文化内涵进行剖析。

根据文献资料和笔者的实地调查，西伯利亚人面像岩画主要分布在叶尼塞河的上游和中游、安加拉河、黑龙江下游、乌苏里江、乌拉尔、科拉半岛的卡诺泽罗湖（Озеро Канозеро）、托姆河流域以及戈尔诺—阿尔泰地区，范围涵盖了西伯利亚大部分地区。这些人面像岩画是在特定的时空条件下和特定的社会环境中，为满足作画民族特定的社会生活和精神信仰的需要而创作的。在长达数千年的时间里，随着时代的进步、社会的发展、经济生活和宗教观念的变化，人面像岩画经历了从产生、发展、繁荣到逐步衰落的演变过程；另一方面，这一地区还存在着其他与人面像岩画类似的文化产品，如广泛分布于西伯利亚地区的石雕像以及陶器、萨满面具上的人面像，从构图方式以及文化区域分布上来看，人面像岩画与其他几者之间都有密切的关系。此外，在西伯利亚叶尼塞河地区的丧葬仪式中还存在着一种保存男性头颅和头盖骨的习俗，类似的习俗在西伯利亚和俄罗斯远东地区的某些民族中至今还

---

① 宋耀良：《中国史前神格人面岩画》，上海：生活·读书·新知三联书店上海分店，1992 年。
② 关于 A. П. 奥克拉德尼科夫的岩画研究著作，将在下文中重点介绍。

有孑遗。这种习俗与人面像岩画之间的关系也有待于进一步深入研究。而将镜头进一步拉长，我们会发现西伯利亚人面像岩画与中国新石器时代以来的陶器、石器、玉器、骨器以及金属器等各种载体上的人面形象都非常类似，而这些地区同样分布着大量的人面像岩画。此外，中国北方地区从新石器时代乃至旧石器时代以来一直同贝加尔湖以东地区保持着文化联系。人面像岩画的相似性可能正是古代文化交流的一种具体表现。因此，有必要对其进行专题研究。

确定研究主题后，开始考虑研究范围的问题。而之所以选择叶尼塞河流域人面像岩画作为研究对象，主要是基于如下几个方面的考虑。

第一，就整个西伯利亚地区而言，叶尼塞河流域人面像岩画最为集中。制作方式包括敲凿、研磨以及红色颜料涂绘等。岩画所处的自然环境则包括森林和森林草原两种类型。其中，森林类型主要位于下安加拉河地区，其他地区基本为森林草原类型。岩画主题的统一性、岩画类型和自然环境的多样性都使这一地区的人面像岩画显得异常复杂，对其进行比较研究有助于揭开各个类型产生、发展及演变的一些谜团。

第二，岩画研究中最重要、最复杂的就是岩画的年代问题。只有确定了岩画的年代，我们才能进一步探讨其作者族属、经济形态、文化内涵等诸多方面的内容。但岩画大多裸露于地表，不可能按照考古地层学的方法对其进行断代，而目前用于岩刻画的直接断代法还处于发展过程中，并且受到诸多局限。因此，只能按照与考古出土文物进行广泛比较的方法，对其年代进行大致的判定。而叶尼塞河流域在这一方面有着得天独厚的条件。在这里，发现有大量的与人面像岩画类似的文化产品。此外，部分岩画出自墓葬，可以直接与某些类型岩画进行对比，为该类型岩画年代的断定提供较好的参考依据。

第三，根据国内外学者的研究，人面像岩画普遍被认为属于新石器时代及其之后的作品。这是由于目前所见的各种人面形象，包括各种材质的面具、人头像以及人面纹饰都出现在新石器时代及其之后。在直接断代法还不能有效地运用于人面像岩画测年的前提下，只能通过文物资料的类比来进行间接断代。

关于中国人面像岩画的年代，前世界岩画委员会主席、意大利岩画专家艾曼努埃尔·阿纳蒂认为，其年代"约公元前5500～前3500年，个别的时期可能更晚"①。在谈到内蒙古阴山岩画中人面像的年代时，盖山林写道："人面像、兽面像是这一时期（即距今约6000～4000年）的主要题材。……此类题材，无论在中原或边远省区，均属于新石器时代至青铜时代，比如在陕、甘、青、豫、鲁、浙等省新石器时代遗址出土的彩陶、陶塑、骨雕、陶器或玉饰上，均发现有人面像。……直到西周末年，河南三门峡出土铜器上，还有人头形，不过春秋之后便戛然而止了。……根据我国新石器时代大量出现人面形艺术的事实，似可认定，阴山的人（兽）面像岩画的时代大都应属于这一时期的作品，其时代下限不晚于青铜时代，主要应是新石器时代的作品。"② 陈兆复指出："我国在新石器时代，人面形图案就广泛地出现于陶器、骨器和玉雕上。"③ 随后，作者进一步写道："人面像的图案也发现于山西、山东、河南、甘肃、青海、浙江等省的新石器时代的遗址中。所以似乎有理由认为我国大多数人面像岩刻属于新石器时代。"④ 宋耀良则认为："人面岩画的出现、发展到终止，大致与人面形器物的创作、流行过程相仿。从其早期采用石器工具磨制，到晚期运用金属利器敲凿，表明它起始于新石器早中期，而终止于青铜时代。大致制作在距今7000年至3000年之际。"⑤ 汤惠生等曾对江苏省连云港市的将军崖岩画进行微腐蚀断代，根据其测年结果，人面像距今4500～4300年，进一步为该说提供了依据⑥。而龚田夫、张亚莎认为，"人面像岩画文化发生于距今约6000～4000年，结束于距今约2000年的说法较为可信"⑦，则将人面像岩画结束年代的下限进一步推迟到铁器时代。

至于西伯利亚地区人面像岩画的年代，同样被认为是属于新石器时代及其之后的

---

① 许高鸿译：《阿纳蒂谈中国岩画》，《博览群书》1998年第3期。转引自盖山林：《盖山林文集》，哈尔滨：黑龙江教育出版社，1995年，第174页。

② 盖山林：《阴山岩画》，北京：文物出版社，1986年，第343～344页。

③ 陈兆复：《中国岩画发现史》，上海人民出版社，1991年，第238页。

④ 陈兆复：《中国岩画发现史》，第239页。

⑤ 宋耀良：《中国史前神格人面岩画》，第207页。

⑥ 汤惠生：《将军崖史前岩画的微腐蚀年代》，《2007年江苏省哲学社会科学界学术大会论文集》（下），第1091页。

⑦ 龚田夫、张亚莎：《中国人面像岩画文化浅谈》，《中央民族大学学报》（哲学社会科学版）2006年第3期。

作品。А. П. 奥克拉德尼科夫在 1971 年出版的《阿穆尔河下游岩画》（*Петроглифы Нижнего Амура*）一书中首次提出该地区人面像岩画的年代在 6000～5000 年之前①。随后，在 1977 年发表的《太平洋古代文化的相互关系：基于岩画的资料》［*Взаимодействие Древних Культур Тихого Океана.（На Материалах Петроглифов）*］一文中，他进一步修正了自己的观点，将其年代提前到中石器时代或者新石器时代早期，绝对年代应该在公元前 5000 至前 4000 年左右②。而随着新资料的出现，后来的学者又有了不同的认识。在《阿穆尔河下游的人面：年代问题》［*Личины Нижнего Амура（Вопросы Хронологии）*］一文中，И. А. 波洛马列娃（Пономарева И. А.）在总结前人研究成果的基础上，将该地区的人面像岩画划分为"颅骨形"和"心形"两个类型，并根据最新考古出土资料，将颅骨形人面像岩画年代断在马雷舍沃文化和沃兹涅先诺夫卡文化格林期，即公元前 4000 年至前 3000 年上半期，而数量不多的心形人面像岩画则属于沃兹涅先诺夫卡文化格林期，即公元前 3000 年上半期③。随后，在《西伯利亚阿穆尔河下游地区岩画传统的连续性》（*Continuity in the Rock Art Tradition of the Siberian Lower Amur Basin*）一文中，她进一步将该地区属于沃兹涅先诺夫卡文化的人面像岩画分为格林期和伍德尔期，其年代分别为距今 5300～4300 年（马雷舍沃文化）、距今 4300～4000 年（沃兹涅先诺夫卡文化格林期）、距今 4100～3700 年（沃兹涅先诺夫卡文化伍德尔期）④。此外，在该文中，作者还将部分无轮廓人面像的年代提前到中石器时代。至于下安加拉河地区人面像岩画的年代，А. Л. 扎伊卡（Заика А. Л.）在《安加拉河下游岩画中的人面像》（*Личины в Наскальном Искусстве Нижней Ангары*）一文中将其断在新石器时代晚期至青铜时

---

①　Окладников А. П., *Петроглифы Нижнего Амура*. Ленинград：Наука，1971，с. 131.

②　Окладников А. П., *Взаимодействие Древних Культур Тихого Океана.（На Материалах Петроглифов）*. В Членова Н. Л.（отв. ред.），Проблемы Археологии Евразии и Северной Америки. Москва：Наука，1977a，с. 49.

③　Пономарева И. А., *Личины Нижнего Амура（Вопросы Хронологии）*. В Толпенко И. В.（отв. ред.），VIII Исторические Чтения Памяти Михаила Петровича Грязнова，с. 159－160.

④　Irina A. Ponomareva，*Continuity in the Rock Art Tradition of the Siberian Lower Amur Basin*. Rock Art Research，2018（1）.

代，并且包括青铜时代的早晚两个时期①。M. A. 杰夫列特在《试论上叶尼塞河青铜时代人像的头饰》（*О Головных Уборах Антропоморфных Изображений Эпохи Бронзы на Верхнем Енисее*）一文中则将上叶尼塞河地区"穆古尔—苏古尔"类型的人面像岩画断为青铜时代中晚期，与奥库涅夫文化的后半段相当②。

而叶尼塞河流域的新石器时代文化与西伯利亚东部以及中国北方和中原地区的新石器时代文化存在着密切的联系。这时的交通路线主要是通过外贝加尔、安加拉河到达中叶尼塞河的森林（也包括森林草原）之路③。而青铜时代以来，西方文化开始广泛而持续地影响这一地区，并带来了非常发达的奥库涅夫造像艺术，其典型特征就是数量众多、类型丰富的人面像。许多人面像都可以在岩画中找到其原型，某些原型甚至可以追溯到中国北方和中原地区的新石器时代文化中。但是，此时的交通路线主要转变为经由阿尔泰山口的草原之路。

因此，必须将叶尼塞河流域的岩画作为一个整体，逐步厘清其内部的区、系、类型，进而与周边地区进行比较，才可以弄清楚究竟是在何时、何种类型的岩画通过何种途径与何地的岩画发生了关系。进而建立起整个亚洲北部地区（包括内蒙古、宁夏）的岩画发展序列。

第四，俄罗斯学术界断定叶尼塞河流域尤其是西伯利亚南部地区人面像岩画的年代主要是依据本地区的奥库涅夫艺术（*Окуневское Искусство*）④。而奥库涅夫艺术和人面像岩画的关系问题至今没有得到很好的解决，俄罗斯学术界本身对其认识也不是很清晰。因此，对本书而言，一个重要的工作就是厘清奥库涅夫人面造像艺术与人面像岩画之间的关系。

奥库涅夫文化分布范围很广，遍布整个南西伯利亚地区，但其人面像则主要集

---

① Заика А. Л., *Личины в Наскальном Искусстве Нижней Ангары*. Археология, Этнография и Антропология Евразии, 2012（1）.

② Дэвлет М. А., *О Головных Уборах Антропоморфных Изображений Эпохи Бронзы на Верхнем Енисее*. В Сунчугашев Я. И.（отв. ред.），Вопросы Археологии Хакасии. Abakan：Без Издательства，1980b，с. 54.

③ 关于这一点，本书将在第六章具体论述。

④ 关于奥库涅夫艺术，请参阅 Леонтьев Н. В.，Капелько В. Ф.，Есин Ю. Н.，*Изваяния и Стелы Окуневской Культуры*. Абакан：Хакасское Книжное Издательство，2006.

中在哈卡斯—米努辛斯克盆地，其中尤以哈卡斯草原为多。其西部、南部和东部分别以库兹涅茨克山脉以及东、西萨彦岭为其天然界限，属于今哈卡斯共和国和克拉斯诺亚尔斯克边疆区南部。代表性的遗迹是伴随"库尔干"（即带石围的大墓）出现的石柱（或石板）。这种带人面像的石柱数量很多，总数已接近500通，而每通石柱上通常包含一幅或数幅人面像。这些石柱一般被早期铁器时代的塔加尔人重新利用，因此大多数石柱都位于塔加尔文化墓地石围中①。此外，在奥库涅夫文化墓葬中也发现了少数类似风格的人面像。长期以来，关于该类型人面像起源的问题一直没有得到很好的解决，俄罗斯学术界普遍将之统一归为奥库涅夫文化，并用来对该地区出现的类似形象，包括人面像岩画的年代进行断定②。可问题在于，如何能断定奥库涅夫石柱上的人面像年代一定早于岩画中人面像的年代？为了解决这个问题，必须正本清源，将欧亚大陆尤其是欧亚大陆北部地区人面形象的产生、流变进行一番梳理，进而寻找其产生的根源。科学研究已经表明，奥库涅夫人是欧洲人种与蒙古人种的混合物，奥库涅夫文化的典型特征如青铜制造、墓葬习俗（带有石围的石板墓）等与西方文化关系密切。从某种意义上说，奥库涅夫石柱是西方巨石文化传统的一种反映，Ю. Н. 叶欣（Есин Ю. Н.）在《米努辛斯克盆地岩画中阿凡纳谢沃文化图像的区分问题》（*Проблемы Выделения Изображений Афанасьевской Культуры в Наскальном Искусстве Минусинской Котловины*）一文中指出，哈卡斯—米努辛斯克地区"这种利用巨石的传统从青铜时代早期一直持续到公元1千年末"③。但是，必须注意到，在西方文化中，青铜时代或者更早时期的人面造像传统并不发达，迄今发现的属于西方巨石文化传统的一些作品大多数无人面像图案装饰，少数巨石有人面装饰图案，但其人面形象与奥库涅夫文化人面差异很大。这种差异性体现在制作技法、图像风格等各个方面，表明二者可能属于两种不同的造像系统（图0.1、0.2）。而在欧亚大陆

① 关于奥库涅夫石柱与塔加尔文化墓葬的关系，请参阅 Леонтьев Н. В.，Капелько В. Ф.，Есин Ю. Н.，*Изваяния и Стелы Окуневской Культуры.*

② 关于人面像岩画与奥库涅夫艺术的关系，请参阅前述俄国学者对叶尼塞河流域人面像岩画断代的相关书籍。

③ Есин Ю. Н.，*Проблемы Выделения Изображений Афанасьевской Кульуры в Наскальном Минусинской Котловины.* В Степанова Н. Ф.，Поляков А. В.（отв. ред.），Афанасьевский Сборник. Барнаул：Азбука，2010a. с. 166.

图 0.1　西欧巨石上的部分人面像①

1、4. 法国普罗旺斯石柱上的人面像　2. 法国圣塞尼的女神像　3、6. 法国阿韦龙（Aveyron）省石柱上的
人面像　5、7、8. 法国加德（Gard）省石柱上的人面像

图 0.2　奥库涅夫文化石柱上的人面像（采自 Есин Ю. Н.，*Тайна Богов
Древней Степи.* 原文中无比例尺）

的东端，中国以及俄罗斯远东地区，却有数量众多、类型丰富的人面像岩画，以及
新石器至青铜时代的陶塑、石雕、骨雕、玉雕以及青铜面具。这些面具的年代最早
可以追溯到距今约 8000 年的内蒙古兴隆洼文化②，其传统经青铜时代、铁器时代一

---

① 　1、2 采自［法］Catherine Louboutin：《新石器时代——世界上最早的农民》，张容译，上海书店出版
　　社，2001 年，第 111 页；3 ~ 8 采自 Jean - pierre Mohen，*The World of Megalithiths.* Facts on File, Inc,
　　1990，pp. 263 – 265. 原图中无比例尺。

② 　刘国祥：《内蒙古赤峰市兴隆沟聚落遗址 2002 ~ 2003 年的发掘》，《考古》2004 年第 7 期。

直延续到历史时期。从西伯利亚中南部地区来看，其人面像岩画主要集中在叶尼塞河及其支流地区，其中安加拉河地区人面像岩画分布范围涵盖其整个流域，从贝加尔湖附近一直延续到安加拉河汇入叶尼塞河的河口地区。而贝加尔湖地区与中国北方地区自旧石器时代晚期以来就存在着密切的文化联系，这一点已经被众多学者的研究所证实。如吕光天、古清尧在《贝加尔湖地区和黑龙江流域各族与中原的关系史》一书中就指出："贝加尔湖地区的昂哥拉河（即安加拉河）、叶尼塞河、勒拿河的支流阿尔丹河，黑龙江上游的石勒喀河、中游的呼玛河、精奇里江岸的海兰泡，以及下游的孔东平和乌苏里江以东的海参崴等地，都有旧石器晚期的遗址分布。这些遗址和黄河流域的河套地区和山西峙峪及河北虎头梁等遗址有着许多共同的特点，这是国内外学者所公认的。"① 另外，"在黄河流域、贝加尔湖和黑龙江流域存在着被称为'船底形刮削器—刻制器'的传统，典型器物以细石核、细石叶为代表，即以船底形和楔形、扁锥形、扁体石核为主。……从上述华北、蒙古、贝加尔湖地区及黑龙江地区出土的船底形石核来看，证明存在着古人类从华北地区向贝加尔湖和黑龙江地区迁移的痕迹。而这种迁移和文化传播是波浪式，分几批跟随北方动物群延伸北往的。……在旧石器时代晚期和中石器时代活动于贝加尔湖地区和黑龙江流域的古代人群属蒙古人种，都来自华北地区"②。而新石器时代至铜石并用时代，这一地区的文化联系更趋紧密，体现在相似的房屋样式、陶器纹饰、玉器、石鱼或玉鱼以及共同的宗教信仰等诸多方面。

因此，我们完全可以合理地假设，奥库涅夫文化人面造像传统是新石器时代以来中国北方的人面造像传统与西方的巨石文化传统在南西伯利亚地区碰撞、融合的一种结果。对叶尼塞河流域人面像岩画进行系统的研究，有助于揭开奥库涅夫艺术的神秘面纱。

---

① 吕光天、古清尧：《贝加尔湖地区和黑龙江流域各族与中原的关系史》，哈尔滨：黑龙江教育出版社，1991 年，第 2 页。

② 吕光天、古清尧：《贝加尔湖地区和黑龙江流域各族与中原的关系史》，第 4、8 页。

第二节　学术史回顾

西伯利亚岩画沿河流分布，涵盖西伯利亚的大部分区域（图0.3）。人面像岩画作为岩画的一种特殊类型，其研究伴随着整个岩画学科的发展而逐步推进。因此，在探讨叶尼塞河地区的人面像岩画之前，有必要对整个西伯利亚岩画研究的历史作一番回顾。但是，人面像岩画的研究本身也有一个发展、演变的过程，在对叶尼塞河地区人面像岩画进行系统研究之前，也有必要对其研究历程进行一番梳理。现从上述两个方面对其学术史进行回顾。

图0.3　俄罗斯主要岩画区分布图（采自 http://rockart‒studies.ru/）

1. 卡累利阿半岛　2. 北高加索　3. 乌拉尔　4. 托姆河　5. 哈卡斯—米努辛斯克盆地　6. 安加拉河　7. 勒拿河上游　8. 阿尔泰　9. 图瓦　10. 贝加尔湖沿岸　11. 外贝加尔　12. 阿穆尔河上游和奥廖克马河　13. 黑龙江下游和乌苏里江　14. 勒拿河中游　15. 阿尔丹河　16. 楚科奇（除1和2之外，其他分布区均位于西伯利亚境内）

一　西伯利亚岩画研究的学术史回顾

西伯利亚岩画的研究是在俄国学者的主导下进行的，迄今已有将近350年的历史。由于地理上的便利，他们很早就涉足这一领域并掌握了大量的基础资料，进而形成了一系列研究成果。而其他国家的学者大多是在俄国学者研究成果的基础上作些阐释，只能视为前者研究的一种补充。诚然，在西伯利亚岩画早期的发现和研究过程中，一些外国探险家和旅行者也积极参与其中，甚至起到非常重要的作用，但总体上并不能改变俄国学者占据主导地位这一事实，越到后期这一特征越明显。一般来说，西伯利亚地区岩画的研究历程大致可以分为以下三个阶段。

（一）沙俄时期：西伯利亚岩画研究的发轫期

西伯利亚岩画最初的发现者主要是俄国在西伯利亚领土的开拓者，随着他们的足迹自西向东不断深入，西伯利亚的岩画也不断得到披露①。1675 至 1678 年，摩尔达维亚王公 H. M. 斯帕法里（Спафарий H. M.）根据俄国政府的指示前往中国进行外交访问。他穿越叶尼塞斯克，然后进行了为期 2 天的叶尼塞河之旅，接着沿安加拉河到了贝加尔湖。在《西伯利亚和中国》（Сибирь и Китай）这本旅行笔记中写道："在尚未到达大石滩之前，沿着叶尼塞河有一个石崖，在石崖上雕刻有一些无人知道是何含义的字母，而且在字母之间还有十字架，同样雕刻的还有人像，人像手中握有锤矛以及其他许多类似的物品。正如他们所说，那块石头上布满字母和图画。但没有人知道画的是什么以及谁画的。该岩画点后面是一个沿着叶尼塞河分布的可怕石滩，没人敢在这里坐船，因为两岸均高崖耸峙，峭壁千仞，只能改由步行以绕过此石滩，这整整耗费了 5 天时间，因为这个石滩占据的空间实在是太大了。"② 这很可能描述的是上叶尼塞河穿越萨彦峡谷时形成的大石滩附近的某个地方。必须指出的是，这些关于叶尼塞河岩画的记录均来自于当地人的报告，他本人并未亲自去考察。另外，根据资料记载："1692 年，彼得大帝的一个朋友，荷兰旅行家和科学家尼古拉斯·维森，出版了《鞑靼的东部和北部》一书，对该地区的部分古代岩画进行了描述。"③

18 世纪时，对西伯利亚岩画的调查和研究主要是由俄罗斯科学院西伯利亚考察

---

① 沙俄时期西伯利亚的岩画研究情况，俄国学者已经作了较好的回顾，请参阅 Дэвлет Е. Г., Дэвлет М. А., *Сокровища Наскального Искусства Северной и Центральной Азии*. Москва：Институт Археологии Российской Академии Наук, 2011.

② Спафарий Н. М., *Сибирь и Китай*. Кишинев：Картя Молдовеняскэ, 1960, с. 70.

③ ［英］保罗·G·巴恩：《剑桥插图史前艺术史》，郭小凌、叶梅斌译，济南：山东画报出版社，2004 年，第 26 页。

团完成的。代表性人物有考察团团员 Д. Г. 梅谢尔什米德特（Мессершмидт Д. Г.）
和 Г. Ф. 米勒（Миллер Г. Ф.）。在考察报告中他们提到了托姆河、叶尼塞河、安加
拉河、勒拿河两岸的岩画。其中，Д. Г. 梅谢尔什米德特是首位对西伯利亚进行科学
研究的学者，其研究成果同时也为之后长达数个世纪的西伯利亚考古调查活动奠定
了基础。Д. Г. 梅谢尔什米德特出生于波兰波美拉尼亚省的首府格但斯克（即但泽）
市，是一位医学博士，同时也是一位懂东方语言的博物学家，受彼得一世的邀请来
为俄国服务。根据 1718 年 11 月 15 日彼得一世颁布的法令，他被派到西伯利亚寻找
各种稀有的物品和药品。关于其西伯利亚考察的事迹，在后人所著的《丹尼尔·戈
特利布·梅谢尔什米德特及其关于西伯利亚的研究工作》（*Даниил Готлиб*
Мессершмидт и его Работы по Исследованию Сибири）[①] 和《西伯利亚考古的发端》
（*Начало Сибирской Археологии*）[②] 中均有详细的记载。到 20 世纪 60 年代，在柏林出
版了 Д. Г. 梅谢尔什米德特本人记录的考察日记，即《1720～1727 年的西伯利亚考
察第一卷：1721～1722 年的日记》（*Forschungsreise durch Sibirien. 1720 - 1727 . Teil 1.*
Tagebuchaufzeichungen. Januar 1721～1722）[③]，对这段科考活动进行了全面的总结。
总体而言，该考察队所发现的岩画点主要集中在叶尼塞河和安加拉河地区。例如，
他们曾于 1722 年 2 月 23 日和 10 月 3 日考察了叶尼塞河地区的比留欣岩画
（Бирюсинская Писаница），并由 Д. Г. 梅谢尔什米德特进行记录[④]，临摹图则由其助
手卡尔·舒尔曼（Карл Шульман）绘制[⑤]。

　　另外需要提到的是一名为菲利普·约翰·塔伯特·冯·斯特拉林别尔克

①　Новлянская М. Г., *Даниил Готлиб Мессершмидт и его Работы по Исследованию Сибири*. Ленинград：
　　Наука，1970.

②　Кызласов Л. Р., *Начало Сибирской Археологии*. В Авдусин Д. А., Янин В. Л.（ред.），Историко -
　　Археологический Сборник. Москва：Московский Государственный Университет，1962.

③　Messerschmidt D. G., *Forschungsreise durch Sibirien. 1720 - 1727 . Teil 1. Tagebuchaufzeichungen. Januar*
　　1721 - 1722. Berlin：Академие - Verlag，1962.

④　Мессершмидт Д. Г., *Извлечение из Путевого Дневника Д. Г. Мессершмидта*. В Радлов В. В.，
　　Сибирские Древности. Т. 1. Вып. 1. Материалы по Археологии России，Издаваемые Императорскою
　　Археологическою Комиссиею. № 3. Санкт - Петербург：Типография Императорской Академии Наук，
　　1888，с. 15，18.

⑤　Мессершмидт Д. Г., *Извлечение из Путевого Дневника Д. Г. Мессершмидта*，с. 15，18.

（Филипп Иоганн Табберт фон Страленберг）的瑞典战俘。众所周知，俄国和瑞典于1700 至 1721 年爆发了著名的北方战争，在这场战争中，尤其是在 1709 年的波尔塔瓦战役之后，俄国俘获了大量的瑞典战俘，斯特拉林别尔克就是其中之一。当二人在托博尔斯克市相遇后，Д. Г. 梅谢尔什米德特将其吸收进自己的考察队伍。关于他在西伯利亚的科考活动在《菲利普·约翰·斯特拉林别尔克：其有关西伯利亚的研究工作》（Филипп Иоганн Страленберг. Его Работы по Исследованию Сибири）一书中有着详细的介绍①。另外，在《欧洲和亚洲的北部和东部》（Das Nord – und Östliche Theil von Europa und Asia）一书中，斯特拉林别尔克对阿巴坎和克拉斯诺亚尔斯克之间的叶尼塞河两岸山岩上的岩画情况作过简短介绍②。

托姆河和勒拿河岩画的发现则要归功于 Г. Ф. 米勒及其团队。Г. Ф. 米勒是德国人，于 1725 年来到俄国，随后参加了 1733 至 1743 年由白令（Bering）任队长的第二次堪察加考察队，并在西伯利亚花费了将近 10 年的时间研究其地理、民族及相关的档案资料。他于 1741 年 6 月在伊尔比特河（Река Ирбит）附近发现了一块绘有图画的石头。此外，他还对托姆河岩画进行了考察，并对叶尼塞河中部 Д. Г. 梅谢尔什米德特早些时候考察过的古代遗迹进行了重新考察和研究，这些遗迹主要包括岩画、雕像和铭文③。Г. Ф. 米勒对这些遗迹进行记录后，委托 И. Г. 格梅林（Гмелин И. Г.）对其进行临摹。除了托姆河和叶尼塞河之外，他们还对勒拿河地区的岩画进行了考察和临摹。Г. Ф. 米勒认为，这些考古遗迹巨大的科学价值在于它们与该地区的历史文化紧密相关，他在《米勒给菲舍尔助理的手令》（Из Рукописной Инструкции, Составленной Миллером для Адъюнкта Фишера）中写道："研究该地区文物的主要目的当然应该是澄清其居民的古代历史，这可以从西伯利亚的各种古物中得到可靠的

---

① Неволянская М. Г., Филипп Иоганн Страленберг. Его Работы по Исследованию Сибири. Москва – Ленинград：Наука, 1966.

② Strahlenberg F. I., Das Nord – und Östliche Theil von Europa und Asia. Stockholm：Verlegung des Auf, 1730, c. 337 – 341.

③ Дэвлет М. А., Петроглифы Енисея. История Изучения (XVIII – Начало XX вв.). Москва：Иститут Археологии Российской Академии Наук, 1996, c. 10.

预期。"① 但与此同时，岩画在历史资料方面的重要价值却往往被 Г. Ф. 米勒低估，他否认岩画年代的古老性，同时也不承认它们具有艺术价值。在《西伯利亚的铭文》（О Сибирских Надписях. Ч. 1. О Сибирских Писаных Камнях）第一部分"西伯利亚绘有图画的石头"中，他写道："（在西伯利亚岩画中）没有表现出任何古代的特征，因此，我认为没有理由将它们归于该地区的第一批居民，而不是现在的居民。"② 他认为，岩画制作者应为当地的萨满，因而所有岩画图像的年代应该大致相同。而作画的原因则是萨满通过制作岩画使自己获得更多的尊重或者支持他的预言③。此外，在该文中，他还对岩画和真正的铭文进行了区分。之前的考察者通常将这些岩画误认为西伯利亚的铭文，但 Г. Ф. 米勒却提出了不同观点："那些人和动物以及其他难以理解的图像被误认为是铭文，但乍一看它们很明显不具备字母的特征。它们在西伯利亚的众多地方均有发现，或沿河分布，或位于陡峭的悬崖上。它们或用颜料绘制，或用工具雕刻于岩石上；因此，俄罗斯人将其统称为'画石'（Писаный Камень）。"④

　　此外，在 18 世纪对该地区岩画进行考察的还有彼得·西蒙·帕拉斯（Пётр Симон Паллас）。帕拉斯是德国人，因参与西伯利亚和俄国南部的科考活动而闻名于世，为生物学、地理学、人种学、地质学和文献学的形成和发展做出过重要贡献。他在德国、荷兰和英国均接受过教育。1767 年，在当选为圣彼得堡科学院院士后来到俄罗斯，组织了一次研究乌拉尔和西伯利亚的学术考察活动。帕拉斯于 1771 年和 1772 年考察了叶尼塞河流域，在阿巴坎—彼力沃兹村（Село Абакано – Перевоз）附近发现了铭文，并考察了马伊达辛岩画（Майдашинская Писаница）。随后，该考察队还在其他地方发现了大量的岩画。他们比较关注的是铭文和石雕，以及对古物的

① Миллер Г. Ф., Из Рукописной Инструкции, Составленной Миллером для Адъюнкта Фишера. В Радлов В. В., Сибирские Древности. Т. I. Вып. 3. Материалы по Археологии России, Издаваемые мператорскою Археологическою Комиссиею. № 15. Санкт – Петербург：Типография Императорской Академии Наук，1894，С. 107.
② Миллер Г. Ф., О Сибирских Надписях. Ч. 1. О Сибирских Писаных Камнях. В Миллер Г. Ф., История Сибири. Т. 1. Москва – Ленинград：Издательство Академии Наук СССР，1937，с. 537.
③ Миллер Г. Ф., История Сибири. Т. 1. Москва – Ленинград：Издательство Академии Наук СССР，1937，с. 537 – 538.
④ Миллер Г. Ф., История Сибири. Т. 1, с. 526.

搜集。至于岩画，则主要作为与铭文有关的材料使用。纵观其研究思路，主要是搜集基础材料，很少对这些古代遗迹做出解释。本次考察结果记录在《前往俄罗斯帝国不同省份的旅行》（*Путешествие по Разным Провинциям Российской Империи*）一书中①。

　　进入 19 世纪后，Г. И. 斯帕斯基（Спасский Г. И.）、И. П. 科尔尼诺夫（Корнилов И. П.）、В. В. 拉德罗夫（Радлов В. В.）、Н. И. 波波夫（Попов Н. И.）等对西伯利亚部分岩画进行了研究，而关于西伯利亚岩画专门的研究性文章也开始出现。首先开展研究的是 Г. И. 斯帕斯基，他出生于俄罗斯的梁赞省，是著名的语言学家、考古学家和民族学家，同时也是一名优秀的出版商。从 1818 年起，他开始在彼得堡出版《西伯利亚通报》（*Сибирский Вестник*）杂志，里面设有"西伯利亚古物"（*Сибирские Древности*）专栏，刊登许多关于岩画、铭文、墓葬以及石雕像的材料。他曾于 1805 年对阿巴坎—彼力沃兹村的铭文进行复制，并刊登了托姆河岩画的图像；在 1818 年的"西伯利亚古物"栏目中，曾提到用颜料绘制的图画②。他支持岩画具有纪念意义的观点，认为岩画是创作者对特定历史事件的描述。在《西伯利亚的图形和铭文》（*О Древних Сибирских Начертаниях и Надписях*）一文中，他写道："这些地方的古代居民不了解哪怕是最简单的字母符号类的交流方式，用以表达他们的思想和观念，因而希望用这些简单而朴实无华的图形向他们的后代传递他们那个时代的重要事件。在这种情况下，这些图形构成了生活本身的编年史。"③ 此外，他还尝试着将叶尼塞河岩画与卡累利阿地区的奥涅加湖（Онежское Озеро）岩画进行比较，并且认识到二者具有某种相似性。在《西伯利亚著名的文物古迹及其与俄罗斯文物古迹的某些相似性》（*О Достопримечательных Памятниках Сибирских Древностей и Сходстве Некоторых из Них с Великорусскими*）一文中，他考证并得出了"古代罗斯与遥远且长期不为人知的西伯利亚古代民族之间存在着紧密联系"的

---

① Паллас П. С.，*Путешествие по Разным Провинциям Российской Империи*. Ч. 1 - 3. Санкт - Петербург：Издательство Императорской Академии Наук，с. 1773 - 1788.

② Спасский Г. И.，*Древности Сибири*. Сибирский Вестник，1818（1）.

③ Спасский Г. И.，*О Древних Сибирских Начертаниях и Надписях*. Сибирский Вестник，1818（1）.

结论①。虽然对西伯利亚岩画和奥涅加湖岩画的比较研究还显得很稚嫩，猜测成分也较大，但这种基于图像学的广泛类比法则是岩画研究中的一次重要尝试。

另一位需要关注的研究者是 И. П. 科尔尼诺夫。他出身于军人家庭，本身也在军队服役多年。在西伯利亚服兵役期间的闲暇时间，他开始关注该地区的民族和历史，研究各种古代遗迹，其中就包括岩画。1848 年，И. П. 科尔尼诺夫前往南西伯利亚考察，记录了大量墓葬石板上的图像，以及小阿尔巴特岩画（Писаницы Малые Арбаты）、苏列克岩画（Сулекская Писаница）和马伊达辛岩画（Майдашинская Писаница）。这些考察活动均记录在《东西伯利亚回忆录：阿钦斯克市和 1848 年的神湖之旅》（Воспоминания о Восточной Сибири. Город Ачинск и Поездка в 1848 г. на Божьи Озера）一文中②。

进入 19 世纪下半叶后，对考古研究感兴趣的乡土爱好者显著地增加了。这首先得益于 1851 年成立于伊尔库茨克的俄国地理学会西伯利亚分会（Сибирский Отдел Русского Географического Общества）的工作。该分会于 1877 年进一步分为两个部分，分别为总部位于鄂木斯克的西西伯利亚分会和总部位于伊尔库茨克的东西伯利亚分会。另外，1859 年在圣彼得堡成立了考古委员会（Археологическая Комиссия）；1864 年在莫斯科成立了莫斯科考古学会（Московское Археологическое Общество），这些专业性考古机构的建立，大大促进了西伯利亚考古事业的发展，同时也包括岩画研究事业的发展。尤其是俄国地理学会西伯利亚分会，经常会出版一些关于岩画研究的考察笔记和文章。

首先需要关注的是 В. В. 拉德罗夫，一位著名的东方学家、民族学家、考古学家，同时也是俄国突厥研究之父。В. В. 拉德罗夫出生在柏林，取得哲学博士学位后移居到俄国。他于 19 世纪 60 年代中期开始在南西伯利亚和中亚地区进行考察。1884 年，他在莱比锡用德语出版了两卷本的旅行笔记《来自西伯利亚》（Aus Sibirien）③。

① Спасский Г. И., О Достопримечательных Памятниках Сибирских Древностей и Сходстве Некоторых из Них с Великорусскими. Записки Императорского Русского Географического Общества, 1857.

② Корнилов И. П., Воспоминания о Восточной Сибири. Город Ачинск и Поездка в 1848 г. на Божьи Озера. В Фролов Н., Магазин Землеведения и Путешествий. Т. 3. Москва: Типография Александра Семена, 1854, с. 605–658.

③ Radloff W., Aus Sibirien. Bd. 1–2. Leipzig: T. O. Weigel, 1893.

1989 年，在莫斯科出版了其俄语翻译本《来自西伯利亚：日记作品》（*Из Сибири. Страницы Дневника*）①。实际上，早在 1894 年，A. A. 勃布林斯基（Бобринский А. А.）就将其第二卷第七章翻译成俄文，这部分内容主要关于西伯利亚古物，其中也包括岩画②。在讨论这些岩画时，他说道："图像的含义无法解释；在任何情况下，这些图像都不仅仅是一种消遣，因为在缺乏尖锐的铁质工具的情况下制作它们是一项耗费巨大的工作。"③ 此外，在《一种新的铭文拓制方法》（*О Новом Способе Приготовления Эстампажей с Надписей на Камнях*）一文中，他介绍了一种新的拓片方法，对之前的复制和临摹方法进行了改进。而这里所谓的"铭文"，实际上指的就是岩画④。

此外，该时期比较著名的岩画研究专家还有俄国地理学会西伯利亚分会的成员 Н. И. 波波夫，他研究的对象主要是南西伯利亚地区的岩画。在《米努辛斯克地区的古代文字》（*О Рунических Письменах в Минусинском Крае*）一文中他对该地区的岩画进行过专门介绍，并对岩画产生的原因及其年代作过相应的分析⑤。在这里，他用"古代文字"指称"岩画"。随后，在《米努辛斯克地区岩画的一般观点》（*Общий Взгляд на Писаницы Минусинского Края*）⑥ 和《米努辛斯克地区岩画的一般观点（结束篇）》［*Общий Взгляд на Писаницы Минусинского Края（Окончание）*］⑦ 两篇文章中，他不但进一步对岩画研究中遇到的一般问题进行了探讨，而且专门用"Писаница"这个词来指称岩画。

---

① Радлов В. В. , *Из Сибири. Страницы Дневника*. Москва：Наука，1989.

② Радлов В. В. , *Сибирские Древности. Из Путевых Заметок В. В. Радлова.（Перевод с Немецкого）. Записки Императорского Русского Археологического Общества. Новая серия.* Т. 7，1895（3-4）.

③ Радлов В. В. , *Сибирские Древности. Из Путевых Заметок В. В. Радлова.（Перевод с Немецкого）. Записки Императорского Русского Археологического Общества. Новая серия.* Т. 7，1895（3-4）.

④ Радлов В. В. , *О Новом Способе Приготовления Эстампажей с Надписей на Камнях.* Записки Восточного Отделения Российского Археологического Общества，1892（7）.

⑤ Попов Н. И. , *О Рунических Письменах в Минусинском Крае.* Известия Сибирского Отдела Императорского Русского Географического Общества. Т. 5，1874（2）.

⑥ Попов Н. И. , *Общий Взгляд на Писаницы Минусинского Края.* Известия Сибирского Отдела Императорского Русского Географического Общества. Т. 6，1875（5-6）.

⑦ Попов Н. И. , *Общий Взгляд на Писаницы Минусинского Края（Окончание）.* Известия Сибирского Отдела Императорского Русского Географического Общества. Т. 7，1876（1）.

19 世纪末至 20 世纪初，A. B. 阿德里阿诺夫（Адрианов А. В.）和 И. Т. 萨文科夫（Савенков И. Т.）等对叶尼塞河地区的岩画进行了研究。早在 1881 年的考察中，A. B. 阿德里阿诺夫就注意到阿尔泰、蒙古和萨彦地区有许多类似的岩画。此次考察成果发表在托木斯克当地报刊上，题目为《俄罗斯帝国地理学会成员 A. B. 阿德里阿诺夫 1881 年前往阿尔泰和萨彦地区的旅行：初步报告》（*Путешествие на Алтай и за Саяны, Совершенное в 1881 г. по Поручению Императорского Русского Географического Общества Членом – сотрудником А. В. Адриановым: Предварит. отчет*）①。随后，在 1904 年发表的《叶尼塞省岩画》［*Писаницы Енисейской Губернии（рук.）*］一文中，A. B. 阿德里阿诺夫首次公布了几处图瓦共和国岩画点的详细情况，包括岩画的描述、具体位置和岩画临摹图②。此外，他还对中叶尼塞河哈卡斯—米努辛斯克盆地的部分岩画点进行了研究。在 1906 年发表的《巴雅尔岩画》（*Писаница Боярская*）一文中，对西伯利亚南部哈卡斯共和国的巴雅尔岩画进行了较为详细的介绍③。在 1908 年出版的《1907 年夏米努辛斯克边区的岩画调查》（*Обследование Писаниц в Минусинском Крае Летом 1907 г*）④ 和 1910 年出版的《（米努辛斯克边区）阿钦斯克区岩画调查报告》（*Отчет по Обследованию Писаниц Ачинского Округа Минусинского Края*）⑤ 两篇文章中，他进一步对米努辛斯克盆地若干岩画点进行了介绍。而在《马纳河岩画》（*Писаницы по Реке Мане*）一文中，作者还对叶尼塞河右支流马纳河的部分岩画点情况进行了介绍⑥。此外，对叶尼塞河岩画开展

---

① Адрианов А. В., *Путешествие на Алтай и за Саяны, Совершенное в 1881 г. по Поручению Императорского Русского Географического Общества Членом – сотрудником А. В. Адриановым: Предварит. отчет*. Томск: Сибирская Газета, 1881 (38 – 39), с. 42 – 43.

② Адрианов А. В., *Писаницы Енисейской Губернии（рук.）*. Архив Ленинградского Отделения Института Археологии Академия Наук СССР. ф. 2. оп. 2, 1904 (12).

③ Адрианов А. В., *Писаница Боярская*. Известия Русского Комитета для Изучения Средней и Восточной Азии, 1906 (6).

④ Адрианов А. В., *Обследование Писаниц в Минусинском Крае Летом 1907 г*. Известия Русского Комитета для Изучения Средней и Восточной Азии, 1908 (8).

⑤ Адрианов А. В., *Отчет по Обследованию Писаниц Ачинского Округа Минусинского Края*. Известия Русского Комитета для Изучения Средней и Восточной Азии, 1910 (10).

⑥ Адрианов А. В., *Писаницы по Реке Мане*. Записки Отделения Русской и Славянской Археологии Императорского Русского Археологического Общества, 1913 (9).

研究的还有 И. Т. 萨文科夫。在《叶尼塞古代美术遗迹：比较考古学和民族志概论》
（*О Древних Памятниках Изобразительного Искусства На Енисее：Сравнительные
Археолого - этнографические Очерки*）一书中，他对叶尼塞河支流土巴河以及叶尼塞
河中部的岩画进行了详细的研究，并附以大量的临摹图①。此外，在《叶尼塞河中游
的考古调查资料》 （*К Разведочным Материалам по Археологии Среднего Течения
Енисея*）一文中，他对岩画的断代方法、作画原因和作画目的等问题均进行过
探讨②。

　　与此同时，黑龙江及乌苏里江岩画也被发现并进入国际视野。1859 年，P. K. 马
克（Маак Р. К.）在乌苏里江右岸发现了谢列梅捷沃（Шереметьево）岩画，并在
随后出版的《阿穆尔河之旅》（*Путешествие на Амур*）③ 和《沿着乌苏里江河谷的
旅行》（*Путешествие по Долине Реки Уссури*）④ 两部著作中对该岩画点的人像和动
物图像进行了介绍。1860 年，摄影师 К. Ф. 布多戈斯基（Будогоский К. Ф.）撰写
了《俄国满洲的东南部》（*Юго - восточная Часть Русской Маньчжурии*）一文，分两
期刊登在 1860 年的《阿穆尔报》上，提到了在谢列梅捷沃村发现了古代图像，包括
一个虎头、一条鱼和一些符号⑤。1894 年，Н. 阿尔弗坦（Альфтан Н.）重新考察了
谢列梅捷沃岩画并进行临摹。根据他在《乌苏里江和比津河岩画简讯》（*Заметки о
Рисунках на Скалах по Рекам Уссури и Бикину*）一文中的描述，谢列梅捷沃岩画又可
以分为 3 个地点，而人面像岩画也首次被注意到并得到临摹⑥。这些临摹工作对谢列
梅捷沃岩画乃至整个俄罗斯远东地区的岩画而言都尚属首次。1895 年，П. И. 维特利金
（Ветлицын П. И.）在《马雷舍沃村附近的古代戈尔德人（那乃人——笔者注）遗迹

---

① Савенков И. Т.，*О Древних Памятниках Изобразительного Искусства На Енисее：Сравнительные
Археолого - этнографические Очерки*. Москва：Типография Г. Лисснера и Д. Собко，1910.

② Савенков И. Т.，*К Разведочным Материалам по Археологии Среднего Течения Енисея*. Известия
Восточно - Сибирского Отдела Русского Географического Общества. Т. 17，1886（3 - 4）.

③ Маак Р. К.，*Путешествие на Амур*. Санкт - Петербург：В Типографии Карла Вульфа，1859.

④ Маак Р. К.，*Путешествие по Долине Реки Уссури*. Санкт - Петербург：Типография В. Безобразова и
Комп，1861，с. 43.

⑤ Будогоский К. Ф.，*Юго - восточная Часть Русской Маньчжурии*. Иркутск：Газета《Амур》，1860（1 - 2）.

⑥ Альфтан Н.，*Заметки о Рисунках на Скалах по Рекам Уссури и Бикину*. Труды Приамурского Отдела
Императорского Русского Географического Общества. Т. II，1895.

简讯》（*Заметки о Древних Гольдских Памятниках Близ Селения Малышевского*）一文
中首次报道了黑龙江下游右岸马雷舍沃村和萨卡齐—阿连村附近的岩画①。1899 年，
《美国人类学家》（American Anthropologist）刊登了本国著名东方学者 B. 劳弗尔
（Laufer B.）在黑龙江参与人类学考察团所记录的笔记《阿穆尔河岩画》（*Petroglyphs
of the Amur*），里面对该地区的部分岩画点情况进行了介绍②。

　　总体来说，这一时期岩画的发现、研究还处于初始阶段，岩画记录的方法不够
科学、规范，但它毕竟为我们认识西伯利亚岩画打开了一扇窗户，为 20 世纪西伯利
亚岩画全面深入的研究奠定了基础。

（二）苏联时期：西伯利亚岩画研究的高潮期

　　苏维埃社会主义共和国联盟（简称"苏联"）成立以后，学者们对欧亚大陆的岩
画展开了广泛的研究③。

　　它起始于 B. И. 拉夫多尼卡斯（Равдоникас В. И.）20 世纪 30 年代对俄罗斯卡
累利阿地区岩画开展的研究。在 1936 年发表的《奥涅加湖和白海岩画研究》（*К
Изучению Наскальных Изображений Онежского Озера и Белого Моря*）一文中，根据思
维结构的特点，B. И. 拉夫多尼卡斯用神话学的理论对图像进行了解释，并且认为岩
画中的场景均是神话中相关场景的再现④。这种解释引起了热烈的讨论，其中 A. M.
利涅夫斯基（Линевский А. M.）、A. Я. 布留索夫（Брюсов А. Я.）和 K. Д. 劳什金
（Лаушкин К. Д.）等人积极参与其中，讨论促进了岩画研究的进一步发展。最先做
出回应的是 A. M. 利涅夫斯基。在 1939 年出版的《卡累利阿岩画》（*Петроглифы
Карелии*）一书中，他根据当时所能获取的材料，对这一地区的岩画进行了较为详尽
的研究。与 B. И. 拉夫多尼卡斯观点不同，他比较倾向于岩画中的图像是现实生活的

①　Ветлицын П. И.，*Заметки о Древних Гольдских Памятниках Близ Селения Малышевского*. Хабаровск：
　　Приамурские Ведомости，1895（56）．

②　Laufer B.，*Petroglyphs of the Amur*. American Anthropologist，1899（1）．

③　1917 年十月革命胜利之后建立的政权被称为"苏维埃"，1922 年后改称为"苏联"。但是，由于时局
　　动荡，在苏维埃时期，岩画研究工作基本停滞，主要工作是从苏联时代开始的。

④　Равдоникас В. И.，*К Изучению Наскальных Изображений Онежского Озера и Белого Моря*. Советская
　　Археология，1936（1）．

反映，而与神话无关①。随后，A. Я. 布留索夫于 1953 年发表了《对考古学家在古代岩画解释中错误之处的批评》（*К Критике Ошибок Археологов при Истолковании Древних Петроглифов*）一文，他"反对马克思主义在考古学中的庸俗化"，同样主张岩画中的场景是现实生活场景的反映②。20 世纪 50 年代末至 60 年代初，К. Д. 劳什金先后发表了《奥涅加圣地：卡累利阿岩画的新释读》（*Онежское Святилище. Новая Расшифровка Петроглифов Карелии*）③ 和《奥涅加圣地：卡累利阿若干岩画新释读的尝试》（*Онежское Святилище. Опыт Новой Расшифровки Некоторых Петроглифов Карелии*）④，在前人研究的基础上，对卡累利阿地区的奥涅加湖岩画进行了解读，并提出了一些新的观点。随后，Ю. А. 萨瓦捷耶夫（Савватеев Ю. А.）进一步对该地区岩画进行了深入的研究。他于 1976 年和 1983 年分别出版了《卡累利阿岩画》（*Петроглифы Карелии*）⑤ 和《卡累利阿岩石上的图画》（*Наскальные Рисунки Карелии*）⑥ 两部著作，对该地区岩画点的情况进行了详细的介绍。这两本书都属于早期刊物，图片质量普遍较差，前者主要是拓片，后者在拓片的基础上，进一步提供了临摹图，能够更好地观察到图像的细节部分。2007 年，他又出版了《永恒的文字：卡累利阿岩画》[*Вечные Письмена（Наскальные Изображения Карелии）*] 一书，运用最新的调查资料，对该地区的岩画作进一步研究⑦。但总体而言，仍然面临图片质量较差，临摹图无比例尺的问题。相较而言，Н. В. 罗巴诺娃（Лобанова Н. В.）在《卡累利阿泰加森林的岩画》（*Тайны Петроглифов Карелии*）一书中所展示的图片质量更高。但该书更像是个图片集，研究性的文字较少，可视为 Ю. А. 萨

① Линевский А. М., *Петроглифы Карелии*. Петрозаводск：Каргосиздат. Ч. 1，1939.

② Брюсов А. Я., *К Критике Ошибок Археологов при Истолковании Древних Петроглифов*. В Удальцов А. Д. （отв. ред.），Против Вульгаризации Марксизма в Археологии. Москва：Академия Наук СССР，1953，с. 94 – 103.

③ Лаушкин К. Д., *Онежское Святилище*. Ч. I（*Новая Расшифровка Петроглифов Карелии*）. Скандинавский Сборник，1959（4），с. 83 – 111.

④ Лаушкин К. Д., *Онежское Святилище*. Ч. II（*Опыт Новой Расшифровки Некоторых Петроглифов Карелии*）. Скандинавский Сборник，1962（5），с. 177 – 298.

⑤ Савватеев Ю. А., *Петроглифы Карелии*. Петрозаводск：Карелия，1976.

⑥ Савватеев Ю. А., *Наскальные Рисунки Карелии*. Петрозаводск：Карелия，1983.

⑦ Савватеев Ю. А., *Вечные Письмена（Наскальные Изображения Карелии）*.

瓦捷耶夫著作的一种有益补充。

卡累利阿虽然不属于西伯利亚的范围，但学者们对该地区岩画的讨论客观上推动了后来西伯利亚岩画研究的深入发展。一般来说，对西伯利亚岩画的系统研究大致起始于 20 世纪 40 年代，一直持续到苏联解体前夕。在这一时期，П. П. 霍罗希赫（Хороших П. П.）、А. Д. 格拉齐（Грач А. Д.）、В. Н. 切尔涅佐夫（Чернецов В. Н.）、Н. Н. 季科夫（Диков Н. Н.）、Ю. А. 萨瓦捷耶夫、Н. В. 利奥季耶夫（Леонтьев Н. В.）、А. И. 马丁诺夫（Мартынов А. И.）、А. И. 马金（Мазин А. И.）、Я. А. 舍尔（Шер Я. А.）、М. А. 杰夫列特（Дэвлет М. А.）、А. П. 奥克拉德尼科夫（Окладников А. П.）、Е. А. 奥克拉德尼科娃（Окладникова Е. А.）等人对西伯利亚岩画进行了持续的研究。

20 世纪 40 年代末，П. П. 霍罗希赫先后发表了《阿尔泰岩画：初步报告》[Писаницы Алтая（Предварительное Сообщение）]① 和《雅尔班—塔什山岩上的图画：戈尔诺—阿尔泰自治州》[Изображения на Скале Ялбан – Таш（Горно – Алтайская АО）]② 两篇文章，对俄罗斯阿尔泰地区的岩画进行了初步研究。在随后的《曼哈伊山岩画》（Писаницы на Горе Манхай）③ 和《曼哈伊山第二岩画点（库金草原）》[Наскальные Рисунки на Горе Манхай II（Кудинские Степи）]④ 两篇文章中，他又对库金草原曼哈伊山上的岩画进行了介绍。该岩画点位于伊尔库茨克州境内，在安加拉河右支流库达河（Река Куда）的左岸地区。总体而言，这些研究均属于初步性的，临摹图也比较简略，且均无比例尺。

从 20 世纪 50 年代末至 80 年代初，А. Д. 格拉齐先后发表了《图瓦岩画一：断代和解释问题以及民族志传统》[Петроглифы Тувы I（Проблема Датировки и

① Хороших П. П., Писаницы Алтая（Предварительное Сообщение）. Краткие Сообщения Института Истории Материальной Культуры, 1947（14）, с. 26 – 34.

② Хороших П. П., Изображения на Скале Ялбан – Таш（Горно – Алтайская АО）. Краткие Сообщения Института Истории Материальной Культуры, 1949（25）, с. 132 – 133.

③ Хороших П. П., Писаницы на Горе Манхай. Краткие Сообщения Института Истории Материальной Культуры, 1949（25）.

④ Хороших П. П., Наскальные Рисунки на Горе Манхай II（Кудинские Степи）. Краткие Сообщения Института Истории Материальной Культуры, 1951（36）.

Интерпретации，Этнографические Традиции）]①、《图瓦岩画二：1955 年发现资料的刊布》[*Петроглифы Тувы II. （Публикация Комплексов，Обнаруженных в 1955 г*）]② 以及《图瓦岩画研究问题》（*Вопросы Изучения Петроглифов Тувы*）③等三篇文章，对图瓦地区的岩画进行了系统研究，主要探讨了其年代、内涵以及作画民族等④。而这一时期，托姆河的岩画也持续得到学术界的关注。A. И. 马丁诺夫在 1966 年出版的 34 页小册子《通往祖先国度的船》（*Лодки - в Страну Предков*）中对托姆河岩画中船形图像的内涵进行了分析⑤；随后，在 1972 年出版的《托姆河岩画珍宝：新石器时代和青铜器时代的岩画》（*Сокровища Томских Писаниц. Наскальные Рисунки Эпохи Неолита и Бронзы*）一书中，他进一步对整个托姆河地区的岩画进行了详细研究⑥。

至于乌拉尔地区岩画的研究，当首推 B. H. 切尔涅佐夫。他于 1964 年和 1971 年分别出版了《乌拉尔岩画第一卷》（*Наскальные Изображения Урала. Вып. 1.*）⑦ 和《乌拉尔岩画第二卷》（*Наскальные Изображения Урала. Вып. 2.*）⑧，在详细描述岩画点的基础上进行主题分析，并尝试着将该地区岩画与周边地区岩画进行初步的比较研究。

此外，在西伯利亚东北部的楚科奇半岛也发现了岩画。1971 年，H. H. 季科夫在《岩石上的古代楚科奇之谜——佩格特梅利岩画》（*Наскальные Загадки Древней*

① Грач А. Д.，*Петроглифы Тувы I（Проблема Датировки и Интерпретации，Этнографические Традиции）*. В Толстов С. П. （отв. ред.），Сборник Музея Антропологии и Этнографии. Т. 17. Москва - Ленинград：Издательство Академии Наук СССР，1957，с. 385 - 428.

② Грач А. Д.，*Петроглифы Тувы II.（Публикация Комплексов，Обнаруженных в 1955 г）*. В Толстов С. П. （отв. ред.），Сборник Музея Антропологии и Этнографии. Т. 18. Москва - Ленинград：Издательство Академии Наук СССР，1958，с. 339 - 384.

③ Грач А. Д.，*Вопросы Изучения Петроглифов Тувы*. В Окладников А. П. （ред.），Новейшие Исследования по Археологии Тувы и Этногенезу Тувинцев. Кызыл：Б. И，1980.

④ Грач А. Д.，*Вопросы Изучения Петроглифов Тувы*. с. 119 - 123.

⑤ Мартынов А. И.，*Лодки - в Страну Предков*. Кемерово：Кемеровское Книжное Издательство. 1966.

⑥ Окладников А. П.，Мартынов А. И.，*Сокровища Томских Писаниц. Наскальные Рисунки Эпохи Неолита и Бронзы*. Москва：Искусство，1972с.

⑦ Чернецов В. Н.，*Наскальные Изображения Урала*. Москва：Наука，1964（1）.

⑧ Чернецов В. Н.，*Наскальные Изображения Урала*. Москва：Наука，1971（2）.

Чукотки: Петроглифы Пегтымеля）一书中对该地区岩画的作画时间、风格特征、思想内涵和艺术价值等进行了研究①。

该时期的岩画研究专家中，有两位需要特别关注，分别为 А. П. 奥克拉德尼科夫和 М. А. 杰夫列特。

苏联时期在岩画研究工作中做出特别重要贡献的学者当属 А. П. 奥克拉德尼科夫。从 20 世纪 50 年代至 80 年代，他出版了一系列研究安加拉河、勒拿河、托姆河、黑龙江、阿尔泰、外贝加尔以及蒙古等地岩画的专著，涉及岩画研究的各个方面，引起各国专家的高度关注。其发表的岩画类专著主要有：《希什基诺岩画——贝加尔湖地区古代文化遗存》（*Шишкинские Писаницы - Памятники Древней Культуры Прибайкалья*）（1959）②、《勒拿河岩画：希什基诺村附近岩石上的图画》（*Ленские Писаницы. Наскальные Рисунки у Деревни Шишкино*）（1959）③、《金角鹿：关于岩画中狩猎的故事》（*Олень Золотые Рога: Рассказы об Охоте за Наскальными Рисунками*）（1964）④、《安加拉河岩画》（*Петроглифы Ангары*）（1966）⑤、《古代阿穆尔的人面》（*Лики Древнего Амура*）（1968）⑥、《外贝加尔岩画》（*Петроглифы Забайкалья*）（1969）⑦、《阿穆尔河下游岩画》（*Петроглифы Нижнего Амура*）（1971）⑧、《中亚原始艺术的发祥地》（*Центрально - Азиатский Очаг Первобытного Искусства*）

---

① Диков Н. Н. *Наскальные Загадки Древней Чукотки: Петроглифы Пегтымеля*.

② Окладников А. П., *Шишкинские Писаницы - Памятники Древней Культуры Прибайкалья.* Иркутск: Иркутское Книжное Издательство, 1959.

③ Окладников А. П., Запорожская В. Д., *Ленские Писаницы. Наскальные Рисунки у Деревни Шишкино.* Москва - Ленинград: Издательство Академии Наук СССР, 1959.

④ Окладников А. П., *Олень Золотые Рога: Рассказы об Охоте за Наскальными Рисунками.* Ленинград - Москва: Искусство, 1964. 该书在 1989 年由哈巴罗夫斯克的书籍出版社（Хабаровск Книжное Издательство）再版。

⑤ Окладников А. П., *Петроглифы Ангары.* Москва - Ленинград: Наука, 1966.

⑥ Окладников А. П., *Лики Древнего Амура.* Новосибирск: Западно - Сибирское Книжное Издательство, 1968.

⑦ Окладников А. П., Запорожская В. Д., *Петроглифы Забайкалья.* Ленинград: Наука, 1969.

⑧ Окладников А. П., *Петроглифы Нижнего Амура.*

(1972)①、《托姆河岩画珍宝：新石器时代和青铜时代的岩画》（*Сокровища Томских Писаниц. Наскальные Рисунки Эпохи Неолита и Бронзы*）（1972）②、《勒拿河中游岩画》（*Петроглифы Средней Лены*）（1972）③、《贝加尔湖岩画——西伯利亚居民的古代文化遗存》（*Петроглифы Байкала – Памятники Древней Культуры Народов Сибири*）（1974）④、《奥廖克马河和阿穆尔河上游岩画》（*Писаницы Реки Олёкма и Верхнего Приамурья*）（1976）⑤、《勒拿河上游岩画》（*Петроглифы Верхней Лены*）（1977）⑥、《叶兰加什河流域岩画（戈尔诺—阿尔泰南部）》［*Петроглифы Долины Реки Елангаш（юг Горного Алтая）*］（1979）⑦、《阿尔丹河流域岩画》（*Писаницы Бассейна Реки Алдан*）（1979）⑧、《戈尔诺—阿尔泰岩画》（*Петроглифы Горного Алтая*）（1980）⑨、《中亚岩画》（*Петроглифы Центральной Азии*）（1980）⑩、《贝加尔沿岸和外贝加尔地区新发现的岩画》（*Новые Петроглифы Прибайкалья и Забайкалья*）（1980）⑪、《蒙古岩画》（*Петроглифы Монголии*）（1981）⑫、《蒙古丘鲁丁—戈拉岩画》［*Петроглифы Чулутын – Гола（Монголия）*］（1981）⑬、《昌克

---

① Окладников А. П., *Центрально – Азиатский Очаг Первобытного Искусства*. Новосибирск：Наука，1972.

② Окладников А. П., Мартынов А. И., *Сокровища Томских Писаниц. Наскальные Рисунки Эпохи Неолита и Бронзы*.

③ Окладников А. П., Запорожская В. Д., *Петроглифы Средней Лены*.

④ Окладников А. П., *Петроглифы Байкала – Памятники Древней Культуры Народов Сибири*.

⑤ Окладников А. П., Мазин А. И., *Писаницы Реки Олёкмы и Верхнего Приамурья*. Новосибирск：Наука，1976.

⑥ Окладников А. П., *Петроглифы Верхней Лены*. Ленинград：Наука. 1977.

⑦ Окладников А. П., Окладникова Е. А., Запорожская В. Д. и др., *Петроглифы Долины Реки Елангаш（юг Горного Алтая）*. Новосибирск：Наука，1979.

⑧ Окладников А. П., Мазин А. И., *Писаницы Бассейна Реки Алдан*. Новосибирск：Наука. 1979.

⑨ Окладников А. П., Окладникова Е. А., Запорожская В. Д. и др., *Петроглифы Горного Алтая*. Новосибирск：Наука，1980.

⑩ Окладников А. П., *Петроглифы Центральной Азии*. Ленинград：Наука，1980.

⑪ Окладников А. П., Молодин В. И., Конопацкий А. К., *Новые Петроглифы Прибайкалья и Забайкалья*. Новосибирск：Наука，1980.

⑫ Окладников А. П., *Петроглифы Монголии*. Ленинград：Наука，1980.

⑬ Окладников А. П., *Петроглифы Чулутын – Гола（Монголия）*. Новосибирск：Наука，1981.

尔—基奥里亚岩画》（*Петроглифы Чанкыр – Кёля*）（1981）①、《阿穆尔河下游卡里诺夫卡村附近岩画》（*Петроглифы у Села Калиновки на Нижнем Амуре*）（1981）②、《萨尔—萨塔克岩画》（*Петроглифы Сары – Сатак*）（1982）③、《克孜尔—基奥里亚的古代图画》（*Древние Рисунки Кызыл – Кёля*）（1985）④ 等。此外，还有大量关于岩画研究的论文。

　　在评价其岩画研究所取得成绩时，一位著名的欧洲原始艺术史家格尔伯特·库恩（Герберт Кюн）写信给 А. П. 奥克拉德尼科夫："你的工作将我带入一个令人吃惊的有关古代文化的新领域。无论如何都想不到，在遥远寒冷的西伯利亚会有如此原始和富有表达力的艺术。"⑤ 在体例安排上，他的每本专著都首先介绍该处岩画的研究历史，之后介绍岩画点的情况，对岩画进行断代，进而对岩画所包含的历史、文化以及宗教观念等进行分析。这种岩画研究方法被后来的俄国学者普遍接受，与中国 20 世纪 80 年代出版的岩画研究著作体例上也有众多相似之处⑥。从某种意义上说，А. П. 奥克拉德尼科夫是苏联学术界将现代考古学与岩画科学相结合的一位开拓者，他的岩画研究方法在苏联和后来的俄罗斯都有着众多的追随者。

　　而 М. А. 杰夫列特则在图瓦地区的岩画研究中做出了非常重要的贡献。她不仅对整个上叶尼塞河地区萨彦峡谷内的岩画进行了系统介绍，而且对众多岩画点分别用专著进行单独研究。事实上，该作者的研究领域不仅限于上叶尼塞河地区，部分也涉及中叶尼塞河的哈卡斯—米努辛斯克盆地。1976 年她首次出版了《大巴雅尔岩画》（*Большая Боярская Писаница*）⑦ 和《乌鲁克—海姆岩画》（*Петроглифы Улуг –*

---

① Окладников А. П. , *Петроглифы Чанкыр – Кёля*. Новосибирск：Наука，1981.

② Окладников А. П. , *Петроглифы у Села Калиновки на Нижнем Амуре*. В Убрятова Е. И. （отв. ред.），Языки и фольклор Народов Севера. Новосибирск：Наука，1981.

③ Окладников А. П. , *Петроглифы Сары – Сатак*. Новосибирск：Наука，1982.

④ Окладников А. П. , Окладникова Е. А. , *Древние Рисунки Кызыл – Кёля*. Новосибирск：Наука，1985.

⑤ Васильевский Р. С. （отв. ред.），*Наскальные Рисунки Евразии. Первобытное Искусство*. Новосибирск：Наука，1992，с. 6.

⑥ 关于 А. П. 奥克拉德尼科夫的岩画研究历史，请参考肖波：《苏联考古学家 А. П. 奥克拉德尼科夫岩画研究学术史回顾》，《北方民族考古》2017 年第 4 期。

⑦ Дэвлет М. А. , *Большая Боярская Писаница*. Москва：Наука，1976.

Xema)① 两部著作。前者对哈卡斯草原的大巴雅尔岩画进行了研究；后者则是对叶尼塞河上游图瓦地区的岩画进行了比较系统的研究。1980 年出版了《穆古尔—苏古尔岩画》（*Петроглифы Мугур - Саргола*）② 一书，叶尼塞河上游的穆古尔—苏古尔岩画点以人面像为主，均为敲凿而成，具有强烈的地方性特征。随后，她又先后出版了《叶尼塞河上游地区的岩画》（*Петроглифы Верхнего Енисея*）（1981）③、《游牧之路上的岩画》（*Петроглифы на Кочевой Тропе*）（1982）④、《乌鲁克—海姆的石书》（*Листы Каменной Книги Улуг - Хема*）（1990）⑤ 等三部著作，继续对叶尼塞河上游地区的相关岩画点进行系统性的研究。这些著作不仅包括岩画遗迹的资料，而且包括相关的学术史回顾和对主要岩画研究人物的学术活动介绍，而主要的研究方法则是考古学与民族学材料的综合比对法，力图通过器物对比来判定岩画的年代，与中国岩画学界通常使用的方法非常类似。此外，作者还发表了大量的文章对岩画进行专题性的研究⑥。必须指出的是，在 20 世纪 80 年代末，当萨彦—舒申斯克水电站建成后，上叶尼塞地区许多岩画点都被淹没了，她的这些成果几乎成了我们开展这一地区岩画研究的唯一参考资料，具有特别重要的意义。

此外，M. A. 杰夫列特还是"神话学派"最坚定的支持者之一。她认为，岩画图像的解释必须置于岩画场景中，岩画不能仅仅被看作是与自然环境隔离的图画，还应该研究其功用及具体使用方式。岩画场景反映的是古代神话题材，古人的宗教神话观念"物化"在古代的绘画和雕塑等造型艺术中。她坚决反对将岩画仅视为一种单纯的图像或者语言文字的研究方法。近年来，M. A. 杰夫列特这种神话思维在其与 E. Г. 杰夫列特的合著中得到更进一步的体现。其主要逻辑前提是：古人通过神话这个中介来认识世界。从广义上讲，神话是一种最早的特殊思维形式、理解世界的

---

① Дэвлет М. А., *Петроглифы Улуг - Хема*. Москва：Наука，1976.

② Дэвлет М. А., *Петроглифы Мугур - Саргола*. Москва：Наука，1980.

③ Дэвлет М. А., *Петроглифы Верхнего Енисея*. В Рыбаков Б. А. （отв. ред.），Археологические Открытия 1980 Года. Москва：Наука，1981.

④ Дэвлет М. А., *Петроглифы на Кочевой Тропе*.

⑤ Дэвлет М. А., *Листы Каменной Книги Улуг - Хема*. Кызыл：Тувинское Книжное Издательство，1990.

⑥ 关于 M. A. 杰夫列特的岩画研究历史，请参考肖波：《俄罗斯考古学家 M. A. 杰夫列特岩画研究学术史回顾》，《北方民族考古》2018 年第 5 期。

方式、精神文化的原始形态，构成了一个广泛的精神世界层面，是全人类共同经过的意识阶段。概而要之，神话反映了宇宙的根本问题①。

而对于邻近图瓦的哈卡斯—米努辛斯克盆地，Н. В. 利奥季耶夫开展了较多的研究。1969 年，在《昆杜苏克壁画》（*Кундусукские Росписи*）一文中，他对该地区的昆杜苏克岩画进行了研究②；在 1971 年发表的《阿巴坎河右岸的岩画》（*Писаницы Правобережья р. Абакана*）一文中，他又对阿巴坎河右支流小阿尔巴特（Малый Арбат）河右岸地区的岩画进行了介绍，并对其研究历史进行了回顾③；在 1976 年发表的《卡罗威宽谷岩石上的图画——关于奥库涅夫文化人形图像的分期问题》［*Наскальные Рисунки Коровьего Лога*（к Вопросу о Периодизации Антропоморфных Изображений Окуневской Культуры）］④ 一文中，他进一步对米努辛斯克盆地卡罗威谷地的岩画进行了研究，该地区岩画用红色颜料绘制，与奥库涅夫文化非常相似，特点非常鲜明，图像的内容根据不同的风格特点又可以进一步分期。除了这些地域性的研究之外，一些学者也尝试着以更宽广的视角来讨论南西伯利亚地区的岩画。最典型的例子是 Я. А. 舍尔在《中亚和内亚岩画》（*Петроглифы Средней и Центральной Азии*）一书中对苏联中亚地区岩画进行的探讨。从涉及的地理范围来看，主要包括中亚五国以及南西伯利亚的萨彦—阿尔泰和米努辛斯克盆地。作者力图通过广泛的比较研究来解释中亚和内亚岩画中普遍存在的一些内容和题材⑤。

此外，西伯利亚东南端的岩画则位于黑龙江和乌苏里江地区。1986 年，А. И. 马金在《阿穆尔河沿岸泰加森林中的岩画》（*Таежные Писаницы Приамурья*）一书中对黑龙江沿岸原始森林岩画的研究历史、年代以及作画民族等进行了探讨⑥。这一时

① Дэвлет Е. Г., Дэвлет М. А. *Мифы в Камне. Мир Наскального Искусства России*, с. 75.

② Леонтьев Н. В., *Кундусукские Росписи*. Советская Археология, 1969 (4).

③ Леонтьев Н. В., *Писаницы Правобережья Р. Абакана*. В Рыбаков Б. А. (отв. ред.), Археологические Открытия 1969 Года. Москва：Наука, 1970.

④ Леонтьев Н. В., *Наскальные Рисунки Коровьего Лога*（к Вопросу о Периодизации Антропоморфных Изображений Окуневской Культуры）. Известия Сибирского Отделения Академии Наук СССР, 1976 (3).

⑤ Шер Я. А., *Петроглифы Средней и Центральной Азии*.

⑥ Мазин А. И., *Таежные Писаницы Приамурья*. Новосибирск：Наука, 1986.

期，除了对本地区的岩画进行研究之外，一些学者还将视野投向域外，试图通过对某个主题的探讨，来研究该类型岩画在某个地区的分布特点，并试图追溯其整个起源和流变的过程。最典型的例子是 E. A. 奥克拉德尼科娃 1979 年所著的《神秘的亚洲和美洲人面》（*Загадочные Личины Азии и Америки*）一书，对美洲西北海岸的人面像岩画进行了研究，探讨其风格、年代以及相关的印第安人社会组织[①]。而在 1990 年出版的《北美太平洋沿岸岩画图像系统中的宇宙模型》（*Модель Вселенной в Системе Образов Наскального Искусства Тихоокеанского Побережья Северной Америки.*）一书中，作者运用考古学、人类学、语言学和民俗学材料，将西伯利亚和北美太平洋沿岸岩画中的许多场景解释为宇宙模型的图像，进而揭示出其中的相似元素，以解决两个大陆古代居民的文化联系问题[②]。

随着研究的逐步展开，苏联岩画学界也开始走向联合。1990 年，苏联科学院考古学会组织召开了苏联岩画大会，共有来自 26 个科研机构的 40 多位学者提交了文章，会上对苏联岩画研究的现状进行了讨论。随后，这次会议的论文结集出版，分为一般问题、西北部和西部、乌拉尔、高加索、中亚和哈萨克斯坦、西伯利亚和远东等 6 个部分进行论述，涉及苏联岩画的各个分布区。集中展现了奥涅加湖、乌拉尔、阿尔泰山、黑龙江下游、贝加尔湖沿岸和楚科奇等地区岩画的思想内涵；重构了新石器时代亚洲北部、西伯利亚南部和中亚草原游牧民族的宇宙观和伦理观念；分析了米努辛斯克盆地古代造型艺术中部落武士的形象；详细研究了岩画艺术品的保护问题并通报了国外岩画点的情况[③]。

经过这一时期的研究，学者们已经大致弄清西伯利亚岩画的基本情况，如岩画点的数量、分布范围、年代、内容、艺术风格等，并对西伯利亚岩画与周边地区岩画之间的关系进行了初步探讨。而其中一个显著的特点就是形成了一个完整的架构，涉及岩画研究的诸多方面，为后来的深入研究奠定了坚实的基础。但是，此时的岩画研究还较少针对某个岩画主题进行系统研究。以人面像岩画为例，除个别学者外，

---

① Окладникова Е. А. , *Загадочные Личины Азии и Америки.* Новосибирск：Наука，1979.

② Окладникова Е. А. , *Модель Вселенной в Системе Образов Наскального Искусства Тихоокеанского Побережья Северной Америки.* Санкт‐Петербург：МАЭ РАН，1995.

③ Дэвлет М. А. （отв. ред.）, *Проблемы Изучения Наскальных Изображений в СССР.* Москва：Наука，1990.

绝大多数研究者只是将其作为整个地区岩画的一部分加以论述，但有关该类型岩画本身的一些问题，如分布范围、类型特点、艺术特征、文化内涵以及与考古学文化的关系等都论述得不够，严重限制了岩画研究的深入发展。另外，必须注意到，此时的岩画研究受到考古学的巨大影响。从这一时期在西伯利亚岩画研究中做出重大贡献的学者来看，绝大多数也都具有考古学背景。虽然考古学的调查、记录，以及地层学、类型学和科学测年方法都曾为岩画学科的发展发挥过重要作用，但除了考古学之外，岩画研究还涉及美术史、宗教学、民族学、人类学等诸多学科，这些学科的参与也同样必不可少。

（三）苏联解体至今：西伯利亚岩画研究向深层次发展

苏联解体后，俄罗斯学者继续在西伯利亚地区开展岩画研究。这一时期的显著特点是，除了对新发现的岩画进行专门著述外，学者们的主要精力开始转向对诸如岩画的年代、内涵、与周边岩画的关系等问题进行深入探讨。与此同时，国际交流与合作也日趋频繁，一些新材料、新技术、新方法被引进俄罗斯岩画学界，进一步促进了岩画研究向深层次发展。

1992 年，俄罗斯科学院西伯利亚分院出版了《欧亚岩画——原始艺术》（*Наскальные Рисунки Евразии. Первобытное Искусство.*）一书，收录了 15 位作者的文章，从不同方面对西伯利亚多个地区的岩画进行了论述①。1993 年，И. В. 科夫通（Ковтун И. В.）所著的《悬石上的岩画和托姆河岩画的年代》（*Петроглифы Висящего Камня и Хронология Томских Писаниц*）对托木斯克地区的岩画进行了详细的记录，初步分析其年代，并将该地区的岩画与周边地区的类似形象进行广泛比较，力图理清其相互关系②。同年 М. А. 杰夫列特等人主编的《岩石艺术遗迹》（*Памятники Наскального Искусства*）一书收录了 11 篇文章，对勒拿河上游、希什基诺、戈尔诺—阿尔泰以及乌兹别克斯坦等地的岩画进行了研究③。1997 年，Е. Е. 菲利普波娃（Филиппова Е. Е.）在《中叶尼塞河葬仪中的岩画及其在卡拉苏克部落

---

①　Васильевский Р. С.（отв. ред.），*Наскальные Рисунки Евразии. Первобытное Искусство.*

②　Ковтун И. В.，*Петроглифы Висящего Камня и Хронология Томских Писаниц.*

③　Дэвлет М. А. и др.，*Памятники Наскального Искусства.* Москва：Институт Археологии Российской Академии Наук，1993.

思想观念中的地位》（*Погребальные Петроглифы Среднего Енисея и Их Место в Идеологических Представлениях Карасукских Племен*）一文中，对中叶尼塞河地区属于卡拉苏克文化的部分岩画主题进行了探讨①。2002 年，А. А. 提什金（Тишкин А. А.）和 В. В. 戈尔布诺夫（Горбунов В. В.）发表了《阿尔泰的中世纪战士》（*Средневековые Воины Алтая*）一文，对该地区岩画中的骑士形象进行了分析②。2004 年，А. Е. 罗格任斯基（Рогожинский А. Е.）主编的《中亚岩石艺术遗迹：社会参与、管理、保护和存档》（*Памятники Наскального Искусства Центральной Азии：Общественное Участие，Менеджмент，Консервация，Документация*）一书中，共收录了 19 篇文章，对阿尔泰、图瓦、米努辛斯克以及中亚的哈萨克斯坦、吉尔吉斯斯坦、乌兹别克斯坦、阿塞拜疆等地的岩画进行了相关研究③。同年，Ю. С. 胡佳科夫（Худяков Ю. С.）发表了《米努辛斯克盆地岩画中早期铁器时代和匈奴—萨尔马特时期战士图像的风格特征》（*Стилистические Особенности Изображения Воинов на Петроглифах Раннего Железного Века и Хунно－Сарматского Времени в Минусинской Котловине*）一文，对米努辛斯克盆地岩画中上述时期的战士图像及其时代、风格和组织结构进行了分析和探讨④。次年，在《根据米努辛斯克盆地岩画中斯基泰和匈奴时期的武器图像进行断代》（*Изображения Оружия на Петроглифах Скифского и Хуннского Времени в Минусинской Котловине как Хронологический Индикатор*）一文中，他进一步将出土文物中所见的斯基泰和匈奴时期的武器与岩画

① Филиппова Е. Е.，*Погребальные Петроглифы Среднего Енисея и Их Место в Идеологических Представлениях Карасукских Племен*. В Белоцерковская И. В.（отв. ред.），Археологический Сборник. Погребальный Обряд.（Труды Государственного Исторического Музея）. Вып. 93. Москва：Государственный Исторический Музей，1997.

② Тишкин А. А.，Горбунов В. В.，*Средневековые Воины Алтая*. Природа，2002（9）.

③ Рогожинский А. Е.（отв. ред.），*Памятники Наскального Искусства Центральной Азии：Общественное Участие，Менеджмент，Консервация，Документация*. Алматы：Искандер，2004.

④ Худяков Ю. С.，*Стилистические Особенности Изображения Воинов на Петроглифах Раннего Железного Века и Хунно－Сарматского Времени в Минусинской Котловине*. В Савинов Д. Г.（отв. ред.），Изобразительные Памятники：Стиль，Эпоха，Композиции. Санкт－Петербург：Исторический факультет Санкт－Петербургский Государственный Университет，2004，с. 317 –319.

中的相关形象进行比较，并据此对该地区的岩画进行断代①。2007 年，E. A. 米克拉
舍维奇（Миклашевич Е. А.）在《1995～1999 年亚洲北部和中部地区的岩画研究》
（Исследование Наскального Искусства Северной и Центральной Азии в1995 – 1999 гг）
一文中，对西伯利亚、蒙古、哈萨克斯坦、吉尔吉斯斯坦、乌兹别克斯坦和塔吉克
斯坦新发现的岩画进行了概述②。同年，俄罗斯学者 E. C. 安林斯基（Аннинский Е.
С.）等人所著的《叶尼塞河中部的岩画艺术：从石器时代到中世纪》（Наскальное
Искусство Среднего Енисея. От Каменного Века до Средневековья）一书对中叶尼塞河
地区岩画研究的历史进行了综述，并对该地区的岩画分布情况进行了介绍③。此外，
这一时期比较重要的成果还有 А. Л. 扎伊卡对安加拉河以及叶尼塞河流域人面像岩画
的相关研究。关于其研究成果，下文将重点论述。

　　进入 20 世纪 90 年代以后，М. А. 杰夫列特继续开展西伯利亚岩画的相关研究。
此外，受母亲的影响，其女儿 Е. Г. 杰夫列特（Дэвлет Е. Г.）也成长为一名著名的
岩画研究专家，她们单独或者合作完成了一系列关于西伯利亚岩画研究的书籍和文
章。在 1992 年发表的《南西伯利亚和中亚最古老的人像》 （Древнейшие
Антропоморфные Изображения Южной Сибири и Центральной Азии）一文中，М. А.
杰夫列特对该地区的人像和人面像岩画进行了系统研究，并对部分图像的内涵进行
了分析④。在随后出版的《叶尼塞河岩画：研究历史》 ［Петроглифы Енисея.
История Изучения（XVIII – начало XX вв.）］（1996）⑤、《萨彦海底部的岩画：阿尔

①　Худяков Ю. С., Изображения Оружия на Петроглифах Скифского и Хуннского Времени в Минусинской
Котловине как Хронологический Индикатор. В Дэвлет Е. Г. （ред.）, Мир Наскального Искусства
（Сборник Докладов Международной Конференции）. Москва：Институт Археологии Российской
Академии Наук, 2005, с. 263 – 266.

②　Миклашевич Е. А., Исследование Наскального Искусства Северной и Центральной Азии в1995 – 1999
гг. Кемерово：Кузбассвузиздат, 2007.

③　Аннинский Е. С., Заика А. Л., Наскальное Искусство Среднего Енисея. От Каменного Века до
Средневековья. Железногорск：Фонд《Память о Решетнёве》, 2007.

④　Дэвлет М. А., Древнейшие Антропоморфные Изображения Южной Сибири и Центральной Азии. В
Васильевский Р. С. （ред.）, Наскальные Рисунки Евразии. Первобытное Искусство, с. 29.

⑤　Дэвлет М. А., Петроглифы Енисея. История Изучения（XVIII – Начало XX вв）.

德—莫扎加》［ *Петроглифы на Дне Саянского Моря（Гора Алды − Мозага）* ］
（1998）①、《叶尼塞河萨彦峡谷的石质 "指南针"》（ *Каменный《Компас》в Саянском*
Каньоне Енисея ）（2004）②、《莫扎加—科穆扎普——萨彦水电站淹没区的岩画遗迹》
（ *Мозага − Комужап — Памятник Наскального Искусствава в Зоне Затопления*
Саянской ГЭС ）（2009）③ 等著作中对该地区的岩画研究历史作了全面回顾，根据早
期调查的材料将一些已经淹没而没来得及整理的岩画资料加以整理出版，既包括整
体性的研究，也包括单个岩画点的分别研究。至于 M. A. 杰夫列特和 E. Г. 杰夫列特
合作的成果，最具代表性的就是 2005 年出版的《岩石中的神话：俄罗斯的岩画世
界》（ *Мифы в Камне. Мир Наскального Искусства России* ）一书④。该书对俄罗斯的
岩画进行了全方位的研究，分别介绍主要岩画分布区，并对代表性的岩画图像进行
了专题研究。此外，作者还用了相当的篇幅介绍西伯利亚岩画中所包含的神话
观念，同时也对岩画中所反映的萨满教观念进行了较为深入的探讨。

如果说 M. A. 杰夫列特关注的焦点是叶尼塞河地区的岩画，主要运用传统的考
古学和民族学的研究方法，那么 E. Г. 杰夫列特的研究范围要广得多，方法上也更加
多样化，由于经常和国际同行交流，对岩画前沿动态比较熟悉，在岩画研究中能更
多地使用现代技术。例如，她和 E. Ю. 吉利亚（Гиря E. Ю.）在 2010 年发表的《关
于岩画制作技术研究方法的若干成果》 （ *Некоторые Результаты Разработки*
Методики Изучения Техники Выполнения Петроглифов Пикетажем ）一文中，对楚科
奇半岛佩格特梅利岩画（Петроглиф Пегтымель）和中叶尼塞河沙拉博利诺岩画
（Шалоболинская Писаница）的制作技术进行了研究，对敲凿类岩画的打击点进行了
微痕分析，进而对使用的究竟是金属工具还是石质工具做出了区分，并提出对岩画

① Дэвлет M. A. ， *Петроглифы на Дне Саянского Моря（Гора Алды − Мозага）* . Москва：Памятники
　 Исторической Мысли， 1998.
② Дэвлет M. A. ， *Каменный《Компас》в Саянском Каньоне Енисея.* Москва：Научный Мир， 2004.
③ Дэвлет M. A. ， *Мозага − Комужап — Памятник Наскального Искусствава в Зоне Затопления Саянской*
　 ГЭС. Москва：Институт Археологии Российской Академии Наук， 2009.
④ Дэвлет E. Г. ， Дэвлет M. A. ， *Мифы в Камне. Мир Наскального Искусства России.*

进行技术分析的一些具体原则①。在次年发表的《岩画中的"图层"和北亚岩画的制作技术研究》(《Изобразительный Пласт》 в Наскальном Искусстве и Исследовании Техники Выполнения Петроглифов Северной Евразии)一文中，他们又对上述地区岩画的制作技术进行了微痕分析，通过实验考古学的方式将不同材质工具产生的打击点与岩画的击打痕迹进行对比，分析不同工具的打击效果②。

这一时期对阿尔泰岩画研究做出特别贡献的当属 В. Д. 库巴列夫。在 2001 年发表的《阿尔泰地区岩画和墓葬壁画中的萨满教主题》(Шаманистские Сюжеты в Петроглифах и Погребальных Росписях Алтая)一文中，他利用萨满教的理论对该地区岩画和卡拉科尔墓葬中一些戴有冠饰的人形图像进行了分析③。而其最主要的成就，当属对阿尔泰地区大约 200 个岩画点基本信息的记录，尤其是对卡尔巴克—塔什 (Калбак – Таша)岩画群的全面研究。作者将在该岩画群多年工作的成果整理并出版了 4 部专著，即 1992 年与 Е. П. 马托奇金 (Маточкин Е. П.)合作出版的《阿尔泰岩画》(Петроглифы Алтая)④，1996 年与 Е. 杰克布森合作出版的法文版《南西伯利亚 3：卡尔巴克—塔什 I（阿尔泰共和国）》[Sibérie du sud 3 : Kalbak – Tash I (République de l'Altai)]⑤，2003 年出版的《阿尔泰岩石艺术》(Наскальное Искусство Алтая)⑥，以及 2011 年出版的《卡尔巴克—塔什 I 号岩画点（阿尔泰共

① Гиря Е. Ю. , Дэвлет Е. Г. , Некоторые Результаты Разработки Методики Изучения Техники Выполнения Петроглифов Пикетажем. Уральский Исторический Вестник , 2010 (1) .

② Дэвлет Е. Г. , Гиря Е. Ю. , 《Изобразительный Пласт》 в Наскальном Искусстве и Исследовании Техники Выполнения Петроглифов Северной Евразии. В Бобров В. В. , Советова О. С. , Миклашевич Е. А. （ред.）, Древнее Искусство в Зеркале Археологии. К 70 – летию Д. Г. Савинова. Кемерово： Кузбассвузиздат , 2011, С. 186 – 201.

③ Кубарев В. Д. , Шаманистские Сюжеты в Петроглифах и Погребальных Росписях Алтая. Древности Алтая , 2001 (6) .

④ Кубарев В. Д. , Маточкин Е. П. , Петроглифы Алтая. Новосибирск： Институт Археологии и Этнографии Сибирское Отделение Российской Академии Наук , 1992.

⑤ Kubarev D. , Jakobson E. , Sibérie du Sud 3 : Kalbak – Tash I (République de l'Altai) . In H. – P. Francfort. , Ja. A. Sher. (eds.), Mémoires de la Mission Archéologique Française en Asie Centrale , t. V. 6) . – (Répertoire des Pétroglyphes d'Asie Centrale , N 3) . Paris： De Boccard , 1996.

⑥ Кубарев В. Д. , Наскальное Искусство Алтая. Новосибирск： Институт Археологии и Этнографии Сибирское Отделение Российской Академии Наук , 2003.

和国）》［*Петроглифы Калбак – Таша I（Российский Алтай）*］①。最后一部制作尤其精良，除了用照片、平面图和临摹图对该岩画点的情况进行详细说明外，还广泛使用考古学和民族学材料对岩画进行年代研究。总而言之，该书对开展该地区岩画研究乃至相关历史文化研究均具有非常重要的意义。此外，他还于1993～2006年对蒙古阿尔泰地区的岩画进行过专门的调查和研究，这些工作均是在俄、美、蒙三方合作框架下完成的，主要依托于"阿尔泰的古代艺术"（*Древнее Искусство Алтая*）和"中亚岩画全集"（*Корпус Петроглифов Центральной Азии*）两个国际合作项目，两个项目的参与者包括美国俄勒冈大学、法国国家科学研究中心、蒙古科学院历史研究所、日本民族学博物馆、韩国高句丽历史研究所以及韩国岩画学会等高校和研究机构的学者。基于以上工作，В. Д. 库巴列夫及其国际同行发表了超过100篇文章和专著。其中俄文专著两部，分别为《查干—萨拉和巴加—奥伊古尔岩画（蒙古阿尔泰）》［*Петроглифы Цагаан – Салаа и Бага – Ойгура（Монгольский Алтай）*］②和《什文恩特—海尔汗岩画（蒙古阿尔泰）》［*Петроглифы Шивээт – Хайрхана（Монгольский Алтай）*］③，此外还有几部蒙文专著。其研究方法基本与卡尔巴克—塔什岩画点的研究方法相同。另外，必须指出的是，蒙古地区的岩画研究是В. Д. 库巴列夫俄罗斯阿尔泰地区研究工作的自然延续。因为上述地区之间自古以来就有交通联系和文化交往，因此有必要将其作为一个整体进行系统研究。

在图像的解读过程中，В. Д. 库巴列夫特别强调"语境"的意义，尤其关注符号类图像在整幅画面中所起的作用（图0.4）。他指出："在青铜时代早期的阿尔泰（指俄罗斯阿尔泰）和蒙古地区，艺术家们（萨满或者调停人）描绘了各种野生和家养的动物图像，并通常赋予其神圣的职能。为达到此目的，艺术家们设计了一种用各种魔法符号标记神圣动物的简单方法，将其放置在图像旁边，直接与星象和原始

---

① Кубарев В. Д., *Петроглифы Калбак – Таша I（Российский Алтай）*.

② Кубарев В. Д., Цэвээндорж Д., Якобсон Э., *Петроглифы Цагаан – Салаа и Бага – Ойгура（Монгольский Алтай）*. Новосибирск：Институт Археологии и Этнографии Сибирское Отделение Российской Академии Наук，2005.

③ Кубарев В. Д., *Петроглифы Шивээт – Хайрхана（Монгольский Алтай）*. Новосибирск：Институт Археологии и Этнографии Сибирское Отделение Российской Академии Наук，2009.

魔法有关。"① 这种组合类似于象形文字组成的语句，在某些情况下可以非常有效地
解释几千年前发生的仪式和与仪式有关的故事情节，甚至可以近似解读出阿尔泰山
脉古代居民的某些神话内核。许多具有神格特征的岩画通常出现在发达的青铜时代
和古代游牧民族时期。在俄罗斯和蒙古的阿尔泰地区，这些符号主要是圆盘、圆环
和螺旋形图案，通常出现在含有动物图像的大型画面中，或者动物的角部、躯干和
尾巴处带有圆盘，圆盘的外部有一圈射线状的线条，看上去像太阳（图 0.5）。这些太
阳符号无疑是"天"的象征，与动物图像进行组合，从而赋予后者神圣性。不同动物
的创作者可能不同，代表的含义可能不同，反映的宗教观念也可能不同。因此，马、公
牛和鹿等动物图像都应结合具体的语境以及各个民族的宗教神话进行解读。但是，动
物究竟是作为神、神的献祭物，抑或是萨满通天的助手还需要进一步分析。另外，某些
相同的观念也可能会以不同的形式表现出来，比如某些马描绘了翅膀的形象，象征着
天马，巨大的鹿角象征着飞升，公牛角形成的环状物内的圆盘象征着太阳和月亮，这些
形象与动物和太阳的组合图像类似，均表示其与"天"的密切关系，赋予动物某种神
圣性，而整个岩画点也可以视为伊利亚德所称谓的"神圣空间"②。

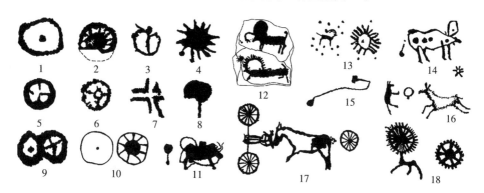

图 0.4　星体标志和不同形状的符号（采自 Кубарев В. Д., Мифы и Ритуалы, Запечатленные
　　　в Петроглифах Алтая）

　1~8、17. 查干—萨拉/巴加—奥伊古尔　9、12、13、18. 查干—格尔　10、11、15、16. 哈尔—萨拉
　14. 伊尔比斯图（1~13、15~18：蒙古阿尔泰；14：俄罗斯阿尔泰）

① Кубарев В. Д., Мифы и Ритуалы, Запечатленные в Петроглифах Алтая. Археология, Этнография и
　Антропология Евразии, 2006（3）.
② [罗马尼亚] 米尔恰·伊利亚德：《神圣与世俗》，王建光译，北京：华夏出版社，2002 年，第 1~31 页。

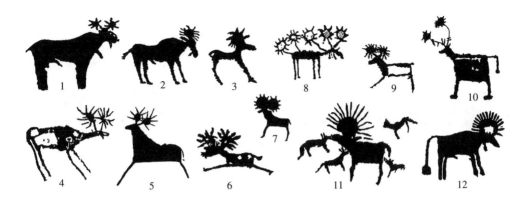

图 0.5　带有太阳形角状物的动物图像（采自 Кубарев В. Д.，*Мифы и Ритуалы，Запечатленные в Петроглифах Алтая*）

1～6、8、10、12. 查干—萨拉/巴加—奥伊古尔　7. 希弗耶特—哈伊尔汗　9. 伊尔比斯图　11. 哈尔—丘鲁乌（1～8、10～12：蒙古阿尔泰；9：俄罗斯阿尔泰）

　　此外，阿尔泰岩画中广泛存在着成对出现的人物、鹿、马、公牛以及其他各种动物图像，有时甚至表现为交配的姿势（图 0.6）。这些图像是古代双生崇拜的反映或孑遗。在印度—伊朗神话中双胞胎阿什维那（Ашвины），即太阳的儿子和母马阿什维尼能给人们带来财富和生育。印度诗歌《梨俱吠陀》中记载的双胞胎要么是驾驶战车飞驰的年轻人，要么是神奇的马[1]。中亚牧民对双胞胎的崇拜可以追溯到哈萨克斯坦的英雄史诗，这里有关于用双胞胎所生的马作为祭品的记载[2]。马也是古印度太阳神苏利耶（Surya）的化身。苏利耶与妻子曾以马的形象生下一对双胞胎儿子，称为阿湿毗尼，即"马生"，在中国典籍中被意译为"双马童"，他们后来成为朝霞、晚霞和星光之神[3]。根据中国古代神话记载，"治水成功的禹，据说有一匹叫作'飞菟'的神马，一天当中能够驰行三万里，受了禹德行的感召，自然地来到禹的宫廷，做了他的坐骑。又据说有一头会说话的走兽，名叫'跰蹄'，原是后土的家畜，大约也是马，也来做了禹的坐骑"[4]。В. Д. 库巴列夫指出："中国古代神话中这种被唤作

① Иванов В. В.，*Опыт Истолкования Древнеиндийских Ритуальных Мифологических Терминов，Образованных от Asva - Конь*. В Зограф Г. А.，Топоров В. Н.（отв. ред.），Проблемы Истории Языков и Культуры Народов Индии. Москва：Наука，1974，с. 107.

② Кобланды - Батыр，*Казахский Героический Эпос*. Москва：Наука，1975，с. 260.

③ 祖晓伟：《神话学视域下的人—马关系》，《陕西师范大学学报》（哲学社会科学版）2014 年第 5 期。

④ 袁珂：《中国古代神话》，北京：中华书局，1981 年，第 227 页。

'飞菟'和'趹蹄'的神马，显然借用了印欧神话中关于神奇天马的思想。"① 随后，B. Д. 库巴列夫进一步认为马的图像普遍与天堂和太阳崇拜有关②。

图 0.6 岩画中成对出现的马（采自 Кубарев В. Д., *Мифы и Ритуалы, Запечатленные в Петроглифах Алтая*）
1. 卡尔巴克—塔什 2 ~ 3. 查干—萨拉（1：俄罗斯阿尔泰；2 ~ 3：蒙古阿尔泰）

从 B. Д. 库巴列夫岩画研究历史来看，在释读岩画内容过程中，综合运用了各种理论学说，如神话学、宗教学，甚至结构主义的句法论、语法论等。基本原则就是具体问题具体分析，避免用唯一的解释理论对所有岩画进行单维度的解读。

此外，这一时期其他国家的学者也开始关注西伯利亚地区的岩画。如美国学者爱丽丝·特拉逊巴斯（Alice Tratebas）在《北美—西伯利亚的联系：地区岩画样式的多元统计》（*North American – Siberian Connections: Regional Rock Art Patterning Using Multivariate Statistics*）一文中对北美平原和南西伯利亚的岩画进行了比较研究③。而德国学者伯查得·布伦特杰斯（Burchard Brentjes）在《俄罗斯远东和西伯利亚岩画》（*Rock Art in Russian Far East and in Siberia*）一文中，根据 A. П. 奥克拉德尼科夫等人的研究成果，对西伯利亚地区黑龙江下游、雅库特、布尔亚特、贝加尔湖周边地区、蒙古、阿尔泰—图瓦、叶尼塞河、托姆河等地的岩画进行了介绍④。特别值得

---

① Кубарев В. Д., *Мифы и Ритуалы, Запечатленные в Петроглифах Алтая*. Археология, Этнография и Антропология Евразии, 2006 (3).

② Кубарев В. Д., *Мифы и Ритуалы, Запечатленные в Петроглифах Алтая*. Археология, Этнография и Антропология Евразии, 2006 (3).

③ Alice Tratebas, *North American – Siberian Connections: Regional Rock Art Patterning Using Multivariate Statistics*. In McDonald J., Veth P. (eds.), A companion to Rock Art. Oxford, Malden: Wiley – Blackwell, 2012, pp. 143 – 159.

④ Burchard Brentjes, *Rock Art in Russian Far East and in Siberia*, from http: //www. rupestre. net/tracce/? p = 2065.

一提的是澳大利亚学者罗伯特·贝德纳里克（英文为 Robert Bednarik，俄文译为 Р. Беднарик），他在这一时期与俄罗斯岩画学界保持着广泛的交流与合作，单独或合作发表了若干关于俄罗斯岩画研究的文章。在 1993 年发表的《俄罗斯奥涅加湖岩画的地理考古学断代》（*Geoarchaeological Dating of Petroglyphs at Lake Onega，Russia*）一文中，他使用微腐蚀断代法对奥涅加湖岩画进行直接断代，这也是该方法在世界上首次应用于岩画研究①。而在 1992 年发表的《关于保护岩画古迹工作的优先方向》（*Приоритетные Направления в Работах по Консервации Памятников Наскального Искусства*）一文中，他对岩画保护面临的问题进行了分析，并提出了岩画保护三原则：一是选择保护的优先方向；二是遵循保护的可逆性；三是对保护结果进行持续性观察和监督②。此后，在 2002 年发表的《勒拿河上游岩画古迹的保护》（*Консервация Памятников Наскального Искусства Верхней Лены*）中，他进一步对该地区岩画保护工作中应该注意的问题进行了探讨，而该文实际上是对前一篇文章具体应用的讨论③。

2006 年，韩国高句丽研究基金会组织了一次韩、俄联合岩画考察团，对南西伯利亚的哈卡斯—米努辛斯克盆地和图瓦地区的岩画进行了系统的调查和研究，韩国学者张硕皓（俄语：Чжан Со - Хо，韩语：장석호）参与了此次考察④。张硕皓 1986 年从韩国启明大学校美术学科毕业，毕业论文为《盘龟台岩刻画的造型性研究》；随后他于 1993 ~ 1994 年赴蒙古科学院历史研究所攻读硕士学位；硕士毕业后，他又赴俄罗斯科学院物质文化史研究所研究东亚和中亚地区的岩画，并于 1999 年获得博士学位，博士毕业论文为《中亚和东亚的岩画（文化历史发展及其解释问题）》[*Наскальные Изображения Центральной и Восточной Азии （Культурно -*

---

① Bednarik R. G.，*Geoarchaeological Dating of Petroglyphs at Lake Onega，Russia*. Geoarchaeology：An International Journal，Vol. 8，1993（6）.

② Васильевский Р. С.（отв. ред.），*Наскальные Рисунки Евразии. Первобытное Искусство*.

③ Беднарик Р.，Дэвлет Е. Г.，*Консервация Памятников Наскального Искусства Верхней Лены*. В Симченко Ю. В.，Тишков В. А.（ред.），Памятники Наскального Искусства.

④ 关于张硕皓的相关研究资料，由韩国庆北大学包永超博士提供，在此表示诚挚感谢。

Историческое Развитие и Вопросы Интерпретации）]①。事实上，早在 1999 年，他与其他一些韩国学者就已经考察过图瓦，并对该地区的岩画作过初步调查，而这次考察是之前研究工作的继续。这次联合考察持续了将近一个月的时间，不仅对叶尼塞河水库淹没区的岩画进行了调查，而且对图瓦和哈卡斯地区的其他岩画点进行了拍摄和复制。在张硕皓的帮助下，考察队用聚乙烯制作了非常精确的岩画复制品，这些复制品于次年在 H. A. 博科文科（Боковенко Н. А.）和张硕皓等人合作出版的《中亚岩画》（*Наскальные Изображения Центральной Азии*）② 一书中得到很好的体现。该书用俄、韩双语书写，对主要岩画点的情况进行了详细介绍并绘制临摹图，对不同题材的岩画年代进行了分析。

　　中国是世界上最早用文字记录岩画的国家，南北朝时期的地理学家郦道元在《水经注》中记载了中国境内十三个省的 20 多个岩画点③。但我国学者关于国外岩画研究的著作并不多，而有关俄罗斯西伯利亚岩画的论著更是没有，其研究散见于各种关于岩画和萨满教的书籍和文章中。如李淼、刘方编绘的《世界岩画资料图集》描绘了苏联白海、奥涅加湖、阿尔泰、米努辛斯克、贝加尔湖、勒拿河、马亚河等地的岩画图像，其中有一幅图像为人面像。但这仅是一本图录，没有研究性的文字说明④。李洪甫著《太平洋岩画——人类最古老的民俗文化遗迹》用专门一章对俄罗斯西伯利亚地区岩画进行了介绍，利用民族学、人类学、考古学等学科的资料，通过对岩画图像的对比研究，阐释了其在太平洋沿岸岩画中的桥梁作用⑤。陈兆复、邢琏著《外国岩画发现史》对俄罗斯黑龙江、西伯利亚地区的岩画进行了介绍，并对部分岩画点的内容进行剖析，探讨了其族属、作画目的及作画年代，其中最让人感兴趣的是其对人面像岩画与萨满教关系的论述⑥。冯恩学在《贝加尔湖岩画与辽代羽

---

① 　Чжан Со Хо, *Наскальные Изображения Центральной и Восточной Азии*（*Культурно - Историческое Развитие и Вопросы Интерпретации*）. Санкт - Петербург: Российская Академия Художеств, 1999.

② 　Боковенко Н. А. и др., *Наскальные Изображения Центральной Азии.* Без Места: Фонд Истории Северо - Восточной Азии, Институт Истории Материальной Культуры Российской Академии Наук, 2007.

③ 　陈兆复:《中国岩画发现史》，第 27 ~ 28 页。

④ 　李淼、刘方编《世界岩画资料图集》，北京:中国工人出版社, 1992 年，第 32 ~ 57 页。

⑤ 　李洪甫:《太平洋岩画——人类最古老的民俗文化遗迹》，上海文化出版社, 1997 年，第 435 ~ 448 页。

⑥ 　陈兆复、邢琏:《外国岩画发现史》，上海人民出版社, 1993 年，第 138 ~ 161 页。

厥里部》一文中，根据辽代契丹墓葬出土壁画，并结合相关文献和出土墓志，将贝加尔湖岩画与出土壁画中形象类似的图像断定为辽代羽厥里部的作品；而在《俄国东西伯利亚与远东考古》一书中他又用专章对西伯利亚东部地区的岩画进行了介绍①。潘玲在《蒙古和外贝加尔的赭石岩画的含义和年代》一文中根据我国辽西地区出土的一些动物造型器物，将该地区赭石岩画的年代断在公元前 1 千纪上半叶；并转引俄国学者的观点，认为其含义可分为两类，即草原地区畜牧生产生活情景的反映和祈求牲畜多产、种族繁衍的宗教信仰及其仪式的反映②。但是这些研究总体来说还比较零散，只能视作俄国学者研究的一种补充。

综观俄国学者的岩画研究方法，主要是将其视为一种文物实体，在断代的基础上，充分利用考古学、民族学材料揭露岩画中所包含的历史信息。英文中岩画被称为"Rock Art"，是指"岩石艺术"，说明其主要与艺术史产生密切关系，这从早期西方国家从事岩画研究学者的学术背景可窥一二，虽然在后期人类学派以及自然科学的方法大量介入，使这一倾向似乎有所弱化，但艺术史的研究方法始终在西方岩画研究中占有一席之地。在俄国，与"Rock Art"对应的一词是"Наскальное Искусство"，但这个词并不常用，通常使用的是"Петроглиф"（与其含义相同的词还有"Писаница"和"Наскальное Изображение"，不过"Писаница"通常更侧重于岩绘画）。从某种意义上说，后者与汉语中的"岩画"一词意思比较接近，更强调的是一种文物实体，这就决定了其与考古学关系密切，这从俄国岩画研究者的学术背景同样可以看出。这种对岩画定义的差异源于二者学术传统的不同，同时也决定了其研究路径及方法上的差异性。虽然中俄两国学术界均将岩画视为文物实体，但细微之处也有所区别。具体来说，俄国岩画主要集中在西伯利亚以及欧俄的极北地区，这些地方文献材料比较匮乏，而民族学资料却极为丰富，不少地区可以视为民族文化的活化石，如被众多学者视为最古老宗教形式的萨满教最初就是在这里被发现并介绍到全世界。而中国的情况可以说基本相反，一方面，除了极少数地区外（如云南某些地区的岩画点），并没有能与岩画关联起来的民族学资料；另一方面，

---

① 冯恩学：《贝加尔湖岩画与辽代羽厥里部》，《北方文物》2002 年第 1 期；冯恩学：《俄国东西伯利亚与远东考古》，长春：吉林大学出版社，2002 年，第 264～267 页。

② 潘玲：《蒙古和外贝加尔的赭石岩画的含义和年代》，《边疆考古研究》2005 年第 4 期。

中国有着悠久的治史传统，因此产生了浩瀚的文献资料，故岩画虽然与考古学关系密切，但更主要的是作为一种地上文物用来证史①。

二　人面像岩画研究的学术史回顾

本书的研究对象为俄罗斯叶尼塞河流域的人面像岩画，兼及中、俄人面像岩画之间的比较研究，现依据中、俄两国学者的研究成果对相关学术史作一番回顾。

（一）中国人面像岩画研究学术史回顾

我国学者对人面像岩画的关注由来已久。早在北魏郦道元所著《水经注》一书中就有关于人面像岩画的记载："渡流头滩十里，便得宜昌县也。江水又东迳狼尾滩百历人滩。袁山松曰：二滩相去二里。人滩水至峻峭，南岸有青石，夏没冬出，其石嵚崟，数十步中，悉作人面形，或大或小。其分明者，须发皆具，因名曰人滩也。"② 此后，零零散散的记载还有一些。但是，对其进行系统的科学研究则是非常晚近的事情。

我国学者对人面像岩画的研究成果较多，见于各类专著、论文以及考古学、岩画学和萨满教的研究材料中。专著类有宋耀良的《中国史前神格人面岩画》，这是关于我国人面像岩画研究的一部综合性著作，作者从分布范围与地理特征，图形特征与类型，制作技法与伴生符号，主要遗址，制作年代与制作者族属，符式的起源、传播与演变，性质与功能，对中国文化的意义，流向何处等九个方面对我国人面像岩画进行了全面总结。其最大贡献是发现了我国人面像岩画的三大分布带，并指出"各分布带上的中国人面岩画系一种同源文化传播所致"③，并大致勾画出了传播的方向、过程和阶段以及传播源。

关于人面像岩画研究的论文比较多，如宋耀良的《北太平洋地区的史前人面岩

---

① 这里的"证史"主要体现的是将图像与文献记载互证以揭露史实的一种方式，并非说中国学者就不用民族学材料，或俄国学者就不用文献资料，只是说明不同地区根据材料不同而产生的研究方式上的差异，而实际上，中俄学者尤其是早期岩画学者之间的共性远大于差异性。

② 关于人面像的记载，可参阅［北魏］郦道元：《水经注》，长春：时代文艺出版社，2001 年，第 258 ~ 259 页。但此条不见于中华书局版本。

③ 宋耀良：《中国史前神格人面岩画》，第 6 页。

画》指出人面像岩画主要存在于环北太平洋的边缘地带，东亚地区的人面像岩画与北美西北地区的人面像岩画之间存在着共同的元素，它们的相似性体现在人面的类型、符号、装饰性的主题以及对图像的一般处理上，并认为人面像岩画是从亚洲出发，沿着阿拉斯加西部传向美洲西北海岸①。陈兆复在《中国的人面像岩画》一文中对俄罗斯远东地区黑龙江沿岸的人面像岩画以及美国和加拿大的人面像岩画进行了介绍，着重总结我国人面像岩画的发现情况，并分析其文化内涵②。龚田夫、张亚莎在《中国人面像岩画文化浅谈》一文中将我国人面像岩画分为东、北、西三大分布带，并指出三大分布带的人面像岩画有共同的地理特征。此外，作者还对人面像岩画的产生时间、制作者族属、传播路线、文化内涵等进行了探讨③。李祥石的《人面像岩画探究》一文将贺兰山人面像岩画分为两类，并对其文化属性作了较深入的探讨④。贺吉德在《人面像岩画探析》一文中对人面像岩画的定义及其名称的发展演变过程进行了梳理，文化内涵方面将其分为自然崇拜类、生殖崇拜类、图腾崇拜类、神灵崇拜类、首领崇拜类、面具类等六大类⑤。王毓红、冯少波在《贺兰山岩画人面式样结构的建构、功能和意义》一文中运用符号学的方法对人面像图像进行解构，从而揭示人面式样结构的发展规律，并指出这种构图方式的变化使得人面像岩画由写实逐渐趋向象征性和符号化⑥。王晓琨、张文静《中国人面像岩画传播路线探析——以将军崖和赤峰人面像岩画为例》在对将军崖和赤峰人面像岩画分别进行分类讨论的基础上，认为两个地区岩画的造型具有明显的区域特征，彼此间的联系尚不能说明赤峰或者将军崖人面像岩画分布是传播的结果⑦。

---

① Yaoliang Song, *Prehistotic Human – Face Petroglyphs of the North Pacific Region.* Arctic Studies Center Supplement, 1998（1）.

② 陈兆复：《中国的人面像岩画》，《寻根》1994 年第 2 期。

③ 龚田夫、张亚莎：《中国人面像岩画文化浅谈》，《中央民族大学学报》（哲学社会科学版）2006 年第 3 期。

④ 李祥石：《人面像岩画探究》，《文化学刊》2011 年第 5 期。

⑤ 贺吉德：《人面像岩画探析》，《三峡论坛》2013 年第 3 期。

⑥ 王毓红、冯少波：《贺兰山岩画人面式样结构的建构、功能和意义》，《宁夏社会科学》2010 年第 1 期。

⑦ 王晓琨、张文静：《中国人面像岩画传播路线探析——以将军崖和赤峰人面像岩画为例》，《东南文化》2014 年第 4 期。

除了上述专家、学者的著作外，近年来，一些高校的学生也开始关注人面像岩画。其中一部分学生还将其作为自己博士毕业论文的选题，将人面像岩画研究进一步向前推进。中央民族大学朱利峰的博士论文《环北太平洋人面岩画研究》搜集了环北太平洋地区大量的人面像岩画资料，并在此基础上进行了分类和分期。该论文已于 2017 年由中国社会科学出版社出版，题目改为《环太平洋视域下的中国北方人面岩画》，基本内容没有太大的变化。该项研究成果对我们了解世界范围内，尤其是环北太平洋地区人面像岩画的基本情况很有帮助。中央民族大学张嘉馨的博士论文《将军崖岩画的年代学与图像意涵研究》，选择将军崖人面像岩画为研究对象，重点使用考古学和人类学方法对岩画的年代和内涵进行研究。需要指出的是，该文使用了微腐蚀断代法对部分人面像岩画进行直接测年，使岩画的年代研究有了较扎实的科学依据。孙晓勇的博士论文《西辽河流域人面岩画研究》依托于中央民族大学中国岩画研究中心近年来在西辽河地区开展的岩画调查工作，对该地区的岩画进行了较为详细的记录、分类和相关的文化阐释。此外，还有其他一些关于西辽河地区岩画的研究论文①。

除了上述专著，还有其他一些涉及人面像岩画的书籍和文章。比较重要的有盖山林所著的《阴山岩画》《盖山林文集》《巴丹吉林沙漠岩画》；陈兆复的《古代岩画》；梁振华的《桌子山岩画》；贺吉德的《贺兰山岩画研究》；李祥石、朱存世所著的《贺兰山与北山岩画》等。上述书籍均在相关章节对人面像岩画进行了论述。此外，汤惠生在《凹穴岩画的分期与断代——中国史前艺术研究之一》一文中指出，人面像是凹穴岩画最常见的一种伴生图像，人面像岩画并不仅仅是环太平洋地区的一种文化现象，并列举英国的人面像岩画进行说明②。

① 关于上述研究论文，可参阅阮晋逸：《赤峰地区人面像岩画研究》，中央民族大学硕士学位论文，2013 年；李东风：《赤峰市阴河人面形岩画研究》，中央民族大学硕士学位论文，2013 年；孙晓勇：《赤峰翁牛特旗人面岩画考古年代探究》，《西北大学学报》（哲学社会科学版）2015 年第 3 期；孙晓勇：《作为一种眼睛信仰的岩画——西辽河流域人面岩画探究》，《南京艺术学院学报》（美术与设计版）2012 年第 6 期；孙晓勇、黄彦震：《东北西辽河流域人面岩画初探》，《东北史地》2013 年第 2 期；孙晓勇：《西辽河流域人面岩画考古年代分析研究》，《南京艺术学院学报》（美术与设计版）2014 年第 2 期；孙晓勇：《西辽河流域同心圆纹眼睛人面岩画文化内涵探析》，《民族艺术》2015 年第 2 期。
② 汤惠生：《凹穴岩画的分期与断代——中国史前艺术研究之一》，《考古与文物》2004 年第 6 期。

综上所述，经过数十年的持续努力，我国学者在人面像岩画研究方面取得了丰硕的成果，基本解决了我国境内人面像岩画的分布规律、创作时间、创作动力、传播源、传播路线、文化内涵以及与其他文化产品的关系等问题。但必须看到，这些研究还多是对本国、本地区的岩画进行分区研究，没有从人类文明史的角度把中国与周边国家和地区的人面像岩画作为一个整体进行研究。

（二）西伯利亚人面像岩画研究学术史回顾

正如前文所述，西伯利亚人面像岩画最早于 1894 年由 H. 阿尔弗坦记载并进行临摹，此时临摹的对象主要是乌苏里江右岸的谢列梅捷沃岩画。但是，由于西伯利亚地域极其辽阔，而从事专门研究的学者寥寥，因此，此后相当长一个时期几乎再无其他地区人面像岩画的报道。

直到 20 世纪 60 年代，随着 A. П. 奥克拉德尼科夫等人在整个亚洲北部地区大规模地开展考古调查，黑龙江下游和乌苏里江地区的人面像岩画被重新发现并得到了系统的研究。1968 年，在《古代阿穆尔的圣象》一书中，A. П. 奥克拉德尼科夫对该地区的人面像岩画进行了初步的研究，但此时只是对部分人面像岩画进行介绍和临摹[1]。1971 年，他又出版了《阿穆尔河下游岩画》一书，对该地区的人面像岩画进行了比较系统的研究，归纳了其分布范围、伴生图像及类型特征等。此外，尤其值得注意的是，该书附以大量的人面像岩画图片，为后来者提供了比较完整的参考资料[2]。对该地区人面像岩画开展研究的还有 E. A. 奥克拉德尼科娃。在 1980 年发表的《萨卡齐—阿连的头骨形面具》（Череповидные Маски Сикачи - Аляна）一文中，她对黑龙江下游萨卡齐—阿连岩画中的头骨形人面像岩画进行了专题研究[3]。2012年，И. A. 波洛马列娃在总结前人成果的基础上，对该地区人面像岩画的年代开展了系统性的研究[4]。此外，在黑龙江的支流奥廖克马河还零散分布着一些人面像岩画。1979 年，A. П. 奥克拉德尼科夫和 A. И. 马金在《奥廖克马河和阿穆尔河上游岩画》

---

[1] Окладников А. П., *Лики Древнего Амура*.

[2] Окладников А. П., *Петроглифы Нижнего Амура*.

[3] Окладникова Е. А., *Череповидные Маски Сикачи - Аляна*. Природа，1980（8）.

[4] Пономарева И. А., *Личины Нижнего Амура（Вопросы Хронологии）*. В Толпенко И. В.（отв. ред.），VIII Исторические Чтения Памяти Михаила Петровича Грязнова，с. 159 – 160.

一书中对奥廖克马河流域的纽克扎岩画进行介绍①。

除黑龙江流域外，西伯利亚地区另一个人面像岩画集中的地区是叶尼塞河流域。在 1966 年出版的《安加拉河岩画》一书中，А. П. 奥克拉德尼科夫首次对安加拉河中游的几幅人面像岩画进行介绍和临摹②。此后，М. А. 杰夫列特对上叶尼塞河的穆古尔—苏古尔、阿尔德—莫扎加、乌斯丘—莫扎加以及莫扎加—科穆扎普等岩画点的情况进行了介绍，并重点对该地区的人面像岩画开展系统研究。此外，作者还介绍了中叶尼塞河流域焦伊斯基（Джойский）石滩的人面像岩画③。中叶尼塞河流域的人面像岩画，学者们也给予了广泛的关注。1969 年，Н. В. 利奥季耶夫在《苏联考古学》上发表了《昆杜苏克岩画》（Кундусукские Росписи）一文，从作者的介绍和相关临摹图来看，该处的岩画全部为人面像，并且与焦伊斯基岩画高度类似④。而与其类似的还有位于同一地区的小阿尔巴特岩画点，主要题材同样是人面像。2012 年，Ю. Н. 叶欣在《小阿尔巴特岩画：青铜时代的图像》（Малоарбатская Писаница: Изображения Эпохи Бронзы）一文中对其作了详细介绍⑤。2007 年，俄罗斯学者 Е. С. 安林斯基和 А. Л. 扎伊卡所著的《叶尼塞河中部的岩画艺术——从石器时代到中世纪》一书，对中叶尼塞河地区部分人面像岩画的分布情况进行了介绍⑥。而 2013 年，在 А. Л. 扎伊卡所著的《安加拉河下游的人面像》（Личины Нижней Ангары）一书中，对该地区人面像岩画的分布、类型、风格、年代，以及与周边地区岩画的关系等进行了深入的探讨⑦。此外，在同年发表的《南西伯利亚岩画中的心形人面像》

---

① Окладников А. П.，Мазин А. И.，*Писаницы Реки Олёкмы и Верхнего Приамурья*，с. 123.

② Окладников А. П.，*Петроглифы Ангары*. Табл. 32 – 33. с. 76 – 77.

③ Дэвлет М. А.，*Окуневские Антропоморфные Личины в Ряду Наскальных Изображений Северной и Центральной Азии*. В Савинов Д. Г.，Подольский М. Л.（ред.），Окуневский Сборник. Культура. Искусство. Антропология. Санкт – Петербург：Петро – РИФ，1997，с. 240 – 250.

④ Леонтьев Н. В.，*Кундусукские Росписи*. Советская Археология，1969（4）.

⑤ Есин Ю. Н.，*Малоарбатская Писаница: Изображения Эпохи Бронз*. Этнография и Антропология Евразии，2012（3）.

⑥ Аннинский Е. С.，Заика А. Л.，*Наскальное Искусство Среднего Енисея. От Каменного Века до Средневековья*.

⑦ Заика А. Л.，*Личины Нижней Ангары*. Красноярск：Красноярский Государственный Педагогический Университет им. В. П. Астафьева，2013.

（*Сердцевидные Личины в Петроглифах Южной Сибири*）一文中，他通过对叶尼塞河流域心形人面像岩画的分析，主要探讨了中叶尼塞河地区心形人面像岩画的类型、年代及其起源和流变，同时也探讨了该类型人面像岩画与水生环境的关系①。

　　另外，与叶尼塞河邻近的托姆河地区也有少量的人面像岩画分布。1993 年，И. В. 科夫通在《悬石上的岩画——托姆河岩画年表》一书中，对该地区的人面像岩画作了详细的介绍②。而 Ю. Н. 叶欣则将托姆河的人面像岩画与该地区青铜时代的萨穆希文化进行了比较研究，与前述作者不同的是，他更注重将人面像岩画与考古学文化相联系，并在考古学文化的动态演变中讨论岩画图像的发展和演变③。南端的阿尔泰地区也发现数幅人面像岩画，В. Д. 库巴列夫在《卡尔巴克—塔什 I 岩画（俄罗斯阿尔泰)》一书中曾对其进行过描述和临摹④。

　　总体而言，俄国学者对人面像岩画的研究主要解决了其分布、类型问题，并通过墓葬出土文物对部分类型的人面像岩画进行断代，较少关注人面像岩画与周边地区，尤其是中国人面像岩画的关系。此外，对叶尼塞河流域人面像岩画的研究也比较零散，还没有作为一个整体进行系统研究。

三　人面像岩画的文化阐释

　　由于人面像岩画年代的不确定，加之种类繁多，个体间的差异很大，导致关于其内涵的讨论虽较多，但分歧也较大。一般来说，大致集中在以下三个方面。

　　第一种观点认为岩画是神灵崇拜的反映。宋耀良就说道："从人面岩画一出现，似乎就确立了太阳崇拜的地位。只是在人面岩画的演化过程中，有时其不是唯一的

---

① 　Заика А. Л., *Сердцевидные Личины в Петроглифах Южной Сибири*. Научное Обозрение Саяно – Алтая，2013（1）.

② 　Ковтун И. В., *Петроглифы Висящего Камня и Хронология Томских Писаниц*.

③ 　Есин Ю. Н., *Древнее Искусство Сибири：Самусьская Культура*. Томск：Томский Государственный Университет，2009.

④ 　Кубарев В. Д., *Петроглифы Калбак – Таша I（Российский Алтай）*.

主导，还出现多种符式崇拜并存的状况。"① 贺吉德则将人面像岩画分为自然崇拜类、生殖崇拜类、图腾崇拜类、神灵崇拜类、首领崇拜类、面具类等六大类②，实际上，也是神灵崇拜的一种反映。

第二种观点则将人面像岩画视为某种面具。如李福顺就认为贺兰山岩画中的人面像可以分为若干种，其中有一部分是跳神活动中使用的面具。当人们举行跳神活动时，面具便改变了性质，成了神的体现，变成面具神。此外，另外一部分岩画反映了刻面、黥面以及以残废为美的习俗，而后者则是巫觋沟通人神的反映③。陈兆复也认为"人面像岩画与祭祀有关，与宗教信仰有关，史前人类的宗教信仰，是由人类对于生存的渴望，产生了对神的观念，……最初出现的是动物神，后来逐渐演化成各种不同的神灵"④，随后，他又指出"绝大多数（人面像岩画）并非描绘真实的人面，倒像是某种特定的面具"⑤。盖山林最初认为"类人（兽）面纹样，乃是远古人类意识形态的综合体现。画家注入的思想涉及原始思维的许多领域，它绝不只限于某一种信仰，从它的意义来说，绝不是一种含义，其中至少有面具、天神、祖先神、头盖骨等多种文化含义"⑥；随后，他进一步修正了自己的观点，将这种人面像岩画称作面具，代表各种各样的神灵，并且认为这种文化现象是环太平洋地区远古时代巫傩文化的重要表现形式⑦。李祥石认为，"贺兰口近千个人面像、面具岩画，是古代的巫傩文化的核心部分，也是自然力的形象化反映"⑧。实际上，不少学者的表述中兼有上述两种观点。

第三种观点则反映为许多学者注意到人面像岩画与萨满教之间的关系。如俄罗斯岩画专家 M. A. 杰夫列特将上叶尼塞河地区"穆古尔—苏古尔"类型的人面像岩画称为人脸面具，因为它们本身并不代表具象的人，而是表示曾经存在过的面具，

① 宋耀良：《中国史前神格人面岩画》，第 235 页。
② 贺吉德：《人面像岩画探析》，《三峡论坛》2013 年第 3 期。
③ 李福顺：《贺兰山岩画中的面具神形象》，《化石》1991 年第 4 期。
④ 陈兆复：《中国岩画发现史》，第 227 页。
⑤ 陈兆复：《中国的人面像岩画》，《寻根》1994 年第 2 期。
⑥ 盖山林：《阴山岩画》，第 129 页。
⑦ 盖山林：《丝绸之路草原民族文化》，乌鲁木齐：新疆人民出版社，1996 年，第 452 页。
⑧ 李祥石：《发现岩画》，银川：宁夏人民出版社，2004 年，第 9 页。

萨满和巫师能够戴着这些面具完成某种宗教仪式①；郭淑云指出了我国北方人面像岩画的萨满教属性，认为"在北方岩画中，人面像岩画多有出现，其中相当一部分是神灵图像，也有一部分人面像象征着天神和天象"②，并将人格化的人面与代表太阳光芒的射线构成的图像称为"太阳神"；汤惠生在考证了国内外众多人面像岩画与萨满教的关系之后，指出"这些人面像象征着居住在天堂或宇宙山上的天帝和各种神灵，是萨满教中神与魔、天堂与地狱的二元对立中对前者的崇尚的反映"③；龚田夫、张亚莎认为，"人面像岩画的文化内涵大体上反映了生殖崇拜和泛神灵崇拜，在原始文化中，一般泛称为萨满教"④。上述学者的论述视角各异，但结论是一致的，即均肯定了人面像岩画的萨满教属性⑤。

事实上，人面像岩画的确与萨满教存在着密切的关系，萨满教的相关理论作为人面像岩画的分析工具也相当有效。但是，必须看到，学者们在讨论二者的关系时均着墨不多，只是根据民族学的材料对比，认为人面像岩画与萨满教面具类似，因此二者的功能也应当类似，而对岩画本身所体现的萨满教观念重视不够。这将是本书在解释人面像岩画内涵时将要重点解决的一个问题。

第三节　研究主题的界定与解析

本书的研究对象为西伯利亚叶尼塞河地区的人面像岩画，具体来说，主要包括叶尼塞河的上游和中游，及其支流安加拉河、土巴河以及阿巴坎河等地区。

所谓人面像岩画，是指岩画中一种以人面为表现形式的类型。我国学术界对其

① Чадамба Л. Д., *Памятники Наскальногоискусствав Саяноскомканьоне Енисея* (*Республика Тыва*). Известия Российского Государственного Педагогического Университета им. А. И. Герцена, 2008 (3).
② 郭淑云：《原始活态文化：萨满教透视》，上海人民出版社，2001 年，第 483 页。
③ 汤惠生：《关于萨满教及其汉译名称的思考》，《青海社会科学》1996 年第 5 期。
④ 龚田夫、张亚莎：《中国人面像岩画文化浅谈》，《中央民族大学学报》（哲学社会科学版）2006 年第 3 期。
⑤ 虽然上一类观点中盖山林用的是"巫傩文化"，并未用"萨满"一词，而实际上，两者的内涵是一致的。关于这一点，请参阅肖波：《从"日首人身"形岩画看"皇"字起源》，《艺术探索》2015 年第 4 期。

称呼并不一致，例如盖山林在 1986 年出版的《阴山岩画》一书中，将这类图像统一称为"人面像"；但同时，作者将仅具有双眼的图像称为"眼睛"图像①。而在随后出版的著作中，作者的观点又几经变化。1995 年 4 月出版的《盖山林文集》中，他将其称为"面具岩画"②；同年 5 月出版的《中国岩画学》一书中，则又改称"人（兽）面像"，并进一步将其划分为有轮廓型和无轮廓型。其中有轮廓型又可以分为六个基本类型，即正圆形、椭圆形、心形、方形、颅骨形（或猴面形）、上圆下直形；无轮廓型主要特点是，只有面部五官，即只用窝点表示眼、嘴、眉毛，而没有头形轮廓③。此后，众多学者都基本采纳了"人面像"这一术语④。但也有部分学者采用其他称呼，如周兴华在《中卫岩画》一书中将之称为"人头像"⑤；李祥石、朱存世在《贺兰山与北山岩画》一书中将其称为"类人面"或者"人面"⑥。

　　俄国学术界的观点与中国学者基本类似。如 А. П. 奥克拉德尼科夫就将之称为"人面"（俄语为 Личины）⑦，持同一观点的还有 А. Л. 扎伊卡⑧；而 М. А. 杰夫列特一般将其称为"类人面"（俄语为 Антропоморфные Личины），同时将某些类型的此类岩画称为"人脸面具"（俄语为 Личин – Масок）⑨。与其观点类似的还有 Е. А. 奥克拉德尼科娃，一般情况下，她将此类岩画称为"人面"（Личины），而另外一些

---

①　盖山林：《阴山岩画》，第 8 ~ 18 页。

②　盖山林：《盖山林文集》，第 166 ~ 175 页。

③　盖山林：《中国岩画学》，第 134 ~ 135 页。

④　陈兆复：《中国岩画发现史》，第 227 页；李洪甫：《太平洋岩画——人类最古老的民俗文化遗迹》，第 43 页；贺吉德：《贺兰山岩画研究》，银川：宁夏人民出版社，2012 年，第 102 页；汤惠生、梅亚文：《将军崖史前岩画遗址的断代及相关问题的讨论》，《东南文化》2008 年第 2 期；龚田夫、张亚莎：《中国人面像岩画文化浅谈》，《中央民族大学学报》（哲学社会科学版）2006 年第 3 期。

⑤　周兴华：《中卫岩画》，银川：宁夏人民出版社，1991 年，第 10 页。

⑥　李祥石、朱存世：《贺兰山与北山岩画》，银川：宁夏人民出版社，1993 年，第 83 页。

⑦　Окладников А. П., Лики Древнего Амура.

⑧　Заика А. Л., Личины Нижней Ангары.

⑨　Дэвлет М. А., Окуневские Антропоморфные Личины в Ряду Наскальных Изображений Северной и Центральной Азии；Дэвлет М. А., Петроглифы Мугур – Саргола, с. 225 – 227.

特殊的类型，例如头骨状或者骷髅状的岩画则称为"面具"（Маски）①。虽然大多数学者将其称为"人面"或者"人面像"，但是必须看到，很多所谓的人面像，其图像根本不是人面，其中一部分类似于兽面，而另一部分则更像是虚幻的人面形象。因此，称其为"类人面"或者"面具"似乎更合适。另一方面，在这种类型的岩画中，相当大的一部分无轮廓，某些岩画仅具双眼，或者在双眼的基础上添加眉毛或者口、鼻等，部分学者将这种类型的岩画称为"眼睛"②，以与有轮廓的人面像相区别。但是无论如何，作为人面像的典型特征，眼睛在某种情况下也可以和人面像看成是同义词。为了不至于在概念上引起混乱，笔者在叙述中仍然采用"人面像"这个目前我国学术界通行的称谓来表征这一形象。

关于研究区域，本书最初拟采用的题目是"南西伯利亚地区人面像岩画研究"，但是该地理范围与笔者欲研究的区域并不一致。关于南西伯利亚地区的范围，学术界有不同的认识：从吉谢列夫在《南西伯利亚古代史》一书中通篇论述所涉及的各种相关概念来看，其所指南西伯利亚包括萨彦—阿尔泰、安加拉河、贝加尔湖沿岸、外贝加尔和勒拿河沿岸、米努辛斯克盆地、中叶尼塞河等地③；根据《全新世气候和植被变化年代与南西伯利亚文化发展的关系》（*Chronology of Holocene Climate and Vegetation Changes and Their Connection to Cultural Dynamics in Southern Siberia*）一文所述，南西伯利亚包括"阿尔泰山和萨彦岭之间的一系列山间盆地"④；根据米哈伊尔 P. 格拉兹诺夫（Mikhail P. Gryaznov）的观点："南西伯利亚指的是萨彦岭和阿尔泰之间的山间盆地，及其北邻的覆盖着草原和森林草原植被的平原地带"⑤；而按照 B. A. 布拉热诺夫（Блаженов B. A.）和 T. M. 胡佳科娃（Худякова T. M.）的定义：

---

① Окладникова Е. А., *Загадочные Личины Азии и Америки*；Окладникова Е. А., *Череповидные Маски Сикачи - Аляна*. Природа，1980（8）.

② Daniel Leen, *The Rock Art of Northwest Washington*. Northwest Anthropological Research Notes，Vol. 15，1981（1）.

③ ［苏］吉谢列夫：《南西伯利亚古代史》上册，乌鲁木齐：新疆社会科学院民族研究所，1981 年，第 6~11 页。

④ Dirksen V. G.，Van Geel B.，Koulkova M. A, etc.，*Chronology of Holocene Climate and Vegetation Changes and Their Connection to Cultural Dynamics in Southern Siberia*. Radiocarbon 49，2007（2）.

⑤ Mikhail P. Gryaznov, Translated from the Russian by James Hogarth, *The Ancient Civilization of Southern Siberia：An Archaeological Adventure*. New York：Cowles Book，1969，p. 9.

"南西伯利亚为西伯利亚的一部分，按照不同的标准有以下几种划分方法：1. 按照自然地理条件来划分，南西伯利亚包括从西西伯利亚延伸到东部泽雅—布列亚平原的广大地域，其东西超过 3000 千米，南北在 200～400 千米不等，南部边界位于俄罗斯与哈萨克斯坦、蒙古和中国的交界处；2. 按照地形来划分，主要包括交错的山脉和山间盆地，山脉包括阿尔丹山脉、阿尔泰、东萨彦岭、西萨彦岭、库兹涅佐夫—阿拉套、萨莱尔山脉、斯塔诺夫山脉和雅布洛诺夫山脉；3. 按照地质构造来划分，该区域的特征在于频繁的地震活动；4. 按照历史—人种学的原则，即北亚的历史文化区来划分，由于共同的历史、社会经济发展水平将土著居民塑造成具有相似的文化特征。"① 而根据笔者与部分俄罗斯学者的交流，其普遍认为南西伯利亚地区主要包括西伯利亚以草原地带为主的一些地区，一般指哈卡斯—米努辛斯克盆地及其以南部分，大致与《全新世气候和植被变化年代与南西伯利亚文化发展的关系》的作者认识相同。

　　因此，按照学术界一般的定义，如采用南西伯利亚作为本项研究的地理范围，则安加拉河地区众多人面像岩画将被排除在外。如采用 B. A. 布拉热诺夫和 T. M. 胡佳科娃的定义，不仅范围过于广阔，涵盖的文化类型众多，很难对其进行比较深入的研究，而且其同样将安加拉河地区的人面像岩画排除在外。但是，南西伯利亚作为一个特定的地理名词在本书的论述中还会经常用到，如无特殊说明，其地理范围均指哈卡斯—米努辛斯克盆地及其以南的阿尔泰山和萨彦岭之间的一系列山间盆地。

　　此外，本书经常使用"亚洲北部"一词。一般而言，亚洲北部专指俄罗斯西伯利亚地区，而这里的西伯利亚则等同于俄罗斯的亚洲部分，包括俄罗斯行政区划中的西伯利亚和远东两个地区。具体来说，就是介于乌拉尔山脉和太平洋之间，北起北冰洋岸，南抵哈萨克丘陵以及俄蒙、俄中边境的广大地区②。另外，为了叙述方便，本书所谓的"亚洲北部"除西伯利亚外，还包括中国的北方地区，尤其是宁夏、内蒙古两个自治区。至于俄语中的"阿穆尔河"，因与我国的"黑龙江"同义，因此

---

① Блаженов В. А., Худякова Т. М., *География России*：*Пособие*. Книга I. Воронеж：Воронежский Государственный Педагогический Университет, 2000, с. 14–17.

② Edwin Michael Bridges, *Northern Asia // World Geomorphology*. London：Cambridge University Press, 1990, pp. 124–126.

除了在引用国外学者相关文献时使用"阿穆尔河"这一称谓外，在一般性的叙述中，笔者均将其称为"黑龙江"。

关于"俄国"和"俄罗斯"两个概念的使用。实际上，这两者均是对俄罗斯国家的一种称谓，只是涉及的时间范围不同。"俄国"通常有狭义和广义之分。狭义上的"俄国"即"沙皇俄国"，是对 1547 年伊凡四世加冕为"沙皇"开始直到 1917 年二月革命为止俄罗斯国家的一种称谓。其中，1721 年彼得大帝被元老院授予"全俄罗斯皇帝"后的"沙皇俄国"习惯上又被称为"俄罗斯帝国"。广义上的俄国则包含沙皇俄国、俄罗斯共和国（1917 年二月革命后成立，十月革命后被推翻）、苏联时期的俄罗斯联邦（苏俄），以及后苏联时代的俄罗斯联邦。而"俄罗斯"一般只指俄罗斯联邦，也即 1991 年苏联解体后成立的俄罗斯国家。在本书中，"俄国"和"俄罗斯"这两个概念都会用到，而"俄国"则会狭义和广义兼用。狭义上的"俄国"一般用于学术史回顾中对早期岩画研究者及其作品的介绍。而"俄罗斯"一词仅用于对俄罗斯联邦时期相关人物和事件的介绍。至于广义上的"俄国"，则主要用于对长时段的、涵盖了不同历史时期的人物、作品和事件的相关论述。因为在这里，不论是狭义上的"俄国"，还是俄罗斯联邦，抑或是苏联等概念都不足以完整地概括这一时间段，因此，用广义的"俄国"这一概念是比较恰当的。此外，还需要指出的是，本书中在使用广义上的"俄国"一词时，通常会同时涉及苏联和俄罗斯联邦两个历史时期。而前文已经指出，广义上的俄国仅包括苏联时期的俄罗斯联邦（苏俄），并不包括苏联的其他地区。但是，我们在做学术史回顾或者其他相关叙述时，涉及的人物和地区可能还包括苏联的非俄罗斯联邦区域，如果区分得过于详细，过于追求表述的准确性，将会使行文显得过于烦琐。因此，本书中广义上的"俄国"在涉及苏联时期的时候并不仅仅指俄罗斯联邦，而是指整个苏联国家。另外，在学术史回顾部分，很多学者跨越不同的历史时期，一般根据其主要学术活动所处的历史时期将其归入不同称谓的俄罗斯国家中去；至于另外一部分学者，虽然其主要学术活动在苏联时期，但直到苏联解体时都还健在，因此，一般将其归入俄罗斯联邦时期。

第四节　研究方法

　　岩画的研究方法是开展岩画研究的一种指导性方针，规范着岩画研究的诸多方面，对同一组岩画采用不同的研究方法会产生截然不同的结果。正因如此，许多学者都对其进行过论述，如 B. A. 雅多夫（Ядов B. A.）认为岩画研究方法主要是"研究寻找的逻辑或者研究调查的战略"①；A. И. 拉吉托夫（Ракитов A. И.）则认为"其主要是一种关于标准和规则的研究，用以调节特殊的认知活动，这种认知活动是为了获得某种真理，而这种真理的获得依据经验性的事实、规律或者任何科学的理论"②；B. И. 莫尔恰诺夫（Молчанов B. И.）认为"方法论通常是人们获取新知识的主要途径"③；И. M. 加尔斯科娃（Гарскова И. M.）等则认为"对岩画认识的首要原则、途径、方法和方式是方法的理论问题或者说是方法论的问题"④。一般来说，又可以具体划分为以下几个方面。

　　1. 关于资料搜集的方法。这个过程大致可以分为两个部分，即文献资料的搜集和田野调查。关于第一个部分，由于本书的研究对象是叶尼塞河流域的人面像岩画，而这部分岩画位于俄罗斯境内，主要的出版物又是俄语作品，这就要求笔者必须大量地搜集、整理俄语文献，并从中甄别出有用信息。同时通过俄罗斯岩画专家搜集相关资料。2014 年 7 月，笔者参加了"国际岩画组织联合会贵阳年会"，与会专家中有一名来自圣彼得堡大学的 И. A. 波洛马列娃女士⑤，其主要研究方向为俄罗斯黑龙江下游地区人面像岩画，珍藏有比较完整的关于西伯利亚人面像岩画研究的相关资

---

①　Ядов B. A., *Социологическое Исследование：Методология，Программа，Методы.* Москва：Наука，1972，c. 29.

②　Ракитов A. И., *Философские Проблемы Науки.* Москва：Наука，1977，c. 24.

③　Молчанов B. И., *Системный Анализ Социологической Информации.* Москва：Наука，1981，c. 10.

④　Ковальченко И. Д.（ред.），*Количественные Методы в Исторических Исследованях.* Москва：Высшая школа，1984，c. 6.

⑤　И. A. 波洛马列娃现在澳大利亚格里菲斯大学跟随世界著名岩画专家保罗·塔森（Paul S. C. Taçon）教授攻读博士学位。而保罗·塔森教授与中国学术界联系较多，长期专注于东南亚岩画的相关研究，并与中国学者合作，在金沙江地区从事多年的岩画铀系测年工作。

料，这部分资料构成了笔者研究的基础。另外，俄罗斯克拉斯诺亚尔斯克国立师范大学的 A. Л. 扎伊卡教授为笔者提供了大部分下安加拉河地区的岩画资料，是 И. A. 波洛马列娃女士提供资料的一种重要补充。至于图瓦地区的岩画，则多来自于俄罗斯科学院原考古所所长、著名岩画专家 E. Г. 杰夫列特（Дэвлет E. Г.）教授①。关于奥库涅夫文化以及西西伯利亚托姆河流域的岩画及考古资料，尤其是与该地岩画关系密切的萨穆希文化的相关资料则由哈卡斯研究所的 Ю. H. 叶欣博士慷慨奉送。关于田野调查部分，从 2010 年开始，笔者先后赴广西、宁夏、内蒙古、湖北、江苏、浙江、河南各省及大兴安岭等地进行岩画考察，并多次赴人面像分布区进行系统调查和研究，对我国境内的人面像岩画分布情况有了比较完整的认识。2015 年 9 月，应 A. Л. 扎伊卡之邀，笔者赴俄罗斯西伯利亚进行了为期半个月的岩画考察，不仅对该地区众多的人面像岩画及其所处的自然环境有了比较直观的认识，而且大量参观了该地区的博物馆以及奥库涅夫文化石柱，进一步学习了叶尼塞河流域古代文化的相关知识，对岩画的生成环境和生存环境有了更加深刻的认识。

2. 关于岩画断代方法。岩画断代问题是个世界性的难题，就目前学术界而言，采用的方法主要分为直接断代法和间接断代法。"岩画直接断代"的概念最早由澳大利亚学者贝德纳里克于 1980 年提出，即利用现代科技手段对岩画的年代进行直接测定，包括对岩画刻痕、裂隙、颜料以及覆盖的和叠压的沉积物等进行年代测定，他尤其对碳十四测年法和铀系法的原理进行了较深入的讨论②。关于岩画的直接断代方法，郭宏和赵静在《岩画断代研究——科技考古学领域中一个亟待解决的问题》一文中作过详细的论述。一般来说，国外岩画直接测年使用的方法主要包括：阳离子比率（CR）、碳十四测年法、加速器质谱碳十四测年法（AMS – ^{14}C）、草酸盐、微腐蚀以及铀系测年法等。但碳十四测年法、加速器质谱碳十四测年法、草酸盐等都是通过

① E. Г. 杰夫列特教授生于 1965 年 8 月 16 日，不幸于 2018 年 8 月 23 日因病去世。她为人友善，执着于岩画事业，发表了大量的英文或英、俄双语岩画论著，对俄罗斯的岩画走向世界贡力颇多。近年来，她尤其关注中俄岩画之间的比较研究，并力图和中国学术机构合作，联合培养岩画人才，开展岩画合作研究，并取得了一定的成果。她的溘然长逝不仅对俄罗斯学术界，而且对中国学术界，尤其是中国岩画学界来说是一个巨大的损失。

② Robert G. Bednarik, *The Introduction of Direct Rock Art Dating in* 1980, from https：//www. researchgate. net/publication/251250039_ The_ INtroduction_ Of_ Direct_ Rock_ Art_ Dating_ In_ 1980.

测量样品中的碳十四含量而进行断代的，本质上属同类技术，与铀系法一样，仅适合于岩绘画的测年。而岩刻画的直接断代大多使用微腐蚀测年法。

迄今为止，岩画科学测年过程中使用最多的技术还是放射性碳素测年，包括传统碳十四测年法和加速器质谱碳十四测年法两种方法。C. 格兰特（Grant C.）是最早应用碳十四测年法对岩画进行测年的学者。他于1965年对圣塔巴巴拉（Santa Barbara）地区一处被毁的岩画进行断代研究，创碳十四方法用于岩画测年研究之先河①。随后，这种方法在世界范围内得到广泛应用。与此同时，加速器质谱碳十四测年法也被用于岩画的直接断代上。与前者相比，这种方法需要的样品量要少得多。世界上第一个使用加速器质谱碳十四测年法测定岩画年代的案例是范德梅尔韦（Van der Merwe）等人在牛津大学的放射性碳加速器实验室开展的南非岩画测年工作②。此后，澳大利亚、法国和美国学者也都使用该方法对本国岩画进行过测年。

除了测定碳酸盐外，部分学者也注意到岩画覆盖物中含有草酸盐。A. L. 沃启曼（Watchman A. L.）对澳大利亚北部一处岩画中的水合草酸钙进行加速器质谱碳十四测年法测定，其年代为24600年③。J. 拉斯（Russ J.）等人也尝试用草酸盐法对美国得克萨斯州西南部佩格斯河（Pecos River）下游地区的岩画进行测年，他们对三个草酸盐样品进行碳十四测年，其年代范围为距今5570～2100年，说明这种草酸盐沉积物可以提供有关岩画年代顺序的信息④。琼斯（Jones）等人于2017年使用碳十四测年法对澳大利亚北部阿纳姆地区岩画覆盖物中草酸盐的年代进行了测定，一共获得九个岩画的最小年代数据，岩画图像的年代范围为距今9400～6000年⑤。A. 博诺（Bonneau A.）等人则认为，南非桑人岩画下草酸钙晶体为古人作画前涂在岩壁上的黏合剂。桑人艺术家在作画前使用植物或果汁制成的酸性材料洗刷岩面，在酸性条

---

① Grant C., *The Rock Paintings of the Chumash*. Berkeley: University of California Press, 1965.

② Van der Merwe NJ., Sealy J., Yates R., *First Accelerator Carbon – 14 Date for Pigment from a Rock Painting*. South African Journal of Science, 1987 (1).

③ Watchman A. L., *Evidence of a 25, 000 Year Old Pictograph in Northen Australia*. Geoarchaeology, 1993 (8).

④ Russ J., Palma R. L., et al., *Analysis of the Rock Accretions in the Lower Pecos Region of Southwest Texas*. Geoarchaeology, 1995, 10 (1).

⑤ Jones et al., *Radiocarbon Age Constraints for a Pleistocene – Holocene Transition Rock Art Style: The Northern Running Figures of the East Alligator River Region, Western Arnhem Land, Australia*. Journal of Archaeological Science: Reports, 2017 (11).

件下，碳酸钙被溶解，这种类型的制剂会使岩石表面更加多孔，颜料更加容易附着在岩面上。邝国敦等人在研究左江花山岩画的颜料成分时也注意到，花山岩画颜料层表层为以赤铁矿为主的红色薄膜层，紧连着的则是水草酸钙石层，之下才是岩壁面（碳酸钙石），而水草酸钙同样是作为黏合剂使用的①。由于黏合剂和颜料制作时间相差不大，通过对草酸钙进行测年得出的年代数据应该可以视作岩画的制作年代。

铀系断代法是近年来发展较为迅速的一种直接断代法，主要是对覆盖在岩画上面的碳酸盐以及岩画下的碳酸盐年代进行测定。此方法在我国的云南、贵州和广西都有具体运用。2012 年保罗 S. C. 塔森（Paul S. C. Taçon）等人与云南省文物考古研究所合作对金沙江白云湾彩绘岩画进行了铀系测年，材料发表于美国《考古科学杂志》（Journal of Archaeological Science），题为《中国西南岩画的铀系测年》（Uranium – series Age Estimates for Rock Art in Southwest China）。这是中国第一例用铀系法对岩画进行测年的例子，通过对一幅巨大的红色的鹿上的石压画和画压石进行测定，其时代在距今 5738～2050 年间②。这种方法也有缺点，一方面碳酸盐容易受到污染，使测年结果比样本的实际年代早；另一方面，这种方法并非对颜料本身进行测年，只是岩画年代的一个大致范围。这些问题在碳素测年法中同样会遇到。

必须指出的是，上述方法均对岩绘画有效，而对于岩刻画还没有太好的解决方法。国际上目前使用最多的是澳大利亚学者贝德纳里克总结的微腐蚀断代法。这种方法于 20 世纪 90 年代初在俄罗斯奥涅加湖岩画测年工作中得到初步应用，随后在世界多个国家得到推广。20 世纪 90 年代末，青海省文物考古研究所在我国率先用微腐蚀法对青海岩画进行直接测年；2005 年，汤惠生教授又对江苏连云港将军崖岩画进行微腐蚀测年，也取得了比较理想的效果。近年来，贝德纳里克与中国学者合作，在河南、宁夏以及江苏连云港等地进一步开展了大规模的微腐蚀测年工作，不仅对前述研究成果进行了验证，同时还有了新的收获③。但需要指出的是，该方法只能适用于一些特定的场合。主要是由于微腐蚀测年依据的是对岩画刻槽中打破的石英或

① 邝国敦等：《左江花山岩画颜料合成及其机理早期分析研究》，《中国文化遗产》2016 年第 4 期。
② Paul S. C. Taçon, et al., *Uranium – series Age Estimates for Rock Art in Southwest China.* Journal of Archaeological Science, 2012, 39 (2).
③ Tang Huisheng, Jiriraj Kumar, Liu Wuyi, Xiao Bo, et al., *The 2014 Microerosion Dating Project in China*, Rock Art Research, 2017 (1).

者长石晶体的观测，而相当数量的岩画刻痕中并无此类晶体；另外，微腐蚀测年需要该地区有可以进行比较的纪年题刻，并且题刻刻痕中同样有被打破的石英或长石晶体，这一条件在很多地区也不具备。因此，微腐蚀测年法将绝大多数岩画排除在外。此外，微腐蚀测年法的逻辑前提是腐蚀速率为恒定的。而实际上，岩画所处的温度、湿度等环境是不断变化的，尤其是近几十年来工业的迅速发展，酸雨的腐蚀比以前数百年的雨水腐蚀都要强，因此腐蚀速率大大加快，这就造成了测年过程中会产生很大的误差，而这种误差目前还没有很好的解决方法。这就需要通过更多物理、化学的实验分析，制作出更加准确的校正曲线。因此，这种方法虽然具有很充分的科学依据，但是误差较大，最好结合其他岩画断代方法互相验证。

至于间接断代法，主要采用的是综合比较法。综观我国20世纪80年代以来的各种学术著作，对岩画断代使用的多为此种方法。盖山林先生在总结前人的基础上，提出了间接断代法的10条原则："①根据文献记载；②岩画的保存状况；③刻痕和石垢的颜色；④岩画制作的技法；⑤岩画的风格；⑥岩画的题材；⑦岩画的叠压现象；⑧运用比较学的方法；⑨利用画面上的题字；⑩对画面中动物属、种的鉴定。"[1]而其他国家的学者使用间接断代法的具体原则也大同小异。但是，与其他地区相比，叶尼塞河流域人面像岩画的断代有其自身优势：首先，在人面像岩画分布区出土了一批刻有人面像的棺材石板；其次，在该地区分布有大量带有人面像的奥库涅夫文化石柱；最后，人面形象还出现在该地区其他一些出土文物上。这为人面像岩画年代序列的建立提供了详细的可资比较的材料，而如此丰富的材料在世界其他地区是不多见的。因此，本书主要采用的就是将岩画图像与出土文物进行广泛比较的间接断代法。

3. 关于岩画分类的方法。对岩画图像进行分类是开展岩画研究工作的一项重要内容。一种有效的分类方法不仅可以厘清岩画的时代，还可以解决其风格、流派，有时甚至可以解决其文化内涵和意义等问题。人面像岩画的分类方法是基于拟实现的目标而制定的，岩画分类框架的建立一定要最大限度地有利于岩画分析目标的实现。一般来说，岩画图像的分类方法包括两个层次：第一个层次类似于风格演变法，是按照岩画图像本身的一些相似要素进行分类，而不考虑这些要素之间是否具有文

---

[1]　盖山林：《阴山岩画》，第341～343页。

化关联性。这种方法主要着眼于分析特定岩画元素的样式在某段时间内的风格演变问题，其重点在于对时间先后顺序的把握以及掌握不同阶段的风格变化，很少考虑区域性岩画风格和文化传统本身的变化，这种岩画研究方法在全世界范围内都曾广泛使用。如西欧早期岩画学者勒瓦-古尔汗（Leroi - Gourhan）曾绘制了一幅图表，"详解了旧石器时代晚期近 2 万年的时间里，岩画中马的风格从仅具简单轮廓向复杂构图演变的历史"①。这类分析方法需要掌握大量典型的图像资料，并且有一个相当漫长的作画传统。一般来说，风格演变法产生于文化人类学中"文化进化论"的观点，从更广泛的意义上来说，是 19 世纪以来广泛兴起的进化思想的一种具体反映，它主要解决的是动态发展中的瞬变问题。而另一个层次是按照岩画的文化属性、分布范围和风格特征等进行的分类。前者固然重要，但一般来说只能解决图像本身的一些风格特点及其演变问题，而笔者更关注的是人面像岩画在整个地区考古学文化中的发展演变问题，同时也只有将其推进到第二个层次才能使研究更深入。这里就需要建立一种基于文化—历史单元上的分类法。文化历史学派是根据在特定时间占据特殊地域的特殊族群的考古学遗存物进行分类，它是对文化进行分区的结果，并最终受到文化人类学中"文化传播主义"的影响。一般来说，风格学对岩画的研究非常重要，但是，目前还没有找到一种很好的方法将其置于文化历史的分类系统之内。对于此，笔者的建议是按照严格的年代、文化和区域特征对岩画元素进行分析，提取一系列可资比较的要素进行全面比较。

至于本书所采用的分类模式主要是综合考虑地理环境、作画技术、分布特点以及区域文化等来制定分析岩画风格演变的一套框架。主要目的是解决不同类型岩画年代的先后顺序，及其在整个地区的发展演变问题。而在具体操作过程中，则是采取对单类图像风格进行比较的方法，即对人面像本身进行比较，而非对人面像岩画共生的一系列现象的风格进行综合比较。后者对解决两个地区之间的文化联系比较有效。如 B. H. 切尔涅佐夫按照"小船、小船和类人型图像、鹿和驼鹿、其余的陆生生物、海洋生物、禽类和与太阳相关的特征等七大类将奥涅加湖和扎拉乌鲁克的岩

---

① Whitley, David Scott, *The Study of North American Rock Art: A Case Study from South - Central California*. UCLA Department of Anthropology, Los Angeles, California, 1982, p. 26.

画进行分类比较，根据统计数据寻找其规律性"①；爱丽丝·特拉逊巴斯则采用多元的统计方法对北美和西伯利亚岩画之间的关联性进行了比较研究，其主要基于两个原则，"一是限定有用的特征（通常一个岩画主题包含一整套的特征，这些特征通常不会随着时空的变化而变化，这是进行风格比较的基础——笔者注），二是选择合适的统计方法（这种方法主要是对前面限定的不同特征进行统计，找出与分析主题相关的特征——笔者注）"②。这种对一组共生的图像进行综合比较的方法固然有其优点，但是必须注意到，这种方法也有其危险性。因为，很多同一个画面上的岩画并非属于同一个时代，尤其是那些较大的画面，从内容题材、作画技法和图像风格上来看都不属于同一个时期，而将其放在一起进行综合比较是不太合适的。一般来说，在岩画研究中并没有固定不变、放之四海而皆准的分类模式，应当根据不同的目标设定不同的分类模式。

第五节　选题的意义与创新之处

西伯利亚人面像岩画是一个非常典型的并且具有世界意义的研究主题，涉及的领域非常广泛。美术史家关注其造型特点及艺术风格的演变过程；考古学家关注其年代、分期以及与具体考古学文化的关系；宗教学家则侧重于研究其与原始宗教之间的关系，即重点利用人面像岩画具象且形式多样的特点解决宗教起源的问题。但是，这些学科的划分只是相对的，学者们在研究中一般综合利用两种或者多种方法，单纯一种学科的研究方法基本上是不存在的。

一般来说，人们对自身形象的关注起源很早，在旧石器时代就出现了一些人形的石质或者骨质雕像，但主要反映的是女性形象，生殖崇拜意味明显③。到了新石器

---

① Чернецов В. Н.，*О Приемах Сопоставления Наскальных Изображений*. Советская Этнография，1969（4）．

② Alice Tratebas，*North American – Siberian Connections*：*Regional Rock Art Patterning Using Multivariate Statistics*. In McDonald J.，Veth P.（eds.），A companion to Rock Art，p. 145.

③ ［日］江上波夫：《关于旧石器时代的女神像》，于可可、殷稼、王子今译，《北方文物》1987 年第 4 期。

时代，人的形象在艺术中进一步得到发展，而人面像作为人像的一个特殊门类，大致也产生于此时，并在随后的金属时代得到进一步发展。对人脸的关注，是当时社会特殊意识形态的反映，并随着意识形态的转变而消亡，或者转化成其他的艺术表现形式并且反映在其他载体上。研究人面像岩画不仅可以对古人的造像传统的起源和流变有一个比较系统的认识，并且通过对不同造像传统背后人的探讨，可以比较全面地揭示其背后的文化现象，尤其是其宗教思想观念的演变情况。

本书以考古学文化的动态发展演变为着眼点考察人面像岩画的发展、演变过程，在对叶尼塞河流域人面像岩画分布情况进行梳理的基础上，将本地区的人面像岩画作为一个整体，通过类型学的分析和断代，探讨人面像岩画的风格特征及其演变，试图解决人面像岩画与其他人面类文化产品的关系以及西伯利亚人面像岩画与周边其他国家和地区人面像岩画之间的关系等问题。具体来说，创新点体现在以下几个方面。

第一，在研究方法上，第一次以考古学文化为基础，将岩画放在考古学文化发展演变的背景下进行讨论。目前，国内外关于人面像岩画的著作和文章，大部分是就岩画谈岩画，绝少将岩画与具体的考古学文化联系起来，考察岩画发展演变的问题。学术界普遍认为人面像岩画的年代为新石器时代至青铜时代，但人面像的分布应该是一个动态的，也就是说新石器时代到青铜时代的分布范围是不同的，它是随着某个族群的迁徙而分布的，应该与某种考古学文化相对应。故此，本书对叶尼塞河地区旧石器时代晚期到青铜时代的各种文化内涵、时代、特征与分布，及其社会形态等都进行了初步考察，将人面像岩画放在考古学文化的语境中讨论。通过制作技术、风格、伴生符号，结合考古学材料的整体分析对其进行时代和内涵的研究。

第二，资料运用方面，第一手的俄文考察报告及本人实地考察的资料，使论证更有说服力。本书使用的主要资料基本未见于国内相关研究，而考察的部分叶尼塞河流域的岩画点更是首次有中国人涉足。在考察过程中，笔者对岩画所处的自然环境、经纬度坐标、高程、岩面朝向、画面大小、主要内容、打破关系等都进行了详细的记录，并初步断定其年代。对未能亲自涉足的部分岩画点，也一再向俄罗斯同行进行相关信息的求证，力图做到基本资料的论述准确。此外，笔者在写作过程中基本上搜集了俄国学术界目前已经发表的所有主要成果。不少学者对同一问题进行过反复讨论，虽然结论不尽相同，但为笔者的研究拓展了视野。多重资料的使用，使论证更加科学严谨，结论更加客观公正。

第三，俄国学者目前关于叶尼塞河流域人面像岩画断代基本上是基于与奥库涅夫人面造像艺术的比较，并认为二者年代相同，均是青铜时代的产物①。这就产生了一个问题，人面像岩画和奥库涅夫艺术究竟是不是同一时代的作品；奥库涅夫人面造像艺术的传统究竟来自于何方。为解决这一问题，本书对亚洲北部地区类似的形象进行了广泛的讨论，并认为，人面像岩画的确与奥库涅夫艺术存在着密不可分的联系，但是奥库涅夫艺术本身的诸多要素都可以在中国的新石器时代艺术中找到类似的对应物，鉴于上述地区自古以来便存在着密切的文化联系，奥库涅夫艺术的源头很可能来自中国北方地区的新石器时代文化。

---

① 近年来，扎伊卡教授在研究下安加拉河地区的岩画时，将部分人面像岩画归为新石器时代晚期，其主要是基于与当地的考古学文化和出土陶器的比较，以及对岩画艺术特征的分析，但猜测成分较大。

第一章　叶尼塞河流域的自然地理及历史

　　人面像岩画所处的环境包括自然环境和社会环境两个方面。叶尼塞河流域这个特定的自然地理环境是人面像岩画赖以存在的基础，它是人与自然互动的结果。这个自然环境既包括地表河流、地质地貌、气候生态等宏观环境，也包括岩画作画地点以及岩面的选择等微观环境。但人面像岩画同时也是特定族群在特定历史时期的作品，是社会与自然长期相互作用的文化产物，是社会历史发展及其文明片段的见证。本书将人面像岩画及其作者的社会、自然生存环境作为一个有机整体，透析该地区人面像岩画的生成环境及生存环境，通过对叶尼塞河流域人面像岩画的本体研究、岩画作者的主体研究（社会性）及主体所处自然环境的客体研究来统领多学科的交叉，研究其中相互作用的关系（图1.1）。

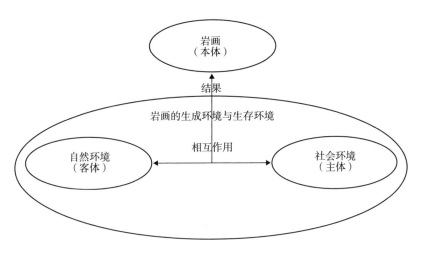

图1.1　岩画与环境之间的相互关系（肖波制图）

第一节　自然环境

人面像岩画所处的自然环境包括地表河流、地质地貌以及气候生态等方面。从作画地点的选择上来看，这些岩画基本位于森林和森林草原地带的河流附近，绝大部分位于临河的山岩上，极少部分位于洞穴内。所有岩画点都位于大陆性气候带上，年平均温度在零度以下，非常寒冷。这种特殊的自然地理条件构成了人面像岩画生存的基础。现按照以下几个方面分别对其基本情况进行介绍。

一　地表河系

叶尼塞河流域人面像岩画主要分布在叶尼塞河及其支流赫姆奇克河、土巴河、阿巴坎河以及下安加拉河沿岸地区。此外，在安加拉河上游和中游地区也有少量分布。叶尼塞河发源于图瓦共和国西面和东面高山的斜坡上，可分为上游、中游和下游三大区域。上叶尼塞河基本上位于图瓦共和国境内。图瓦共和国位于西萨彦岭分水岭山脉的山脊线以南，恰好位于亚洲大陆的正中央，该地区主要为山地景观。图瓦的中央部分分布着沿纬线方向延伸的图瓦盆地。这是一个宽广的山间低地。盆地长约350千米，最大宽度在60千米以上。小叶尼塞河，图瓦语"卡阿海姆"（Kaa‑Xeм）[①] 发源于唐努乌拉山脉；大叶尼塞河，图瓦语"比伊海姆"（Бий‑Xeм）[②] 发源于东萨彦岭的喀拉·布鲁克湖，两条河流在图瓦共和国首府克孜勒附近汇合后被称为叶尼塞河。叶尼塞河顺流而下，穿越西萨彦岭，形成著名的萨彦峡谷。在萨亚诺格尔斯克附近，河流驶入米努辛斯克盆地的草原低地。米努辛斯克盆地由若干被低矮山脉分隔开的盆地组成，包括南米努辛斯克（或称为"阿巴坎—米努辛斯克"）、中米努辛斯克和北米努辛斯克。从克拉斯诺亚尔斯克继续向北，河流将东萨彦岭切

---

① Дэвлет М. А., *Петроглифы Улуг‑Хема*, с. 8.

② Дэвлет М. А., *Петроглифы Улуг‑Хема*, с. 8.

割成峡谷①。

叶尼塞河干流从克孜勒至米努辛斯克盆地南缘的萨亚诺格尔斯克市为上叶尼塞河，图瓦语称"乌鲁克海姆"（Улуг－Хем），即"伟大的河流"之意②，长约475千米，落差1000米；萨亚诺格尔斯克至叶尼塞河与安加拉河汇合处为中叶尼塞河，长约876千米；安加拉河河口至入海口称下叶尼塞河，长约2130千米。叶尼塞河干流自东向西在宽阔的草原盆地中流动，叶尼塞河左岸的第一大支流——赫姆奇克河（Река Хемчик）流经图瓦的西部，自赫姆奇克河河口急转而北，切穿西萨彦岭，在奥兹纳琴诺耶村附近又流入草原。在草原地段左岸接入阿巴坎河，右岸接入土巴河。自耶札加什村叶尼塞河穿经东萨彦岭支脉再次变为山地河流。在克拉斯诺亚尔斯克的上游接纳了水量丰富的马纳河。从克拉斯诺亚尔斯克到河口，有安加拉河、中通古斯卡河、下通古斯卡河、库列依卡河和汉泰卡河等大支流汇入。最后注入北冰洋喀拉海的叶尼塞湾。而人面像岩画主要集中在叶尼塞河的上游和中游地区，下游则基本不见。

安加拉河又称上通古斯卡河，是叶尼塞河水量最大、流域面积最广的支流，流域面积几乎等于叶尼塞河流域面积的一半。安加拉河源出于贝加尔湖，全长1826千米，落差378米，平均落差18.7厘米/千米。安加拉河流域左岸部分和右岸部分的水文结构极不相同，左岸支流发源于萨彦岭，都是山地河流，水量很大；右岸支流多半是些平原性质的小河。安加拉河的最低水位出现在5~6月，最高水位出现在7月。从左岸汇入安加拉河的较大支流有伊尔库特河、基托依河、别拉亚河、奥卡河（河长975千米）和塔谢耶瓦河。下安加拉河地区位于叶尼塞河右岸的塔谢耶瓦河、石泉通古斯卡河（即中通古斯卡河）和叶尼塞河之间的地区，其长度从北到南有400千米，自西向东超过600千米。安加拉河流域人面像岩画除极少部分分布在中游以及上游流出贝加尔湖河口附近外，绝大多数都分布于下安加拉河地区。

河流对西伯利亚地形构造的形成起了巨大的作用，它们在平原和山地间冲刷出很宽的河谷，致使很多地区的地形非常破碎，这一点在山地景观中表现得尤其明显。

---

① 关于上叶尼塞河的地表河流情况可参阅：Sergey A. Vasilev，Vladimir A. Semenov，*Prehistory of the Upper Yenisei Area（Southern Siberia）*. Journal of World Prehistory，Volume 7，1993（2）.

② Дэвлет М. А.，*Петроглифы Улуг－Хема*，с. 8.

河流带来的泥沙则在河口地区形成巨大的沙质三角洲。另外，河流是连接西伯利亚各个地区的重要交通孔道，更是西伯利亚居民自古以来赖以生存的重要物质条件之一。从古至今，河流附近都是主要的居民点选址所在①。

二　地质地貌

　　叶尼塞河是西西伯利亚平原和中西伯利亚高原的分界线。上叶尼塞河和中叶尼塞河地区大致位于西伯利亚的中南部。其南部与蒙古西北边界相接，西部与西西伯利亚低地的东部边缘相连，北部位于下安加拉河地区，东部大致从下安加拉河东部边缘向下，并与东萨彦岭相连。其地理范围相当广阔，地形也多种多样。一般来说，在其中游地区，地形以平原、高原为主；但在上叶尼塞河所在的南西伯利亚地区，平原、高原则被山地所取代，这些带状山脉远远地向东向北扩展开来，高耸在中西伯利亚高原之上。萨彦岭、图瓦共和国以及叶尼塞河地区的山岭，绝大多数都是由前寒武纪和下古生代的岩层构成，并在下古生代时逐渐形成褶皱山。而南西伯利亚山地现在的地形则比较年轻，是由第三纪和第四纪的升降运动而形成的②。

　　上叶尼塞河和中叶尼塞河南缘由一系列山间盆地组成，地理坐标范围大致为北纬52°~56°，东经89°~94°。这些山间盆地宽阔而平坦，比较重要的有哈卡斯—米努辛斯克盆地和图瓦盆地。图瓦盆地的表面覆盖有近期的疏松沉积物，为切割微弱而形成的起伏平缓的丘陵地形。由于地势低下而夏季炎热，盆地中最典型的景观是草原。由上叶尼塞河和赫姆奇克河流经的图瓦盆地，是图瓦共和国人口最稠密的地区。米努辛斯克盆地的中心部分是一条南北走向的地质断裂带，北面穿越900米高的巴特涅夫山脉，东面、西面和南面则分别以东萨彦岭（1778米）、库兹涅佐夫—阿拉

---

① 关于西伯利亚的古代文化分布情况，可参阅 Окладников А. П.（отв. ред.），*История Сибири с Древнейших Времен до Наших Дней. В Пяти Томах. Т. 1. Ленинград: Наука*, 1968.
② 关于这一地区的地形地貌，请参阅 Mikhail P. Gryaznov, *The Ancient Civilization of Southern Siberia: An Archaeological Adventure*, pp. 9–13；［苏］Н. И. 米哈伊洛夫：《西伯利亚自然地理概述》，周坚操译，北京：商务印书馆，1958年，第54~80页。

套（2178 米）和西萨彦岭（2735 米）为界。在西北角，其与"托姆—丘雷姆走廊"① 相邻，这是一条森林—草原带，在古代，该走廊将米努辛斯克盆地、阿尔泰和哈萨克斯坦的古代居民联系在一起。在南部，还有一条通过图瓦与蒙古阿尔泰地区相连的古代小道②。与图瓦盆地居民相似，米努辛斯克盆地的古代居民只能通过少数几条山间小道与外界进行交流，因此，相对而言比较孤立于其他地区，能够在较长时间内保持自身的文化。

上叶尼塞河盆地间一般被草原覆盖，山地一般分布着落叶阔叶林，森林边缘通常是少量草原。山地朝南坡面受日照时间较长，植被远比北坡茂盛。位于北纬59°以南的中叶尼塞河地区通常是广大而平坦的河间地带，属于南部泰加亚带的范围。这里占优势的是阴暗针叶林——乌尔曼，以及广大的分水岭水鲜沼泽。阔叶林（白桦林和欧洲山杨）在这一亚带也分布很广。这些森林通常是次生的，即生长在从前被人们伐除的针叶林地带。松林在安加拉河河谷地带特别具有代表性，在这里，它们形成宽达 50~60 千米的松林带沿着河谷伸展。通常在乔木茂盛的树冠底下，或者分布着达乌尔杜鹃花、赤杨和野蔷薇所组成的灌木层，或者分布着越橘的闪闪发亮的暗绿色叶子所形成的浓密植毯。

森林草原景观已不形成连续的地带，而表现为被森林地带或山地泰加林地带相互隔离开的个别"岛屿"和斑点。某些森林草原"岛屿"占有相当大的面积，并通常以草原而闻名。例如分布在阿尔泰山和萨彦岭山麓的比斯克、库兹涅茨克、米努辛斯克、阿巴坎、克拉斯诺亚尔斯克、坎斯克和阿钦斯克等"草原"以及南外贝加尔地区的宽广"草原"。但从地理区划的观点来说，这种划分并不十分正确，因为将其称为森林草原似乎更合适。一般来说，西伯利亚最北端的森林草原地带位于克拉斯诺亚尔斯克边疆区中部的阿钦斯克和坎斯克市，这两座城市分别位于克拉斯诺亚尔斯克市的东西两端，再往北去则全部为泰加林地或者苔原地带。叶尼塞河流域的森林草原地带在沿中西伯利亚高原的南部边缘，以及萨彦岭和图瓦共和国的山间盆

---

① "托姆—丘雷姆走廊"指托姆河与丘雷姆河之间的盆地。

② 在笔者 2015 年对中叶尼塞河地区的考察中，曾部分穿越该走廊，并对该地区的古代文化遗迹进行过实地考察。该走廊与"叶尼塞—丘雷姆"盆地构成的走廊相连，进而将西伯利亚的两大水系，即叶尼塞河水系和托姆河水系联系在一起。据考察队的俄罗斯学者介绍，该地区有众多古代小道将南西伯利亚和中亚、蒙古联系在一起，而部分岩画点就位于这些古代小道附近。

地中最为集中。杂类草草甸性质的克拉斯诺亚尔斯克"草原"以及坎斯克、阿钦斯克地区的森林草原地段，都属于这种森林草原"岛屿"之列，森林草原景观地带也可以在哈卡斯、阿巴坎河流域和米努辛斯克盆地的东部看到。但是上叶尼塞河的那些盆地（米努辛斯克盆地、乌辛斯克盆地和图瓦盆地）的植被已经具有比较干燥的、典型的草原性质，与中亚草原更为接近。从某种意义上来说，森林草原地带是从森林向完全的草原地区转变的一个过渡地带，越往北，森林成分越多；而越往南，就更接近真正的草原地带。森林草原景观在西伯利亚所占的面积较小，总计不过10%。但是这一地带在国民经济中所起的作用却非常巨大。在森林草原境内集中着西伯利亚的大量人口，很大部分的谷类作物和技术作物的播种地，以及65%以上长度的铁路网；这里分布着许多西伯利亚大城市和各种工业部门的最重要的企业①。

三 气候生态

叶尼塞河流域北部为亚北极气候，中、南部为显著的大陆性气候，年平均温度都在零度以下②。寒冷季节在北部从9月末持续至翌年6月中旬，在南部从10月中旬持续至翌年4月末。即使在夏季，北部盆地依然清凉，7月平均气温在8~12℃之间，霜冻仍然可能发生。南部夏季温暖，7月平均气温在18~20℃之间。而在7月初的草原地带，往往会有连续几天的炎热天气，气温超过30~35℃。1月平均气温北部在-32~-28℃之间，南部可暖至-20℃。但总体来说，由于西伯利亚夏季和冬季之间的转换很快，导致其间的过渡季节，即春季和秋季都不长。昼夜温差较大，降水量较少。年平均降水量北部为400~500毫米，中部为500~760毫米，在流域南部山中可至1194毫米。大部分雨水（80%~90%）降在温暖季节，即7、8月份间。而西伯利亚南部的草原地带，最多的降雨量通

---

① 关于该地区的地质地貌，请参阅［苏］Н. И. 米哈伊洛夫：《西伯利亚自然地理概述》。
② 关于该地区的气候，可参阅 Chlachula Jiří, *Climate History and Early Peopling of Siberia*. Dar I. A., Dar M. A. (eds.), Earth and Environmental Sciences. In Tech, 2011, pp. 495-532；［苏］Н. И. 米哈伊洛夫：《西伯利亚自然地理概述》，第81~99页。

常发生在 6 月。由于流域大部地区积雪量小 （南部 400 毫米，北部 610 毫米，叶尼塞岭 889 毫米），地表和下层土壤长时期内冻得相当深，永久冻土广布于下通古斯卡河以北。

叶尼塞河流域大部地区覆盖着泰加林，南部以西伯利亚云杉、枞和雪松为主，再往北以落叶松为主。在南西伯利亚的山间盆地还分布着草原地带。西伯利亚森林草原的年平均气温比俄罗斯欧洲部分的森林草原地带低得多，通常为 -2~2℃，这是由于这里的冬季气温较低。西伯利亚森林草原地带全年最冷月份——1 月的平均气温在 -22~-18℃之间变动，但在个别的日子里会降到 -50~-45℃。南部山区气候的主要特征是变化多样，几乎每个谷地和山坡都有自己独特的气候，某些情况下与周边地区的气候截然不同。山的北坡和南坡之间的气候差异特别明显，朝南的山坡由于向阳而比较温暖，植被也比北坡茂盛。一般来说，朝南的坡面树木更多一些，而朝北的坡面草场更广阔一些。

南西伯利亚的气候生态自全新世以来发生了巨大的变化。根据专家对南西伯利亚米努辛斯克盆地过去 1.17 万年的气候变迁分析得知：距今 1.17 万年至距今 0.76 万年为干旱期；从距今 0.76 万年开始进入持续的潮湿阶段，而在距今 0.51 万年和距今 0.28 万年出现两个湿润度的峰值，同时中间还夹杂着一个干旱期；从距今 0.15 万年至今则进入普遍的干旱期。该发现结果异于欧亚温带地区的发现结果，但与中亚干旱和半干旱地区的发现结果相符①。重建后的气候变化周期与考古学文化的发现情况相吻合。"在米努辛斯克盆地发现了旧石器时代的阿丰达瓦 （Aphontovo，即下文的 Afontova，俄语 Афонтова 的不同翻译）文化，而在距今 1.1 万年至距今 0.6 万年的中石器时代和新石器时代在欧亚大陆的南西伯利亚盆地中几乎没有发现任何文化遗迹，这一时期基本处于干旱期。这个文化缺口与重建的全新世早期至中期的干旱期，即从距今 1.17 万年到距今 0.76 万年相一致。而从距今 0.76 万年前开始，环境变得湿润；随后，人类在大约距今 0.6 万年开始在这一地区活动。在全新世晚期两个湿润度达到峰值时，前一阶段干燥期消失的树木开始重新出现。从青铜时代早期直至铁器时代的文化没有缺环，而距今 0.36 万年至距今 0.33 万年

---

① Dirksen V. G., Van Geel B., Koulkova M. A, etc., *Chronology of Holocene Climate and Vegetation Changes and Their Connection to Cultural Dynamics in Southern Siberia*. Radiocarbon 49 (2), 2007.

短暂的干旱期中，米努辛斯克盆地的文化比较贫乏。这些资料显示了气候变化和南西伯利亚草原地带文化的动态发展之间存在着密切的联系。"① 在今天，覆盖有森林的山地发现一些中石器至新石器时代的遗址，而草原低地未有发现。低地和高地条件的巨大差异可能解释了这一时期人类占据土地模式的不同。森林山地地区可以支撑人口，而植被很少的低地以及通常不宜居的草原环境不适合人类生存。

第二节　旧石器时代晚期至青铜时代的考古学文化

人面像岩画总是从属于一定的考古学文化。叶尼塞河流域人的形象最早出现于旧石器时代晚期，但此时是以完整的人的形象出现。随后，在新石器时代和铜石并用时代的墓葬中零散的人面形象开始出现。而到了青铜时代早期的奥库涅夫文化时期，人面形象大量出现，大部分的人面像岩画也可以归入这一时期。根据近年来的研究成果，"部分学者进一步将下安加拉河地区某些人面像岩画的年代上溯到新石器时代"②。但是，人面像岩画作为一种文化现象并非随着青铜时代的结束而彻底消失，部分人面像岩画可能对早期铁器时代的人面造像艺术产生过影响。但是，此时存在的艺术类型已经不属于岩画，超出了本书探讨的范畴。因此，作为人面像岩画完整的发展序列，本书拟对旧石器时代晚期至青铜时代叶尼塞河地区的考古学文化作一番简单梳理③，以便对人面像岩画所处的社会环境进行简要介绍。

---

① Dirksen V. G., Van Geel B., Koulkova M. A, etc., *Chronology of Holocene Climate and Vegetation Changes and Their Connection to Cultural Dynamics in Southern Siberia.* Radiocarbon 49 (2), 2007.

② Заика А. Л., *Личины в Наскальном Искусстве Нижней Ангары.* Археология, Этнография и Антропология Евразии, 2012 (1).

③ 本书探讨的是人面像岩画，主要介绍整个地区与人的形象（包括人像和人面像）有关的一些文化，由于中石器时代并不具备这些特征，故在此不作赘述。但总体而言，西伯利亚北部地区的中石器时代文化是以细石器为主的一种考古学文化。

一 旧石器时代晚期文化

上叶尼塞河和中叶尼塞河是整个西伯利亚旧石器时代晚期遗址最为集中的地区之一。截止到 20 世纪 80 年代初，整个地区被发掘的遗址数量接近 200 个，属于旧石器时代晚期的不同阶段：初始阶段的代表性遗址是马拉亚·苏伊亚（Malaya Syiya），年代约为距今 34000 ~ 33000 年；中期阶段的代表性遗址是什楞卡（Shlenka）、塔拉奇卡（Tarachikha）和乌伊 1 号遗址（UiI）等，年代约为距今 24000 ~ 18000 年，代表性的石质品是石叶；在距今 18000 ~ 16000 年时，这些文化被旧石器时代晚期的最后一个阶段阿丰达瓦（Afontova）文化（图 1.2）和科科热沃（Kokorevo）文化取代，在这一时期，前一期的石叶工业继续得到保留，就阿丰达瓦遗址本身而言，超过 70% 的石器工具是一侧锐利而另一侧较钝的石叶。总体而言，该地区超过 90% 的旧石器时代遗址属于晚期阶段，即距今 16000 ~ 10000 年间。最早在该地区从事旧石器研究工作的是 I. T. 萨文科夫，他于 1884 年在克拉斯诺亚尔斯克边疆区的阿丰达瓦山发现了整个叶尼塞河最早的旧石器时代遗址。一般来说，上叶尼塞河地区旧石器时代晚期的文化更接近中亚地区，而与中叶尼塞河地区差异较大；安加拉河地区的旧石器时代晚期文化与东西伯利亚地区的勒拿河流域更为接近；中叶尼塞河右支流的坎河流域发现的几处旧石器时代晚期遗址，如斯崔佐娃山（Strizhova Gora）、珀坦切特（Potanchet）和姆耶泽恩斯克（Mezensk）等，其文化面貌与东西伯利亚相同。这表明，东西伯利亚和中叶尼塞河地区在这一时期曾经发生过文化交流，而这种交流很可能是经由安加拉河来实现的。同时，鄂毕河支流丘雷姆河上游地区离中叶尼塞河很近，在米努辛斯克盆地附近的最短距离不超过 10 公里，其旧石器时代晚期的文化面貌与后者基本相同，可以归为一类①。

而下安加拉河地区的旧石器时代文化主要是马耳他文化，包括马耳他遗址、布列齐遗址、科瓦河口遗址和白河口遗址等，其文化面貌基本相同。根据马耳他遗址的碳十四测年结果得知，其年代在 "14750 ± 190 至 43100 ± 2400 年，主体部分在

---

① 关于该地区旧石器时代的考古学文化，请参阅 Sergey A. Vasilev, *The Late Paleolithic of the Yenisei: A New Outline.* Journal of World Prehistory, Vol. 6, 1992 (3).

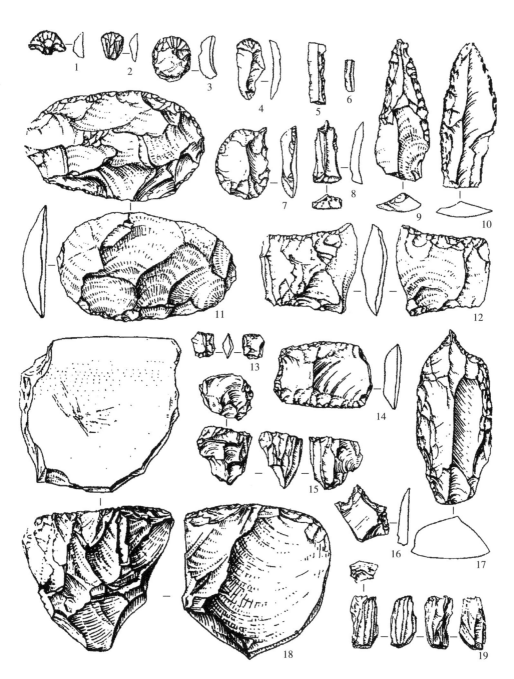

图 1.2　叶尼塞河旧石器时代晚期最后阶段阿丰达瓦文化的石器工业（采自 Sergey A.，Va-
silev，*The Late Paleolithic of the Yenisei*：*A New Outline*）

2万至2.4万年间"①。目前发现的属于该文化的遗迹包括村落房址、墓葬，以及石器、骨器和刻制品等遗物。石器种类丰富，包括石核、石叶、石片、刮削器、尖状器和锥等。与叶尼塞河中游情况类似，该地区的石器同样是以石片为主。尤其值得注意的是，马耳他文化中出现了该地区乃至整个西伯利亚地区最早的人像（图1.3）。从欧洲艺术发展史的角度来看，在旧石器时代晚期之前，艺术品描述的对象一般是动物，如欧洲旧石器时代的洞穴岩画，其主题便主要是马和野牛。而到了旧石器时代晚期，人物形象开始出现，但并不占主流。只是在进入新石器时代之后，以人为描述对象的艺术品才开始广泛流行。西伯利亚的情况也是如此。

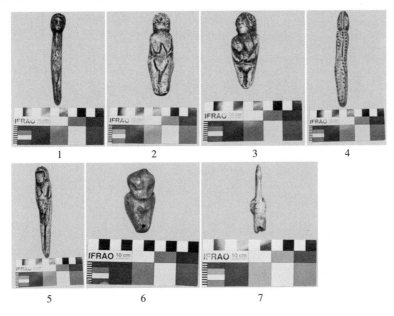

图1.3　马耳他文化出土骨雕制品（肖波摄于克拉斯诺亚尔斯克国立师范大学民族学考古学博物馆）
1～6. 人像　7. 鸟雕像

二　新石器时代文化

叶尼塞河流域的新石器时代文化主要分布在森林地带，草原地带基本不见。目前，被中国学者介绍最多的是下安加拉河地区②。而实际上，其分布范围要广阔得

① 冯恩学：《俄国东西伯利亚与远东考古》，第4页。
② 冯恩学：《俄国东西伯利亚与远东考古》，第146～165页。

多，从下安加拉河，经克拉斯诺亚尔斯克市附近、米努辛斯克一直到图瓦共和国都有分布。但目前，该地区的新石器时代文化序列问题还没有得到很好的解决。现根据发现的主要遗址对其基本情况进行介绍。

（一）下安加拉河流域新石器时代文化

下安加拉河流域的新石器时代文化主要位于北部的森林地带，是森林文化的一种反映。由于特殊的自然地理环境，这一地区的新石器时代持续时间特别长，基本上贯穿整个青铜时代，一直延续到铁器时代。目前该地区还没有发现明确属于新石器时代早期的墓葬，仅在一些墓葬中发现少量具有贝加尔湖沿岸新石器时代文化基托伊类型某些特征的器物。由于考古出土物较少且内涵和地层关系都还不甚明确，俄国学术界只是笼统地将某些遗址和墓葬归为新石器时代，但并未作进一步分期。

安加拉河地区共有 6 个新石器时代文化遗址，且全部为居址，分别为科瓦河口遗址、恰多别茨遗址、帕尔塔遗址、帕什诺遗址、埃杜昌季遗址和帕达尔马遗址。出土物包括石器、骨器和陶器等。其中，石器以石片为主，还有石核、石镞、石锛、石刀、石矛头、石斧、石网坠、复合鱼钩的石杆、尖状器以及刮削器等（图 1.4）。其中部分石斧和石锛有肩。大多数石器由细石器的压制法加工而成，打制石器和磨制石器较少。陶器为圜底或者尖底的蛋形陶器，器表为灰色（图 1.5）。纹饰包括网纹、篦齿纹、戳刺纹等，部分陶片上的纹饰由几种纹饰组合而成。很多陶片在口下有一周戳刺较深的圆坑。根据出土器物来看，其经济形态应当以渔猎为主，同时也兼营采集。根据放射性碳素测定，"科瓦河口遗址的年代约为距今 6000 年至距今 4500 年；而恰多别茨遗址的年代则约 4410 年"[①]，即距今 6000 年至距今约 4410 年。其他几个遗址的年代大致也在这一范围内。而俄罗斯学者近年来根据新获取资料得出结论，"安加拉河北部（即下安加拉河地区——笔者注）新石器时代开始于一些陶器的出现，这发生在大约 7000 年前。最古老的陶器是圜形或尖底的蛋形陶，器表有条状编织纹"[②]。

---

① 冯恩学：《俄国东西伯利亚与远东考古》，第 149、153 页。

② Nikolai P. Makarov, *The Ancient Stages of the Culture Genesis of the Krasnoyarsk Northern Indigenous Peoples.* Journal of Siberian Federal University, 2013（6）.

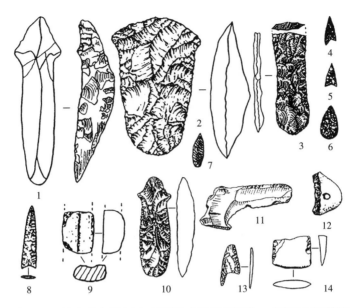

图1.4　下安加拉河地区出土石器（采自冯恩学：《俄国东西伯利
　　　　亚与远东考古》，第147~165页）

1~7. 科瓦河口　8、9. 恰别多茨　10、12. 帕尔塔　11、13、14. 埃杜昌季

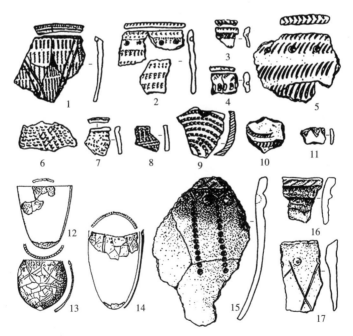

图1.5　下安加拉河地区出土陶器（采自冯恩学：《俄国东西
　　　　伯利亚与远东考古》，第147~165页）

1~11. 科瓦河口　12~14. 恰别多茨　15~17. 帕尔塔

　　根据笔者在克拉斯诺亚尔斯克边疆区方志博物馆参观所见，该地区的新石器晚期文化被定在 5000 至 3000 年前。出土陶器主要是圜底或尖底蛋形灰陶；石器包括石质手斧、小雕像、石刀、刮削器、石鱼、石耳环、石质或者骨质箭镞等（图 1.6）。此外，尤其让人感兴趣的是石鱼，这种石鱼在贝加尔湖沿岸的谢罗沃墓葬中也有发现，与我国东北地区红山文化出土的玉鱼有着异曲同工之妙。而在克拉斯诺亚尔斯克国立师范大学民族学考古学博物馆还藏有一件骨质鱼镖头，与谢罗沃文化出土骨质鱼镖头高度类似。不仅表明渔猎经济在该文化的生业模式中占据重要地位，而且也暗示着该地区的新石器时代文化与东西伯利亚地区存在着广泛的联系①。

图 1.6（彩版一）　下安加拉河地区部分新石器时代出土文物（肖波摄于克拉斯诺亚尔斯克边疆区方志博物馆）

（二）中叶尼塞河流域新石器时代文化

　　中叶尼塞河流域的新石器时代文化可以分为两大区域，即以克拉斯诺亚尔斯克市为中心的北部和以哈卡斯—米努辛斯克盆地为中心的南部。前者的文化内涵与下

---

① 关于上述地区类似文化现象的比较，请参阅第六章相关内容。

安加拉河地区相似，可以归入同一个文化系统。现主要对后者情况进行简要概述。

　　根据俄罗斯学者的研究，"哈卡斯—米努辛斯克盆地的新石器时代文化起始时间不晚于公元前 6000 ~ 前 5000 年，大致结束于公元前 3000 年初"[1]。大多数遗迹都属于短期居住点，出土文物很少，多数情况下仅能发现一些属于新石器时代的石器或陶器残片。另外，这些资料还非常混杂，不能据此区分出本地区新石器时代不同阶段的发展情况。根据现有资料可以发现，所有遗迹均位于叶尼塞河及其支流的岸边低地以及湖泊的沿岸。此外，所有新石器时代的居址都位于森林地带的边缘，而具有新石器时代特征的发现物都位于山岗上。根据有无陶器可将该地区的新石器时代划分为前后两个时期，即前陶新石器时代和有陶新石器时代。前者出土物中无陶器，年代约为公元前 5000 年至前 4000 年中期，最典型的特征是片状石器占统治地位。石器通常包括石刀、刮削器以及石斧等。石刀主要是在大块椭圆形或者半月形的砾石缺口处加工而成的单刃刀。代表性的遗址有古比雪沃 1 号居址，在其第二文化层中发现了属于这一时期的石器（图 1.7）。而后者出土物中除了石器外还有陶器，年代为公元前 4000 年下半叶至前 3000 年初，以乌纽克居址为代表。该遗址位于叶尼塞河右岸，根据附近的同名村庄命名。陶器主要是灰陶，绝大多数仅剩残片，完整器形不多。器表均装饰有坑点以及篦纹组成的条状或波折状纹饰。石器包括箭镞、刮削器、石刀以及组合工具上的嵌块（图 1.8）。特别需要指出的是，发现物中还包含一种用绿色软玉磨制而成的石斧以及用砂岩制成的石锯，后者可能用来加工软玉。此外，在其他遗址中还发现了石鱼（部分石鱼保存于米努辛斯克乡土博物馆——笔者注）及构成鱼钩的石针[2]。

　　根据乌纽克遗址出土的陶器以及该地区其他遗址出土的石鱼和石鱼钩，部分苏联学者认为，"该地区的有陶新石器时代文化可能起源于中叶尼塞河[3]和安加拉河上

---

① 　Готлиб А. И. , Зубков В. С. , Поселянин А. И. , *История Хакасии. Древность Учебно - методический Комплекс по Дисциплине : Учебное Пособие.* Абакан: Издательство ФГБОУ ВПО 《 Хакасский Государственный Университет им. Н. Ф. Катанова》, 2014, с. 84.

② 　关于哈卡斯地区的新石器时代文化请参阅 Готлиб А. И. , Зубков В. С. , Поселянин А. И. , *История Хакасии. Древность Учебно - методический Комплекс по Дисциплине : Учебное Пособие*, с. 84.

③ 　这里的中叶尼塞河主要指克拉斯诺亚尔斯克市附近。

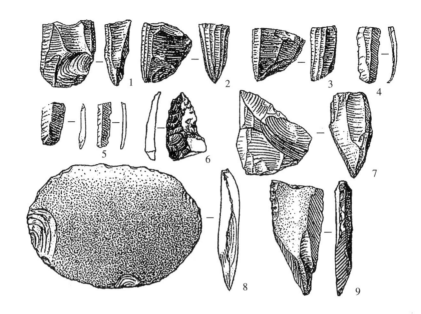

图1.7　古比雪沃 1 号居址第二层出土的前陶新石器时代石器（采自
Готлиб А. И. ，Зубков В. С. ，Поселянин А. И. ，История
Хакасии. Древность Учебно － методический Комплекс по
Дисциплине：Учебное Пособие，с. 97）

1 ~3、7. 石核　4、5. 石叶　6. 箭头　8. 燧石刮刀　9. 石刀

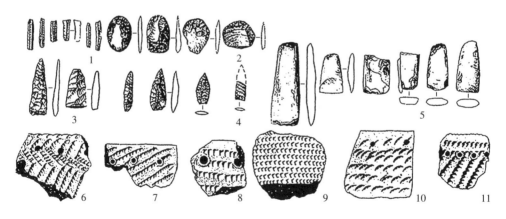

图1.8　乌纽克居址出土的石器和陶器（采自 Готлиб А. И. ，Зубков В. С. ，Поселянин А.
И. ，История Хакасии. Древность Учебно － методический Комплекс по Дисциплине：
Учебное Пособие，с. 95 － 96）

1 ~5. 石器　6 ~11. 陶器

游地区"①。从整个地区文化分布情况来看，哈卡斯—米努辛斯克盆地的有陶新石器和克拉斯诺亚尔斯克市、下安加拉河以及贝加尔湖沿岸地区的新石器时代文化都有密切的联系，上述地区可以归为同一个文化区域。此外，还有部分学者指出，"大部分地区都有人居住，草原和森林草原地带也被开垦"②。但是，我们必须注意到，草原地带发现的物品都是石器，而无陶器，因此并不清楚其文化属性。相对而言，我们能够确定其内涵及文化属性的是位于森林边缘地带的有陶新石器时代文化遗址。

俄罗斯学者最新的研究成果显示，中西伯利亚南部地区（下安加拉河至哈卡斯—米努辛斯克盆地）新石器时代文化的年代要早得多，并且存在着两种类型的陶器，即约8700～6200年前的海塔类型，以及7900～4400年前的波索利斯克类型。"陶器均用宽泥条法制作，使用高浮雕技法（可能伴有轮制技术），用拍打器或铲在器物周身制作绳纹。波索利斯克类型陶器有肋骨、网孔、光滑拍打器推压痕迹。海塔类型陶器内壁表面有不同形态的凹槽及小凸痕迹，可能是因使用旧陶片及砧骨造成的。绳纹被固定于两件波索利斯克类型陶器及一件海塔类型的泥条连接层中，这表明其使用了一种具有长期间隙的原始制模技术。"③

（三）上叶尼塞河流域新石器时代文化

目前，在图瓦盆地共发现7处新石器时代遗址④（图1.9）。其中一处位于库伊鲁克·海姆1号岩洞。该岩洞位于上叶尼塞河的右支流——库伊鲁克·海姆河的右岸，离河流源头约12公里的地方。该遗址于2003～2005年由俄罗斯科学院物质文化史研究所主持发掘，共揭露五个文化层。其中第一至二层属于新石器时代，第三至五层属于旧石器时代。另一处为托拉—达什（Тоора-Даш）居址，该居址位于萨彦—舒申斯克水电站附近，被认为是哈卡斯南部和图瓦地区标准的新石器时代和青

① Кызласов Л. Р. , *Древнейшая Хакасия*. Москва：Московский Государственный Университет，1986，с. 9.

② Готлиб А. И. , Зубков В. С. , Поселянин А. И. , *История Хакасии. Древность Учебно-методический Комплекс по Дисциплине：Учебное Пособие*，с. 84.

③ ［俄］I. M. 别尔德尼科夫等：《新石器时代绳纹陶器器表纹理痕迹解释（中西伯利亚南部）》，内蒙古自治区文物考古研究所编《中国北方及蒙古、贝加尔、西伯利亚地区古代文化》（上），北京：科学出版社，2015年，第40页。

④ 相关材料由俄罗斯科学院物质文明史研究所的 M. E. 基卢诺夫斯卡娅教授（Килуновская М. Е. ）提供，她本人参与了该地区部分遗址的发掘工作。同时，可参阅 Sergey A. Vasilev, Vladimir A. Semenov, *Prehistory of the Upper Yenisei area（southern Siberia）*. Journal of World Prehistory, Vol. 7, 1993 (2).

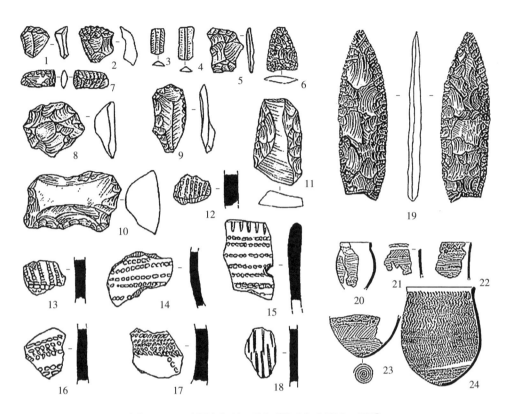

图 1.9　上叶尼塞河地区新石器时代陶器和石器①

1~11. 库伊鲁克·海姆 1 号遗址出土石器　12~18. 库伊鲁克·海姆 1 号遗址出土陶器　19. 乌斯季—坎杰吉尔遗址出土石器　20~24. 托拉—达什遗址出土陶器

铜时代遗址，由 B. A. 谢苗诺夫最早发现并主持发掘。该居址共包含十三个文化层，作者按照从下到上的顺序对文化层进行了编号。其中，一至四层为新石器时期；五层为铜石并用时期；六至七层为奥库涅夫文化在图瓦地区的两个发展阶段；八至九层为前斯基泰时期；十层为斯基泰和匈奴—萨尔马特时期，可以进一步划分为三个阶段；十一层与匈奴—萨尔马特时期的科克尔文化（Кокэльская Культура）有关；十二至十三层为柯尔克孜时期和阿尔丁汗国（Государство

①　1~11、13~16、20~22 采自 Семёнов В. А. , Васильев С. А. , Килуновская М. Е. , *Куйлуг – Хемский I Грот — Новый Многослойный Памятник Каменного Века в Туве.* Записки Института Истории Материальной Культуры Российской Академии Наук, 2006；12、17~19、23~24 由 М. Е. 基卢诺夫斯卡娅教授提供。

Алтын－хана）形成时期①。新石器时代分层很明显，出土物包括石器、陶器和骨器等。石器中片状石器最多，包括刮削器、尖状器、箭镞等；陶器为圜底或尖底蛋形灰陶，器表刻有点或孔，以及用锯齿模加工出来的图案；根据墓葬出土石器和陶器判断，该地区的新石器时代文化之间存在着密切的联系。В. А. 谢苗诺夫根据库伊鲁克·海姆1号岩洞与托拉—达什遗址下层文化陶器的相似性，将上叶尼塞河流域的新石器时代归为公元前3000年②。而另外5处新石器时代遗址与上述两处居址文化面貌类似，大致可归入同一种文化类型，年代也大致相当。从使用的石质工具种类来看，该文化居民主要从事渔猎和采集。

从上述各地区新石器时代文化情况来看，均存在着一些共同特征。具体来说，表现在陶器均为圜底或尖底蛋形灰陶，陶器上均用小圆窝或者篦点组成装饰性的条纹。石器都包括带斑点的刮削器和石箭镞等。上述地区的居民均从事渔猎和采集，但根据各自生态环境的不同，狩猎、渔捕和采集业所占比例可能有所不同。另外，其差异性也是明显的，具体表现在中叶尼塞河磨制石器较多，而下安加拉河和上叶尼塞河的石器技术则以细石器工业中的压制法为主。另外，下安加拉河和中叶尼塞河的石器中均含有肩石斧和石锛，而上叶尼塞河地区却不见此类器形。从年代上看，中叶尼塞河新石器时代要晚于下安加拉河，而与上叶尼塞河年代相当或者更晚，表明三者之间不可能是一种文化上的传承关系。但是我们不能排除，在新石器时代上述三个地区之间发生过文化上的交流。根据文化内涵来判断，中叶尼塞河和下安加拉河地区应属于同一文化区，并与西伯利亚东部地区关系密切，而上叶尼塞河地区则与中亚地区文化联系更密切一些，如南哈萨克斯坦的凯尔特米那尔文化的石器和陶器的诸多特点都与上叶尼塞河地区的石器和陶器类似③。

---

① Семенов Вл. А., *Тоора－Даш — Многослойная Стоянка на Енисее в Туве*. Санкт－Петербург：ИИМК РАН；Невская Книжная Типография，2018.

② Семёнов В. А.，Васильев С. А.，Килуновская М. Е.，*Куйлуг－Хемский I Грот — Новый Многослойный Памятник Каменного Века в Туве*. Записки Института Истории Материальной Культуры Российской Академии Наук，2006.

③ 关于凯尔特米那尔文化请参阅［法］丹尼、马松主编《中亚文明史（第1卷）文明的曙光：远古时代至公元前700年》，芮传明译，北京：中国对外翻译出版公司，2000年，第128页。

三 青铜时代文化

叶尼塞河流域的青铜时代开始于公元前 4 千纪下半叶，此时畜牧业成为固定的经济形式。萨彦—阿尔泰地区铜矿储量丰富，为青铜器的生产奠定了基础。按照年代发展序列，该地区的青铜时代文化先后经历了阿凡纳谢沃、奥库涅夫、安德罗诺沃和卡拉苏克 4 个时期，每个时期都有不同的特点，现分别予以介绍。

（一）阿凡纳谢沃文化

关于该文化，《中国大百科全书·考古学》认为其属于"南西伯利亚铜石并用时代文化"①；《印欧百科全书》认为其属于"南西伯利亚红铜或者青铜时代的文化"②；俄国学术界普遍也将其视为铜石并用时代文化。该文化分布于俄罗斯"叶尼塞河上游和中游、戈尔诺—阿尔泰及其山前地带以及蒙古西北部地区"③。20 世纪 20 年代苏联考古学家 C. A. 捷普劳霍夫根据米努辛斯克盆地巴捷尼村墓地所在的阿凡纳谢沃山而定名。据俄罗斯学者对中叶尼塞河地区 32 个属于阿凡纳谢沃文化的标本做的碳十四测年，"其年代为距今 4820±50 至 3700±80 年，校正后年代为公元前 3706～前 3384 至公元前 2389～前 1883 年"④，而 A. B. 博利亚科夫（Поляков А. В.）对上述数据分析后认为，"中叶尼塞河地区的阿凡纳谢沃文化年代在公元前 3300～前 2500 年之间，但也不排除其上限达到公元前 3700 年"⑤。

迄今已经发现将近 142 个居址和墓葬（图 1.10、1.11）。其中，"叶尼塞河地区有居址 12 个，墓葬 34 座；戈尔诺—阿尔泰地区有居址 30 个，墓葬 63 座。此外，蒙

---

① 中国大百科全书出版社编辑部：《中国大百科全书·考古学》，北京·上海：中国大百科全书出版社，1986 年，第 2 页。

② Mallory J. P., Adams D. Q., *Encyclopedia of the Indo – European Culture.* London：Fitzroy Dearborn Publishers，1997，p. 4.

③ Степанова Н. Ф., Поляков А. В., *Афанасьевская Культура：История Изучения и Современное Состояние.* В Степанова Н. Ф., Поляков А. В.（отв. ред.），Афанасьевский Сборник. Барнаул：Азбука，2010，с. 4.

④ Поляков А. В., *Радиоуглеродные Даты Афанасьевской Культуры.* В Степанова Н. Ф., Поляков А. В.（отв. ред.），Афанасьевский Сборник，с. 170.

⑤ Поляков А. В., *Радиоуглеродные Даты Афанасьевской Культуры*，с. 164.

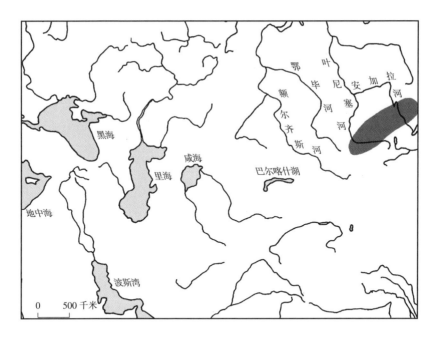

图1.10　阿尔泰—叶尼塞地区的阿凡纳谢沃文化分布图（黑色区域表示阿
　　　　凡纳谢沃文化分布区，采自 Mallory J. P., Adams D. Q., *Encyclopedia
　　　　of the Indo – European Culture*，p. 5）

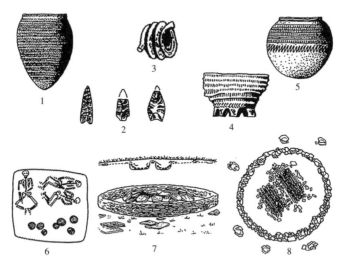

图1.11　阿凡纳谢沃文化墓葬及出土器物（采自 Mallory J.
　　　　P., Adams D. Q., *Encyclopedia of the Indo – European
　　　　Culture*, pp. 5 – 6）

1. 尖底容器　2. 石箭头　3. 银饰品　4. 可能用来盛放芳香剂或麻醉
剂的香炉　5. 球状容器　6～8. 带有石围的仰身屈肢葬草图

古西北部地区还有 3 个居址"①。而在新疆哈巴河县阿依托汗 1 号墓群最近也发现了属于该文化的墓葬②。家庭经济包括饲养牛、绵羊、山羊，同时在墓葬中还常出土马的遗骨，表明其经济活动已由渔猎、采集向早期畜牧业经济转变。工具主要为石器和骨器。石器包括斧、杵、磨盘、矛、箭镞等；骨器包括鱼钩、箭头等；此外还有鹿角质品。该文化居民还不懂铸造，金属仅用于制作耳环、手镯等装饰品，并有了金属质的针、锥、小刀等用具，此时的金属除了铜之外，还有金、银和铁。此外，家庭手工业生产得到发展，有制陶、骨雕、木雕、毛纺、制革等。陶器为手制，器内用草抹平或齿形器修平，火候不高，胎呈黑色；器形有尖底罐、圜底器、平底缸和香炉，也有专供儿童随葬的小型尖底器；一般饰短划道、篦纹、杉针纹等简单纹饰。发掘的遗迹包括居址和墓葬。居址面积不大，房子有地穴式和原木房两种类型。墓葬的土冢上有圆形石围，高达 1 米，直径 5～6 米。冢下建一个或数个方形墓穴，穴上以原木或石板覆盖。多单人葬及 3～8 人同穴的集体葬，少数为双人合葬。死者以坐姿入殓，后来形成仰身或侧身屈肢。在墓穴与垣壁之间，还附建儿童墓葬。居民属古欧罗巴人种，是欧洲草原文化的最东支。在文化面貌上，这一文化同黑海沿岸竖穴墓文化、木椁墓文化以及中亚扎曼巴巴文化有不同程度的相似性，这些相似性体现在仰身屈肢的姿势、赭石颜料的使用、墓葬中的动物遗骨、尖底罐、碗底足香炉，以及属于欧洲文化特征的马匹和轮式车辆等方面③。

阿凡纳谢沃的早期发现物大都集中于叶尼塞河沿岸，"这里的墓地和遗址南起叶尼塞河南段原始森林地带北部边缘的奥兹纳禅村，北达遥远的安纳什村，连成一条长线，只是偶尔才越出叶尼塞河流域的范围。另有一些阿凡纳谢沃遗迹分布在叶尼塞河支流马达河、土巴河、卢加符卡河和奥亚河沿岸，主要是在下游，这也比较靠近叶尼塞河。值得注意的是，叶尼塞河以西盐土草原上的大小河流，自古以来就是米努辛斯克盆地游牧民集中之地，目前还没有发现一个阿凡纳谢沃遗存。至于叶尼塞河右岸，直到不久以前，还是一片森林草原地带"④。表明其生活环境主要为森林

① Степанова Н. Ф., Поляков А. В., *Афанасьевская Культура：История Изучения и Современное Состояние*. В Степанова Н. Ф., Поляков А. В.（отв. ред.），Афанасьевский Сборник，с. 10～13.

② http：//www.cssn.cn/kgx/kgdt/201503/t20150304_ 1532041. shtml.

③ 中国大百科全书出版社编辑部：《中国大百科全书·考古学》，第 2～3 页。

④ ［苏］吉谢列夫：《南西伯利亚古代史》上册，第 22～23 页。

草原的边缘地带，而以森林为主要活动场所的渔猎和采集经济仍然占有重要地位。此后的发现进一步确认了这一点。

必须指出的是，在上叶尼塞河和中叶尼塞河南部地区被阿凡纳谢沃文化占据之时，中叶尼塞河北部泰加林地区——从克拉斯诺亚尔斯克市北部直到下安加拉河地区分布的则主要是格拉兹科沃文化。前者主要经济是畜牧，畜养的动物包括牛、马和绵羊，而后者仍然过着新石器时代晚期以来的渔猎和采集生活，唯一饲养的动物就是狗。另外，前者已经使用单独的铜质工具和装饰品，而后者仅是将铜片镶嵌在石质工具上[1]。

（二）奥库涅夫文化

奥库涅夫文化是南西伯利亚地区继阿凡纳谢沃文化而起的第二个青铜时代文化，分布于哈卡斯—米努辛斯克、图瓦以及阿尔泰地区[2]。按照今天的行政区划，则主要位于哈卡斯共和国和克拉斯诺亚尔斯克边疆区的南部。与阿凡纳谢沃文化不同，它起源于本地森林地带的新石器时代文化传统。20 世纪 60 年代，根据苏联考古学家 C. A. 捷普劳霍夫于 1928 年在哈卡斯南部的奥库涅夫乡附近发掘的墓地而定名。2009年 C. B. 斯弗雅特科（Святко С. В.）和 А. В. 博利亚科夫对中叶尼塞河地区属于该文化的 19 个标本进行了碳十四测年，结果为公元前 2565～前 1885 年[3]。其中两个数据远离这个范围而被弃用。

奥库涅夫文化在哈卡斯—米努辛斯克盆地（中叶尼塞河）和图瓦地区（上叶尼塞河）产生和消亡的时间并不一致。一般认为，奥库涅夫文化在前者出现的时间大约为公元前 2500 年，而在后者出现的时间要晚得多。据俄罗斯学者研究，"上叶尼塞河铜石并用时代向青铜时代的转变发生在奥库涅夫文化的中期，即公元前 2 千纪

---

[1]　关于该地区格拉兹科沃文化的相关情况，见于克拉斯诺亚尔斯克边疆区方志博物馆的相关介绍。

[2]　关于图瓦和阿尔泰地区的奥库涅夫文化，请参阅 Семёнов В. А., *Многослойная Стоянка Тоора – Даш на Енисее（К Проблеме Периодизации Культур Эпох Неолита и Бронзы Тувы）*. В Массон В. М.（отв. ред.），Древние Культуры Евразийских Степей（По Материалам Археологических Работ на Новостройках），с. 20 – 24；Вайнштейна С. И.，Маннай – оола М. Х.，*История Тувы*. Т. I. Новосибирск：Наука，2001；Sergey A. Vasilev, Vladimir A. Semenov, *Prehistory of the Upper Yenisei Area（Southern Siberia）*. Journal of World Prehistory, Vol. 7, 1993（2）.

[3]　Svyatko S. V., et al., *New Radiocarbon Dates and a Review of the Chronology of Prehistoric Populations from the Minusinsk Basin, Southern Siberia, Russia*. Radiocarbon. Vol. 51, Nr 1, 2009.

中叶"①。而奥库涅夫文化何时消亡的问题还不太清楚，并且碳十四测年结果和考古
学文化反映的面貌并不一致。目前的结论是，不同地区消亡的时间并不相同。一般
认为，图瓦和米努辛斯克盆地南部的奥库涅夫文化被卡拉苏克文化所取代，而米努
辛斯克盆地北部的奥库涅夫文化被安德罗诺沃文化所取代，这个时间不早于公元前
1400～前1300年。而卡拉苏克文化开始的时间大约也在公元前1300年，因此，哈卡
斯—米努辛斯克盆地南部的奥库涅夫文化年代大概为公元前2500～前1300年。也就
是说，整个中叶尼塞河地区的奥库涅夫文化年代均为公元前2500～1300年。至于上
叶尼塞河的图瓦地区，奥库涅夫文化约开始于公元前1500年，并且一直持续到塔加
尔文化到来之前的公元前800年左右。

　　总体来说，该文化以畜牧经济为基础，发现绵羊距骨和刻在墓穴石板上的牛图。
渔猎起辅助作用，出土有骨质鱼镖、红铜鱼钩、结网用的匕首形骨器以及鸟骨质品
和石镞等。金属加工在经济活动中占有重要地位，红铜或青铜器物相当常见，有锻
制的鱼钩、刀、锥、针筒、鬓环及铸造的红铜斧。石器则有斧、杵、臼等。陶器多
平底，主要有两大类：一类是大小不一的桶形器，纹饰较简单，有押捺的箆纹、杉
针纹、纵列箆纹等；另一类是罐形器，纹饰多样，有棋盘纹、波浪纹、弦纹等（图
1.12、1.13）。部分陶器纹饰与乌斯季—别拉亚陶器纹饰类似。此外，还有香炉形器、
多棱形器和圈足器。艺术品有石、骨刻制的人像、鸟兽等，一般是写实的圆雕和线刻。

　　墓地多靠近河流。墓葬表面有石构方形围垣，高度一般为30～50厘米，面积最
大者达400平方米。垣内西或西南部有石板墓穴，一般一个或数个，有的多达23个。
每个墓穴埋葬死者1～3人，常见男女或妇幼合葬，葬式仰身屈膝，头多向西，头下
一般垫以石"枕"，脚下墓底略倾斜（图1.14）。人骨有身首分离现象。各墓随葬品
不多，没有明显的财产分化迹象，一般随葬陶罐和生产工具，女性骨架近旁则发现
有青铜或骨质的针筒、骨针以及红铜丝鬓环。多数学者认为，该文化居民可能以欧
罗巴人种为主，混合有少量的蒙古人种成分②。

　　奥库涅夫文化最大的特征就是遍布于整个哈卡斯—米努辛斯克盆地的带有各种

---

①　Sergey A. Vasilev, Vladimir A. Semenov, *Prehistory of the Upper Yenisei area（southern Siberia）*. Journal of
World Prehistory, Vol. 7, 1993（2）.

②　关于奥库涅夫文化，请参阅中国大百科全书出版社编辑部：《中国大百科全书·考古学》，第2～3页。

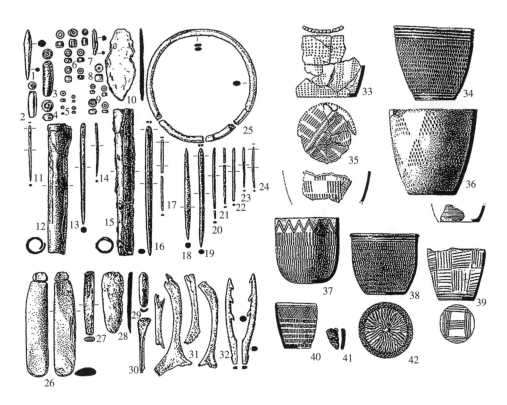

图 1. 12　中叶尼塞河支流阿斯基兹河上游部分奥库涅夫文化墓葬出土器物〔采自 Ковалев А.
　　　А.，*Могильник Верхний Аскиз I*，*курган 2*. В Савинов Д. Г.，Подольский М. Л.
　　　（ред.），Окуневский Сборник. Культура. Искусство. Антропология，с. 111 – 112〕
1、11、13、14、16、17、19 ~ 24、27 ~ 32. 骨器　7、10、12、15、18、25. 青铜器　2 ~ 6、8、9、26.
石器　33 ~ 42. 陶器

图像的墓地石柱，其中数量最多、类型最丰富并且最具有代表性的图像是人面像。
最初部分学者认为这类石柱全部属于"塔兹明文化，并认为其年代为公元前 3000 年
初，早于阿凡纳谢沃文化，即属于新石器时代晚期的文化"[①]。现在，俄罗斯学术界
则"统一将其归入奥库涅夫文化系统内"[②]。这些石柱主要分布于米努辛斯克盆地的
草原地带，除东南部以外，该盆地的其他部分都有发现。其中，仅有 17 个石柱位于
叶尼塞河右岸地区，其他的都位于叶尼塞河左岸的哈卡斯共和国。而这其中的绝大

---

① 关于该地区人面石柱与塔兹明文化的关系，请参阅 Кызласов Л. Р.，*Древнейшая Хакасия*，с. 85 – 217.

② 关于该地区石柱与奥库涅夫文化的关系，请参阅 Леонтьев Н. В.，Капелько В. Ф.，Есин Ю. Н.，
　Изваяния и Стелы Окуневской Культуры.

图 1.13（彩版一）　中叶尼塞河地区的部分奥库涅夫文化出土文物（肖波摄
　　　　　　　　　于克拉斯诺亚尔斯克边疆区方志博物馆）

图 1.14　中叶尼塞河支流阿斯基兹河上游部分奥库涅夫文化墓葬草图［采自 Ковалев А. А.，
Могильник Верхний Аскиз I, курган 2 . В Савинов Д. Г.，Подольский М. Л.（ред.），
Окуневский Сборник. Культура. Искусство. Антропология，с. 105 – 106］

部分又集中于比尤尔河（Река Бюрь）、乌伊巴特河（Река Уйбат）、尼恩雅河（Река Ниня）、卡梅什塔河（Река Камышта）、阿斯基兹河（Река Аскиз）、叶西河（Река Есь）和乔亚河（Река Тёя）流域。后来，很多石柱又被安置在早期铁器时代塔加尔文化的墓葬石围中，但总体而言，大多数还是位于中世纪早期的"恰阿塔斯"（Чаатас）墓葬石围中。"恰阿塔斯"是哈卡斯语，意为"战争之石"。该词有两重意思：一方面指公元6~9世纪哈卡斯—米努辛斯克盆地吉尔吉斯人的考古学文化；另一方面指隶属于该文化的特定墓葬。如今，很多人面石柱都被保存在哈卡斯共和国的方志博物馆和米努辛斯克地区的方志博物馆，而另一个比较集中的地方是哈卡斯共和国阿斯基兹区的波尔塔科夫村（Село Полтаков）（图1.15）。关于奥库涅夫人面造像传统的来源，俄国学术界观点并不统一。С. В. 吉谢列夫认为，"人面造型艺术与中国商周时期的饕餮纹有关"①。一般认为，在铜石并用时代的阿凡纳谢沃文化时期，哈卡斯草原居民已经有竖立巨型石柱的习惯，但是在这一时期的石柱上还没有任何形式的造像。

图1.15 波尔塔科夫村的奥库涅夫文化石柱和石板（肖波拍摄）

---

① Киселев С. В., *Древняя История Южной Сибири*. Москва：Академия Наук СССР, 1951, с. 166 - 168.

（三）安德罗诺沃文化

该文化是继奥库涅夫文化而起的南西伯利亚的第三种青铜文化，但实际分布范围远超过南西伯利亚的范围。据学者考证，"其分布地域西起南乌拉尔，东到叶尼塞河沿岸，北起西伯利亚森林南界，南达中亚诸草原"[1]（图1.16）。20世纪20年代，苏联考古学家 C. A. 捷普劳霍夫根据最初在阿钦斯克附近安德罗诺沃村旁发掘的墓地定名。有的研究者认为该文化的年代约为公元前3千纪末至前1千纪初，并将该文化的东部和南部分为3期："早期为阿拉库尔时期，年代为公元前2100～前1400年；中期为费德罗夫时期，年代为公元前1400～前1200年；晚期为阿列克谢耶夫卡时期，年代为公元前1200～前1000年。"[2] 而在叶尼塞河沿岸的遗存，属于早期之末和中期之初。

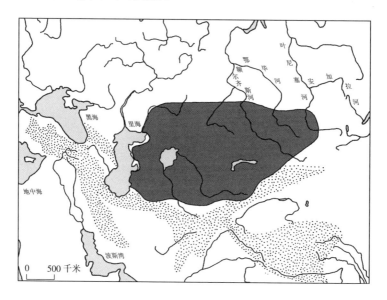

图1.16　安德罗诺沃文化分布与扩张图（黑色区域表示安德罗诺沃文化，采自 Mallory J. P. , Adams D. Q. , *Encyclopedia of the Indo – European Culture*，p. 21）

在经济上，该文化居民主要经营定居的畜牧业和锄耕农业，发现有牛、马、羊等家畜的骨骼和炭化的麦粒，以及青铜镰刀和砍刀、石锄、石磨盘、石磨棒等农具。根据

---

[1]　Максименков Г. А. , *Андроновская Культура на Енисее.* Ленинград：Наука，1978，c. 3.

[2]　Mallory J. P. , Adams D. Q. , *Encyclopedia of the Indo – European Culture*，p. 12.

西部地区出土的骨镳判断，马在中期已用于骑乘。晚期开始形成半游牧经济，推测当时已有缝制衣服靴帽的皮革业和毛织业。陶器为手制，平底；主要有大口圆腹小底的罐形器和直壁微鼓腹的缸形器，叶尼塞河和鄂毕河沿岸还有方口陶罐；纹饰多为箆形器压出的杉针纹、三角纹、之字纹、锯齿纹、折线几何纹，也有用小棒端头押捺的圆形、椭圆形或三角形印纹，晚期出现附加堆纹；罐形器纹饰比较繁缛，用弦纹将器表分为唇、颈、肩及近底部等若干区，各区纹饰有一定组合规律；缸形器常饰杉针纹，比较简单。

金属冶炼得到进一步发展。发现采铜遗址，有矿坑和露天矿场两种。有些矿坑在侧壁掘有水平坑道。除铜矿外，也发现有锡矿、金矿遗址。人们在矿场进行碎矿、选矿后，将矿石运回居住区进行冶炼和铸造。在遗址里，矿石、炼渣、冶炼工具及青铜质品常有发现，有的合范可同时铸出 6 把刀和 1 把凿。金的加工技术与红铜相似。金属质品有青铜锻造或铸造的武器、工具和其他日用器具，如斧、矛、镞、刀、短剑、锛、凿、锯、镐、鱼钩、锥、针以及铜箍，也有青铜串珠和饰牌，红铜、金和银的耳环、鬟环等饰物（图 1.17）。

在居住、埋葬与社会形态方面，对外乌拉尔地区的居址研究得比较清楚。村落一般位于河流下游沿岸，面积 1 万平方米以上。村内建 10～20 座圆形或长方形半地穴式房屋。以晚期的阿列克谢耶夫卡遗址为例，这里有长方形房屋 12 座，面积均不超过 250 平方米，中间有隔墙。房内发现贮藏窖、炊用的泥灶和取暖的石灶。除半地穴式房屋外，也有平地起建的茅舍。

墓葬周围多有石板构成的圆形石垣，直径 5～33 米不等，有些石垣互相衔接成网状。墓内一般有一个长方形墓穴，少有超过两个的。穴深 1～3 米不等，内多置木椁或石棺。儿童墓或在成人墓旁边，或另埋一处，结构基本与成人墓相同，唯尺寸较小。早期主要是火葬，中期开始多土葬，儿童则一律土葬，葬式为侧身屈肢，头一般向西或西南。随葬品不多，有陶器以及青铜和木骨质品。有些墓葬规模较大，随葬有大量金器。广泛流行男女合葬，女子葬于男子身后。出现了成人埋在主围垣内，附垣内葬儿童的家庭合葬，但为数不多。单独的儿童墓地体现了氏族内对儿童的关怀，并说明氏族生活仍起着重要作用。墓葬的分化与经济发展相适应，表明社会已出现贫富差别，进入父权制氏族阶段。

人骨资料表明，安德罗诺沃文化的居民属欧罗巴人种的一个特殊类型，定名为

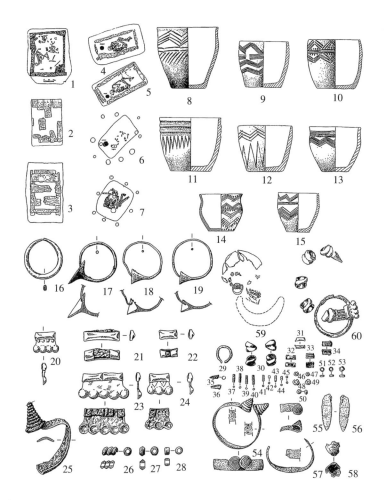

图 1.17 安德罗诺沃墓葬及部分出土文物〔Кирюшин Ю. Ф. , Папин Д. В. , Федорук О. А. , Андроновская Культура на Алтае（по Материалам Погребальных Комплексов）〕

1 ~ 7. 墓葬草图 8 ~ 15. 陶器 16 ~ 60. 饰品（材质不清）

安德罗诺沃类型。该文化在西部地区与木椁墓文化有密切联系。两种文化的遗迹在南乌拉尔交错分布。前者的文化因素向西渗入，到达伏尔加河沿岸；后者的文化成分向东可到托博尔河。这种融合现象在安德罗诺沃文化中期表现得尤其明显，推测中期文化的形成当有木椁墓文化居民参与。在东部地区，安德罗诺沃文化与西伯利亚森林地带居民亦有较密切的文化联系①。

---

① 关于安德罗诺沃文化，请参阅中国大百科全书出版社编辑部：《中国大百科全书·考古学》，第 15 ~ 16 页。

（四）卡拉苏克文化

这是南西伯利亚地区最后一种青铜时代的考古学文化。根据考古发掘情况来看，"该文化位于欧亚草原的东部，从最西端的咸海一直延伸到最东端的叶尼塞河，南部到达阿尔泰山和天山"[①]（图1.18）。该文化属于青铜时代晚期，通常按照文化内涵的不同划分为卡拉苏克期和石峡期。20世纪20年代由苏联考古学家 C. A. 捷普劳霍夫首次发现俄罗斯卡拉苏克河畔的墓地而得名。关于其年代，俄国学术界还没有统一的认识，一种观点认为"约在公元前1500～前800年"[②]，而另一种观点则认为"在公元前1300～前1000年"[③]。克拉斯诺亚尔斯克边疆区方志博物馆将该文化年代定为公元前2千纪末至前1千纪初。而中国学术界同样对其年代存在着不同的看法。《中国大百科全书·考古学》认为，"该文化可分为早晚两期，即前13～前11世纪的卡拉苏克期和前10～前8世纪的石峡期"[④]。之后其他学者更提出了多样性的观点[⑤]。虽然具体的划分不同，但均承认其年代大致在公元前2千纪下半期至前1千纪初，并大致可分为两期。

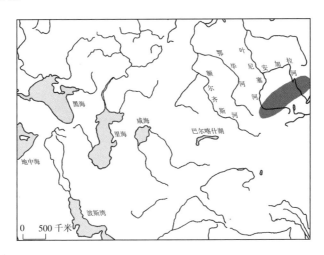

图1.18　卡拉苏克文化分布图（黑色区域表示卡拉苏克文化，采自 Mallory J. P. , Adams D. Q. , *Encyclopedia of the Indo - European Culture*，p. 325）

---

① Mallory J. P. , Adams D. Q. , *Encyclopedia of the Indo - European Culture*, p. 325.

② Mallory J. P. , Adams D. Q. , *Encyclopedia of the Indo - European Culture*, p. 325.

③ Окладников А. П. (отв. ред.), *История Сибири с Древнейших Времен до Наших Дней*. Т. 1. с. 180.

④ 中国大百科全书出版社编辑部：《中国大百科全书·考古学》，第248页。

⑤ 乌恩：《论夏家店上层文化在欧亚大陆草原古代文化中的重要地位》，《边疆考古研究》2002年第1期。

这一时期，居民的经济生活为农牧混合经济，以畜牧业为主，牛、羊、马的遗骨均有发现，有学者推断卡拉苏克文化比之前的安德罗诺沃文化的迁徙性更强。居址发现不多，墓葬是卡拉苏克文化的主要遗存，经发掘的墓地约 2000 处，每处墓地往往有 100 多座墓葬。该文化墓地的数目和分布的地区都比安德罗诺沃时期大得多，表明这一带的人口在卡拉苏克文化时期有很大增长。早期墓葬地表多用石板构成方形围墙，少数用小石块砌成圆形围墙，围墙往往彼此衔接成网状。墓穴为土圹或石箱，多单人葬，也有男女合葬、成年人与儿童合葬。葬式多为仰身直肢，也有屈肢，一般头向东北。以陶器、青铜器和祭肉随葬（图 1.19）。从体质特征来看，居民带有一些蒙古人种的特点。墓葬中出土的铜锛、铜镜及装饰品，尤其是该文化的典型器物曲柄青铜刀，都与中国北方的青铜器相似。这些说明其人口不仅自然增长，中国北部的一些部落也向此迁移。我国学者李琪在《史前东西民族的迁移运动——关于卡拉苏克文化的思考》一文中，对卡拉苏克文化的内涵、源流进行了梳理，认为"早在青铜时代，中国殷商文化就经过内蒙古、鄂尔多斯，横穿西伯利亚，跨越阿尔泰山脉，在向中亚和古代新疆地区延伸的同时，也从另一个方向渗透到乌拉尔。北进的殷商文化在与当地文化碰撞、融合后形成了独特的卡拉苏克文化"[1]。

随后，塔加尔文化取代卡拉苏克文化，南西伯利亚地区正式迈入铁器时代。而塔加尔文化实际上是斯基泰文化的一种地方性称谓，年代约为公元前 7 至前 3 世纪[2]，其居民在早期铁器时代继续保留渔猎经济，活动范围主要集中在叶尼塞河及其支流沿岸。公元前 8 至前 2 世纪，在安加拉河沿岸形成了独特的彻班文化（Цэпаньская Культура）（图 1.20），该文化属于铁器时代，吸收了邻近地区新的金属和骨头加工技术成果，并沿用着新石器时代的石器加工技术和制陶技术[3]。

---

① 李琪：《史前东西民族的迁移运动——关于卡拉苏克文化的思考》，《西北民族研究》1998 年第 2 期。
② 关于塔加尔文化，可参阅中国大百科全书出版社编辑部：《中国大百科全书·考古学》，第 510 页。
③ 关于彻班文化，引自于克拉斯诺亚尔斯克边疆区方志博物馆的相关介绍。

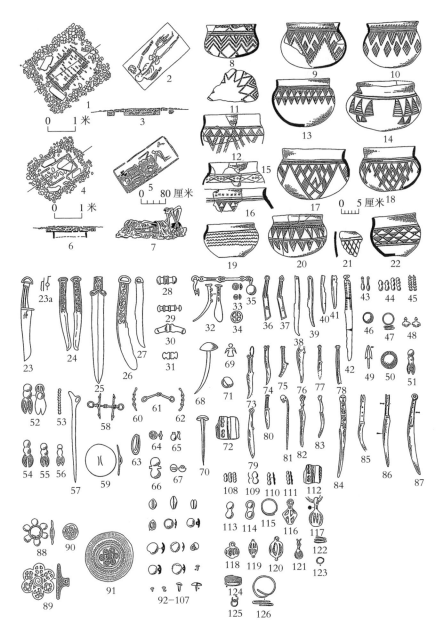

图 1.19　卡拉苏克文化墓葬及其部分出土文物（采自 Членова Н. Л., *Хронология Памятников Карусукской эпохи*. Москва：Наука，1972）

1～7. 墓葬草图　8～22. 陶器　23～126. 青铜刀和装饰品

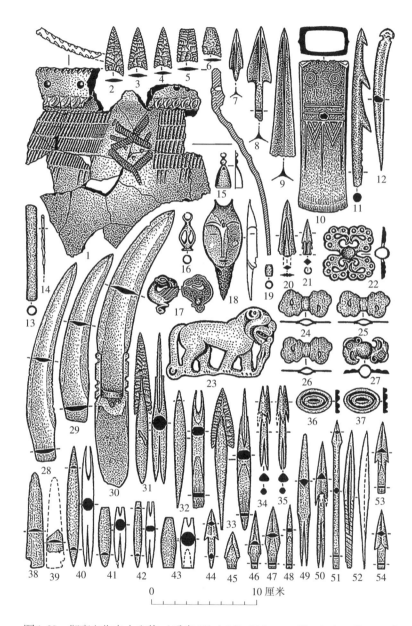

图 1.20　彻班文化出土文物（采自 Nikolai P. Makarov, *The Ancient Stages of the Culture Genesis of the Krasnoyarsk Northern Indigenous Peoples*. 部分出土文物为组合型器物，含两种材质，故图注有重复）

1. 陶器　2~6、31、33. 石器　7~10、14~30、36、37. 青铜器　11~13、31~35、38~54. 角、牙质品

小　结

　　人面像岩画并不是孤立存在的，它与周边的自然环境密切相关，自然环境是岩画赖以存在的基础。一般来说，人们在制作岩画时首先考虑的就是作画环境。从笔者调查的众多岩画点来看，绝大多数都位于河流两岸，制作在比较平整的岩面上，也有些凹凸不平的岩面上制作有岩画，但数量很少，而且这种凹凸不平究竟是制作岩画前就如此，还是后期岩体剥落造成的并不完全清楚。另外，多数岩画在制作时会考虑到是否会受雨水侵蚀，带有岩画的岩面多位于山体不容易被雨淋的一侧，岩画上方或有凸出的石檐，或岩面稍微内凹，对岩画起到一定的保护作用。但是，不少非常适合作画的岩面并没有被用来制作岩画，这说明对岩面的选择还有其他方面的考虑，可能与人们的某种特定观念有关。因此，除自然环境外，也需要对岩画作者所处的社会形态和相应的宗教观念进行研究。只有综合考虑所有因素，才有可能比较全面地揭示人面像岩画隐含的寓意。

第二章　人面像岩画遗址情况简介

　　叶尼塞河流域人面像岩画主要分布在叶尼塞河及其支流安加拉河、土巴河、白伊尤斯河、阿巴坎河和赫姆奇克河等地（图2.1）。按照地域划分，大致可以分为上叶尼塞河、中叶尼塞河、下安加拉河三个区域。从行政区划上来说，上叶尼塞河地区主要位于俄罗斯图瓦共和国境内；中叶尼塞河地区位于哈卡斯共和国和克拉斯诺亚尔斯克边疆区的南部；下安加拉河地区则位于克拉斯诺亚尔斯克边疆区的中部偏南。从人面像岩画数量上来看，最为集中的当为上叶尼塞河地区。迄今为止，这里

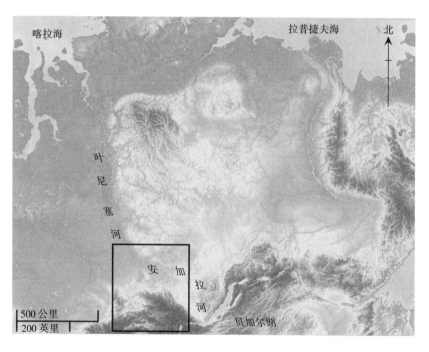

图2.1　叶尼塞河流域人面像岩画分布图（肖波制图，黑色方框内为研究区域）

发现的人面像岩画数量超过了 300 幅，制作技法为敲凿法、研磨法和刻制法①。中游地区人面像岩画的数量少于上游地区，而且很分散，部分岩画使用敲凿法制成，另有相当一部分使用红色颜料绘制。此外，在该地区的墓葬中出土了带有人面像岩画的石板；同时，一些墓葬的石围上还刻有人面像，这都为整个地区人面像岩画年代的断定提供了参考。下安加拉河人面像岩画数量也较多，迄今共发现 100 多幅，同样采用敲凿法或者赭石颜料绘制而成。现按照上叶尼塞河、中叶尼塞河、下安加拉河三个部分分别对各遗址情况进行介绍。

第一节　上叶尼塞河地区

上叶尼塞河地区的岩画主要制作在萨彦峡谷两岸的山岩上，技法主要有敲凿法、研磨法和刻制法三种。上叶尼塞河两岸自古以来就非常适宜人类居住，所以这里是考古遗址最丰富的地区之一，同时也是整个西伯利亚及中亚岩画最集中的区域之一。迄今为止，共发现近 30 个岩画点。其中 8 个地点发现有人面像，人面像总数超过 300 幅，绝大多数位于穆古尔—苏古尔岩画点（图 2.2）。此外，在卡拉奥尔加遗址和阿尔然 2 号墓葬还出土数幅人面像。遗憾的是，在 20 世纪 80 年代末萨彦—舒申斯克水电站建立后，萨彦峡谷内的大部分岩画都被淹没了，其中就包括人面像数量最多且内容最为丰富的穆古尔—苏古尔岩画点，这里形成了一个被称为"萨彦海"②（图 2.3）的地方。而一些位于萨彦峡谷两岸山岩上的岩画则得到了保存。现分别对上述各人面像岩画点的情况进行介绍。

---

① "敲凿法"又称"浮点法"，即用敲击的方法在岩面上敲出一个个点，然后将点连成线或者面构成图像的轮廓，制作工具多为石器。"研磨法"指用石质工具在岩面上磨出图像的轮廓。"敲凿法"和"研磨法"均可以分为"剪影型"和"轮廓型"。"剪影型"指图像的主要部分被通体敲凿或者磨光，多数情况下仅有眼睛、嘴巴、鼻子等五官用浮雕的形式呈现；"轮廓型"则正好相反，它是将图像的五官敲凿或研磨，脸部仅用轮廓线表示。"刻制法"一般使用金属工具在岩面上刻画，刻槽一般比前两种更窄、更深，这种技法制作的岩画一般年代最晚。
② 这里的"萨彦海"是俄国岩画学界常用的词汇，专指舒申斯克水电站以上萨彦峡谷内被人工蓄水淹没的地带。

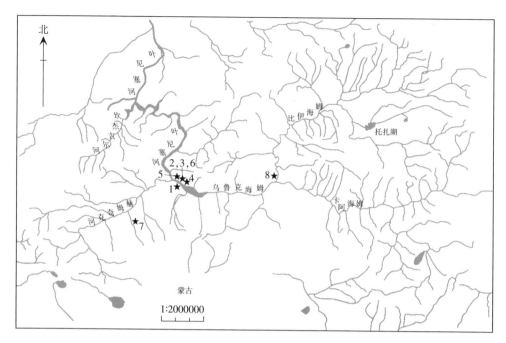

图 2.2　上叶尼塞河地区人面像岩画分布图①（五角星表示岩画点，底图由 M. E. 基卢诺夫斯
　　　　卡娅教授提供，肖波制图）

1. 穆古尔—苏古尔　2. 阿尔德—莫扎加　3. 乌斯丘—莫扎加　4. 莫扎加—科穆扎普　5. 比日克提克—哈
亚　6. 阿拉加　7. 山奇克　8. 多戈—巴雷

一　穆古尔—苏古尔岩画

穆古尔—苏古尔岩画（Петроглиф Мугур – Саргола）位于萨彦峡谷的叶尼塞河
左岸地区，正对着钦格河（Река Чинге）河口的石滩上。岩画点位于图瓦首府克孜勒
下游 184 千米处。这里地势较低，定期被叶尼塞河河水淹没。该岩画点于 1956 年首
次由 C. B. 马卡罗夫发现，M. A. 杰夫列特于 1975～1979 年率领萨彦—图瓦岩画考察

---

① 阿尔德—莫扎加、阿拉加、乌斯丘—莫扎加岩画点距离过近，因地图分辨率低而不能区分，故用同一
　个星号表示。但阿尔德—莫扎加和阿拉加岩画点在钦格河汇入叶尼塞河的河口右岸地区，而乌斯丘—
　莫扎加岩画点位于河口的左岸地区，穆古尔—苏古尔岩画点隔着叶尼塞河与乌斯丘—莫扎加岩画点相
　望。比日克提克—哈亚和莫扎加—科穆扎普距钦格河河口的距离均约 2 千米。另外，图 2.2、2.25、
　2.52 绘制过程中得到了中国地质大学廖卫博士的帮助，在此一并感谢。

图2.3 叶尼塞河的萨彦峡谷局部（M. E. 基卢诺夫斯卡娅教授提供）

队对其进行了全面深入的研究①。岩画绝大部分敲凿在河岸边的山岩以及平置的单块圆石上，少部分由磨、刻法制成，但人面像岩画均由敲凿法制作而成。所有岩画均分布在沿河岸500米范围内的371块岩石上，每块石头上岩画的数量不等，从一幅到上百幅甚至更多都有。动物图像最多的是各种风格的山羊，以及鹿、公牛等。该处岩画点最典型的题材就是人面像，在这一地区分布着近250幅人面图像，但笔者目前只搜集到其中的100余幅。人面像类型比较统一，具有典型的地方特色，形状绝大多数为椭圆形，卵形次之，圆形最少（图2.4～2.6）。人面像头部多饰以角状物，两角之间通常有射线状物体，射线数目不一，以1根居多。部分人面轮廓内刻有条纹或括弧状纹饰，与民族学材料中经常见到的文身较相似。这些人面像看上去并非具象的人脸，而更像某种仪式中使用的面具。除人面像之外，在该岩画点还发现了近70幅人像，部分人像戴有头饰，人的脸部似戴了面具，其中4幅人像头上戴了类似蘑菇状的帽子。

---

① 关于该岩画点的研究历史及介绍请参阅 Дэвлет М. А. , *Петроглифы Мугур – Саргола*.

图 2.4　穆古尔—苏古尔岩画局部（采自 Дэвлет М. А. , *Петроглифы Мугур – Саргола*，c. 151. 原图无比例尺）

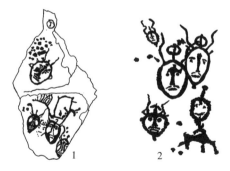

图 2.5　穆古尔—苏古尔岩画局部（采自 Дэвлет М. А. , *Петроглифы Мугур – Саргола*，c. 99）

图 2.6　穆古尔—苏古尔岩画局部（1 采自 Дэвлет М. А. , *Петроглифы Мугур – Саргола*，c. 121；2 采自 Дэвлет Е. Г. , Дэвлет М. А. , *Сокровища Наскального Искусства Северной и Центральной Азии*，c. 316）

二 阿尔德—莫扎加岩画

阿尔德—莫扎加岩画（Петроглиф Алды－Мозага）位于萨彦峡谷的叶尼塞河右岸，在其支流钦格河河口附近的阿尔德—莫扎加山上，隔着叶尼塞河与穆古尔—苏古尔岩画相望。沿钦格河河口顺叶尼塞河而下不远处就是该岩画点的位置。阿尔德—莫扎加山是一座高度仅 25 米的小山包，绝大多数岩画都制作在临河的石头上。该岩画点于 1956 年由 С. В. 马卡罗夫首次发现；1966 年，А. А. 福尔莫佐夫（Формозов А. А.）对其进行了专门调查；随后，М. А. 杰夫列特率领萨彦—图瓦岩画考察队对其开展了系统性的研究①。近年来，俄罗斯科学院物质文明史研究所以М. Е. 基卢诺夫斯卡娅教授为首的团队对该地区岩画进行了重新调查和研究，其中就包括阿尔德—莫扎加岩画点。在此前的调查中，共在 150 多处石块上发现了岩画，单体图像数量超过 1000 幅。图像年代涵盖青铜时代（人面像、战车、公牛）、斯基泰时期（鹿、山羊、狩猎场景）和匈奴—萨尔马特时期（鹿、鸟、鱼等）②（图 2.7、2.8）。绝大多数岩画都由敲凿技法制成，少部分为研磨法，而人面像均为敲凿而成，轮廓有剪影和浮雕两种形式。据统计该处人面像有 36 幅，有 4 幅同时包含两幅人面像（图 2.9，33～36），但其中两幅（图 2.9，33、35）应视为一个整体，不宜拆成单体，故本书按 38 幅单体人面像进行讨论。据俄罗斯学者研究，阿尔德—莫扎加人面像属于最古老且艺术性最强的岩画类型，且都集中在河水的边缘地带。关于这一点，М. А. 杰夫列特指出："萨彦峡谷岩画的特点是靠近水源并且面向河流……在阿尔德—莫扎加崖壁上人面像的布局中存在着一种明确的规则：离叶尼塞河越近，它们与河流的方向就越一致，与穆古尔—苏古尔的经典类型也越相似，而其年代也越

---

① 关于该岩画点的相关介绍和研究历史请参阅 Дэвлет М. А.，*Петроглифы Алды－Мозага.* В Асеев И. В.，Резун Д. Я.（отв. ред.），Памятники Быта и Хозяйственное Освоение Сибири. Новосибирск：Наука，1989.

② Килуновская М. Е.，*Мониторинг Археологических Памятников Республики Тыва.* В Субботин А. В.（отв. ред.），Археологические Памятники России：Охрана и Мониторинг. Группа Археологического Мониторинга Институт Истории Материальной Культуры Российской Академии Наук（2001－2010）. Санкт－Петербург：Инфо Ол，2012，с. 110.

古老。我们必须假定最古老的人面像是被雕刻在岩画数量很少的崖壁上，位于河边并与水流的方向保持一致。"① 实际上，与该处岩画点邻近的穆古尔—苏古尔、乌斯丘—莫扎加和阿拉加人面像岩画也具有类似的特点。目前，该岩画点已被萨彦—舒申斯克水电站所淹没。

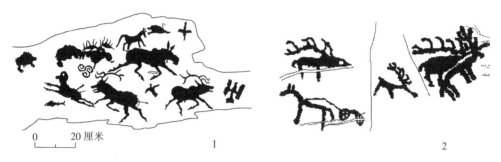

图 2.7　阿尔德—莫扎加岩画图像局部②

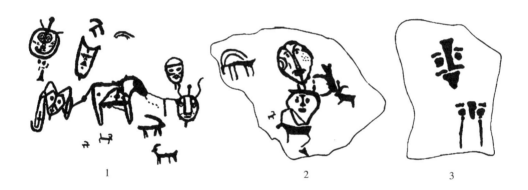

图 2.8　阿尔德—莫扎加岩画人面像及其伴生图像［采自 Дэвлет М. А. , *Петроглифы на Дне Саянского Моря（Гора Алды – Мозага）*, с. 82 – 83, 125］

---

① Дэвлет М. А. , *Petroglyph on the Bottom of the Sayan Sea（Mount Aldy – Mozaga）*. Anthropology & Archeology of Eurasia, Vol. 40, 2002（1）.

② 1 采自 Дэвлет М. А. , *Petroglyph on the Bottom of the Sayan Sea（Mount Aldy – Mozaga）*. Anthropology & Archeology of Eurasia, Vol. 40, 2002（1）; 2 采自 Килуновская М. Е. , *Мониторинг Археологических Памятников Республики Тыва*. В Субботин А. В. （отв. ред.）, Археологические Памятники России：Охрана и Мониторинг. Группа Археологического Мониторинга Институт Истории Материальной Культуры Российской Академии Наук（2001 – 2010）, с. 110.

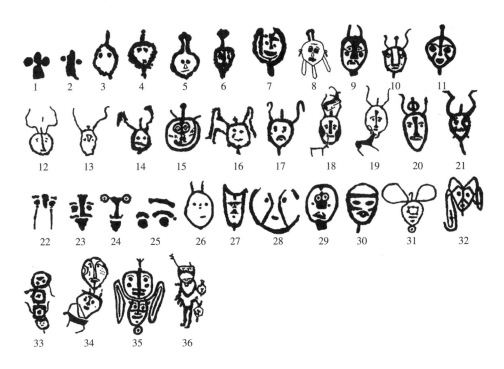

图 2.9　阿尔德—莫扎加岩画点人面像（采自 Дэвлет М. А., *Петроглифы Алды - Мозага*, с. 47 – 49）

三　乌斯丘—莫扎加岩画

乌斯丘—莫扎加岩画（Петроглиф Устю - Мозага）位于叶尼塞河右支流钦格河左岸，隔钦格河与阿尔德—莫扎加岩画点相望，隔叶尼塞河与穆古尔—苏古尔岩画点相望（图 2.10）。乌斯丘—莫扎加山位于萨彦峡谷内，沿着叶尼塞河谷自西向东延伸。山顶高度超过 50 米，岩画大多集中在山的顶部。该岩画点于 1956 年由 C. B. 马卡罗夫首次发现，M. A. 杰夫列特于 1985 ~ 1986 年率领萨彦—图瓦岩画考察队对其进行了全面深入的研究[①]。迄今，共在约 160 块石头上发现岩画，绝大多数使用敲凿技术制成，少数为刻制而成。主要的题材是动物，鹿尤为突出，鹿的风格与鹿石上

① 关于该岩画点的相关介绍及研究历史请参阅 Дэвлет М. А., *Петроглифы Алды - Мозага. Памятники Быта и Хозяйственное Освоение Сибири*, с. 42 – 59.

图 2.10   乌斯丘—莫扎加岩画点淹没区［采自 Килуновская М. Е., *Мониторинг Археологических Памятников Республики Тыва*. В Субботин А. В. (отв. ред.), Археологические Памятники России：Охрана и Мониторинг. Группа Археологического Мониторинга Институт Истории Материальной Культуры Российской Академии Наук (2001 – 2010), с. 165］

鹿的形象类似；其次是人像，其中一些人像似乎乘坐在马拉战车上（图 2.11）。人面像仅发现 5 幅，笔者采集到 3 幅，处于 3 个不同的岩面上（图 2.12，a ~ d），均为敲凿而成。人面像仅具轮廓，无五官。其中一幅图像与双轮双驾的马拉战车位于同一组画面中（图 2.12，a）①，俄国学术界普遍认为这种类型的战车属于卡拉苏克时期②。另外一幅图像呈"颅骨"状（图 2.12，b、d）③，这种类型的人面像岩画在亚洲北部地区，尤其是黑龙江下游地区有大量的分布。当萨彦—舒申斯克水电站建立后，该山成了"萨彦海"中的一座石岛，而大部分岩画也被淹没在"海水"中。

---

①   该幅图像严格意义上来说不在"乌斯丘—莫扎加"岩画点上，而是邻近"乌斯丘—莫扎加"岩画，同样位于钦格河左岸地区。另外，此幅图像并不典型，因此将其与"乌斯丘—莫扎加"岩画放在一起讨论。

②   详见第四章岩画断代的相关内容。

③   b、d 为同一幅岩画，原文将其置于不同的组合关系之下，笔者将两幅图同时引用，以便对该地区岩画有更全面的介绍。

图2.11　乌斯丘—莫扎加岩画点局部［采自 Килуновская М. Е., *Мониторинг Археологических Памятников Республики Тыва*. В Субботин А. В. （отв. ред.）, Археологические Памятники России：Охрана и Мониторинг. Группа Археологического Мониторинга Институт Истории Материальной Культуры Российской Академии Наук（2001 – 2010）, с. 113］

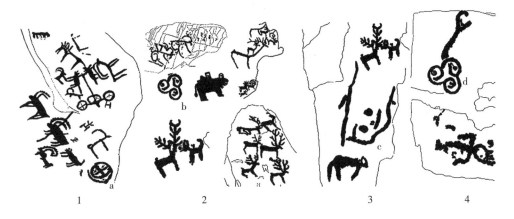

图2.12　乌斯丘—莫扎加人面像岩画及其伴生图像（1 采自 Дэвлет М. А., *Каменный 《Компас》 в Саянском Каньоне Енисея*, с. 32；2 ~ 4 由 М. Е. 基卢诺夫斯卡娅教授提供）

四 莫扎加—科穆扎普岩画

　　该岩画点位于莫扎加—科穆扎普山（Гора Мозага‐Комужап）上。此山是一座低矮的石山，坐落在萨彦峡谷内叶尼塞河的右岸地区。山体从别杰利格河（Река Беделиг）河口沿着叶尼塞河往下延伸。岩画分布在该山临河的岩石上，位于叶尼塞河上游离乌斯丘—莫扎加岩画点不远处。1881 年，А. В. 阿德里阿诺夫就在此处发现过一些动物和符号图像；1974 年，Н. В. 帕诺沃伊和 М. Н. 斯皮里沃基对其图像进行了临摹；随后，М. А. 杰夫列特在前人研究基础上，又再次进行了系统的调查和研究①。迄今为止，共在 119 块岩石上发现了岩画图像，所有图像均为敲凿而成。最典型的是巨大的动物图像，与鹿石上动物图像的风格类似（图 2.13，1）。而人面像岩画目前仅发现 2 幅，均有轮廓和头饰（图 2.13，2）。其中一幅人面像面颊处带有括弧状刻痕，无嘴巴；另一幅人面像在左眼与嘴巴之间有一短线连接。两幅人面像与穆古尔—苏古尔类型人面像风格类似，应为同一时代作品。另外，该岩画点还发现一些角部为太阳形状的动物图像，应与某种神话传说有关（图 2.14）。目前，该岩画点已完全被舒申斯克水电站的蓄水所淹没。

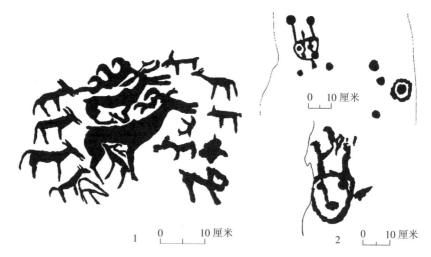

图 2.13　莫扎加—科穆扎普岩画部分图像（采自 Дэвлет М. А. , *Мозага‐Комужап‐Памятник Наскального Искусствава в Зоне Затопления Саянской ГЭС*, *с.* 84, 123）
1. 动物图像　2. 人面像和符号

---

① 关于该岩画点的相关介绍及研究历史请参阅 Дэвлет М. А. , *Мозага‐Комужап-Памятник Наскального Искусствава в Зоне Затопления Саянской ГЭС.*

图 2.14　莫扎加—科穆扎普岩画局部（采自 Дэвлет М. А. , *Мозага - Комужап -Памятник Наскального Искусствава в Зоне Затопления Саянской ГЭС*, с. 133）

五　比日克提克—哈亚岩画

比日克提克—哈亚岩画（Петроглиф Бижиктиг - Хая）位于萨彦峡谷叶尼塞河右岸的比日克提克—哈亚村附近，从钦格河河口沿着叶尼塞河右岸隆起的山岗顺流而下，距阿尔德—莫扎加岩画点大约 5 千米，距赫姆奇克河河口上游约 2 千米（图 2.15）。1881 年，А. В. 阿德里阿诺夫首次在该岩画点发现了带角的人面像[①]；1956 年，С. В. 马卡罗夫造访该岩画点，并对其进行初步研究[②]；1957 年，А. Д. 格拉齐对该岩画点进行研究并临摹[③]；1993 年，由 М. А. 杰夫列特率领的萨彦—图瓦岩画考察队对该处岩画点信息进行了全面记录以及较为深入的研究[④]。岩画制作在沿着河岸延伸的垅岗上，迄今为止，在超过 100 块石头上发现了岩画，所在石块的高度均超过 20 米。岩画的制作技法以敲凿为主，刻制为辅，大部分保存状况不佳。许多岩画都被重新修整过，显示出不同的层次。岩画平均高度为 20 厘米，也有长达 2 米的动物

---

① Шер Я. А. , *Петроглифы Средней и Центральной Азии.*

② Дэвлет М. А. и др. , *Памятники Наскального Искусства*, с. 81.

③ Грач А. Д. , *Петроглифы Тувы I（Проблема Датировки и Интерпретации, Этнографические Традиции）*. В Толстов С. П.（отв. ред.）, Сборник Музея Антропологии и Этнографии. Т. 17, с. 385 – 428.

④ Дэвлет М. А. и др. , *Памятники Наскального Искусства*, с. 82.

图像。动物图像有山羊、鹿、马、猪和牛等（图 2.16、2.17）。该处岩画点尚能辨认的人面像有 8 幅，分布在 3 块岩面上（图 2.16、2.18、2.19）。人面像与穆古尔—苏古尔类型相似，这种相似性体现在作画环境、作画方式以及岩画的构图等方面，并在作者族属、作画年代上具有高度的关联性。А. П. 奥克拉德尼科夫认为"其年代属于青铜时代，更精确地说，属于奥库涅夫时期"[①]。

图 2.15　比日克提克—哈亚岩画点全景［采自 Килуновская М. Е. , *Мониторинг Археологических Памятников Республики Тыва*. В Субботин А. В. （отв. ред. ）, Археологические Памятники России: Охрана и Мониторинг. Группа Археологического Мониторинга Институт Истории Материальной Культуры Российской Академии Наук （2001 – 2010）, с. 166］

图 2.16　比日克提克—哈亚岩画局部（采自 Дэвлет Е. Г. , Дэвлет М. А. , *Мифы в Камне. Мир Наскального Искусства России*, с. 54 – 148）

① Дэвлет М. А. , *Petroglyphs on the Bottom of the Sayan Sea （Mount Aldy – Mozaga）*. Anthropology & Archeology of Eurasia, Vol. 40, 2002 （1）.

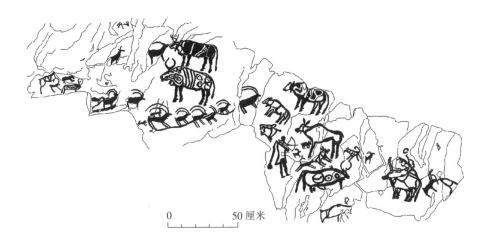

图 2.17　比日克提克—哈亚岩画局部（M. E. 基卢诺夫斯卡娅教授提供）

图 2.18　比日克提克—哈亚人面像和动物岩画（采自 Боковенко Н. А. и др., *Наскальные Изображения Центральной Азии*, с. 298）

图 2.19　比日克提克—哈亚人面像和动物岩画临摹图①

六　阿拉加岩画

阿拉加岩画（Петроглиф Алага）位于叶尼塞河右岸的阿拉加山上，面向河水，地理坐标为北纬 47°11′45″，东经 91°47′28″（图 2.20）。与邻近的穆古尔—苏古尔、阿尔德—莫扎加和乌斯丘—莫扎加等人面像岩画在作画环境、作画地点、作画方式以及岩画风格等方面都很接近。因此，该地区的人面像应该属于同一个岩画系统，创作年代可能大致接近。阿拉加岩画与阿尔德—莫扎加岩画在地域上连成一片，事实上，后者只是前者延伸出来的一个小垅岗，但两处大部分的岩画主题和风格仍有所差别。按俄罗斯学者的观点，前者的年代应晚于后者。该处岩画以动物为主，兼有狩猎图像（图 2.21，1）。2007 年，Л. Д. 恰达姆巴等人在调查中发现了 4 幅人面像

---

① 采自 Килуновская М. Е.，*Мониторинг Археологических Памятников Республики Тыва*. В Субботин А. В.（отв. ред.），Археологические Памятники России：Охрана и Мониторинг. Группа Археологического Мониторинга Институт Истории Материальной Культуры Российской Академии Наук（2001 – 2010），с. 139.

岩画，均为敲凿而成（图2.21，2）①。

图2.20　阿拉加岩画点全景（采自 Боковенко Н. А. и др.，
Наскальные Изображения Центральной Азии，с. 312）

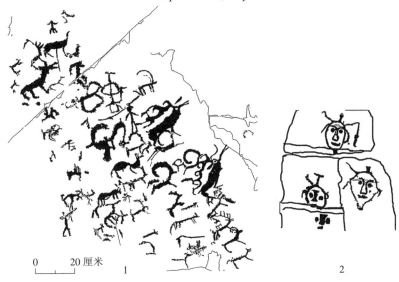

图2.21　阿拉加岩画局部（М. Е. 基卢诺夫斯卡娅教授提供）
1. 动物和狩猎图像　2. 人面像

①　Чадамба Л. Д.，*Памятники Наскального Искусства в Саяноском Каньоне Енисея*（*Республика Тыва*）.
Известия РоссийскогоГосударственного Педагогического Университета им. А. И. Герцена，2008（3）.

七 山奇克岩画

山奇克岩画（Петроглиф Шанчиг）于 1971 年由图瓦地质勘查队齐尔加克分队的
B. A. 波波夫首次发现，1999 年，俄罗斯科学院物质文明史研究所图瓦考古调查队对
其进行了比较系统的研究①。该岩画点位于图瓦共和国西部的准—赫姆奇克区，在安
内雅克—齐尔加克河的右岸，距安内雅克—齐尔加克河与乌鲁克—齐尔加克河的汇
合处不远，两河在西坦努—奥纳山脉的北坡汇合后，形成很深的峡谷并注入赫姆奇
克河，岩画位于山奇克山南面的山坡上（图 2.22）。目前，共在 210 个岩面上发现了
66 组 800 余幅图像，其中绝大多数是动物图像，人面像目前只发现一幅，为敲凿而
成（图 2.23，a）。

图 2.22 山奇克岩画全景（采自 Боковенко Н. А. и др.，*Наскальные Изображения*
Центральной Азии，с. 302）

---

① Боковенко Н. А. и др.，*Наскальные Изображения Центральной Азии*，с. 300 – 304.

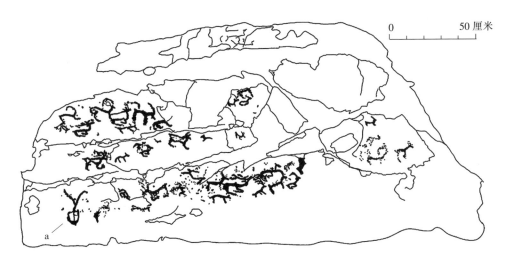

图2.23 山奇克岩画局部（采自 Боковенко Н. А. и др.，*Наскальные Изображения Центральной Азии*，с. 304）

八 多戈—巴雷岩画

多戈—巴雷岩画（Петроглиф Догээ‐Бары）位于多戈—巴雷墓地的地表上。多戈—巴雷是图瓦语，意即"多戈山的山脚"[1]，多戈山位于叶尼塞河右岸西萨彦岭的乌尤克山脉中，海拔高度1002米。多戈山是图瓦人心目中的圣山，自古以来就是此地居民朝拜的对象，这种传统一直延续至今。此处不仅保存了大量的岩画遗迹，同时也发现了大量的墓葬，迄今为止，"共发现超过50座墓葬，并用超过13年的时间对其中的25座墓葬进行了发掘和研究"[2]。尤其值得注意的是，这种把多戈山选作墓葬埋藏地的传统一直持续到今天。有理由相信，这些墓葬和岩画共同构成了一个复杂的文化系统。据发掘者谢尔盖·卡夫林介绍，墓葬年代从公元前2000年持续到现

---

[1] Галицкий А. И.，*Открытие Догээ‐Бары：Уникальным Курганам на Вавилинском Затоне Грозит Уничтожение*. Центр Азии，2002（38）.

[2] Галицкий А. И.，*Открытие Догээ‐Бары：Уникальным Курганам на Вавилинском Затоне Грозит Уничтожение*. Центр Азии，2002（38）.

在①。该处人面像岩画点位于多戈—巴雷墓地地表的圆石上，由 K. B. 丘古诺夫率领的中亚考察队在大叶尼塞河的右岸台地上发现，北距大、小叶尼塞河汇合处的克孜勒 7 千米②。在 2 块圆石上共发现 5 幅人面像。第一块圆石上有 4 幅人面像（图 2.24，1），外轮廓均呈椭圆形，其中 2 幅有头饰，一个在头顶中间位置有一根向上竖线，另一个在头顶两侧分别有一根向外伸出的直线，似为角状物，均由敲凿而成；此外，其中 3 幅在下颌处有一向下伸出的短线，似为手柄之类。另一块圆石位于第一块圆石东北方台地的边缘地带，上面有一人面像岩画，岩画以小圆石为轮廓，磨制出五官（缺耳朵）（图 2.24，2）。

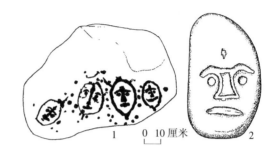

图 2.24　多戈—巴雷人面像岩画（采自 Чугунов К. В., *Новые Находки Личин в Верховьях Енисея*, c. 237 – 238）

第二节　中叶尼塞河地区

中叶尼塞河地区岩画主要位于哈卡斯—米努辛斯克盆地（图 2.25）。该地区人面像岩画的数量虽然不多，但对整个南西伯利亚地区的人面像岩画而言却具有非常重要的价值。这主要体现在两个方面：首先，该地区位于整个南西伯利亚的中心地带，起着连贯东西、沟通南北的作用，对研究本区人面像岩画的发展演变具有重要意义。其次，该地区分布着大量其他形式的人面像，最主要的就是奥库涅夫文化人面像，这些人面像均用敲凿法制作在墓地石围中的石板或石柱上，年代比较确定；此外，在

---

① Галицкий А. И. , *Открытие Догээ – Бары : Уникальным Курганам на Вавилинском Затоне Грозит Уничтожение.* Центр Азии, 2002（38）.

② Чугунов К. В. , *Новые Находки Личин в Верховьях Енисея.* В Савинов Д. Г. , Подольский М. Л.（ред.）, Окуневский Сборник. Культура. Искусство. Антропология. Санкт – Петербург：Петро – РИФ. 1997.

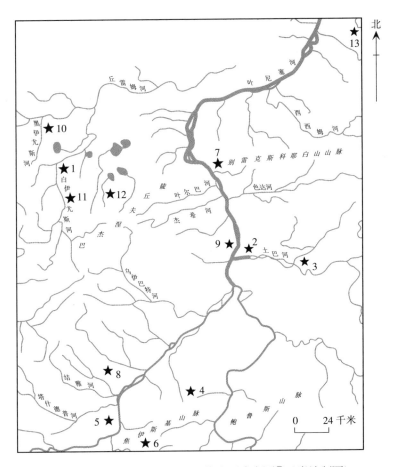

图 2.25　中叶尼塞河地区人面像岩画分布图①（肖波制图）

1. 普洛斯库尔亚科娃　2. 捷普谢伊　3. 沙拉博利诺　4. 焦伊斯基　5. 小阿尔巴特　6. 昆杜苏克　7. 乌斯季—费德罗夫卡　8. 伊兹里赫—塔斯　9. 奥格拉赫特　10. 丘梁—塔克　11. 奥斯普　12. 巴拉—季格伊　13. 科伊

本地区墓葬的棺材盖板和随葬品中也发现有奥库涅夫时期的人面像，其与本地区人面像岩画的构图非常相似，对岩画的断代工作意义重大。而这种可供比较的材料在上叶尼塞河和下安加拉河并不多见，因此，中叶尼塞河岩画的断代工作具有非常重要的意义。现分别对各人面像遗址的情况进行介绍。

---

① 底图采自 Ковалева О. В., *Наскальные Рисунки Эпохи Поздней Бронзы Минусинской Котловины.* Новосибирск：Институт Археологии и Этнографии Сибирское Отделение Российской Академии Наук，2011，с. 58.

一　普洛斯库尔亚科娃岩画

　　普洛斯库尔亚科娃岩画（Писаница Проскурякова）位于哈卡斯共和国希林区叶夫列姆基诺村约1公里处。该村庄居民为哈卡斯人，17世纪时曾在此地建立过国家，但哈卡斯人迁徙到该地的时间可能更久。岩画点位于库兹涅佐夫—阿拉套山脉中，白伊尤斯河右岸的普洛斯库尔亚科娃岩洞内，坐标为北纬54°27′7″，东经89°27′11″，海拔490米。洞口离水面6～7米，离河流拐弯处约50米，方向朝南。洞口长约4米，高约3.2米，进深约12米（图2.26，1、2）。除一些岩画已经模糊不清外，洞中共发现3幅可辨识的岩画，均为红色颜料绘制而成。其中2幅图像为人面像，另一幅除了人面还刻画有部分躯体的形象（图2.26，3）。整个画面长约60厘米，宽约26厘米，岩面呈东北向。据俄罗斯岩画专家A. Л. 扎伊卡教授分析，该岩画点的年代约为青铜时代早期①。在洞口位置发现有一处遗址，俄罗斯考古学家尼古拉·德米特里耶维奇·奥沃多夫曾主持发掘，年代从旧石器时代一直持续到中世纪时期②。此外，离洞口约250米处的山脚下有一个博物馆，属于希拉博物馆的一个分部，整栋建筑为哈卡斯民族建筑"尤尔塔"（类似蒙古包）式样（图2.26，4）。

二　捷普谢伊岩画

　　捷普谢伊岩画（Петроглиф Тепсей）最初于1850年由Л. B. 基托夫首次发现。随后，A. B. 阿德里阿诺夫于1904～1907年间对其进行了研究；Я. A. 舍尔于1968年、H. B. 利奥季耶夫及B. Ф. 卡佩利科于1970年继续对其进行研究；20世纪八九十年代，克麦罗沃国立大学和卡累利阿国立师范大学再次进行研究③。岩画

---

① 此观点为扎伊卡教授于2015年9月陪同笔者在该岩画点进行考察时所告知，其主要依据是人面形象在该地区出现的时间大致为青铜时代。
② 关于该遗址的相关情况，同样从扎伊卡教授处得知。
③ Аннинский E. C.，Заика А. Л.，*Наскальное Искусство Среднего Енисея. От Каменного Века до Средневековья*，c. 118.

1　　　　　　　　　　　　　2

3　　　　　　　　　　　　　4

图2.26（彩版二）　　普洛斯库尔亚科娃岩画及哈卡斯人传统民居（肖波拍摄）
1. 岩画点全景　2. 岩画点外景　3. 岩画照片　4. 岩画点附近"尤尔塔"式样博物馆

图2.27　捷普谢伊岩画群远景（采自 Аннинский Е. С., Заика А. Л., *Наскальное Искусство Среднего Енисея. От Каменного Века до Средневековья*, с. 123）

均位于叶尼塞河右岸，在土巴河汇入叶尼塞河入口处的捷普谢伊山上（图2.27）。该处岩画是由9个岩画点组成的岩画群。岩画分布于捷普谢伊山的西面和南面山坡，整个岩画带沿着叶尼塞河河岸延续约5~6千米（即捷普谢伊1至4号岩画点），从土巴河河口至克拉斯诺亚尔斯克地区的利斯特维亚格村延续约

图 2.28　捷普谢伊岩画局部（采自 Дэвлет Е. Г., Дэвлет М. А., *Мифы в Камне. Мир Наскального Искусства России*，с. 175）

7 千米（即乌斯季—土巴①1 至 5 号岩画点）。而人面像主要发现于乌斯季—土巴 2 号岩画点。该岩画点目前发现图像有人像、骑士图像、动物图像、人面像等，动物图像包括公牛、驼鹿、梅花鹿、公猪、骑乘的马等（图 2.28）。人面像岩画中有 4 幅为红色彩绘而成（图 2.29，5～8），这些人面像用圆圈和线条组成面部形象，均无外轮廓，虚幻特征明显，具有强烈的神格意义。另有一幅图像戴有射线状头饰，下部被一鹿的图像打破，具体制作方法不清（图 2.29，9）。

图 2.29　乌斯季—土巴人面像岩画②

---

① “乌斯季”，即俄语“усть”的音译，是“устье”的缩写，意为“河口”，“乌斯季—土巴”即指土巴河汇入叶尼塞河的入口，下文的“乌斯季”也均取“河口”之意。

② 1～8 采自 Аннинский Е. С.，Заика А. Л.，*Наскальное Искусство Среднего Енисея. От Каменного Века до Средневековья*，с. 124－127；9 采自 Дэвлет Е. Г.，Дэвлет М. А.，*Мифы в Камне. Мир Наскального Искусства России*，с. 129.

三　沙拉博利诺岩画

沙拉博利诺岩画（Шалаболинский петроглиф）位于克拉斯诺亚尔斯克边疆区土巴河右岸的山岩上（北纬53°54′52″，东经92°14′05″，海拔460米）（图2.30）。该山由泥盆纪的砂岩构成，山体沿着东北方向延续了近2.5千米。岸边的崖壁始于伊尔因卡村东南约0.6千米处，结束于土巴河上游舒什河河口的沙拉博利诺村西南约5千米处。岩画点距伊尔因卡村比距沙拉博利诺村更近，但俄罗斯岩画专家谢尔盖·谢苗诺维奇·菲苏诺夫认为，其最早由沙拉博利诺村民发现，因而命名以纪念之①。沙拉博利诺岩画最早由И.А.科斯特罗夫于19世纪末20世纪初发现，随后，И.Р.阿斯佩林、А.В.阿德里阿诺夫、Л.В.基托夫、И.Т.萨文科夫，以及更晚些时候Э.Р.雷格德隆、Р.В.尼古拉耶夫、А.А.佛尔莫佐夫和Я.А.舍尔等人展开了持续的研究。但是大多数研究者都带有选择性。为此，20世纪80年代Б.Н.皮亚特金和А.И.马丁诺夫等人对其进行全面的调查，并使用了全新的方法进行临摹，于1985年出版了《沙拉博利诺岩画》一书②。目前，共在200余个岩面上发现了超过500幅岩画，绝大多数为各种类型的动物图像，此外还有一些人像、骑士、船形图像等（图2.31~2.33）。岩画制作技术包括用矿物颜料绘制、敲凿、研磨等，偶尔也出现同时使用多种技术制成的岩画。根据Б.Н.皮亚特金等人的统计，共发现人面像岩画7幅，除一幅是敲凿而成外（图2.34，3），其余6幅均由红色颜料绘制而成（图2.34，1、2、4~7）。另外，在笔者2015年9月的实地考察中，又发现了10幅人面像，其中6幅为敲凿法制成，其余4幅刻痕很浅，为研磨而成。但仅从刻痕深浅还很难判断其年代早晚。岩画大多数位于山脚的平整岩面上，少部分位于较高处，甚至还有一部分岩画作画条件非常险恶，所在岩面向外凸出，下面基本没有可供站立的位置，对于其具体的作画方式还有待进一步研究。

---

① 笔者于2015年访问该岩画点时由谢尔盖·谢苗诺维奇·菲苏诺夫告知。

② 关于该岩画点的研究历史，请参阅 Пяткин Б. Н., Мартынов А. И., *Шалаболинские Петроглифы*. Красноярск：Издательство Красноярского Университета，1985，с. 3 – 8.

图 2.30   沙拉博利诺岩画点局部（右侧叶尼塞河，左侧为岩画所在山体，肖波拍摄）

1   2

图 2.31   沙拉博利诺人面像岩画（肖波拍摄）

图 2.32   沙拉博利诺岩画动物图像（肖波拍摄）

图 2.33 沙拉博利诺岩画人和动物图像（肖波拍摄）

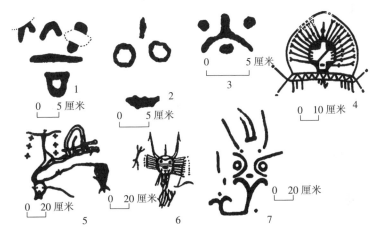

图 2.34 沙拉博利诺人面像岩画临摹图（采自 Пяткин Б. Н., Мартынов
А. И., *Шалаболинские Петроглифы*, с. 185）

四 焦伊斯基岩画

焦伊斯基岩画（Джойская Писаница）位于叶尼塞河左岸，焦伊河河口上游 300
米处，被泰加林山地所包围。焦伊河是叶尼塞河的左支流，位于哈卡斯共和国的别
亚区。岩画用红色颜料绘制在沿岸花岗岩岩棚的岩壁顶端和顶棚上。人面像用几何
图形的形式表现，均无轮廓，一般用 2 个圆点表示眼睛，眼睛与一些不同类型的线
条共同构成人的面部形状，与上述乌斯季—土巴岩画点的红色彩绘人面形象类似。

该岩画点最早于 20 世纪初由 А. И. 布尔加科夫发现，1963～1965 年 А. Н. 利普斯基对其进行了临摹[①]。1976 年，Н. В. 利奥季耶夫正式将其命名为"焦伊斯基岩画"[②]。随后，这一名称被俄国学术界广泛采用。萨彦—舒申斯克水电站建立后，该岩画点被完全淹没。根据照片和临摹图辨认，该岩画点的人面像大概有 15 幅（图 2.35）。

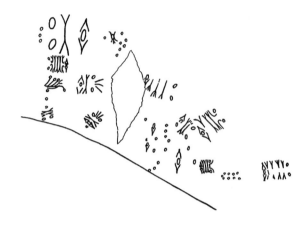

图 2.35　焦伊斯基类型人面像岩画（采自 Дэвлет Е. Г.，
　　　　　 Дэвлет М. А.，*Мифы в Камне. Мир Наскального*
　　　　　 Искусства России，с. 37）

五　小阿尔巴特岩画

小阿尔巴特岩画（Малоарбатская Писаница）位于西萨彦岭山脉的小阿尔巴特河（阿巴坎河的右支流）上游的阿尔贝伊特山（北纬 52°39′13″，东经 90°21′42″，海拔 510 米），离小阿尔巴特河河口（哈卡斯共和国的塔什特普区）约 6.4 千米，该地区属于泰加林带。岩画创作在小阿尔巴特河右岸的岩壁上，岩面呈东西向展开，画面方向朝南，集中在一个宽近 25 米、高近 16 米的范围内（图 2.36）。

① Булгаков А. И., *Верховья Енисея в Урянхае и Саянских Горах.* Известия Императорское Русское Географическое Общество. Т. 44. Вып 6，1908（1909）; Дэвлет М. А.，*Окуневские Антропоморфные Личины в Ряду Наскальных Изображений Северной и Центральной Азии*，с. 240–250.

② Леонтьев Н. В.，*Наскальные Рисунки Коровьего Лога（К вопросу о Периодизации Антропоморфных Изображений Окуневской Культуры）.* Известия Сибирского Отделения Академии Наук СССР. Серия Общественных Наук. Вып. 3，1976（11）.

图2.36　小阿尔巴特岩画点全景（肖波拍摄）

所有岩画均为红色颜料绘制而成，颜料呈现鲜红、深红、红褐等不同颜色（图2.37）。岩画保存状况普遍不好，由于环境潮湿，部分岩画已经褪色严重，少数岩画仅剩下斑斑点点的痕迹；另外，冰冻和裂隙渗水导致的岩石剥落情况比较严重，甚至比前者的危害更大；再者，当代的题记和涂鸦对岩画的损害也很严重。根据主题的不同，大致可以分为人面像和动物图像两大类（图2.38）。人面像约21幅，大部分与位于其南部的焦伊斯基岩画风格相似（图2.39）；动物图像和各种符号图像超过60幅。人面像颜色一般是深红色，而包括动物图像在内的其他图像颜色一般更为明亮和鲜艳，这表明人面像更古老一些。同时，部分动物（或者符号）图像叠压在人面像之上，进一步证实了这一点。

图2.37（彩版三）　小阿尔巴特岩画点局部（肖波拍摄）

图2.38   博物馆展示的小阿尔巴特主要岩画类型（肖波拍摄）

图2.39   小阿尔巴特部分人面像岩画临摹图（采自 Есин Ю. Н., *Малоарбатская Писаница：Изображения Эпохи Бронзы Археология*）

    岩画位于通往图瓦共和国西北部地区米努辛斯克盆地的一条古代马行道的起点处，但并不直接在道路旁边。该岩画点最初由 И. П. 科尔尼诺夫于 19 世纪中叶发现并进行临摹；随后，А. В. 阿德里阿诺夫、Н. В. 利奥季耶夫、Л. Р. 克兹拉索夫和 Ю. Н. 叶欣等人又分别对其进行了研究①。2010 年在该遗址处建立了"小阿尔巴特岩画"博物馆对其保护、陈列和展示②。

———————————

① Есин Ю. Н.，*Малоарбатская Писаница：Изображения Эпохи Бронзы Археология. Этнография и Антропология Евразии*，2012（3）.

② 相关情况由笔者在该岩画点调查所得。

六　昆杜苏克岩画

昆杜苏克岩画（Кундусукская Писаница）位于哈卡斯—米努辛斯克盆地的南缘，在昆杜苏克河支流阿梅拉河上游的右岸地区，离昆杜苏克河河口下游约1.5千米，北距萨彦岭山脉约30千米。岩画分布在东面的山坡上，山高25～30米，岩画主要分布在山的底部离地面1.5～3米处。该岩画点于1961年由米努辛斯克综合考察队的地质学家首次发现。随后，Н. В. 利奥季耶夫等人于1965～1967年间对其进行了详细的调查和研究①。与前面2个岩画点所处环境类似，该岩画点同样位于泰加林带，同样由红色颜料绘制而成，作画风格也非常相似。岩画大致可分为3组，由共计17幅人面像组成（图2.40）。

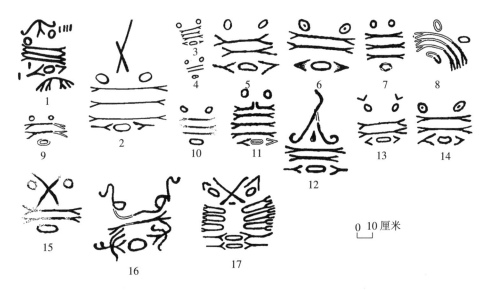

图2.40　昆杜苏克岩画临摹图（采自 Леонтьев Н. В.，*Кундусукские Росписи*. 图中比例尺由笔者根据 Леонтьев Н. В.，Капелько В. Ф.，Есин Ю. Н.，*Изваяния и Стелы Окуневской Культуры*，с. 20 中部分相关图片比例尺绘制）

---

① Леонтьев Н. В.，*Кундусукские Росписи*. Советская Археология，1969（4）.

七 乌斯季—费德罗夫卡岩画

乌斯季—费德罗夫卡岩画（Петроглиф Усть - Федоровка）于 1984 年发现于克拉斯诺亚尔斯克费德罗夫卡河河口乌辛斯克盆地①。在 30 厘米 × 50 厘米的石板上发现了 2 幅人面像，均为敲凿而成（图 2.41）。其中一幅有轮廓，头顶中间稍微向内凹陷，有胡须，整体风格比较具象（图 2.41，a）；另一幅无轮廓，刻画有眼睛和嘴巴，眼睛上方有眉毛，嘴巴上方有胡须，面颊处有半括弧状纹饰（图 2.41，b）。两幅岩画首尾互相倒置，岩画从上至下，几乎占据了整个岩面。

图 2.41 乌斯季—费德罗夫卡人面像岩画临摹图（采自 Семёнов В. А.，*Плита с Окуневской Личиной со Стоянки Кара - орга в Туве*，с. 132）

八 伊兹里赫—塔斯岩画

伊兹里赫—塔斯岩画（Петроглиф Изирих - тас）又被称为"醉石"（Пьяный Камень）岩画，位于哈卡斯共和国南部的阿斯基兹区别利特尔②。该岩画点最初由 А. Н. 利普斯基于 20 世纪 50 年代首次发现并进行研究，随后于 1970 年出版了关于它的著作③。岩画主要分布在一个小山洼的下部，在一个将近 5 米长的岩面上保存了 10 余幅人面像，除人面像外，还有马、公牛等动物图像（图 2.42）。图像全部为敲凿法

---

① Семёнов В. А.，*Плита с Окуневской Личиной со Стоянки Кара - орга в Туве*. В Ермоленко Л. Н. и т. д.（ред.），Наскальное Искусство в Современном Обществе（К 290 - летию Научного Открытия Томской Писаницы）. Кемерово：Кузбассвузиздат，Том 2，2011，с. 131.

② Дэвлет М. А.，*Петроглифы Улуг - Хема*，с. 15.

③ Миклашевич Е. А.，*Окуневские Лошади：к Проблеме Появления Одомашненной Лошади в Южной Сибири*. В Савинов Д. Г.，Подольский М. Л.（ред.），Окуневский Сборник 2. Культура и её Окружение. Санкт - Петербург：Элексис Принт，2006，с. 194.

制作，整体保存状况不好，剥落情况严重，可以看出保存下来的图像仅是整个画面的一部分。此外，部分人面像被晚期的动物图像打破，由此可见，人面像岩画的年代在该组画面中应属最早。

图 2.42　伊兹里赫—塔斯岩画临摹图（采自 Дэвлет М. А.，*Петроглифы Улуг – Хема*，с. 15. 原图无比例尺）

九　奥格拉赫特岩画

奥格拉赫特岩画（Петроглиф Оглахт）位于哈卡斯—米努辛斯克盆地基赞地区的奥格拉赫特山麓的石板上，由若干岩画点组成。1847 年，被芬兰语言学家和民族学家 М. А. 卡斯特林（Кастрен М. А.）发现；1850 年，Л. Ф. 基托夫（Титов Л. Ф.）对部分岩画进行了临摹；随后，И. Т. 萨文科夫、А. В. 阿德里阿诺夫、А. Н. 利普斯基、Я. А. 舍尔和 Н. В. 利奥季耶夫等人对其进行了持续的研究[1]。

目前共在两块石板上发现了人面像。其中一块石板也被称为"萨满石岩画"（Петроглиф Шаман – камня）[2]，是米努辛斯克盆地岩画数量最多的石板之一，也是该地区青铜时代最重要的岩画点之一。据统计，在该石板上共有约 164 幅图像，分为上下两个部分（图 2.43）。第一部分有图像约 80 幅，第二部分有图像约 84 幅，包括

---

① Есин Ю. Н.，*Петроглифы《Шаман – камня》（Гора Оглахты，Хакасия）*. Научное Обозрение Саяно – Алтая，2013（1）.

② 部分学者将奥格拉赫特岩画和萨满石岩画分成两个不同的岩画点，但在本书中，将其视为一个点进行研究。见 Ковалева О. В.，*Наскальные Рисунки Эпохи Поздней Бронзы Минусинской Котловины*. Новосибирск：Институт Археологии и Этнографии Сибирское Отделение Российской Академии Наук，2011，с. 58.

双轮双驾马车、人像、人面像、山羊、鹿、同心圆、轮式符号、涡纹以及其他各种
圆形图像；此外，与其共存的还有大量的短剑图像。这些类型的短剑在本地区的考
古学文化中均有发现，是判定岩画年代的一个重要依据。但是必须注意到，这块石
板上的岩画数量众多，类型丰富多样，风格以及制作方式均存在差异性，且有众多
的打破关系，很显然不属于同一年代的作品，因此其年代序列还有待于进一步深入
研究。目前，在该石板上共发现人面像 2 幅，均敲凿而成。其中一幅人面像有心形
轮廓，表现有鼻子、眼睛和嘴，并被后期的一些图像打破，但这些图像本身的年代
还不好判定，难以作为岩画断代的依据（图 2.43，a）。另一幅人面像无轮廓，仅仅
刻画了眼睛、鼻子和嘴，与其他图像不存在打破关系（图 2.43，b）。心形轮廓的人
面像在奥库涅夫艺术造像传统中经常遇见；而第二种人面像虽在奥库涅夫传统的造
像中有一些类似物，但差异性较大，二者关系还不能完全确定，与之类似的无轮廓
的心形人面像在图瓦地区却有所发现，二者之间可能存在着某种联系。

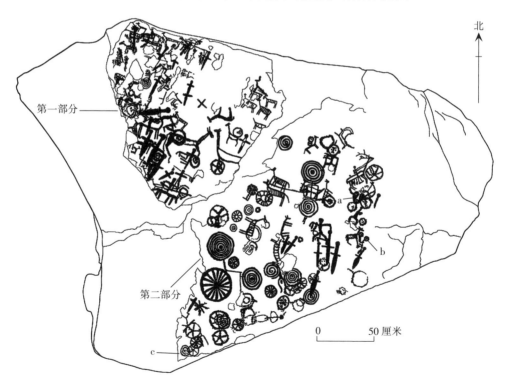

图 2.43   萨满石岩画临摹图［采自 Есин Ю. Н.，*Петроглифы《Шаман - камня》（Гора*
Оглахты，Хакасия）］

　　与萨满石岩画邻近的另外一块石板上也发现了几幅图像。其中最为显著的是一幅驼鹿图像，占据了整个画面的最大部分，用敲凿法制作出身体轮廓，雄性生殖器特征明显。另外，在其身体内部还有用敲凿法制作的几幅图像，其中一幅为人面像（图2.44、2.45），风格与同样位于该地区的普洛斯库尔亚科娃洞穴岩画非常类似，但是二者的制作技法却完全不同，后者为红色颜料绘制，共同的特点表明这两种技法之间曾经存在过一个模仿的过程。此外，在奥格拉赫特山还发现一幅人面像，但伴随的其他图像不清楚（图2.46）。

图2.44　奥格拉赫特岩画（采自 Дубровский Д. К.，Грачев А. Ю.，*Уральские Писаницы в Мировом Наскальном Искусстве*. с. 78）

图2.45　奥格拉赫特岩画临摹图〔采自 Есин Ю. Н.，*Проблемы Выделения Изображений Афанасьевской Кульуры в Наскальном Минусинской Котловины*. В Степанова Н. Ф.，Поляков А. В.（отв. ред.），*Афанасьевский Сборник*〕

图2.46　奥格拉赫特岩画中的人面像（采自 Шер Я. А.，*Петроглифы Средней и Центральной Азии*，с. 231）

十　丘梁—塔克岩画

丘梁—塔克岩画（Писаница Тюре Таг）也被称为"苏列克女孩"（Сулекские девки），Е. А. 米克拉舍维奇则建议将其命名为"苏列克七"（Сулек Ⅶ）岩画①。该岩画点位于哈卡斯共和国奥尔忠尼启则区的丘梁山上，在黑伊尤斯河（Река Черный Июс）左支流佩齐谢河（Река Печище）的右岸地区，岩画点位于丘梁山的东向岩面上。1909 年，А. В. 阿德里阿诺夫首次发现并对其图像进行了临摹②。岩画共包括15 幅动物图像和人面像，均为敲凿或研磨而成（图 2.47）。动物图像约 11 幅，包括公牛、马、麋鹿和蛇等。可辨认的人面像有 4 幅，其中 3 幅图像有轮廓，另一幅无轮廓。人面像均以双圆窝表示眼睛，小短线条表示嘴。其中 3 幅图像在额头处有表示第三只眼的小窝（图 2.48，2~4）；2 幅图像面部有装饰性图案，嘴巴和眼睛之间有一贯穿面部的横线，两眼之间有分别向外的括弧，这种形象在奥库涅夫文化中经常见到（图 2.48，1、4）。无轮廓人面像还用两个小窝表示鼻孔（图 2.48，3）。其中一幅人面像岩画轮廓下侧被牛形图像打破（图 2.47，8）。

图 2.47　丘梁—塔克岩画临摹图（采自 Есин Ю. Н.，*Петроглифы Окуневской Культуры на Севере Хакасии*）

---

① Есин Ю. Н.，*Петроглифы Окуневской Культуры на Севере Хакасии*. Научное обозрение Саяно - Алтая，2016（1）.

② Адрианов А. В.，*Отчет по Обследованию Писаниц Ачинского Округа*［*Минусинского Края*］. Известия Русского Комитета для Изучения Средней и Восточной Азии，1910（10）.

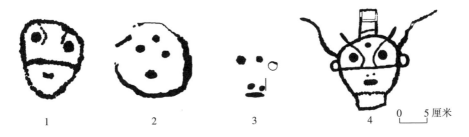

图2.48　丘梁—塔克岩画临摹图（采自 Есин Ю. Н. ，*Петроглифы Окуневской Культуры на Севере Хакасии*）

十一　奥斯普岩画

　　奥斯普岩画（Петроглиф Оспа）也被称为"阿什普岩画"（Петроглиф Ашпа），位于哈卡斯北部希拉区的白伊尤斯河（Река Белый Июс）右岸，属于草原地带。Н. В. 利奥季耶夫在 1997 年发表的《奥库涅夫文化中的人像》一文中对其进行了初步描述[②]；随后，哈卡斯研究所的 Ю. Н. 叶欣博士进行了详细的研究，并认为其年代属于奥库涅夫时期[③]。该岩画点共 3 幅图像，其中两幅是呈蹲踞式的人形图像，男性生殖器官明显，中间为一幅人面像，眼睛和嘴巴之间被两条末端带分叉的线条分开，眼睛内侧有括弧，头顶正中间有一根线条，其端部的圆圈与一类似冠饰的装饰物连在一起（图2.49）。

图2.49　奥斯普岩画临摹图（采自 Леонтьев Н. В. ，Капелько В. Ф. ，Есин Ю. Н. ，*Изваяния и Стелы Окуневской Культуры*，с. 73[①]）

---

①　原图无比例尺，笔者根据 Есин Ю. Н. ，*Наскальные Изображения Памятника Чалпан -1 в Минусинской Котловине.* Уральский Исторический Вестник，2010（1）一文重新绘制。

②　Леонтьев Н. В. ，*Антропоморфные Изображения Окуневской Культуры.* В Савинов Д. Г. ，Подольский М. Л. （ред. ），Окуневский Сборник. Культура. Искусство. Антропология. Санкт - Петербург：Петро - РИФ，1997，с. 118.

③　Есин Ю. Н. ，*Наскальные Изображения Памятника Чалпан -1 в Минусинской Котловине.* Уральский Исторический Вестник，2010（1）.

十二　巴拉—季格伊岩画

　　巴拉—季格伊岩画（Петроглиф Пора – Тигей）位于小斯皮林村（Деревня Малый Спирин）附近的巴拉—季格伊山上。在其东北面的山坡上有个出口，出口两边山岩由灰色石头构成，其中一边的岩面上布满了微弱的浅灰色和褐色岩晒，岩画用敲凿和刻制的方法制成。敲凿出的线条呈深灰色，看起来更明亮一些。整体而言，图像并不清楚，且彼此叠压，很难将其区分开来。1986 年，Л. Р. 克兹拉索夫在《最古老的哈卡斯》（Древнейшая Хакасия）一书中对该岩画点的图像进行了描述①；1989 年，Б. Н. 皮亚特京（Пяткин Б. Н. ）对该岩画点进行了考察和临摹；随后，В. Ф. 卡佩利科（Капелько В. Ф. ）继续进行临摹。但是，之前的版本所包含的信息都不是很准确，因此，Е. А. 米克拉舍维奇等人随后又对其进行了临摹②。该处共发现两组岩画。其中一组大概有 3 幅人面像，均为敲凿而成（图 2.50，1）。3 幅人面像均被牛的图像打破，但是牛的风格不同，上面一幅牛的图像更为瘦小，下面一幅更为壮硕，但是牛角部分是一样的，其年代被认为 "属于奥库涅夫时期"③。另一组仅有一幅人首兽身的动物图像，脸部同样为典型的奥库涅夫文化人面像形象（图 2.50，2）。

十三　科伊岩画

　　科伊岩画（Койская Писаница）位于叶尼塞河右支流马纳河的左岸，克拉斯诺亚尔斯克边疆区境内。岩画点北距科伊村 500 米。在岸边的山岩上用红色颜料绘制了

①　Кызласов Л. Р. ，Древнейшая Хакасия.

②　Миклашевич Е. А. ，Окуневские Лошади：к Проблеме Появления Одомашненной Лошади в Южной Сибири. В Савинов Д. Г. ，Подольский М. Л. （ред. ），Окуневский Сборник 2. Культура и её Окружение，с. 207.

③　Миклашевич Е. А. ，Окуневские Лошади：к Проблеме Появления Одомашненной Лошади в Южной Сибири. В Савинов Д. Г. ，Подольский М. Л. （ред. ），Окуневский Сборник 2. Культура и её Окружение，с. 206.

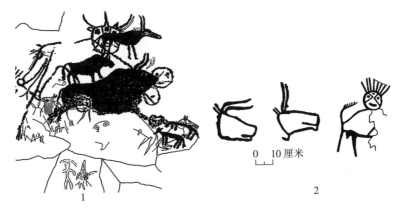

图 2.50 巴拉—季格伊岩画①

各种图像，包括驼鹿、熊、人面像、滑雪者、带角的人形图像、月亮和符号，其中人面像岩画共 3 幅，均无轮廓，用圆点表示眼睛，短弧线表示嘴巴，其中一幅刻画了鼻子和眉毛（图 2.51）。该岩画点最初由 В. Ф. 卡佩利科于 1987 年首次发现②；随后，А. Л. 扎伊卡分别于 1991 年和 1994 年对其进行了研究③。

图 2.51 科伊岩画（采自 Заика А. Л. , *Личины Нижней Ангары*, с. 144）

① 1 采自 Миклашевич Е. А. , *Окуневские Лошади： к Проблеме Появления Одомашненной Лошади в Южной Сибири*. В Савинов Д. Г. , Подольский М. Л. （ред. ）, Окуневский Сборник 2. Культура и её Окружение, с. 207; 2 采自 Леонтьев Н. В. , Капелько В. Ф. , Есин Ю. Н. , *Изваяния и Стелы Окуневской Культуры*, с. 37.

② http：//manaadm. ru/? page_ id = 3637.

③ Заика А. Л. , *К Интерпретации Окуневских Изображений*. В Проблемы Археологии и Этнографии Сибири и Дальнего Востока. Т. 2. Красноярск, 1991, с. 30 – 34; Заика А. Л. , *Культовые Озображения в Наскальном Искусстве р. Маны*. В Этносы Сибири. История и Современность. Красноярск： Без издательства, 1994, с. 79 – 81.

第三节 下安加拉河地区

下安加拉河是另一个人面像岩画集中的地区，它位于塔谢耶瓦河、石泉通古斯卡河和叶尼塞河之间，从北到南相距 400 千米，从西到东超过 600 千米。下安加拉河岩画的调查有很长的历史（将近 300 年），但直到 20 世纪末，在这方面进行的科学研究还很少。进入 21 世纪后，在俄罗斯学者尤其是 A. Л. 扎伊卡的系统研究下，该地区岩画的面貌逐渐被揭示①。到目前为止，共在该地区发现 42 个岩画点，300 多幅岩画，包括类人形图像、船形图像、人面像和符号（图 2.52）。其中，人面像岩画点 11 个，发现岩画 155 幅，另外还有若干带有人面像的石柱，发现人面像 4 幅。大多数图像为红色矿物质颜料绘制而成，少部分使用敲凿、研磨的方式制作，另外一些则先敲凿出轮廓，然后在轮廓上涂红色。这些人面像岩画大部分分布在沿岸的悬崖峭壁上，少数位于河岸两边的漂石上。岩画主要集中于该地区的中心地带，少数位于安加拉河的东部和西部地区。

一 阿普林石滩岩画

阿普林石滩岩画（Писаница《Аплинский Порог》）位于被称为"阿普林岩"的岸边崖壁上，正对着阿普林石滩，在利波齐津河（руч. Липочкин，北纬58°27′01″，东经100°28′06″）上游 200 米处。岩画为敲凿或研磨而成。由于水和冰的作用，岩画以微浮雕的形式呈现出来。由于岩石开裂和剥落，许多图像仅剩下部分片段，保存情况很不理想。目前，在 5 个岩面上发现了岩画。而人面像岩画仅发现 2 幅，分别位于两个不同的岩面上，大致可分为两组（图 2.53）。其中一幅图像与一幅疑似马的动物处于同一幅画面内（图 2.53，1，a），而另一幅图像的伴生图像情况还不清楚。

---

① 关于该岩画点的研究历史及相关情况，请参阅 Заика А. Л.，*Личины Нижней Ангары*；另外，下安加拉河地区其他岩画点的情况介绍及相关图片同样引自该书。

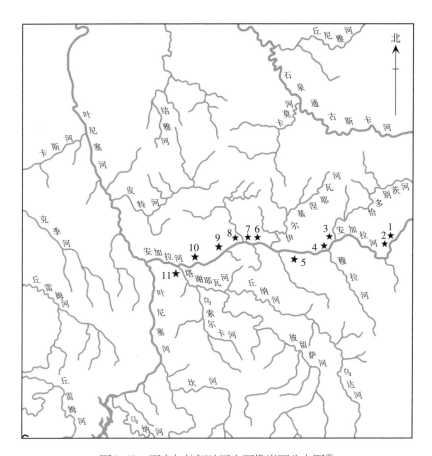

图 2.52　下安加拉河地区人面像岩画分布图①

1. 阿普林石滩　2. 季莫希石　3. 画石　4. 穆尔斯基　5. 格奥菲济克　6. 曼兹亚　7. 伊瓦什金—克留齐
8. 卡门卡　9. 维杜姆斯基—贝克　10. 雷布诺耶　11. 塔谢耶瓦河

二　季莫希石岩画

季莫希石岩画（Петроглиф Тимохин Камень）位于山脚下的岸边岩石上，
从库兹涅佐夫河（Кузнецова Ручья）河口（北纬 58°19′22″，东经 100°20′46″）
沿安加拉河而下 150 米处。岩画所在岩面宽约 1.2 米，长约 2.4 米，高约 1 米。

---

① 底图采自 Заика А. Л.，*Личины Нижней Ангары*，с. 34，肖波制图。制图时在原图上有裁剪，且原图无
比例尺。

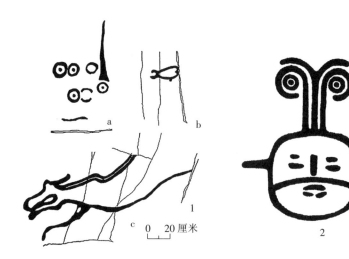

图2.53　阿普林石滩人面像岩画及其伴生图像（采自 Заика А. Л.，
Личины Нижней Ангары，с. 36，120. 原文中仅 1 有比例尺）

该岩画点仅有一幅图像，图像造型怪异（图2.54）。А. Л. 扎伊卡认为，"这个造型奇特的人面像似乎由上下相连的 2 个颅骨状的人面像复合而成"[1]。笔者则比较倾向于将其视为一幅人面像。该图像采用先敲凿出轮廓，再在轮廓中进行打磨的方法制作而成。人面像背对河水，朝向河岸的方向，但所在岩石很可能是从岸边山体崩落而下的，因此原始的岩画应该是制作在山体岩面上而朝向河水，与南西伯利亚地区人面像岩画整体的朝向一致。

三　画石岩画

画石岩画（Писаница《Писаный Камень》）位于安加拉河右岸，距赫列布托维居民点（Посёлок Хребтовый）东北约 0.7 千米。岩画集中在一大片岩石的中心地带，分布在沿着安加拉河 50 米的范围内，离河岸 3 至 20 米不等。岩画出现在 4 个面向西南方的垂直岩面上。其中两个岩面离得很近，可以归为一组（图2.55，1）。因此，共有 3 组岩画。岩画由红色和黑色颜料绘制而成，图像包括骑士、人面像和动物图像等。在其中 2 个岩面上发现了 3 幅人面像，均为红色颜料绘制而成。人面形象各异，其中 2 幅人面像有轮廓（图2.55，a、c），另外一幅无轮廓（图2.55，b）。

---

① Заика А. Л., *Личины Нижней Ангары*，с. 38.

图2.54 季莫希石岩画（左图由 А. Л. 扎伊卡教授拍摄，右图采自 Заика А. Л.，*Личины Нижней Ангары*，с. 120）

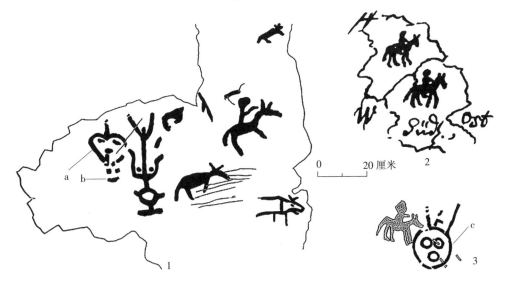

图2.55 画石岩画（采自 Заика А. Л.，*Личины Нижней Ангары*，с. 41）

四 穆尔斯基岩画

穆尔斯基岩画（Мурская Писаница）位于安加拉河右岸，离安加拉河汇入叶尼塞河河口上游约390千米，在格尔加维诺居民点（Посёлок Гольтявино）东北方约

6.5 千米处的穆尔斯基石滩对面。岩画集中在岸边被称为"卡拉乌尔"（Караульный）崖壁的东面，分布在沿安加拉河 270 米的范围内，离河岸约 15～35 米，高度离水面约 6～17 米。目前在 12 个岩面上发现了岩画，岩面朝向不同，有东北向、东向、东南向 3 个方向。制作方法有敲凿、研磨和红色颜料涂绘。代表性图像是动物图像、人像、人面像和骑士（图 2.56）。其中，共发现人面像 11 幅，均为红色颜料绘制而成（图 2.57）。多数人面像无轮廓，但都刻画了眼睛，有轮廓的人面像其形象刻画得均不甚清楚，只能从轮廓大致判定为人面像。

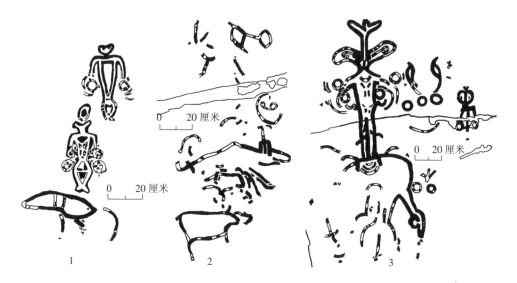

图 2.56　穆尔斯基岩画局部（采自 Заика А. Л. , *Личины Нижней Ангары*, с. 45, 46, 48）

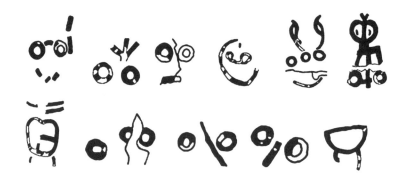

图 2.57　穆尔斯基人面像岩画（А. Л. 扎伊卡临摹）

五　格奥菲济克岩画

格奥菲济克岩画（Петроглиф Геофизик）位于安加拉河左岸的辉绿岩圆石上，北距博古恰内村（Село Богучаны）5千米，该块岩石现保存在博古恰内地方志博物馆。岩画面朝河水，面积约7.6平方米，其上最初发现了91幅人面像，但由于人类活动的影响，部分岩画被破坏掉了。岩画主要由直径1.4~3.8厘米、深0.1~0.6厘米的小圆窝构成，部分小圆窝敲凿或磨制出以表征人脸的轮廓。小圆窝总数达136个，它们大多数以3个为一组，并按等腰三角形排列，分别代表眼睛和嘴，少部分则仅仅标出了眼睛（图2.58、2.59）。所有岩画均为先敲凿后研磨而成。

图2.58　格奥菲济克岩画局部（A. Л. 扎伊卡教授拍摄）

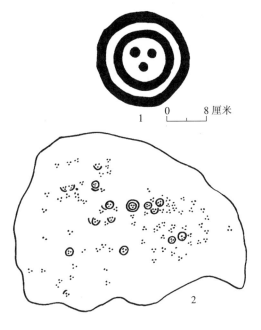

图2.59　格奥菲济克岩画（Н. И. 德罗兹多夫临摹）

六　曼兹亚岩画

曼兹亚岩画（Писаница Манзя）位于安加拉河右岸岸边的山岭上，在曼兹亚村正对面，周围环绕着冈峦起伏的泰加森林，山岗的绝对高度在 300 至 600 米之间。岩画主要集中在被巨大的坍塌岩块隔开的 3 个垂直的平滑岩面上，每个岩面上有若干组画面。所有岩画都由红色颜料绘制而成，距水面 12 至 25 米不等。虽然岩画所在位置较高，岩面接近垂直，但所在山体形成自然的坡道可以直接到达岩画所在位置，这与下安加拉河其他岩画点的情况大不相同。岩画图像包括人面像、动物图像、十字形符号图像、类人形图像、"钉耙"状图像等（图 2.60）。其中一幅人像可以看见人的肋骨（图 2.61）；另一幅人像类似美人鱼，鱼尾部与一动物图像的后蹄相连（图 2.62）。人面像岩画能够区分的大致有 7 幅，均无轮廓，除一幅图像仅刻画了眼睛之外，其他 6 幅都刻画了眼睛和嘴巴；4 幅人面像的眼睛和嘴巴都以小圆圈表示，其余 2 幅的嘴巴以短横线表示（图 2.63）。

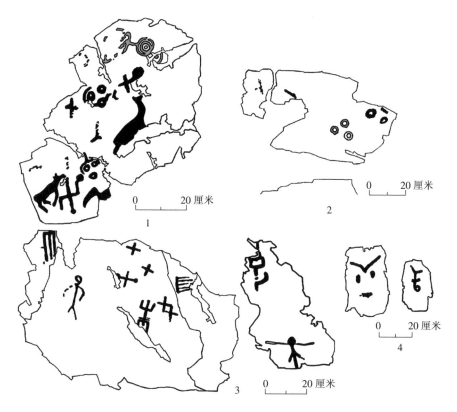

图 2.60　曼兹亚岩画局部（采自 Заика А. Л., *Личины Нижней Ангары*, с. 55 – 63）

图 2.61（彩版三）　曼兹亚岩画中的
　　　　　　　　　人像（А. Л. 扎
　　　　　　　　　伊卡拍摄）

图 2.62（彩版三）　曼兹亚岩画中的部分美
　　　　　　　　　人鱼图像（А. П. 别列
　　　　　　　　　佐夫斯基拍摄）

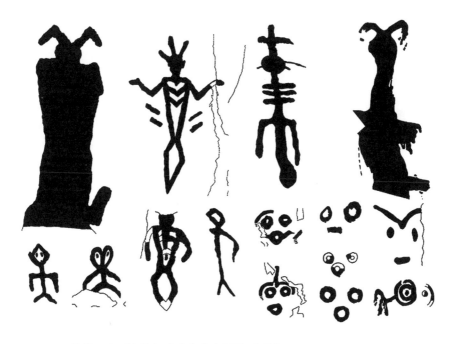

图 2.63　曼兹亚岩画中的部分人像和人面像（采自 Заика А. Л.，*Личины Нижней*
　　　　Ангары，с. 117）

七　伊瓦什金—克留齐岩画

伊瓦什金—克留齐岩画（Писаница Ивашкин Ключ）位于安加拉河右岸伊瓦什金—克留齐山的临河岩壁上，在曼兹亚村西北方 12～13 千米处。伊瓦什金—克留齐河在汇入安加拉河的入口处将该山一分为二，而岩画点主要位于安加拉河上游的部分山体中，整幅画面延续长度将近 1 千米。岩画均用红色颜料绘制在岩面的顶部，距离水面 13～25 米不等。岩画可划分为 3 处，每处又划分为若干组，位于中间的第二处位置上岩画最为集中，其他两处岩画数量较少。发现的图像主要有人面像、类人形图像、动物图像、船形图像、骑士、十字形符号、太阳形符号等（图 2.64、2.65）。部分图像被后期作品覆盖，显示出不同的层次，其中一组最为明显（图 2.66）。应该注意到，在所有具有叠压关系的岩画中，人面像均被其他图像叠压，这从岩画的颜色深浅可以判断出。而人面像岩画目前可辨认的大致有 10 幅，其中一幅图像整个面部剥落，只剩下三根竖线构成的头饰。这些图像构图虽然或简单，或复杂，但总体结构类似，可以视为一个类型。

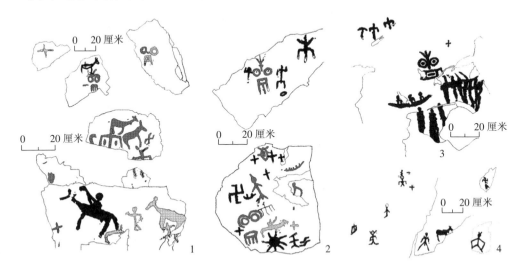

图 2.64　伊瓦什金—克留齐岩画局部（采自 Заика А. Л.，*Личины Нижней Ангары*，с. 66－73）

图 2. 65（彩版四）　伊瓦什金—克留齐岩画中的人面像（A. П. 别列佐夫斯基拍摄）

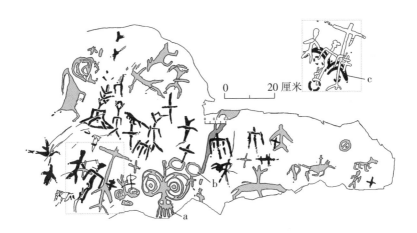

图 2. 66　伊瓦什金—克留齐岩画局部（采自 Заика А. Л.，*Личины Нижней Ангары*，с. 69）

八　卡门卡岩画

　　卡门卡岩画（Писаница Каменка）位于安加拉河右岸地区的卡门卡村附近。实际上由5个独立的岩画点组成，其中3个岩画点位于卡门卡河与安加拉河汇合处附近的崖壁上，另外2个岩画点分别位于卡门卡村东南约5千米和7千米处，岩画位置距水面均在10米以上。制作方式包括红色颜料涂绘和敲凿法。卡门卡岩画是整个下安加拉河地区图像数量最多的岩画点之一。内容包括动物图像、人像、船形图像、符号、鸟类图像、人面像、骑士等，部分岩画覆盖有后期添加上去的俄文字母（图2.67、2.68）。人面像岩画约20幅，均为红色颜料涂绘而成（图2.69）。尤其值得注意的是，该岩画点所处山顶上有几处新石器时代晚期遗址，一件出土陶罐外部刻有人面形纹饰，与该地区的部分人面像岩画比较类似（图2.70）。该陶器现保存于克拉斯诺亚尔斯克国立师范大学民族学考古学博物馆内。比较遗憾的是，该地区的遗址不止一座，之前的发掘者没有标明该陶器具体出土于哪一座遗址，仅是注明其属于新石器时代。

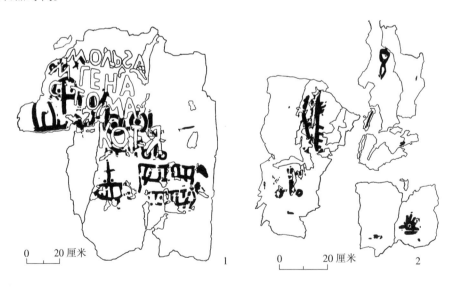

0　　20厘米　　　　　1　　　　　　　　0　　20厘米　　　2

图2.67　卡门卡岩画局部（采自 Заика А. Л., *Личины Нижней Ангары*, с. 82, 85）

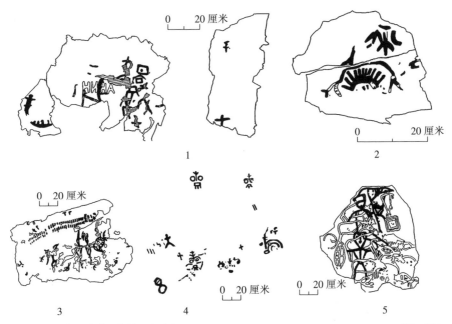

图2.68　卡门卡岩画局部（采自 Заика А. Л., *Личины Нижней Ангары*, с. 87 - 93）

图2.69　卡门卡岩画中的人像和人面像（采自 Заика А. Л., *Личины Нижней Ангары*, с. 119）

图 2.70（彩版四）　卡门卡河口新石器时代人面纹陶器（现保存于克拉斯诺亚尔斯克国立师范大学，肖波拍摄）

九　维杜姆斯基—贝克岩画

维杜姆斯基—贝克岩画（Писаница Выдумский Бык）位于安加拉河右岸，奥尔焦尼吉杰居民点（Посёлок Орджоникидзе）下游 27 千米处，在老贝克村和新贝克村之间的"维杜姆斯基—贝克"山的临河崖壁上。岩画点周围环绕着山峦起伏的泰加林地。大多数岩画集中在河流上游，大部分都被岩壁裂隙渗透出来的厚厚石灰浆层覆盖，上面布满青苔和地衣。目前共发现 3 处岩画，均为红色颜料绘制而成，岩画距河面 6～30 米不等。图像包括人像、人面像、动物图像、船形图像、十字形符号等（图 2.71～2.73）。目前，发现人面像 11 幅，大部分无轮廓，与整个地区的人面像构图大致类似（图 2.74）。

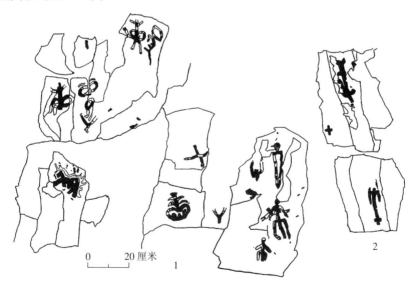

图 2.71　维杜姆斯基—贝克岩画局部（采自 Заика А. Л.，*Личины Нижней Ангары*，с. 97）

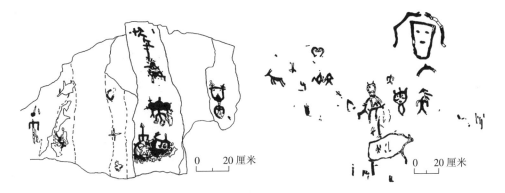

图2.72 维杜姆斯基—贝克岩画局部（采自 Заика А. Л., *Личины Нижней Ангары*，с. 98）

图2.73 维杜姆斯基—贝克岩画局部（采自 Заика А. Л., *Личины Нижней Ангары*，с. 102）

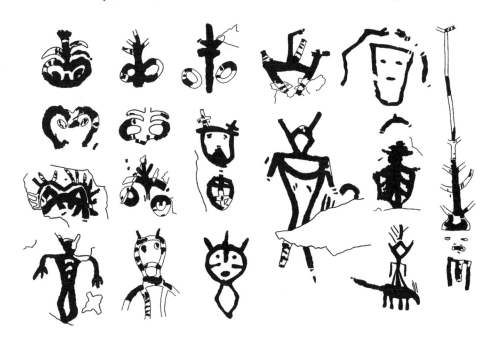

图2.74 维杜姆斯基—贝克岩画中的人像和人面像（采自 Заика А. Л., *Личины Нижней Ангары*，с. 117）

十 雷布诺耶岩画

雷布诺耶岩画（Петроглиф Рыбное）位于莫德基诺居民点（Посёлок Мотыгино）西南 10 千米处，在雷布诺耶村东边。岩画分布在岩壁的西北部，岩壁

呈一定坡度倾斜。岩画距水面约 4～4.5
米，画面面向东南，朝向河水的方向。
岩画均为敲凿而成，部分在敲凿之后还
进行了研磨。主要图像是人像，此外还
有太阳形图像以及人面像等。整个画面
的图像超过 100 幅，但人面像仅发现一
幅，位于画面中心位置。人面像具有心
形轮廓，头顶戴有分别向两边伸出的头
饰；人脸轮廓被分成四部分，上面两部
分分别有一圆点表示眼睛，下巴处有一
短线伸出（图 2.75）。

图 2.75　雷布诺耶岩画（采自 Заика А. Л.，
Личины Нижней Ангары, с. 116）

十一　塔谢耶瓦河岩画

　　塔谢耶瓦河岩画（Тасеевский Петроглиф）位于安加拉河支流塔谢耶瓦河河口地
带。迄今为止，共发现 5 幅人面像。其中一幅位于塔谢耶瓦河的一块砂岩石板上，
轮廓呈心形，底部残缺，除双眼之外没有表现其他五官（图 2.76），为敲凿而成，凿
痕较深。另 3 幅人面像位于塔谢耶瓦河左岸（图 2.77，2～4），离塔谢耶瓦河注入安
加拉河河口约 3 千米，在一座距离河岸约 480 米的山岩上，岩画离地面约 0.7 米，用
敲凿法制成，凿痕较浅。人面与实际的人脸比较相似，呈不规则的椭圆形，五官刻
画得比较清楚，眼睛似乎呈闭合状态。此外，在塔谢耶瓦河左岸发现一座浮雕人面
像（图 2.77，1），离塔谢耶瓦河注入安加拉河河口约 3 千米，位于一座距离河岸约
480 米，高度离水面约 104 米的山峰上。在其顶部的砂岩巨石上，用敲琢和切割的方
法做出浮雕人面像。人面朝向东南，高度约 152 厘米，基座宽度约 45 厘米，眼
线处测量宽度 35 厘米。人面与实际的人脸比较相似，五官刻画清楚，根据刻画
的胡须可以判定其为男性，除眉毛外，其余五官都以浮雕的形式表现，眼睛中
还有眼珠。

图 2.76　塔谢耶瓦河人面像残片及其临摹图（采自 Заика А. Л., *Сердцевидные Личины в Петроглифах Южной Сибири*）

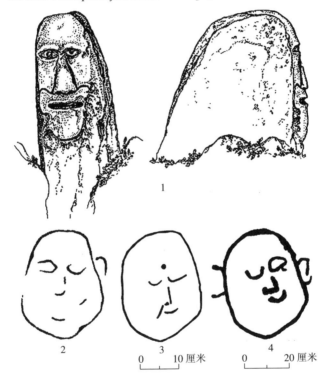

图 2.77　塔谢耶瓦河石雕像和人面像岩画（采自 Заика А. Л., *Личины Нижней Ангары*, с. 112）

1. 石雕人像　2 ~ 4. 人面像岩画

小　结

　　叶尼塞河流域人面像岩画分布范围非常广泛，沿叶尼塞河自北向南延伸 1000 余千米。虽然形态各异，但从作画地点的选择、作画方式的使用、图像的艺术风格上看，均显示出某种内在的一致性，似乎暗示着作画民族在文化上存在着某种关联。总体上来看，上叶尼塞河地区人面像岩画数量最多，这与该地区独特的地理环境密不可分。一方面，图瓦盆地位于陆路和水路交通的十字路口，自古以来就有不同族群往来于此，而叶尼塞河及其支流是沟通图瓦和南西伯利亚及东部地区的重要通道。图瓦共和国南部位于内陆湖形成的盆地内，并且环绕乌布苏湖的部分地区，这里与蒙古产生了直接的联系；图瓦西南地区直接与阿尔泰毗连，而沟通二者最便捷的通道便是上叶尼塞河的支流赫姆奇克河。另一方面，一些巨大的山脉将图瓦共和国南部与其他地区分隔开来，使其显示出某种孤立性的特征。在古代，该地区交通非常不便，限制了外来人口的增长并使本地居民有可能保持自身的独特性，这在古代的遗迹和出土文物中可以很好地体现出来。正是由于以上特征，东西方的艺术传统在这里交汇和融合，并形成独特的艺术形式后急剧地向四周扩散开来。

中叶尼塞河地区在青铜时代早期有着非常发达的奥库涅夫艺术[1]。奥库涅夫文化孕育出了丰富多彩的艺术形式：骨质或石质小雕像、巨大的石雕像、墓葬内石板上的图像以及属于这一时期的岩画等。这些文物不仅在文化类型上是一致的，而且在精神观念方面也表现出高度的一致性。按照俄国学者的观点，中叶尼塞河的人面像岩画均属于奥库涅夫时期，该地区还没发现属于安德罗诺沃文化时期的岩画，包括人面像岩画。目前为止，仅仅是在安德罗诺沃墓葬建筑的石板上发现过一些几何图案，很难与岩画中的形象对应起来。类似的情况同样出现在此后的其他青铜时代和早期铁器时代文化。这些文化很少发现人面形象，少数的人面形象也与岩画中的人面像差距很大。

下安加拉河地区的新石器时代持续到相当晚近的时期。当中叶尼塞河和上叶尼塞河进入金属时代之后，安加拉河地区仍然处于新石器时代，历史文化发展的不平衡在人面像岩画的差异性方面同样有所体现。

---

① Леонтьев Н. В., Капелько В. Ф., Есин Ю. Н., *Изваяния и Стелы Окуневской Культуры.*

第三章　人面像岩画的分类

　　人面像岩画的分类是一项非常复杂的工作，主要原因在于岩画属于艺术创作，每幅岩画本质上都是独一无二的，按照广泛的类型特点对其进行详尽的划分几乎是不可能的。关于这一点，А. П. 奥克拉德尼科夫在研究黑龙江下游人面像岩画时就说道："人面像是如此多种多样，很难将之归为一些确定的、稳定的群组或类型。在他们奇怪的、马赛克的图案中，结合了不同的特征，古代艺术家们因其所好，轻易和自由地将其组合在一起，在所有方面都达到了很高的造诣。因此，人面像的任何分类都是象征性的（假定的）。对所有这些奇特的、彼此之间像或不像的图像进行分类，没有严格的、必须且唯一的方法。"[1] 换言之，只能按照一些预定的标准对类似的岩画大致归类。另一方面，某些岩画同时兼有几种岩画类型的共同特征，在对其进行分类时，通常按照其最突出的某些特点大致归类。一般来说，岩画分类的方法与考古类型学既有相同点也有不同点。相同点表现在都是对具有共同特征的一类文物进行分类；而不同点则在于考古类型学已经有了一件标准器，其型式、风格、年代都很确定，可以作为判定类似器物的参照物，而岩画分类的主要目的在于使表面上杂乱无章的岩画图像系统化，便于按照考古出土文物中的类似特征对这一类图像年代进行判定，或者根据风格特征对不同类型的岩画进行发展演变的推理。可以说，分类是对具有不同特征的一个岩画群组进行年代判定的前提。

　　叶尼塞河地区除了人面像岩画之外，还有其他载体上的人面图像，如墓葬及奥库涅夫石柱等，但为了更好地围绕主题进行论述，本书仅对岩画中的人面像进行分类，而对其他载体上的人面像，将在后文讨论岩画年代的章节中进行相应阐释。就

---

① Окладников А. П., *Петроглифы Нижнего Амура.* с. 77.

叶尼塞河地区人面像岩画而言，大致可以按其作画方式划分为岩绘画和岩刻画两大类型，在此基础上根据各自内部结构的特点进一步划分为若干亚型。其中，岩绘画均为红色颜料绘制而成，主要分布在中叶尼塞河和下安加拉河的泰加林地带；岩刻画则在上叶尼塞河、中叶尼塞河和下安加拉河均有分布，其中尤以上叶尼塞河萨彦峡谷最为集中，穆古尔—苏古尔、阿尔德—莫扎加以及比日克提克—哈亚等几个岩画点人面像的数量占到了整个叶尼塞河流域人面像岩画总数的一半以上。但必须指出的是，叶尼塞河地区不同类型的人面像岩画之间基本上不存在叠压和打破关系，也很难从作画技术本身来判定年代的早晚；此外，由于跨越了不同的地域，造成了考古学文化上的不同，岩画之间的相似也不表明必然属于同一个时期。因此，本书的分类工作只分型而不分式，岩画的年代需要结合考古学文化和本地区的出土文物作进一步考察。

第一节　岩绘画分类情况及其特点

目前，整个叶尼塞河地区发现的岩绘画人面像共约117幅，全部用红色赭石颜料绘制而成。与岩刻画相比，除了制作方式不同之外，还有以下三个方面的区别：第一，岩绘画绝大多数位于泰加林地带，其中，中叶尼塞河地区的岩绘画多位于泰加山地的边缘地带，而岩刻画则主要集中于森林草原地带；第二，构图方式上与岩刻画截然不同，极容易辨认；第三，绝大多数岩绘画人面像无外轮廓。按照构图方式的不同大致可将岩绘画人面像分为4个亚型，现分别予以介绍。

A 型

这一类型又可以称为"焦伊斯基"类型，共计43幅，约占整个岩绘画人面像总数的36.75%，全部位于中叶尼塞河地区，分别为焦伊斯基、昆杜苏克、小阿尔巴特和乌斯季—土巴4个岩画点。其中，焦伊斯基、昆杜苏克、小阿尔巴特3个岩画点位于泰加林的边缘地带，乌斯季—土巴岩画点则位于哈卡斯—米努辛斯克盆地的中心地区，属于森林—草原地带。

该类型岩画是由 H. B. 利奥季耶夫于 1976 年根据叶尼塞河左支流焦伊河河口地

区发现的岩画点而命名的①。其共同特征是：眼睛和嘴巴之间有水平线条，线条末端分叉；眼睛主要用圆圈表示，部分为呈倾斜状的椭圆形，少数用圆点表示，某些人面像的眼睛轮廓中还用圆点表示眼珠；嘴巴主要为短横或水平的椭圆形，此外，绝大多数人面像在其嘴角两侧都有一个角尖向外的锐角形图案，以括弧的形式将嘴巴包合在内；部分人面内还有一些附加纹饰，构图比较复杂，类似中国商周时期的"饕餮纹"。

虽然这些人面像有明显的区别，但是毫无疑问，它们之间存在着某种关联性，体现在作画技术、作画颜料、无轮廓、均有眼和口以及类似的内部结构等方面。由此，我们可以合理地推测这些岩画应该是同一种风格特征不同的发展阶段，且有证据表明与米努辛斯克盆地草原地带的人面造像传统有关。

必须指出的是，"焦伊斯基"类型在共同的特征之下，其内部差异性也非常明显，有必要作进一步划分，以便了解其不同形态的发展演变过程。但这只是基于其相对稳定的特征组合进行的大致划分，并非按照该类型人面像岩画所有的细节特征进行最大程度的精细化划分。因为人面像岩画属于艺术性创作，形态差异性很大，如果划分的类型过于精细，则很难从宏观上把握其总体特征，进而考察其发展演变过程。基于以上考虑，本书将"焦伊斯基"类型人面像岩画大致分为11个亚型。

Aa 型：该类型人面像岩画共计16幅，分布在焦伊斯基、昆杜苏克、小阿尔巴特和乌斯季—土巴4个岩画点（表3.1，1~16）。

其基本特点是：眼睛和嘴巴之间用横线分成上下两部分，横线两端均分叉（类似蛇吐出的信子）②，线条形式不一，或水平，或弯曲，数量从1根至数根不等。嘴巴均为椭圆形。5幅图嘴角无括弧（表3.1，1、4、5、7、8），其余都有括弧，将嘴部包合在内，其中一幅图嘴角左侧为括弧，右侧为呈倾斜状的椭圆（表3.1，2）。有8幅图像的眼睛为呈倾斜状的椭圆形（表3.1，2、3、7、8、11~13、15），其他几幅均为呈水平状的圆或椭圆。除两幅图像眼睛和嘴巴之间的横线呈向下弯曲状外（表

---

① Леонтьев Н. В. , *Наскальные рисунки Коровьего лога*（*К вопросу о периодизации антропоморфных изображений окуневской культуры*）. Известия Сибирского отделения АН СССР. Сер. общественных Наук. Вып. 3, №11, 1976.

② 若无特殊说明，分叉数目均为2个。

3.1，6、8），其他图像中的横线都为水平线。

有3幅图像面部分割线条末端的分叉数目达到3个：其中一幅图像仅有一端分3叉，其余分2叉（表3.1，12）；一幅图像保存状况较差，3根水平线条的左端完全剥落，从现存情况来看，2根线条右侧分3叉，1根线条右侧分2叉（表3.1，13）；还有一幅图像3根分割线两端的分叉数目均为3（表3.1，14）。另外两幅图像保存不好，剥落部分的线条分叉数目不清楚（表3.1，15、16）。而其他几幅图像虽然保存状况同样不好，但结合残留的痕迹以及依据图像的对称原则大致可以确定剥落的分叉数目同样为2（表3.1，5、7、8、10、11）。该类型人面像在额头位置无其他任何装饰。

Ab型：该类型共3幅图像，其中2幅位于昆杜苏克岩画点（表3.1，17、18），另一幅位于小阿尔巴特岩画点（表3.1，19）。

与Aa型相同，该型人面像同样在眼睛和嘴巴之间用两端分叉的水平线条将面部分为两部分，线条数目从1根至3根不等。此外，用呈倾斜状的椭圆（表3.1，17、18）或者点（表3.1，19）表示眼睛，用水平状的椭圆（表3.1，17、18）或者短横（表3.1，19）表示嘴巴，其中两幅图像嘴角两侧有呈锐角状的括弧（表3.1，17、19）。与Aa型不同的是，该型人面像在两眼之间有呈"✕"形的装饰线条，其中一幅图像的线条一端分叉并伸到眼睛上方（表3.1，19）。

Ac型：该类型人面像岩画共3幅，全部位于焦伊斯基岩画点（表3.1，20~22）。

与Ab型类似，该型人面像均用呈倾斜状的椭圆形表示眼睛，用水平椭圆表示嘴巴，嘴角两侧都有括弧；用1根两端分叉的水平线将面部分为上下两部分。此外，与前者类似，该类型人面像同样在额头部位有附加纹饰，但纹饰的种类有所不同。其中两幅图像高度类似，均在两眼之间有3根向上的竖线，中间一根垂直，左右两根分别向外倾斜（表3.1，20、21）。而另一幅图像则在额头上装饰有3个小圆圈（表3.1，22）。

Ad型：该类型人面像岩画共3幅，分布在焦伊斯基和昆杜苏克两个岩画点（表3.1，23~25）。

其基本特点是：在眼睛和嘴巴之间除了两端带分叉的水平线条外，还有部分线条在中间断开，并在断开处向上或向下弯曲。其中一幅图像的眼睛为呈倾斜状的椭圆形，嘴巴为水平椭圆形，嘴角两侧有锐角状的括弧；眼睛和嘴巴之间被 5 条水平线条分开，线条末端分叉；上下两根线条分别在中间断开，上面线条在断裂处向上弯曲，下面线条在断裂处向下弯曲（表3.1，23）。

另外 2 幅图非常相似，有椭圆或者圆形的眼睛和嘴巴，嘴巴两侧有锐角状的括弧；眼睛和嘴巴之间均被 4 根水平线条分开，最上边的水平线条在中间断开，并在断开处向上弯曲。这两幅图像均有部分残缺，其中一幅图像最下边水平线条的右侧部分残缺（表3.1，24），另一幅图像的嘴部以及右侧锐角状括弧因岩石剥落和颜料褪色而残缺（表3.1，25）。

Ae 型：该类型人面像共 2 幅，均位于小阿尔巴特岩画点（表3.1，26、27）。

该类型除了具有前述几个类型的一般特点外，同样在额头处有附加纹饰。2 幅图像均用两条略微向下弯曲的横线将面部分成上下两部分，横线两端分叉；上面横线靠近中间的部位从两眼之间伸出两根近似平行或对称的线条，其中一幅图像线条末端分 2 叉（表3.1，26），另一幅图像线条末端分 3 叉或 4 叉（表3.1，27）。

Af 型：该类型人面像共 4 幅，位于焦伊斯基和昆杜苏克岩画点（表3.1，28 ～ 31）。

这 4 幅人面像额头或者两眼上方也有装饰线条，但与上述几个类型不同，这些装饰线条并没有统一的特征。从某种意义上说，该型岩画是对其他额头或两眼上方有装饰线条类型的统称。

其中一幅图像用圆圈表示眼睛，用水平椭圆表示嘴巴，3 根两端分别分叉的水平线条从眼睛和嘴部之间将人面分成若干部分，眼眉上有类似眉毛的括弧，两个括弧在鼻梁处连成一条水平线（表3.1，28）。另一幅图像用倾斜的椭圆表示眼睛，用水平椭圆表示嘴巴，眼睛和嘴部之间被两条末端分叉的水平线条分开，眼睛上方分别有一个小括弧（表3.1，29）。而第三幅图像仅有一只眼睛，嘴巴和分割线的特征与第二幅图像类似，眼睛上方有一 "人" 字形的装饰线（表3.1，30）。第四幅图像用圆圈表示眼睛，用水平椭圆表示嘴巴，3 根两端分叉的水平线条从眼睛和嘴部之间将人面分成上下两部分，两眼之间有类似伸开双臂的人形图案，似某种头饰，嘴巴下面有类似胡须的图案（表3.1，31）。上述 4 幅图像的嘴角均有锐角状的括弧。

Ag 型：该类型人面像岩画共 2 幅，均位于昆杜苏克岩画点（表3.1，32、33）。不同之处在于，人面像在眼眶内用小圆窝表示眼珠。

Ah 型：该类型人面像岩画共 2 幅，位于小阿尔巴特和乌斯季—土巴 2 个岩画点（表 3.1，34、35）。

该类型人面像在双眼和嘴巴之间除了两端带分叉的水平直线外，还有其他类型的装饰线条。两幅图像均用呈倾斜状的椭圆形表示眼睛，用小圆点表示眼珠；用水平椭圆形表示嘴巴，嘴角两侧有括弧；眼睛和嘴巴之间有同心圆，同心圆的两侧分别有数目不等的一端带分叉的线条，线条将眼睛和嘴巴分开。两幅人面像均存在部分脱落和褪色的情况。

Ai 型：该类型人面像岩画共 4 幅，分布在昆杜苏克、小阿尔巴特和乌斯季—土巴 3 个岩画点（表 3.1，36 ~ 39）。

其基本特点是：眼睛和嘴巴之间无水平线条，而是呈弯曲状的线条，线条末端同样分叉。

其中一幅图的两只眼睛上方分别有一条向下弯曲的疑似眉毛的弧线，嘴巴有两个，嘴角两侧均有末端分叉的线条，构成括弧，眼睛和嘴巴之间被左右对称的各 3 条分别向外弯曲的弧线分成上下两部分，弧线末端分叉，两眼之间有一"十"字形交叉线，交叉线下部有一小短横（表3.1，37）。另一幅图与前者类似，嘴巴两侧也有末端分叉的线条，但是线条更短，眼睛和嘴巴之间同样被左右对称弯曲并且末端分叉的线条分成上下两部分，但左右线条各为 2 根（表 3.1，38）。还有一幅图在眼睛里刻画了眼珠，脸颊两侧各有 3 根基本对称的弧线，弧线一端分叉，其弯曲程度较前两幅图要小，一条多次分叉的线条从两眼之间向下一直连接到嘴巴上方，将整个面部从中间分开（表 3.1，36）。

另外一幅图像与前几幅不同，两眼之间各有两条末端分叉的弧线，从两眼的内侧向外伸到嘴角上方。此外，中间两根线条在眼睛的水平位置向上伸出一根末端呈钩状的线条，钩尖向内伸出（表 3.1，39）。

Aj 型：该类型人面像岩画共 2 幅，分别位于昆杜苏克和小阿尔巴特 2 个岩画点（表 3.1，40、41）。

其基本特点是：眼睛和嘴巴之间除了两端带分叉的水平线条外，还有其他类型的装饰线条。其中一幅图像用类似水珠状的圆圈表示眼睛，眼睛外侧带有向上伸出的曲线，看上去像蝌蚪，嘴巴用水平椭圆表示，嘴角两侧有带分叉的装饰线，与其他呈锐角状的括弧不同，眼睛和嘴巴之间有一水平线条，一端分2叉，一端分3叉，该水平线上方还有一曲线，曲线两端分别与眼睛下方相连（表3.1，40）。另一幅图像同样用圆圈或椭圆表示眼睛和嘴巴，但眼睛和嘴巴之间除了中间的水平线之外，上下还各有一条两端向内弯曲的曲线（表3.1，41）。

Ak 型：该类型人面像岩画共2幅，均位于小阿尔巴特岩画点（表3.1，42、43）。

其基本特点是：在眼睛和嘴巴之间无水平线条，而是代以其他类型的装饰线。其中一幅图像用圆点表示眼睛，用短横线表示嘴巴，面部中间被左右两根弧线分开，弧线在眼睛下方接近中间部位相交，并从两眼之间向外伸出，其上部末端分叉（表3.1，42）。另一幅图像用圆圈表示眼睛，短横线表示嘴巴，分别从两眼伸出一条弧线，将面部分成若干部分，弧线下部末端分成3叉（表3.1，43）。

B 型

这一类型又称为"卡门卡"类型，共计41幅，约占整个岩绘画人面像总数的35.04%。除了一幅图像位于中叶尼塞河地区的沙拉博利诺岩画点外（表3.1，49），其余全部位于下安加拉河地区。

与A型（"焦伊斯基"类型）一样，B型岩画同样无轮廓。其中一些人面像虽然保存部分轮廓残迹，但不能窥测其轮廓全貌，因此，同样将其归为无轮廓类型。不同之处在于，A型岩画具有共同的特征，即眼睛和嘴巴之间有末端分叉的线条，而B型岩画则很难归纳出某种统一的特征。因此，该类型岩画只是对下安加拉河地区无轮廓人面像岩画的统称。

但总体而言，B型岩画的典型形象具有如下特征：一般用圆圈表示眼睛，戴有头饰和胡须，头饰形式比较单一，多为头顶中间位置向上伸出一根垂直线条，线条顶端分叉；胡须的形式也比较接近，多为嘴巴下面向下伸出一些胡须状的线条（表3.1，59~84）。此外，还有部分岩画的风格与典型形象差异较大，但是具有类似的构成要素，如同样用圆圈表示眼睛，大多数用圆圈或者短横线表示嘴巴（表3.1，44~58）。实际上，不管是典型形象还是非典型形象，按照不同的构图方式又可以进一步分类，现将B型岩画分为6个亚型进行分别描述。

　　Ba 型：该类型人面像岩画共 5 幅，分别位于曼兹亚、伊瓦什金—克留齐、卡门卡、维杜姆斯基—贝克 4 个岩画点（表 3.1，44 ~ 48）。

　　其基本特点是：均用圆圈表示眼睛和嘴巴，眼睛上方均有眉毛或者轮廓残迹。其中 3 幅图像有不完整轮廓（表 3.1，44、45、47），轮廓均保留眼睛上方部分，其余部分因岩面剥落和颜料褪色已基本不见。其中一幅图像的轮廓比较明显，头顶正中间有一垂直向上伸出的线条（表 3.1，44）；另一幅图像只剩左眼上方和嘴角处还保留一些轮廓残迹（表 3.1，45）；还有一幅图像在眼睛上方有连续弧线，结合面部的其他轮廓残迹大致认定其为轮廓而非眉毛（表 3.1，47）。此外，还有两幅图像眼睛上方的弧线可能表示的是眉毛（表 3.1，46、48）。其中一幅图像眼睛上方分别有一条向下弯曲的水平括弧，眉毛特征明显（表 3.1，48）；而另一幅图像额头上为双层连续弧线，从外侧弧线的走向来看，似为眉毛而非脸部轮廓（表 3.1，46）。

　　Bb 型：该类型人面像岩画共 10 幅，分别位于沙拉博利诺、穆尔斯基、曼兹亚、伊瓦什金—克留齐 4 个岩画点（表 3.1，49 ~ 58）。

　　其基本特点是：均用圆圈表示眼睛，部分人面像无嘴巴，另一部分用短横线或者圆圈表示嘴巴。其中一幅图像在额头处有短竖线条的残迹，可能是某种头饰（表 3.1，49）；另一幅图像虽然目前只保留了两个圆圈状的眼睛，但面部和头上均有线条残迹（表 3.1，50）。两幅图像在两眼之间有线条（表 3.1，57、58），其中一幅图像两眼之间的线条为斜线，具体用途不清楚（表 3.1，57）；而另一幅图像两眼之间的线条为直线，应该是用来表示鼻子（表 3.1，58）。还有一幅图像需要注意，其在表示眼睛的两个圆圈中间偏右上方还有个圆圈，似表示第三只眼，有三只眼的人面像在奥库涅夫艺术中经常可以见到（表 3.1，53）。

　　Bc 型：该类型人面像岩画共 8 幅，分别位于卡门卡、穆尔斯基、维杜姆斯基—贝克 3 个岩画点（表 3.1，59 ~ 66）。

　　其基本特点是：均描绘出眼睛，额头处有树状头饰，无嘴巴。其中 5 幅图像的眼睛与树状头饰不相连（表 3.1，59 ~ 61、63、66），树状头饰保存状况较好，很容易分辨。有一幅图像仅在眼睛之间有竖线，头饰的树状特征不明显，额头处还有些颜料残迹，但通过复原可得出头饰的大致形状（表 3.1，60）。另外 3 幅图像的眼睛与树状头饰相连（表 3.1，62、64、65），其中一幅图像的眼睛用螺旋纹表示，螺旋纹的中心是一个圆圈（表3.1，65）；另外两幅图像形似"眼罩"（表3.1，62、64）。

Bd型：该类型人面像岩画共6幅，分别位于伊瓦什金—克留齐和卡门卡2个岩画点（表3.1，67~72）。

该类型人面像与Bc型比较类似，均在额头处有树状头饰，不同之处在于Bd型人面像有嘴巴。Bd型大部分图像眼睛用圆圈表示，但有一幅图像眼睛为同心圆（表3.1，67），而另一幅图像则刻画了眼珠（表3.1，71）。此外，还有一幅图像在眼睛上方分别有两个向上伸出的短线，似乎表示睫毛（表3.1，72）。绝大多数人面像用短线或者水平椭圆表示嘴巴，仅有一幅图像嘴巴呈矩形，矩形内部被垂直分成三等分，中间部分被一水平线条隔开，水平线条似乎表示嘴巴，矩形部分似乎另有含义（表3.1，71）。

Be型：该类型人面像岩画共4幅，分别位于伊瓦什金—克留齐和卡门卡2个岩画点（表3.1，73~76）。

其基本特点是：人面像均有胡须而无头饰。其中3幅图像的眼睛和嘴巴形态特征比较明显（表3.1，73~75），其中一幅图像的嘴巴用正方形表示，眼睛之间通过短弧线连在一起（表3.1，74）；另一幅图像的嘴巴用长方形表示，眼睛置于两个连在一起的半圆形内（表3.1，75）；第三幅图像则在眼眶里面用小圆点表示眼珠，与第一幅图像类似，眼眶通过短弧线相连，看起来像戴了一副眼镜，而嘴巴则用船形线条表示（表3.1，73）。除了上述3幅特征比较明显的图像外，还有一幅图像，其人面特征并不明显，只能大致区分出部分五官。该人面像在两个方框内用小圆点表示带眼珠的眼睛，方框表示嘴巴（表3.1，76）。所有图像均在下颌处用线条表示胡须。

Bf型：该类型人面像岩画共6幅，分别位于伊瓦什金—克留齐和卡门卡2个岩画点（表3.1，77~82）。

其基本特点是：人面像既有头饰又有胡须。这部分图像大多数用圆圈表示眼睛，方框表示嘴巴。头饰同样呈树状，仅有一幅图像头饰为竖线。但该幅图像头饰的上部分有明显剥落痕迹，根据该地区岩画点中其他类似图像分析，该幅图像在作画之初头饰应该也为树状（表3.1，82）。

其中3幅图像无轮廓（表3.1，77、79、82），另外3幅图像则在眼睛上方保留部分心形轮廓（表3.1，78、80、81），其中一幅甚至在脸颊处还保留其他部分轮廓的残迹（表3.1，81）。有两幅图像刻画了眼珠（表3.1，77、82），其中一幅图像的眼睛用三重同心圆表示（表3.1，82）。

Bg 型：该类型人面像岩画共 2 幅，均位于卡门卡岩画点（表3.1，83、84）。

其基本特点是：人面像刻画了牙齿。嘴巴均为不规则的矩形，嘴巴下方有胡须状的线条。其中一幅图像眼睛用小圆点表示（表3.1，83）；另一幅图像的眼睛用圆圈表示（表3.1，84）。总体而言，除眼睛和嘴巴外，这两幅图像的人面特征并不明显。

C 型

该类型实际上是对其他无轮廓人面像的统称，共计 19 幅，约占整个岩绘画人面像总数的 16.24%，在中叶尼塞河和下安加拉河地区均有分布。

前文已经指出，中叶尼塞河的彩绘类人面像岩画以"焦伊斯基"类型为代表，下安加拉河地区的彩绘类人面像岩画以"卡门卡"类型为代表。除此之外，在叶尼塞河流域还有一些无轮廓人面像岩画，这些岩画彼此之间差异很大，很难归入同一个群组中，如果分类过于零散，不仅无必要，而且不利于进一步深入分析，不利于从整体上把握该地区岩画的总体面貌。因此，本书将这些人面像岩画归入一类，并根据其具体特点进一步分为 6 个亚型。

Ca 型：该类型人面像岩画共 3 幅，均位于焦伊斯基岩画点（表3.1，85～87）。

其基本特点是：用圆或者椭圆表示眼睛和嘴巴，嘴巴旁边有向外弯曲的锐角状弧线。其中两幅图像仅在右侧嘴角处有括弧（表3.1，85、86），而另一幅图像在嘴巴两侧均有括弧（表3.1，87）。嘴角处有锐角状括弧是"焦伊斯基"类型人面像岩画的普遍特征。因此，从类型学上来说，该类型人面像岩画与"焦伊斯基"人面像岩画关系非常密切。

Cb 型：该类型人面像岩画共 5 幅，分别位于科伊、曼兹亚、画石 3 个岩画点（表3.1，88～92）。

其基本特点是：用圆点表示眼睛，用向上弯曲的弧线表示嘴巴，人面像呈微笑状。其中一幅图像的眼睛更类似于正方形（表3.1，91）。另有两幅图像描绘了眉毛，其中一幅人面像的眉毛呈"八"字形，并且用两个圆点表示鼻孔（表3.1，90）；另一幅图像的眉毛为连续弧线，从其在整个岩面中的位置来看，应该是眉毛而非脸部轮廓（表3.1，92）。

Cc型：该类型人面像岩画共6幅，分别位于乌斯季—土巴、小阿尔巴特、沙拉博利诺3个岩画点（表3.1，93～98）。

其基本特点是：在眼睛和嘴巴之间有一条水平线将面部分成上下两部分，并且所有线条在末端无任何分叉或者其他元素。

眼睛通常用圆形、椭圆形的点或圈表示，嘴巴则用水平短横、椭圆形或者半椭圆形表示。其中一幅图像的眼睛上方有两条可能用来表示眉毛的对称倾斜线条，嘴角两侧分别有一条向内弯曲的弧线（表3.1，95）。另一幅图像则用弧线表示眉毛，眉毛之间还有一条呈同样排列方式的弧线，嘴巴则用半椭圆形表示（表3.1，97）。此外，还有一幅图像上部分被一条斜线从两眼之间一分为二（表3.1，94），另一幅图像与其类似，同样在额头上有一条斜线，斜线下方正对着一个较大的圆点，可能用来表示第三只眼（表3.1，96）。

需要指出的是，小阿尔巴特岩画点的几幅人面像（表3.1，94～96、98）均位于岩面的中心部分，而且从岩晒的程度以及岩面本身的情况来看，年代似乎比该岩画点其余人面像要早。此外，有一幅人面像（表3.1，95）绘制在整个岩面唯一的突出部位上，这个突出部分的外形像一个人的头部。

Cd型：该类型人面像岩画共2幅，分别位于昆杜苏克和小阿尔巴特2个岩画点（表3.1，99、100）。

其基本特点是：用两个呈倾斜状的椭圆表示眼睛，用水平椭圆表示嘴巴。其中一幅图像面部被十字交叉线分为4个部分（表3.1，99）；另一幅图像在眼睛和嘴巴之间有两条水平横线，将人面分割成上下两部分（表3.1，100）。

Ce型：该类型人面像岩画共2幅，均位于焦伊斯基岩画点（表3.1，101、102）。

其基本特点是：除了用圆圈表示眼睛和嘴巴之外，还带有其他一些呈串状的圆圈。其中一幅图像在眼睛和嘴巴之间有一个椭圆，椭圆左右两侧分别有几根线条，其中一根线条末端分叉，且头上带有4个呈线状排列的圆圈，类似向外伸出的发辫（表3.1，101）。而另一幅图像则从嘴部向右上侧伸出一根线条，线条侧面又向外伸出几根线条，其中3根线条末端外接一小圆圈，一根线条末端分叉（表3.1，102）。

Cf型：该类型人面像岩画仅1幅，位于中叶尼塞河地区的沙拉博利诺岩画点

（表3.1，103）。

该类型也可以称为"人面鱼纹形"。其基本特点是：将人面与鱼的形象结合在一起，身体部分用线条表示，末端分叉表示鱼尾。用圆圈表示眼睛，小短横表示嘴巴，两个括弧分别从人面内部将眼睛包合在内；括弧上方分别有一小圆点，圆点上方分别有一基本垂直的稍微向两侧展开的直线；两条直线之间有两根平行线，平行线下端被一短横线连接起来。需要指出的是，用括弧从人面内部将眼睛包合在内的构图方式在奥库涅夫艺术中经常可见。

D 型

有轮廓型，共计14幅，约占整个岩绘画人面像总数的11.97%，在中叶尼塞河和下安加拉河地区均有分布。

与前3个类型不同，该类型人面像岩画均有轮廓。根据轮廓种类以及人面像头饰的不同可以进一步分为6个亚型。

Da 型：该类型人面像岩画仅1幅，位于中叶尼塞河地区的沙拉博利诺岩画点（表3.1，104）。

其基本特点是：图像用小圆点表示眼睛和嘴，并在轮廓外有伸出的若干长线条，其中两根线条与一个人像的脚结合在一起，初看上去，似乎该人像是从人面像岩画的头发中长出来的，而另外一根线条的末端挂了一条鱼。

Db 型：该类型人面像岩画共3幅，分别位于沙拉博利诺和卡门卡2个岩画点（表3.1，105 ~ 107）。

其基本特点是：人面像的头部戴有射线状头饰，看上去似乎是人与太阳的结合，神圣意味明显。

两幅图像有完整的脸部轮廓（表3.1，105、107）。其中一幅图像面部中空，中空部分呈"十"字形，轮廓外有一圈射线状头饰，头部下面似乎与肩部相连，整个头部包括射线被套在一个倒置的类似桃形的轮廓内，其下面两端分别与双肩相连接（表3.1，105）。另一幅图像有角状头饰，眼睛和嘴巴之间被两条水平线条分开，与Cc型人面像比较相似；额头上有一条呈半月形的弧线；人面像射线状头饰的外侧分别被一个线条封闭；并且刻画了身体部分（表3.1，107）。此外，还有一幅图像轮廓部分剥落，从仅存部分看，人面像应该有五官，头饰类似太阳芒线；整个头部被一条弧线笼罩，弧线一端分叉（表3.1，106）。

Dc 型：该类型人面像岩画共 5 幅，分别位于穆尔斯基、维杜姆斯基—贝克和画石 3 个岩画点（表3.1，108～112）。

该类型也可以称为"心形轮廓型"。其基本特点是：人面像轮廓均在两眼之间向内凹陷，使其看起来呈心形。除一幅图像外，其余均有头饰。无头饰图像轮廓下方有部分缺损（表3.1，108）。

其中一幅图像的头饰为直立状线条，从心形凹陷处向上伸出，人面像刻画了眼睛和嘴巴（表3.1，109）；另一幅图像头饰呈射线状，类似于太阳光芒，与 Db 类型比较相似（表3.1，110）；第三幅图像的头饰和人面像的关系不甚明确，可能本来连在一起，后来由于颜料消退或者岩面剥落而分开（表3.1，111）；第四幅图像的头饰为树枝状（表3.1，112）。

Dd 型：该类型人面像岩画仅一幅，位于中叶尼塞河的普洛斯库尔亚科娃岩画点（表3.1，113）。该幅图像实际上包含了 3 幅人面像，其中一幅人面像还带有身体。

其基本特点是：人面像戴有发辫类的头饰，从头顶处分别向两侧下方伸出。人面像均有眼睛和嘴巴，除一幅图像用圆圈表示嘴巴外，其他图像的眼睛和嘴巴均为圆点（表3.1，113b）。其中两幅人面像的脸部轮廓近似圆形（表3.1，113a、113c），另一幅轮廓为心形（表3.1，113b）。

De 型：该类型人面像岩画共 2 幅，均位于维杜姆斯基—贝克岩画点（表3.1，114、115）。

其基本特征是：人面像脸部轮廓为不规则的矩形，上宽下窄。均用圆点表示眼睛，短横表示嘴巴。其中一幅人面像两耳外侧分别伸出一只手臂，手掌均位于头部上方，但是手臂部分并未与人面直接相连（表3.1，114）。另一幅人面像刻画有两条"十"字形头饰，分别从头顶两侧斜向上伸出。此外，该幅人面像似乎还连着身体部分（表3.1，115）。

Df 型：该类型人面像岩画共 2 幅，分别位于维杜姆斯基—贝克和画石 2 个岩画点（表3.1，116、117）。

其基本特点是：人面像均戴有 3 根线条的头饰。其中一幅人面像用圆圈表示眼睛和嘴巴，人面像左上方被一晚期的人骑马图像打破（表3.1，116）；另一幅图像眼睛和嘴巴用圆点表示，面部用3根线条将眼睛和嘴巴分开，人面像下方还连有疑似表示身体的菱形图案（表3.1，117）。

　　此外，还有一些人面像岩画不能归入上述类型，并且其内部差异较大，不适合单独归类。但是，对于年代特征明显的部分人面像岩画，将在下文对其进行具体的年代分析。

表3.1　岩绘类人面像岩画①

续表 3.1

型	亚型	典型岩画
A	Ae	26　27
	Af	28　29　30　31
	Ag	32　33
	Ah	34　35
	Ai	36　37　38　39
	Aj	40　41
	Ak	42　43
B	Ba	44　45　46　47　48

续表 3.1

型	亚型	典型岩画
B	Bb	
	Bc	
	Bd	
	Be	
	Bf	

型	亚型	典型岩画
B	Bg	83　84
C	Ca	85　86　87
	Cb	88　89　90　91　92
	Cc	93　94　95　96　97　98
	Cd	99　100
	Ce	101　102
	Cf	103

续表 3.1

型	亚型	典型岩画
D	Da	104
	Db	105 106 107
	Dc	108 109 110 111 112
	Dd	a b c 113
	De	114 115
	Df	116 117

1、2、12、13、20~24、28、85~87、101、102. 焦伊斯基 3~5、7~9、17、18、25、29~33、37、40、100. 昆杜苏克 6、10、11、14、19、26、27、34、36、38、41~43、94~96、98、99. 小阿尔巴特 15、16、35、39、93. 乌斯季一土巴 44、45、54~56、92. 曼兹亚 46、51、67、71、74、75、77、78、82. 伊瓦什金一克留齐 47、60、61、65、68~70、72、73、76、79~81、83、84、106. 卡门卡 48、62~64、66、108、110、112、114、115、117. 维杜姆斯基一贝克 49、97、103~105、107. 沙拉博利诺 50、52、53、57~59、111. 穆尔斯基 88~90. 科伊 91、109、116. 画石 113. 普洛斯库尔亚科娃（1~43、49、85~90、93~105、107、113 位于中叶尼塞河地区；其余位于下安加拉河地区）

第二节 岩刻画分类情况及其特点

目前，根据各种文献资料的检索以及笔者实地调查的情况，整个叶尼塞河流域发现的岩刻画人面像共计 400 余幅，绝大多数采用敲凿法制作而成。但本书分析的人面像岩画仅 232 幅，这主要有以下两个方面的原因：第一，穆古尔—苏古尔类型的岩刻画人面像共计 300 余幅，但俄国学者仅刊登了部分图像；第二，格奥菲济克岩画有大量的无轮廓人面像，以及结构相同的有轮廓人面像，但本书只选取每个类型的部分图像进行分析。因此，待分析的岩刻画人面像数量远少于本地区岩刻画人面像的实际数量。但是必须指出，这些岩画的基本类型已经能够比较完整地概括该地区的总体情况，并不影响其分布规律的研究。该地区的岩刻画人面像大致可以分为 4 个类型，每个类型又分为若干亚型。现对其分类情况进行具体介绍。

A 型

无轮廓型，共计 32 幅，约占总数的 13.79%。其中几幅人面像有些轮廓残迹，但保存很差，看不清轮廓本来面貌，故同样将其归入无轮廓类型。该类型人面像岩画差别较大，可进一步划分为 6 个亚型。

Aa 型：该类型人面像岩画共 11 幅，全部位于上叶尼塞河地区。人面像构图比较简单，多数仅有眼睛和鼻子。眼睛用圆窝表示，鼻子用竖线表示，部分图像还敲凿出了嘴巴（表 3.2，6~8），另外一些图像有轮廓残迹（表 3.2，9~11）。

Ab 型：该类型人面像岩画共 9 幅，全部位于上叶尼塞河地区。该型人面像与 Aa 型类似，不同之处在于眼睛上方有表示眉毛的线条。除其中一幅图像眉毛为向上直立的线条外（表 3.2，20），其余人面像的眉毛均为水平弧形线条。另有两幅图像在嘴巴上方有胡须状的线条（表 3.2，12、17），这两幅图像高度类似，唯一不同的是，其中一幅图像的嘴巴为短横线（表 3.2，17），另一幅的嘴巴则是一个倒三角形（表 3.2，12）。

尤其值得注意的是，该类型岩画中有一幅图像在两只眼睛下方分别连着一根垂直线条（表 3.2，19），另一幅图像在眼睛下方分别有一个小圆点，可能均表示眼泪

（表3.2，15）。

Ac 型：该类型人面像岩画共 91 幅，但本书统计分析的仅为 6 幅，全部位于下安加拉河地区的格奥菲济克岩画点。该型人面像通常用很深的圆窝表示眼睛和嘴巴。但也有少数人面像仅有眼睛，而无嘴巴（表3.2，23）。另外，也有少部分人面像的嘴巴为短横线（表3.2，21、22）。

Ad 型：该类型人面像岩画共 2 幅，全部位于上叶尼塞河地区。人面像均用圆圈表示眼睛，在圆圈内用小圆窝表示眼珠。其中一幅图像用连续括弧表示眉毛，无鼻子，用括弧表示嘴巴，嘴巴下方似乎还有残留的轮廓痕迹（表3.2，27）；另一幅图像敲凿出了鼻子的轮廓，鼻子上方与眼睛内侧相连，用倒三角形表示嘴巴（表3.2，28）。

Ae 型：该类型人面像岩画共 3 幅，其中两幅位于上叶尼塞河地区（表3.2，29、30），另一幅则位于中叶尼塞河地区（表3.2，31）。这 3 幅图像差异性较大，但考虑到分类不宜过于零散，故将其放在一起进行研究。其中一幅图像仅有眼睛和眉毛，右侧眉毛上方留有轮廓残迹（表3.2，29）；另一幅图像用圆窝表示眼睛，短横线表示嘴巴，嘴巴上方有一向下弯曲的弧线，用来表示胡须（表3.2，30）；第三幅图像仅剩下眼睛和鼻子，其余部分已经漫漶不清（表3.2，31）。

Af 型：该类型人面像岩画仅一幅，位于中叶尼塞河地区的乌斯季—土巴岩画点。该幅人面像眼睛的圆形轮廓里用小圆窝表示眼珠，嘴巴用短横线表示，嘴巴外围有圆形轮廓。眼睛和嘴巴的圆形轮廓外分别围有一圈射线状线条，使其看起来像太阳（表3.2，32）。

B 型

有轮廓型。该类型人面像岩画以穆古尔—苏古尔岩画点最为典型，人面像数量最多，类型最为丰富，涵盖了该类型人面像岩画的各种形态，因此又可以称为"穆古尔—苏古尔"类型。其基本特点是人面像均有轮廓，多数在下颌处有一根短线，可能为参加某种仪式时所戴面具的把手。人面像普遍戴有头饰，头饰数量不一，头饰线条顶端通常有一个圆点。人面像轮廓多为类椭圆形（水珠形），少数为类圆形或者方形。此外，人面像造型普遍较奇特，部分人面像的面具特征非常明显，进一步证明人面像可能是用作仪式的面具。该类型人面像共计 160 幅，约占总数的 68.97%。现根据头饰的繁简程度等特征将其进一步划分为 13 个亚型。

Ba 型：该类型人面像岩画共 7 幅，分布在上叶尼塞河和中叶尼塞河地区。其基本特点是人面像均在头顶处有一向上伸出的线条，下方无类似"把手"的短线。其中 3 幅人面像在头顶线条的末端专门敲凿出一个圆窝（表3.2，34、35、37）；另外 3 幅图像因为风化剥落的原因保存较差，顶端是否有圆窝不清楚（表3.2，33、36、38）。此外，还有一幅图像头顶线条由两条平行线组合而成，末端有加工痕迹，只是圆窝不甚明显（表3.2，39）。

Bb 型：该类型人面像岩画共 9 幅，分布在上叶尼塞河和中叶尼塞河地区。其基本特点是人面像无头饰，下颌处有类似"把手"的装饰线。大多数装饰线仅剩下一小段，并且很细。但有两幅图像比较特殊。其中一幅图像嘴部上方有两道"八"字形的胡须，鼻子粗大，与眼眶底部相连，眼眶内用圆窝表示眼珠；两侧面颊处各有一个圆窝；下颌处的装饰线较粗，有可能表示胡须，与其他图像下颌处的线条含义可能不同（表3.2，40）。另一幅图像下颌处线条比较长，而且弯曲，看起来像风筝线，而非把手；额头处被一向下弯曲的弧线分开，似戴了顶帽子；眼内有眼珠，嘴巴用类椭圆形表示，嘴角向上弯曲，呈微笑状；两侧脸颊处分别有弧线状的纹饰；下颌处用剪影法处理，剪影面形状类似人的胡须，而人面像本身似乎是被人牵在手里而正在升空的风筝（表3.2，46）。与其类似的图像还有一幅，额头处被一向下弯曲的弧线分开，两侧脸颊同样分别有线条状的纹饰，不同的是，后者的线条呈水平而非弧状（表3.2，41）。此外，上叶尼塞河多戈—巴雷的 3 幅图像需要注意，其中两幅图像头顶两侧分别有一圆点，可能是头饰的残迹（表3.2，43、45），而另一幅图像的头饰残迹比较明显，因为中间处头饰剥落比较严重，不能看清其本来面貌，故放在一起研究（表3.2，44）。这 3 幅图像在同一块石板上，从制作技术、保存状况、岩画之间的相互关系来看，都应该是同一时期的作品，这表明人面像有无头饰，以及头饰的数量是否一致并不能成为划分其年代的依据。与其余人面像的椭圆形轮廓不同，其中一幅人面像的轮廓呈不规则的梯形，上宽下窄，头顶两侧向外呈锐角状凸起（表3.2，47）。

Bc 型：该类型人面像岩画共 23 幅，除一幅位于下安加拉河地区外（表3.2，69），其余全部位于上叶尼塞河地区。该类型人面像总体上与前两个类型相同，大多数轮廓呈椭圆形，少数呈圆形。不同之处在于，该类型人面像既在头顶处有一向上伸出的线条，同时在下颌处也有一根类似"把手"的线条。绝大多数人面像头顶处线条的顶端有一圆点。其中一幅心形轮廓人面像的顶端线条向左右两边分开，似植物发芽状；心形轮廓内被"十"字形线条分为4个部分，上面两个部分内分别有一个小圆窝用以表示人的眼睛（表3.2，69）。此外，其中两幅人面像被握在一个站立着的人手中，人的身上穿着羽毛状的衣服，头戴冠饰，面部有某种纹饰或者面具，形象类似古代的巫师（表3.2，70、71）。

Bd 型：该类型人面像岩画共6幅，全部位于上叶尼塞河地区。与 Bc 型相似，该类型人面像岩画同样在头顶处和下颌处分别有一根伸出的线条；此外，两个类型人面像的轮廓以及内部构图也非常相似。不同之处在于，该型人面像在耳朵处有装饰性的下垂线条。其中一幅图像耳朵处的装饰线看起来像耳环，两侧脸部下方另有一向外伸出的线条，与其他图像不同，该幅人面像的装饰线条均用轮廓的形式表现（表3.2，77），而其余人面像的装饰线均用剪影的形式表现（表3.2，72~76）。

上述几种类型人面像很可能是某种面具的象征，参加某种仪式的人们将其放置在脸部，这种面具在民族志材料中经常可见。因此，下颌处的线条很可能是某种把手，用以握住面具；而耳朵两侧的线条则可能用来将面具固定在人的面部。此外，某些图像本身的面具特征非常明显，即便不通过这种外在的线条符号也能很容易区分出。而前述的巫师手握面具的形象更进一步证明了这类人面像岩画作为面具使用的合理性（表3.2，70、71）。

Be 型：该类型人面像岩画共20幅，全部位于上叶尼塞河地区。其基本特点是头饰线条的数量均为3根。中间线条笔直向上伸出，末端普遍有一圆点；另两根线条从头顶两侧向上伸出，多数看起来呈牛角状，其中3幅图像两侧线条末端也有加工成圆点的痕迹（表3.2，82、86、91）。除其中一幅图像外，其他人面像均有完整轮廓，同时该幅图像还被晚期的山羊图像打破（表3.2，88）。而被晚期动物图像打破的人面像还有两幅。其中一幅人面像脸颊处被敲凿成弧形凹面，看起来像面具，刻画出了眼睛、嘴巴、鼻子以及眉毛等，两幅山羊图像分别打破人面像头饰部分和脸部轮廓下侧直至嘴巴部分。必须注意的是，这两幅山羊图像风格迥异，上面一幅图像较写实，羊的身体比较宽厚，通体敲凿成剪影形，羊角向后伸展，呈蹲卧状；下面一幅图像较抽象，羊的身体比较单薄，仅用线条表示，羊角向前伸展（表3.2，

96）。不同风格的山羊图像事实上代表了不同的作画人群和创作年代。另一幅人面像同样敲凿出了眼睛、嘴巴、鼻子以及眉毛等，总体上与前一幅图像比较类似，人面像左下侧同样被后期的一幅山羊图像打破。此处的山羊图像较写实，呈奔跑状（表3.2，97）。另外，有两幅人面像刻画了耳朵（表3.2，81、84），其中一幅图像的耳朵处戴有耳环类的装饰品（表3.2，81）。需要注意到，该类型人面像岩画的轮廓绝大多数为类椭圆形，但也有部分轮廓为类圆形（表3.2，87~91、94、95），轮廓形状的不同究竟是制作时的有意为之还是随性而为需进一步分析。

Bf型：该类型人面像岩画共24幅，全部位于上叶尼塞河地区。与Be型类似，该型人面像同样有3根线条组成的头饰，而不同之处在于，人面像下颌处还有类似"把手"的线条。多数图像的轮廓为类椭圆形，少数为圆形（表3.2，105、119、121），还有一幅图像的轮廓为近似的方形（表3.2，120）。该类型的头饰多数与Be型类似。在这里，有几幅图像需要格外注意。其中一幅图像头饰两侧线条与中间线条平行，线条末端分别外接圆形和方形轮廓，轮廓中间有一小凹穴，方框内小凹穴通过一根水平线条与方框右侧线条相连（表3.2，99）。另一幅图像眼睛下方有一水平线条，将脸部一分为二，这种特征的人面像在奥库涅夫艺术中多有发现（表3.2，104）。与其类似的还有一幅图像，脸部同样被水平线条分开，不同之处在于，该幅人面像敲凿出了鼻子部分，鼻子从额头一直延伸到嘴巴下面，将水平线条从中间打破（表3.2，110）。此外，还有一幅图像脸颊处带有括弧状纹饰，两眼分别被包合在括弧内，这同样是奥库涅夫艺术中经常遇到的一种艺术形式（表3.2，108）。需要注意的是，该幅人面像头饰的两侧线条与中间线条平行，两侧线条末端被敲凿出圆点。与其面部结构类似的图像还有一幅，同样在脸颊处带有括弧状纹饰，两眼分别被包合在括弧内，不同之处在于，眼睛带有轮廓，与面部括弧内侧连在一起，似戴了一副眼镜（表3.2，119）。虽然总体上有些差别，但该幅图像也可以看作是前者的变体，可以放在一个框架内进行讨论，进而分析其作画族群和年代。尤其值得注意的是，其中一幅图像头上的一根线条与一个巨大的手掌连在一起，而手掌的尺寸甚至超过了人面像，可能蕴含着某种特殊的宗教含义（表3.2，117）。

Bg型：该类型人面像岩画共14幅，全部分布在上叶尼塞河地区。其基本特点是人面像戴有线条数目不一的头饰，中间一根头饰上嵌套着一个圆圈，乍看上去，仿佛人的灵魂正从人的头顶位置向上飞升。其中两幅岩画类似某种面具（表 3.2，122、134），而另外一些图像则在面部有括弧状装饰线（表 3.2，123、125、126、132）。但括弧的具体位置也有区别，其中两幅图的括弧在面颊处（表 3.2，123、126），而另外两幅图像则用括弧从眼睛内侧将眼睛包合在内（表 3.2，125、132）。但必须注意到，一些人面像还具有其他类型的一些特征。如其中一幅图像的头饰呈树枝状，下颌处有"把手"状线条，这与 Bh 类型比较类似（表 3.2，125）；另一幅图像轮廓呈椭圆形，头顶和下颌处均有一垂直线条，与 Bc 类型非常相似（表 3.2，127）；还有一幅图像有耳饰，这是 Bd 类型的典型特征（表 3.2，135）。此外，该型人面像头饰两侧的线条多呈牛角状，这与 Be、Bf 的特征非常相似。

Bh 型：该类型人面像岩画共 7 幅，全部位于上叶尼塞河地区。其基本特点是人面像均戴有树枝状头饰。头饰数目不一，或 2 根，或 3 根，具体形态并不一致。3 根线条的头饰均为两侧线条呈树枝状，中间线条与头顶垂直，顶部有圆点（表 3.2，136 ~ 138、140）。这种划分方法只是就此类特征而言，实际上，部分图像面部有装饰线条，更类似某种面具（表 3.2，137、139），而另外部分图像无装饰线条，相较而言更为写实。此外，有一幅图像被晚期的牛形图像打破（表 3.2，141）。另外，部分图像在下颌处有"把手"类的线条（表 3.2，136 ~ 138、140、141），而这类图像头饰均为 3 根，除其中一幅图像因剥落而不太清楚之外（表 3.2，141），其余图像均在中间线条的顶部有圆点。还有一幅图像的头饰看起来像鹿角（表 3.2，142）。另外，从总体构图来看，其中两幅图像与其余几幅图像差别较大（表 3.2，139、142），表明其余图像之间可能存在着更强的关联性。

Bi 型：该类型人面像岩画共 14 幅，均位于上叶尼塞河地区。其主要特点是头饰线条不止 3 根。其中一幅图像原来有头饰，但由于风化剥落，头饰保存状况不佳，同样将其归入该类型岩画中（表 3.2，156）。人面像脸部轮廓大致可以分为椭圆形、圆形和方形。同前述类型一样，该型人面像也有部分在面部有括弧（表 3.2，143、147、151）。其中一幅图像与奥库涅夫艺术类似，用括弧从眼睛内侧将眼睛包合在内（表 3.2，151）；而两幅图像仅在脸颊处有一括弧，眼睛在括弧外侧，这一类型与奥库涅夫艺术差别较大（表 3.2，143、147）。另外，有几幅图像的头饰值得注意。其中一幅头饰中间线条的末端像一个发芽的植物（表 3.2，145）；另一幅图像在其中一根线条的末端带有一个刀形的图案（表3.2，153）；还有一幅图像中间线条的末端带有手形图案，而这种人面与手结合的图像前文已经述及（表3.2，155）。

Bj型：该类型人面像岩画共19幅，均位于上叶尼塞河地区。该型人面像岩画是根据图像的面部特征来划分。这些图像形态不一，但是均有一个共同点，即用剪影法将面部轮廓内的大部分磨去，仅留下眼睛或嘴巴等少量五官，看上去非常类似某种面具。因此，也可以称为"面具形"人面像岩画。其中一幅图像比较特殊，面部轮廓上半部分均被磨平，仅在下半部分轮廓中用一根短横线表示嘴巴。耳朵处分别有一根水平短线条，线条末端带有一个小圆环，小圆环下方还连着一个带圆心的小圆环，这种装饰类似某种耳环（表3.2，174）。

Bk型：该类型人面像岩画共5幅，位于上叶尼塞河和中叶尼塞河地区。该类型人面像岩画差别较大，很难归类，但其共同之处在于人面像头饰大致为2根。部分头饰的线条似乎并不止2根，更确切地说，是由两部分组成（表3.2，177、178）。需要注意的图像有两幅。其中一幅人面像轮廓为椭圆形（或水珠形），与前述的若干类型比较相似，区别在于其头饰的线条数目为2根，而这一特点在其他类型中没有发现（表3.2，179）。另一幅人面像的轮廓呈倒梯形，头顶两侧各有一下垂线条，这种类型的人面像在托姆河地区有较多发现，可能是从外部传来的作品（表3.2，180）。

Bl型：该类型人面像岩画仅有3幅，均位于上叶尼塞河地区。其最大的特点是人面像由若干图像组合而成。其中一幅图像是将两幅人面像上下倒置，并在中间用两个带圆点的方框串接起来，上下两幅人面像非常类似（表3.2，182）；而另一幅图像则是在一个人面像上再连接一个人面像，与前者不同，此处的两幅人面像风格并不一致，上面一幅人面像脸颊处各有一圆点，嘴巴和胡须均被鼻子线条打破，而下面一幅人面像眼睛和嘴巴之间有奥库涅夫艺术中经常存在的水平线条（表3.2，181）；此外，还有一幅图像也是由两幅人面像叠加组成，事实上这两幅岩画具有打破关系，上面一幅岩画属于早期作品（表3.2，183a），被下部一幅晚期人面像岩画打破（表3.2，183b），下部人面像又被更晚期的山羊图像打破（表3.2，183c）。

Bm型：该类型人面像岩画共9幅，2幅图像位于中叶尼塞河地区（表3.2，188、192），其余位于上叶尼塞河地区。该类型图像的基本特征是：人面像均无头饰，无

"把手"。少部分轮廓为近似圆形,多数为椭圆形。除一幅图像轮廓较完整外(表3.2,189),其余人面像轮廓均不完整。但部分不完整的轮廓可能是由于岩面剥落等原因造成,而另外一部分则可能是原本轮廓就不完整(表3.2,187)。该型人面像岩画轮廓上差异较大,但与其他类型人面像也存在着一些共性,表现在具有类似结构的眼睛、鼻子和嘴等方面,可能表明上述人面像岩画之间存在着某种关联性。

C 型

有轮廓型。该类型人面像岩画以伊兹里赫—塔斯岩画点最为典型,人面像数量最多,类型也最丰富,因此又可以称为"伊兹里赫—塔斯"类型。其基本特点是:人面像在面部轮廓处通常有括弧或者水平横线,某些情况下,两种特征同时存在(表3.2,202、203、205)。此外,部分人面像还有被射线环绕的头饰,以及心形结构的脸部轮廓。该类型人面像共计26幅,约占岩刻画总数的11.21%。现根据面部装饰线条及头饰特征将其进一步划分为6个亚型。

Ca型:该类型人面像岩画有9幅,除一幅图像位于上叶尼塞河地区外(表3.2,193),其余图像均位于中叶尼塞河地区。该类型也可称为"面带括弧型"。其基本特点是在人面像面部均有弧状线条,线条从两眼内侧向外伸出。其中4幅图像构图基本类似,并且位于同一岩画点,可能出自同一画师之手(表3.2,194~197)。还有一幅图像与前者基本类似,唯一不同的是轮廓外部有装饰线条,其中两根在头顶部位,另外在耳朵部位分别有2根线条(表3.2,201)。另外一幅图像是由两幅图像叠加而成,制作方式相同,唯一的区别是下面一幅图像的嘴上方有一弧线将其包住(表3.2,198、199)。此外,还有一幅图像的轮廓近似圆形,部分缺损,残留部分大约为原来的一半(表3.2,193)。而另外一幅图像无轮廓,并且刻画了眉毛部分(表3.2,200)。

Cb型:该类型人面像岩画仅有5幅,除一幅图像位于下安加拉河地区外(表3.2,204),其余图像均位于中叶尼塞河地区。该类型又可以称为"面部带横线型"。其主要特点是在人面像眼睛和嘴巴之间有水平线条,将人面像分成二或三部分。其中一幅图像面部有2根水平线条(表3.2,203),2根线条向外伸出,并在末端分叉,下面一根线条的中间部位有两个向上突出的三角形,用来表示鼻子。面部括弧向头顶外部伸出,分别与另外一根线条相交构成耳朵部分。头顶中间伸出一根线条,与一个括弧相连，线条中间连接有一个菱形图案，括弧线条可能表示冠饰或者用来悬挂人面像。

此外，其中一幅图像有3只眼，刻画了耳朵，并且戴有头饰，头顶中间的头饰呈柱状向上伸出（表3.2，202）。而另外一幅图像耳朵处有一水平短线，眼睛用短横表示，其上同样刻画了水平短横线用来表示眉毛，头上戴有头饰，而头饰本身也是一个人面形状，并刻画有眼睛（表3.2，204）。另外，必须注意到，部分人面像除了面部的水平横线之外，在轮廓上半部分还有从眼睛内侧向外伸出的括弧（表3.2，202、203、205），这种构图方式与Ca型类似，表明二者之间可能存在某种关联。

Cc型：该类型共3幅图像，全部位于下安加拉河的塔谢耶瓦河岩画点。该型人面像非常写实，而前面诸类型的人面像都具有某种奇幻色彩，类似某种面具或者其他想象中的形象。该型岩画构图类似，均为近似圆形的轮廓，眼睛闭合，有鼻子，嘴巴为向上的括弧。此外，有2幅图像刻画了耳朵（表3.2，207、209），而其中一幅图像看上去类似熟睡的婴儿，并且呈微笑状（表3.2，209）。另外，一幅人面像额头上有1个圆点，可能用来表示第三只眼睛（表3.2，208）。第三只眼的形象在奥库涅夫艺术，尤其是奥库涅夫早期艺术中经常可见。

Cd型：该类型共3幅图像，全部位于中叶尼塞河地区。该类型人面像可以称为"戴射线状头饰型"。其基本特征是人面像均戴有类似太阳光芒的射线状头饰，使整个人面像看上去似乎是人与太阳的结合，神圣意味明显。而这种戴射线状头饰的人面像在前述的彩绘类岩画中也有发现（表3.1，105～107）。其中两幅图像有完整的脸部轮廓（表3.2，210、212），另一幅图像下部轮廓缺失（表3.2，211）。有轮廓人面像中的一幅无五官，面部轮廓内空白，轮廓右下侧被一幅鹿的图像打破（表3.1，210）。另一幅图像有3只眼睛，面部带有括弧状线条，与Ca、Cb型均有类似之处，另外其身体部分是动物的躯体，类似《山海经》中对人面兽身形象的描述（表3.1，212）。而下部轮廓缺失的人面像仅剩眼睛，再无其他五官（表3.2，211）。

Ce型：该类型共2幅图像，全部位于中叶尼塞河地区。人面像均有轮廓，有3只眼，头饰线条数量为3根。其中一幅图像头饰类似角状物，面部带有括弧状线条，将两眼包合在内，人面像被一公牛图像从右下侧打破（表3.2，213）。另一幅图像眼睛和嘴巴分别被弯曲的线条包合在内，眼睛似鱼形，头饰中间线条向下深入到面部轮廓内，看起来像第三只眼（表3.2，214）。

Cf 型：该类型共 4 幅图像，除一幅图像位于下安加拉河地区外（表 3.2，218），其余位于中叶尼塞河地区。该类型人面像可以称为"水珠形眼睛轮廓型"，其基本特点是眼睛轮廓为水珠形。其中两幅图像的轮廓呈心形（表 3.2，217、218）。一幅图像用水珠形轮廓表示眼睛，无眼珠和嘴巴（表 3.2，218）；另一幅图像与前者基本类似，但刻画了眼珠和嘴巴，另外，该幅人面像的眼睛轮廓并非水珠形，而是将眼睛外侧的脸部敲凿成水珠状轮廓（表 3.2，217）。此外，还有两幅图像将水珠形的眼睛轮廓与底部相连，不同之处在于，其中一幅仅有眼睛轮廓（表 3.2，215），而另一幅还刻画了眼珠和嘴巴（表 3.2，216）。

D 型

有轮廓型。该类型人面像以格奥菲济克岩画点最为典型，数量也最多，因此又可以称为"格奥菲济克"类型。其基本特点是人面像用研磨而成的凹穴表示眼睛和嘴巴，但也有少部分人面像的嘴巴为短横线。人面像有圆形或双圆形轮廓，而有些轮廓在头顶处弯曲，看起来呈心形（表 3.2，225、227、228、230）。该类型岩画共计 14 幅，约占总数的 6.03%。但必须指出的是，格奥菲济克岩画实际数量比统计得多。另外，在笔者 2015 年赴俄罗斯调查期间也发现了部分该类型的岩画，但并未统计到本书中。总体而言，该类型人面像在整个叶尼塞河地区均有分布。根据组合情况的不同可以进一步划分为两个亚型。

Da 型：该类型人面像共 12 幅，在上述 3 个地区均有分布。凹穴是构成该型人面像的基本要素，人面像均有轮廓。其中一些人面像的轮廓在头顶部位内陷，使整个轮廓呈心形，而这部分人面像的轮廓不完整（表 3.2，225、227、228、230）。另外，还有一幅人面像与前者类似，轮廓不完整，不同之处在于，其轮廓为单圆形，且在上部断开，额头有表示第三只眼的圆点（表 3.2，223）。所有这些不完整轮廓人面像均为岩石风化剥落造成。除此之外，还有一幅人面像左下侧被一公牛图像打破（表 3.2，224）。

Db 型：该类型人面像共 2 幅，全部分布在格奥菲济克岩画点。人面像用较深的圆窝表示眼睛和嘴巴，外面用双重圆圈表示轮廓，总体上和 Da 型类似。这些图像和 Ac 型、Da 型人面像制作在同一块岩面上，制作方法相同，保存状况相当，构图也非常类似，应该属于同一时期的作品。

表 3.2　岩刻类人面像岩画①

型	亚型	典型岩画				
A	Aa					
	Ab					
	Ac					
	Ad					
	Ae					
	Af					

---

① 图片来源请参阅前文各岩画点介绍中引用的相关资料。

型	亚型	典型岩画
B	Ba	 33　34　35　36　37　38　39
	Bb	 40　41　42　43　44　45　46　47　48
	Bc	 49　50　51　52　53　54　55　56 57　58　59　60　61　62　63　70 64　65　66　67　68　69　71
	Bd	 72　73　74　75　76　77
	Be	 78　79　80　81　82　83　84　85 86　87　88　89　90　91 92　93　94　95　96　97

型	亚型	典型岩画
B	Bf	 98　99　100　101　102　103　104　105　106 107　108　109　110　111　112　113　114　115 116　117　118　119　120　121
	Bg	 122　123　124　125　126　127　128 130 129　131　132　133　134　135
	Bh	 136　137　138　139　140　141　142
	Bi	 143　144　145　146　147　148　149 150　151　152　153　154　155　156
	Bj	 157　158　159　160　161　162　163　164　165 166　167　168　169　170　171　172　173　174　175

型	亚型	典型岩画
B	Bk	176　177　178　179　180
	Bl	181　182　183
	Bm	184　185　186　187　188　189　190　191　192
C	Ca	193　194　195　196　197　198　199　200　201
	Cb	202　203　204　205　206
	Cc	207　208　209

续表 3.2

型	亚型	典型岩画
C	Cd	 210　　　211　　　212
	Ce	 213　　　214
	Cf	 215　　216　　217　　218
D	Da	 219　　220　　221　　222　　223　　224 225　　226　　227　　228　　229　　230
	Db	 231　　232

1、2、12、19、28、29、39～41、47、48、52、59～61、70、71、77、85、89、95～97、103、104、116、118、128、146、165、177～179、181～183、193. 阿尔德—莫扎加　3～5、7～11、13～18、20、27、30、33～36、42、46、50、51、53～57、62～68、72～76、78～84、86～88、91～94、98～102、105～107、109～115、117、119、120、122～127、129～135、137～140、143～145、147～151、155、157～164、166～175、184～186、189～191、219、220. 穆古尔—苏古尔　6、152～154. 阿拉加　21～26、225～232. 格奥菲济克　31、37、192、194～199、201、206、211、221. 伊兹里赫—塔斯　32、210、214、222. 乌斯季—土巴　38、43～45. 多戈—巴雷　49、58、90、121、136、141. 比日克提克—哈亚　69. 雷布诺耶　108、142. 莫扎加—科穆扎普　156、200. 乌斯季—费德罗夫卡　176. 山奇克　180、188、216、217. 奥格

拉赫特（萨满石）　187. 乌斯丘—莫扎加　202、205、223. 丘梁—塔克　203. 奥斯普　204. 阿普林石滩　207~209、218. 塔谢耶瓦　212、213、224. 巴拉—季格伊　215. 沙拉博利诺（21~26、69、204、207~209、218、225~232 位于下安加拉河地区；31、32、37、156、180、188、192、194~203、205、206、210~217、221~224 位于中叶尼塞河地区；其余均位于上叶尼塞河地区）

小　结

由此可见，叶尼塞河流域的人面像岩画数量众多，类型丰富，将其按照具体特征进行非常详尽的划分是很困难的，只能按照制作方式和风格特征粗略划分。而且这些分类仅仅是对某一种特征的类型学划分，有些人面像同时具有几种特征，很难将其准确归入某一个类型，因此，在具体讨论其年代时，需要综合考虑个别岩画的各种特征，进而综合分析。但类型学的划分依然非常必要，因为只有这样我们才能在把握人面像岩画基本特征的前提下分析各个类型的年代。

第四章　人面像岩画的年代

　　岩画断代是个世界性的难题，目前学术界使用的方法主要有直接断代法和间接断代法。由于直接断代法在具体的操作过程中还有不少困难，因此，学者们目前普遍采用的是间接断代法。关于这种方法，盖山林在总结前人断代经验的基础上，结合自己对岩画断代的实际体会，提出了岩画间接断代方法十条原则："1. 根据文献记载；2. 观察岩画的保存状况、风化程度；3. 研究刻痕和石垢颜色变化状况；4. 制作技法；5. 岩画的绘画风格；6. 岩画题材；7. 岩画的叠压关系；8. 比较研究；9. 岩画画面题字；10. 对画中动物种属的鉴定。"① 笔者在对叶尼塞河流域的人面像岩画年代进行分期断代时基本上也遵循这一思路。

第一节　西伯利亚地区岩画年代研究历史回顾

　　由于年代工作的重要性，俄国学者在不同时期都曾尝试着对西伯利亚地区的岩画进行断代和分期。А. П. 奥克拉德尼科夫将勒拿河上游的岩画划分为九期："第一期为塔尔玛的一个类似犀牛的巨大残片，它与希什基诺的马和野牛同属于猛犸象的时代；第二期为一幅巨大的、写实主义的红色鹿，年代为中石器时代或新石器时代早期；第三期为一队行进的鹿，属于新石器时代；第四期为头部涂红、通体磨光的麋鹿，年代为公元前 4 千纪或前 3 千纪初；第五期为用黑、红两色绘制的人像，被认为属于格拉兹科沃或奥库涅夫时期；第六期为刻制的人像、动物图像和符号，年代

---

① 　盖山林：《阴山岩画》，第 341～343 页。

为公元前 9 世纪之后；第七期为勒拿河上游一些常见的组合，年代为公元 6 ~ 9 世纪；第八期为马、骑士和狩猎场景，年代为 12 ~ 13 世纪；最后一期（第九期）包含了大量的历史文化信息，典型图像是通古斯鹿和通古斯民族服装，表明作者属于 17 ~ 18 世纪居住于此的通古斯人，此外，还包括装备有带穗的头盔和盔甲的战士、穿着彼得一世时期礼服大衣的士兵以及带有十字架和其他标志的教堂。"① 对于托姆河岩画，А. П. 奥克拉德尼科夫和 А. И. 马丁诺夫则认为是由 "居住在森林地带的史前猎人创作的，他们在新石器时代晚期、青铜时代和铁器时代居住在西伯利亚北部，最早的岩画创作于公元前 5 千纪，而最晚的则创作于公元 1 千纪"②。在《阿尔丹河流域的岩画》一书中他们又根据主题不同将阿尔丹河岩画分为 "公元前 4000 年至前 3000 年、公元前 2000 年至前 1000 年以及晚期岩画三个时期。第一期岩画图像主要是写实主义的驼鹿；第二期岩画中人的形象占据首要地位，野兽形象退居次位；第三期岩画中类人形和兽形图像均占据主要地位"③。根据同样的原则，А. И. 马金将贝加尔湖沿岸地区希什基诺岩画分为五期："第一期为旧石器时代，代表性的图像有 3 个（2 匹马和 1 头公牛）；第二期为新石器时代，这一期最多的图像是动物，此外还有一些人像，而最早的图像是一头鹿；第三期为青铜时代和早期铁器时代，代表性的图像是 8 只小船、5 个带角的舞人、头向后转的扁角鹿以及躯干被斜线和带状物割断的动物和人像等，岩画均用红色赭石绘制而成；第四期为库尔干时期，这一时期的岩画数量最多，图像主要是马、骑士、带旗帜的骑士、骆驼、驼鹿、狍、狼、鸟、人和骑马狩猎的场景；第五期为库尔干之后的时期，主要图像为骑士、概念化的动物、成群的人以及狩猎和游牧场景。"④

关于阿尔泰卡尔巴克—塔什岩画的年代，В. Д. 库巴列夫在 2001 年发表的《阿尔泰岩画和墓葬壁画中的萨满教主题》一文中，将其划分为四期："第一期为新石器时代（公元前 6000 ~ 前 4000 年），代表性图像是带有沟槽轮廓的鹿和驼鹿，某些图像的尺寸达到了 2 米 × 3 米；第二期为铜石并用时代至青铜时代（公元前 3000 ~ 前 1000 年），典型图像是女人（部分伴有野兽）、男性生殖器崇拜图像、手印、凹穴、双轮马车和驮载

---

① Окладников А. П., *Петроглифы Верхней Лены*，с. 120.

② Окладников А. П., Мартынов А. И., *Сокровища Томских Писаниц. Наскальные Рисунки Эпохи Неолита и Бронзы*，с. 250.

③ Окладников А. П., Мазин А. И., *Писаницы Бассейна Реки Алдан*，с. 33 – 76.

④ Мазин А. И., *Таежные Писаницы Приамурья*，с. 15 – 16.

的公牛、赶牲口的人、带有槌和矛的武士以及虚幻的猛兽和鹿等；第三期是斯基泰时期（公元前8～前3世纪），以斯基泰—西伯利亚野兽风格（山羊、狼—犬、猫科猛兽、鹿和马等）为主要特征；第四期为古突厥时期（公元7～10世纪），典型图像是用石墨画的猎鹿场景和古突厥文字的题词。"① 而在2011年出版的《卡尔巴克—塔什 I 岩画（俄罗斯阿尔泰）》一书中，他将卡尔巴克—塔什1号地点的岩画进一步分为六期："第一期为新石器时代（公元前4千纪下半期至公元前3千纪初），图像包括鹿、驼鹿、熊、野猪、蛇以及凹穴。第二期为铜石并用时代（公元前3千纪），图像多数是鹿，但是这些鹿通常围在一群人（持弓的猎人、戴有萨满头饰的女人、持手杖的"祭司"等）中间；还有数量不多的大型野牛和野马；而最为典型的图像为手臂上举，只有3根手指的正身女像。第三期为早期和发达青铜时代（公元前2千纪初期和中期），这一时期的图像在卡尔巴克—塔什地区最多，包括动物图像和人像，而动物图像中占主导地位的是公牛；此外还有外形奇幻的野兽图像以及鹿和山羊的混合图像；人像包括男人和女人，其中男人图像通常被公牛、鹿和山羊等动物图像所环绕。第四期为晚期青铜时代和早斯基泰时期（公元前1千纪），其中鹿图像与鹿石上鹿的风格类似，该时期的图像还包括带有马车夫的马拉双轮战车，而马车夫和马是发达青铜时代的二轮车辆岩画中所不具备的。斯基泰的动物图像与前期的图像也有所不同，是确定该时期岩画年代的主要依据。第五期是匈奴—萨尔马特时期（公元前2世纪至公元5世纪），这一时期的图像主要根据考古出土的遗址和墓葬中墙壁上刻画的图像来判断。第六期为古突厥时期（公元7～10世纪），该时期岩画的制作方法主要为雕刻，主要题材包括猎取鹿、山羊、野猪等动物场景。"②

伯查得·布伦特杰斯（Burchard Brentjes）认为："西伯利亚岩画主要可以分为北部的森林和南部的森林草原两个地区。北部居民选择驯鹿作为表达感情的主要题材，西部地区公元前2千纪占统治地位的图像是双轮战车，公元前1千纪占统治地位的是斯基泰风格的动物图像，随后岩画反映的是匈奴、突厥和蒙古等游牧民族的生活。"③ Л. Д. 恰达姆巴则将图瓦地区的岩画分为人面像、蘑菇状头颅的人像、战车和公牛等类型，而牛的图像根据风格特征以及身体和角的形状又可以划分为不同的类型，其

① Кубарев В. Д., *Шаманистские Сюжеты в Петроглифах и Погребальных Росписях Алтая*. Древности Алтая, 2001（6）.

② Кубарев В. Д., *Петроглифы Калбак－Таша I（Российский Алтай）*, с. 59－63.

③ Burchard Brentjes, *Rock Art in Russian Far East and in Siberia*, from http：//www. rupestre. net/tracce/？p＝2065.

年代历经铜石并用时代、青铜时代早期、青铜时代晚期直至斯基泰时期，并认为本地区的岩画主要是本地起源，且与中亚地区的岩画多有类似之处。尤其值得注意的是，作者将该地区的部分人面像岩画断为青铜时代早期（表4.1）[①]。而 E. A. 米克拉舍维奇根据风格分析法，并对比考古出土文物，将中叶尼塞河地区的人面像岩画分为石器时代、早期青铜时代、晚期青铜时代、早期铁器时代、塔加尔文化时期、塔施提克时期、中世纪早期以及民族志时期七个发展阶段。关于该地区的人面像岩画，作者同样认为其属于青铜时代早期（表4.2）[②]。

表4.1 图瓦地区主要岩画类型的年代序列

铜石并用时代至青铜时代早期 （米努辛斯克传统）	
青铜时代早期 （奥库涅夫传统）	
青铜时代晚期 瓦尔钦斯基风格(15) 切尔加克斯基风格(16) 恰伊拉克斯基风格(17)	

① Чадамба Л. Д. , *Сюжеты и Стили в Наскальном Искусстве Тувы*. Известия Российского Государственного Педагогического Университета им. Герцена А. И, 2008（74 – 1）.

② Миклашевич Е. А. , *Исследование Наскального Искусства Северной и Центральной Азии в1995 – 1999 гг*, с. 39 – 42.

续表 4.1

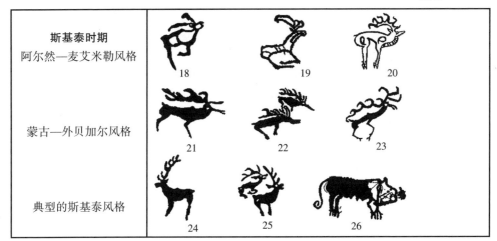

斯基泰时期 阿尔然—麦艾米勒风格	18	19	20
蒙古—外贝加尔风格	21	22	23
典型的斯基泰风格	24	25	26

表 4.2　中叶尼塞河地区的岩画年代序列表

民族志时期 哈卡斯岩画	
中世纪早期	
塔施提克文化	
早期铁器时代 塔加尔文化	

续表 4.2

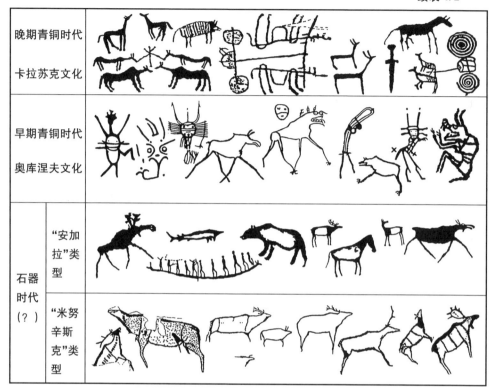

晚期青铜时代 卡拉苏克文化		
早期青铜时代 奥库涅夫文化		
石器 时代 （？）	"安加 拉"类 型	
	"米努 辛斯 克"类 型	

　　除了整体性的断代和分期，一些学者还围绕某一特定的主题或者按照叠压关系对部分岩画进行断代。M. A. 杰夫列特指出，"新石器时代和青铜时代人的形象在南西伯利亚和中亚地区的岩画中占有特别重要的地位"[①]；Ю. С. 胡佳科夫则对南西伯利亚和中亚的含有武士形象的岩画进行了考证，认为其 "分布范围涵盖米努辛斯克盆地、图瓦、阿尔泰、蒙古以及贝加尔湖沿岸地区，包含了马、马具、武士、武器以及其他元素，历经斯基泰时期、匈奴时期以及中世纪时期"[②]；А. Л. 扎伊卡将下安加拉河卡门卡岩画中具有树状突起、有胡须、无轮廓等一系列特征的人面像分别与

---

① Васильевский Р. С.（отв. ред.），*Наскальные Рисунки Евразии. Первобытное Искусство*，с. 29.

② Худяков Ю. С.，*Образ Воина в Наскальном Искусстве Южной Сибири и Центральной Азии*. В Васильевский Р. С.（отв. ред.），Антропоморфные Изображения. Первобытное Искусство. Новосибирск：Наука，1987，с. 181 – 189.

内蒙古新石器时代人面像岩画进行对比，认为二者非常类似①；M. A. 杰夫列特则将江西新干大洋洲墓葬出土的商代青铜双面神人头像与叶尼塞河萨彦岭峡谷穆古尔—苏古尔岩画点中刻画的青铜时代的祖先神像进行对比，认为二者很类似，这为探讨穆古尔—苏古尔类型人面像的原型提供了基础②；H. H. 季科夫将楚科奇佩格特梅利地区的岩画分为五组："第一组仅有鹿的形象而无人像；第二组为坐在小船上的猎人，无船桨，正用标枪或者鱼镖击打游泳的鹿，猎人用一个垂直的线条示意性地表示出来；第三组与第二组构图方式相同，只是坐在船上的猎人看起来更具象一些，并且除了投射器之外手里还握着一个双叶的桨；第四组着重对双叶桨进行刻画，桨被高举在猎人头顶上，还未从乘坐猎人的船上分离，猎人同样用示意性的线条表示出来，没有携带任何捕猎工具；第五组仅仅描绘了鹿和双叶桨，而不见船和猎人。其年代为公元前1千纪至公元1千纪中期"③；而 B. Д. 库巴列夫则将戈尔诺—阿尔泰自治区的卡拉科尔岩画按照叠压关系划分为三个时期，分别为："'狩猎者时期'，或者称'驼鹿时期'，即公元前4千纪至公元前3千纪中期，主要形象是驼鹿、驼鹿头部或者鹿头部的局部；'牧人时期'，或者称'人—太阳—公牛时期'，年代为公元前3千纪下半期，图像主要是侧面、独臂、偶尔有尾巴的人像，其头上戴有许多射线的'冠冕'或者有羽毛的帽子；第三个时期属于萨满时期，公元前3千纪末至前2千纪初，该时期的主题与上一时期相同，但技术和风格有所不同"④。A. Л. 扎伊卡则将下安加拉河地区的图像，主要是人面像划分为新石器时代、青铜时代早期、青铜时代晚期至铁器时代早期三个发展阶段（表4.3）⑤。

① Заика А. Л., *Личины в Наскальном Искусстве Нижней Ангары*. Археология，Этнография и Антропология Евразии，2012（1）.

② Дэвлет М. А., *Бронзовый Прототип Наскальных Изображений Личин – масокв Саянскомканьоне Енисея*. Социальные и Гуманитарные Науки，2013（1）.

③ Диков Н. Н., *Наскальные Загадки Древней Чукотки：Петроглифы Пегтымеля*，с. 30 – 32，47.

④ Кубарев В. Д., *Древние Росписи Каракола*. Новосибирск：Наука，1988，с. 94 – 102.

⑤ Заика А. Л., *Личины в Наскальном Искусстве Нижней Ангары*. Археология，Этнография и Антропология Евразии，2012（1）.

表4.3　下安加拉河地区人面像岩画的分期

这种基于形式风格的岩画断代和分期自然是探讨岩画年代的一个重要途径，但是必须看到，岩画作为特定人类文化活动的一部分，必定与特定人群的活动密切相关，也必定反映在相应的考古学文化中。因此，脱离具体的考古学文化来讨论岩画的年代及内涵都有较大的风险。基于这种认识，笔者拟在考古学文化分区的基础上，对人面像岩画的年代进行讨论。

第二节　叶尼塞河地区人面像岩画的年代

如前所述，叶尼塞河地区人面像岩画可以分为岩绘画和岩刻画两大系统，两个系统均可分为四个类型，每个类型下面又可划分若干亚型。现按照前文所述分类，根据出土文物和墓地石柱上刻画的形象来对该地区的岩画年代进行断定。一般来说，南西伯利亚地区的人面像岩画的断代主要基于奥库涅夫艺术，这一艺术的典型特征就是人面像，主要分布于墓地石柱或者石板上，少数出土于墓葬中。关于其年代，H. B. 利奥季耶夫指出："在米努辛斯克盆地的草原地带，有众多众所周知的带有类人面像的石柱，其年代被断在奥库涅夫文化时期。"① 虽然这些石柱或者石板从奥库涅夫文化时期到塔加尔时期被反复使用，部分人面像与更晚期（如塔加尔时期等）的墓葬共存，但是根据墓葬出土文物的类比，所有人面像都可以归入奥库涅夫文化时期。

一 岩绘画年代的断定

如前所述，岩绘画按照地域和类型的不同可分为四类，分别以中叶尼塞河的"焦伊斯基"（A 型）和下安加拉河的"卡门卡"（B 型）岩画为代表。对于不属于 A、B 类型的其余图像按照有无轮廓进一步分为 C、D 两类。一般来说，A 型岩画的主要特点是面部带有末端分叉的线条；而 B 型的主要特点是嘴部下方带有牙齿或者胡须状的装饰线条。除去这些典型特征外，部分岩画还表明不同地区之间可能发生了交流，为我们进行岩画年代的判定和研究符式的流变问题提供了较好的参考样本。此外，部分岩画虽然用敲凿或者磨刻的方法制成，但由于类型上与该地区的部分彩绘岩画比较类似，可以用相同的考古出土文物进行断代，因此放在一起讨论。另外，我们会将 A、B 的某些亚型进行重新组合，以利于根据相关考古学材料进行断代。下面分别对这四类人面像岩画的年代进行考证。

（一）A 型人面像岩画的年代

A 型人面像岩画虽然有 11 个亚型，但按照目前掌握的资料，我们只能对其中的若干亚型进行比较精确的断代，而其他类型的岩画年代只能进行大致的判断。

1. Aa 型人面像岩画的年代

Aa 型的主要特点是眼睛和嘴巴之间带有末端分叉的水平线条。实际上，Ab、Ac、Ae、Ag 四个亚型也可以归入此类，该类型也可以称为"典型的焦伊斯基"类型。关于这一类型，Н. В. 利奥季耶夫等人认为："焦伊斯基风格起源于经典的奥库涅夫艺术，是奥库涅夫艺术发展的最后一个阶段。"②

首先，这种带有末端分叉线条的人面像在奥库涅夫艺术中多有发现（图 4.1）。

---

① Леонтьев Н. В. ，*Кундусукские Росписи.* Советская Археология，1969（4）.

② Леонтьев Н. В. ，Капелько В. Ф. ，Есин Ю. Н. ，*Изваяния и Стелы Окуневской Культуры. c.* 21.

在哈卡斯共和国阿斯基兹区巴扎河（Река База）河口处发现了一块石板，在其正面用敲凿法制作了两幅人面像（图 4.1，1）①。上面一幅图像与 Ca 型非常相似（图4.1，1b）；而下面一幅图像用圆圈表示眼睛，无其他五官，眼睛下方有一末端分叉的水平线条，这是多数 A 型人面像岩画的典型特征（图 4.1，1a）。

在哈卡斯共和国阿斯基兹区巴扎兀鲁斯（Улус База）② 塔加尔墓地石围中的一个石柱上，用敲凿法制作了一幅无轮廓人面像（图 4.1，2）③。该幅图像与典型的"焦伊斯基"风格人面像相似（见表 3.1，1～11、32、33），而其中两幅图的构图方式基本与其完全相同（见表 3.1，32、33），其他图像除了无眼珠之外，剩余部分也基本相同。

此外，在阿斯基兹河左岸地区发现一块石板，在石板正面用敲凿法制作了一幅典型的"焦伊斯基"类型人面像，该人面像无轮廓，眼睛和嘴部之间有三条末端分叉的平行线，椭圆形的嘴部两侧各有一根带有分叉的线条，分叉将嘴部包合在内。人面像眼睛上部叠压着一幅类似公牛的图像（图 4.1，7）。

除了无轮廓的人面像之外，另有两幅有轮廓人面像的眼睛和嘴巴之间同样带有末端分叉的线条（图 4.1，4、5）。其中一幅图像位于哈卡斯共和国希林区的索列诺卓尔诺耶村（Село Соленоозёрное）的石柱上，石柱立于一处安德罗诺沃文化墓葬旁边。人面像有椭圆形轮廓，轮廓上侧围以太阳芒线状装饰线条，线条末端类似箭头；人面像有三只眼睛，眼睛之间用括弧分开，括弧下侧与一根水平线条相连；用小圆窝表示鼻孔，鼻孔与嘴巴之间有一末端分叉的水平横线（图 4.1，4）④。该幅图像同时具有奥库涅夫人面像两个方面的特点：第一，轮廓上部有太阳状射线，有 3 只眼睛（关于这一点，下文在分析相关类型人面像岩画年代时再具体说明）；第二，眼睛被括弧从内侧包合，眼睛和嘴巴之间有水平线条。这说明，"焦伊斯基"类型的某些元素可以追溯到奥库涅夫艺术的早期阶段。

---

① Леонтьев Н. В., Капелько В. Ф., Есин Ю. Н., *Изваяния и Стелы Окуневской Культуры*, с. 79, 111.

② 兀鲁斯是部分俄罗斯少数民族的行政区划单位，相当于俄罗斯的乡。

③ Леонтьев Н. В., Капелько В. Ф., Есин Ю. Н., *Изваяния и Стелы Окуневской Культуры*, с. 220.

④ Леонтьев Н. В., Капелько В. Ф., Есин Ю. Н., *Изваяния и Стелы Окуневской Культуры*, с. 92, 166.

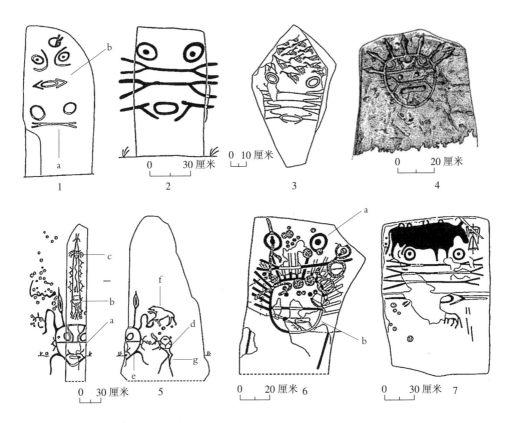

图 4.1　带有岩绘类 Aa 型人面像的奥库涅夫石柱（采自 Леонтьев Н. В., Капелько В. Ф., Есин Ю. Н., *Изваяния и Стелы Окуневской Культуры*）

　　另一幅图像位于哈卡斯共和国希林区白伊尤斯河左岸地区的扁平石柱上[①]。凹凸不平的顶部有一些塔施提克文化的纪念石。在较窄的一面自下而上敲凿了三幅人面像（图 4.1，5a ~ 5c）。下面的一幅图像最大，有轮廓，由于空间所限，左侧部分延伸到背面较宽的一面上，右侧部分缺失；眼睛之间用括弧分开，括弧下侧与一根水平线条相连，上侧与人面上部轮廓相连，水平线条与嘴巴之间有一末端分叉的水平横线（图 4.1，5a）。总体构图与上述索列诺卓尔诺耶村石柱上的人面类似（图 4.1，4）。人面像上方是一个柱状图像，图像顶部合拢，外侧两端各有一组弧形装饰线条，弧线外侧各带三根射线。柱状图像内部有两幅图像。下面一幅图像有轮廓，眼睛和嘴巴

<hr>

① Леонтьев Н. В., Капелько В. Ф., Есин Ю. Н., *Изваяния и Стелы Окуневской Культуры*, с. 102, 222.

之间有末端分叉的水平线条，人面像下方似制作出身体部分，但身体并未和人面相连（图4.1，5b）。上面一幅图像靠近柱状图像的顶部，眼睛内侧有括弧，轮廓两侧各有三或四根装饰线（图4.1，5c）。左侧宽面除了在下面制作出窄面人面像的延伸部分外，还有一些蛇类和凹穴类图像。右侧宽面大概有四幅图像，其中最大的一幅为残缺的人面像（图4.1，5e），风格与窄面底部人面像类似（图4.1，5a）。人面像右上方为一动物图像，动物舌头末端分叉，类似蛇吐出的"信子"（图4.1，5f），与A型人面像岩画的面部装饰线有异曲同工之妙。人面像右侧有两幅上下叠压的图像，其中一幅为动物图像，动物带有牛的角，两腿像人一样呈直立行走状，可能为一巫师（图4.1，5g）；一幅无轮廓人面像叠压其上，人面像嘴巴外套一不规则圆圈（图4.1，5d）。

目前，在奥库涅夫石柱和石板上发现的人面像脸部线条末端多分为两叉，但在其中一根石柱上也发现了三叉线条的人面像（图4.1，3）。该石柱位于哈卡斯共和国塔什德普区布特拉赫德兀鲁斯（Улус Бутрахты）。人面像用两个向上倾斜的双椭圆形表示眼睛，水平椭圆表示嘴巴，眼睛和嘴巴之间有三根末端分三叉的水平线条。与A型人面像岩画类似，该幅人面像嘴角处也有锐角状括弧，但括弧上侧线条的内端又各自向外伸出一根线条。人面像上方还有大约12幅鸟的图像。这种类型的人面像在A型人面像岩画中也有发现（表3.1，12～16），不同之处在于，奥库涅夫石柱上的人面像线条末端均分三叉，而岩画中的人面像除了一幅均为三叉外（表3.1，14），其余多为两叉和三叉同时出现。另外，石柱人面像的分叉线条呈弯曲状，而人面像岩画中的线条更加笔直。无论如何，两幅图像的共性多于差异性，表明奥库涅夫艺术的确对A型人面像岩画的部分图像产生了影响。

另外，阿巴坎河流域发现的两幅重叠图像对于建立"焦伊斯基"类型和米努辛斯克盆地的奥库涅夫文化之间的关系也非常重要。图像位于别亚区塔巴特河的一个墓地石柱上（图4.1，6）[①]。先是用敲凿法制作出一幅带有轮廓的人面像，人面像的头部外围带有类似太阳芒线的图案，具有神圣的意味，眼睛和嘴之间有一横线，属于典型的奥库涅夫早期文化传统（图4.1，6b）。然后，在其上部敲凿出一幅无轮廓

---

① Леонтьев Н. В., Капелько В. Ф., Есин Ю. Н., *Изваяния и Стелы Окуневской Культуры*, с. 204, 224.

人面像，人面像仅有用椭圆形表示的双眼，眼内有眼珠，双眼下有一根两端分叉的横线条（图 4.1，6a）。显而易见，这是一个典型的"焦伊斯基"类型人面像覆盖在奥库涅夫文化早期人面像上的例子。

需要指出的是，2009 年在乌伊巴特—恰尔科夫 1 号墓地 6 号墓葬的石板上发现了两幅人面像，其中一幅人面像与该类型岩画比较相似，并且同样为红色颜料绘制而成（图 4.12，8a、8b）。墓葬年代为奥库涅夫文化早期，Ю. Н. 叶欣据此将此类型（Aa 型）人面像岩画断为奥库涅夫文化早期阶段，并且认为"焦伊斯基"类型岩画是按照奥库涅夫文化早期的艺术形式制作而成①。而从以上的分析来看，"焦伊斯基"类型岩画年代要更晚一些，将其断在奥库涅夫文化中期之后比较合适。关于这一点，我们将在下文中进一步论述。

通过以上分析，我们可以得出如下结论：A 型人面像岩画中面部带末端分叉水平线条的各个类型（Aa～Ah、Aj）都可归入奥库涅夫文化，并且晚于奥库涅夫的早期类型。奥库涅夫文化早期的年代大概在公元前 2500～前 2000 年，因此，上述类型岩画年代约为公元前 2000～前 1300 年。

2. Ai 型人面像岩画的年代

在乌斯季—阿巴坎地区的尤尔河流域发现了一根石柱，该石柱位于塔加尔时期的墓葬石围中。石柱上用研磨法制作了两幅人面像，上面一幅人面像无轮廓，具有焦伊斯基人面像的部分特征，面部装饰有括弧状线条，眼睛和嘴巴之间有水平横线；从眼睛内侧伸出两条一端分叉的线条，而另一端则与位于眼睛和嘴部中间的水平线条相连；用椭圆形表示嘴巴，嘴巴两端带有锐角状括弧（图 4.2，3a）。这种构图方式与 Ai 型岩画非常类似（见表 3.1，36、39），虽然其中一幅的括弧是从眼睛内侧伸出（见表 3.1，39），与石柱上的人面像稍有不同，但相似点也很明显。Ai 型人面像的构图虽然略有差异，但也大致可以进行类比（见表 3.1，37、38）。由于保存状况不好，石柱上的人面像所有面部装饰线条两端均剥落，不清楚末端是否分叉（图 4.2，3a）。但从该地区发现的其他类似图像来看，在作画之初，线条两端应该均分叉（图 4.2，1、2、4～8）。尤其值得注意的是，该幅人面像的部分线条有红色颜料

① Есин Ю. Н., *Малоарбатская Писаница：Изображения Эпохи Бронзы Археология.* Этнография и Антропология Евразии，2012（3）.

的残迹，可以想象，在作画之初，该图像是先研磨，再涂色的，由于年代过于久远，颜料大部分剥落或者褪色。而我们知道，"焦伊斯基"类型岩画是用红色颜料绘制而成，这更证明了两者之间存在着某种联系。此外，该幅人面像下方还制作有一幅典型的奥库涅夫人面像，人面像有轮廓，三只眼，面部有两条括弧，括弧下方与水平横线相连，类似的图像在奥库涅夫艺术中经常可见，属于奥库涅夫文化早期的艺术形式（图4.2，3b）。两幅图像大小相当，排列紧凑，在作画之初可能就考虑到了空间安排问题，这也表明上下两幅岩画应属于同一时代作品，也进一步证明了"焦伊斯基"类型岩画与奥库涅夫文化关系密切，并且可能属于奥库涅夫文化影响下的艺术再创作。

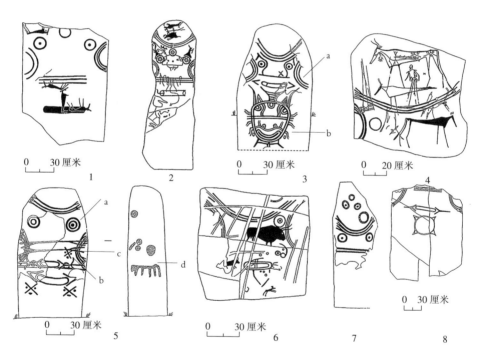

图4.2　带有岩绘类 Ai 型人面像的奥库涅夫石柱（采自 Леонтьев Н. В.，Капелько В. Ф.，Есин Ю. Н.，*Изваяния и Стелы Окуневской Культуры*）

另外一幅图像需要引起我们的格外注意，其由五幅图像叠压而成（图4.2，5）。其中三幅图像较小，无轮廓，面部带有"十"字形交叉线。其中一幅带有"十"字形交叉线的人面像（图4.2，5b）叠压在一幅典型的"焦伊斯基"类型人面像上（图4.2，5c），后者要晚于奥库涅夫早期阶段，可能属于奥库涅夫中晚期阶段，而叠压其上的面部带有"十"字形交叉线的人面像年代则更晚，可能属于奥库涅夫晚期阶段。另外，据笔者在波尔塔科夫村对该石柱上人面像的近距离观察，石柱（更确切地说，应称之为"石板"）上方制作有两幅图像，由于岩石剥落，两幅图像的左侧部分均脱落严重（图4.2，5a、5c）。其中一幅图像由上方的三条平行弧线、眼睛、面颊处的三条平行弧线以及下方嘴角带锐角状的括弧组成，面部括弧和嘴巴之间还有一水平横线（图4.2，5a）；另一幅图像利用了前幅图像的眼睛，眼睛和嘴巴之间有两条末端分叉的水平线条，嘴巴位于前幅图像嘴巴的上方，嘴角处同样有锐角状括弧，括弧外侧顶点处还连有一条水平横线（图4.2，5c）。我们注意到，第二幅图像（图4.2，5c）叠压在第一幅图像（图4.2，5a）之上，这样就存在 b 叠压 c 叠压 a 的关系。即便如此，我们也不能简单地认为 Ai 型岩画的年代就一定早于 Aa 型。这是因为：首先，上述图像（图4.2）中面带括弧的人面像与 Ai 型岩画差别较大；其次，面带括弧的图像从奥库涅夫文化早期直到晚期都存在。因此，笔者更倾向于认为 Ai 型与 Aa 型岩画年代大致相当，受到奥库涅夫文化不同艺术形式的影响创作而成。

综合以上分析，Ai 型岩画的年代，应与前述的 Aa 型岩画的年代相当，属于奥库涅夫繁荣期之后，即奥库涅夫中晚期的作品，约为公元前2000～前1300年。

3. Ak 型人面像岩画的年代

至于 Ak 型人面像，在别亚区阿巴坎河右岸也发现了一幅类似的图像，该图像位于塔加尔文化墓葬石围的一根石柱上（图4.3）①。该人面像无轮廓，用敲凿法制成，眼睛上方有眉毛，从两眼之间分别向嘴部外侧伸出一条下端分叉的线条，这种构图方式在 Ak 类型的人面像岩画中也有发现（见表3.1，42、43）。该石柱的具体年代不清楚，只能断定属于奥库涅夫文化时期，可能与其他类型年代大致相当。

至于其他亚型的年代，应该大致也在这一时期，所有 A 型岩画可能是属于同一时期的作品。

根据以上分析，我们大致可以得出如下结论：A 型人面像岩画与奥库涅夫艺术密切相关，属于奥库涅夫文化中晚期的作品，可以进一步认为，该类型人面像是奥库涅夫文

① Леонтьев Н. В., Капелько В. Ф., Есин Ю. Н., *Изваяния и Стелы Окуневской Культуры.* c. 102.

图4.3 带有岩绘类 Ak 型人面像的奥库涅夫石柱（采自 Леонтьев Н. В.，
Капелько В. Ф.，Есин Ю. Н.，*Изваяния и Стелы Окуневской
Культуры*. с. 223）

化在森林地带与当地文化结合后的艺术再创作，其年代为公元前2000～前1300年。

（二）B 型人面像岩画的年代

岩绘类人面像岩画中的 B 型以卡门卡地点的人面像最为典型，故该类型岩画又可以称为"卡门卡"型。"卡门卡"型岩画只是对下安加拉河地区红色涂绘类岩画的一个统称，虽然将之归入一个大类，但其内部结构差异很大，只能根据某些考古出土材料对部分岩画进行近似断代。另外，应当注意到，B 型岩画的各个亚型在作画方式、岩画风格、保存状况等方面都有很大的相似性，而且不同亚型的岩画经常会出现在同一幅画面中，或者在一个较短的时期先后出现在同一幅画面上，表明它们是属于同一时代的作品。

俄罗斯岩画专家 А. Л. 扎伊卡对该地区的人面像岩画有专门研究，根据其研究成果，"卡门卡"类型的人面像岩画可以断为"新石器时代（公元前4000～前3000年）、青铜时代早期（公元前2000年上半期）、青铜时代晚期至铁器时代三个发展阶段"[1]；随后，作者进一步指出："下安加拉河地区绝大多数戴有面具的类人型图像和单独的人面像都可以归为公元前3千纪末至公元前2千纪初，并且是西伯利亚岩画中

---

[1] Заика А. Л.，*В Наскальном Искусстве Нижней Ангары*. Археология，Этнография и АнтропологияЕвразии，2012（1）.

奥库涅夫艺术传统扩散的北部边缘地带。"① 其使用的断代方法主要包括参考岩画的保存状况、与其他考古学资料进行比较以及风格比较法等。总体来说，在还不能对岩画进行直接断代的情况下，А. Л. 扎伊卡采用的综合比较法是较为可靠的断代方法，但在具体岩画的年代上，笔者的观点和作者略有不同，关于这一点将在下文中详述。

必须指出的是，与"焦伊斯基"类型不同，由于缺乏具有典型特征的可供比较的材料，А. Л. 扎伊卡对该类型岩画年代的断定还只是一个初步结果。尤其部分人面像岩画的断代依据是将其伴生图像与其他地区有确切年代的类似图像进行比较，而不是对人面像岩画本身进行比较，这只能视为一种间接证据，说服力不是很强。因为同一幅画面中出现的人面像与其他图像的年代并不一定相同，因此伴生图像年代的相近并不意味着该幅人面像岩画的年代也相近。故本书断代主要依据的是人面像本身的比较，伴生图像则作为次要的比较因子。

B 型人面像岩画与 A 型相比虽然有着较大的差异，但两者之间也具有某些共性，例如，都用红色颜料绘制在泰加林地带河流旁边的山岩上；所有人面像均无轮廓。从整个叶尼塞河流域人面像岩画的类型特点来看，下安加拉河地区人面像岩画的类型尤其多样，这与其地理位置紧密相关。该地区既位于东、西西伯利亚的交界处，又位于叶尼塞河中游和下游的接合部，水陆交通非常方便，这就决定了其很容易受到周边文化的影响。此外，与以"穆古尔—苏古尔"类型为代表的具有面具化特征的岩刻画不同，"卡门卡"类型人面像岩画绝大多数显示出浓厚的装饰性特点，图案化特征比较明显。从这方面来看，其与中叶尼塞河的"焦伊斯基"类型比较相似；同时，与中国红山文化玉器的某些图像也比较相似，因此，中国北方新石器时代各种面具及纹饰可以为其年代断定提供部分参考。

1. Ba、Bb 型人面像岩画的年代

关于 Ba 和 Bb 型人面像岩画的年代，А. Л. 扎伊卡最初将同一幅画面出现的图像

① Заика А. Л. , *В Наскальном Искусстве Нижней Ангары*. Археология, Этнография и АнтропологияЕвразии, 2012（1）.

断为一个时代①，即 Ba、Bb 和其他亚型的人面像岩画只要出现在同一幅画面中，就大致认为其年代相当。后来，根据岩画的层位关系、绘制技术和保存状况，作者又进一步对同一组画面出现的部分图像年代进行了区分，将 Ba 和 Bb 两类人面像岩画年代断为新石器时代至青铜时代早期，即公元前 4000～前 3000 年，而其他亚型的年代要晚得多（见表 4.3）。

　　这种判断岩画年代的方法无疑是比较合理的。但是必须注意到，岩画年代的判定是项非常复杂的工作，即便如此，还是会存在一些错漏的风险。原因主要有以下几点：首先，该地区不同类型的人面像岩画之间很少存在叠压关系，因此靠叠压关系解决不了绝大多数岩画的年代，且叠压关系只能表明相对年代的早晚，很难弄清楚岩画本身的具体年代；其次，根据岩画的保存状况以及绘制技术区分岩画的年代也并非完全可靠，就笔者长期在广西左江流域开展的岩画调查工作来看，岩画的保存状况与岩面的朝向，岩石本身的开裂剥落、裂隙渗水、微生物病害以及使用的黏合剂类型等很多因素有关，保存状况差的岩画不一定年代更早，而作画技术用于岩刻画的断代有一定依据，但用于岩绘画的断代则可靠性较差。因此，在考古学文化分析的基础上利用出土文物来进行比较仍然是较为可靠的一种方法。

　　我们注意到，Ba、Bb 型虽然细节上有所不同，如前者普遍有不完整的轮廓或者眉毛类装饰性线条，而后者并不具备，但二者之间的共性也很明显，如人面像岩画均用圆圈表示眼睛，多数人面像用圆圈表示嘴巴，少数用短横线表示嘴巴，或者无嘴巴（图 4.4，1～15）。与其类似的还有 Cb 型，虽然后者用圆点表示眼睛，但总体构图是一致的，因此，可以放在一起进行断代（图 4.4，16～20）。

　　先看眼睛和嘴巴均用圆圈表示的第一类人面像，类似的图像在米努辛斯克盆地克孜拉斯（Кызлас）地区的墓地石柱上也有发现②，整个人面像仅有三个表示眼睛和嘴巴的圆窝，被认为属于奥库涅夫时期（图 4.5，1）。我们注意到，该幅人面像与

---

① Заика А. Л., *Личины Нижней Ангары（Результаты Стилистического Анализа）*. В География на Службе Науки, Практики, Образования: Материалы VII Научно - практической и Методической Конференции, Посвященной 100 - летию Красноярского Отдела РГО. Красноярск: Красноярский Государственный Педагогический Университет, 2001, с. 48 –52.

② Есин Ю. Н., *Проблемы Выделения Изображений Афанасьевской Кульуры в Наскальном Минусинской Котловины*. В Степанова Н. Ф., Поляков А. В.（отв. ред.）, Афанасьевский Сборник. с. 62.

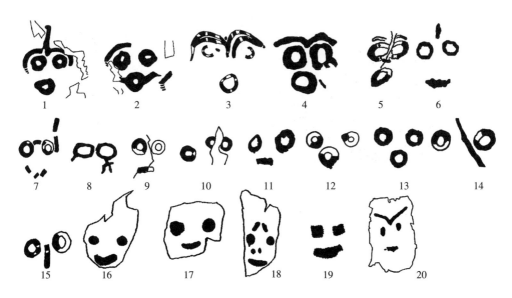

图4.4　岩绘类 Ba、Bb 和 Cb 型人面像岩画（图片来源见表3.1）

1、2、11~13、20. 曼兹亚　3、8. 伊瓦什金—克留齐　4. 卡门卡　5. 维杜姆斯基—贝克　6. 沙拉博利诺　7、9、10、14、15. 穆尔斯基　16~18. 科伊　19. 画石（1~5 为 Ba 型；6~15 为 Bb 型；16~20 为 Cb 型）

某种炊具图像组合出现。Ю. Н. 叶欣认为这种器物是香炉，人面像的年代属于奥库涅夫文化早期[①]。类似的组合图像在哈卡斯共和国乌斯特—阿巴坎区乌伊巴特5号墓地的一块石板上也有发现（图4.5，3）。此外，该石柱上还刻画了其他人面像和人像，但是没有打破关系，只能推测其年代在奥库涅夫时期。

　　在西西伯利亚托姆河下游青铜时代的萨穆希文化陶器上也发现了一些类似的人面像，人面像仅用3个圆窝表示眼睛和嘴巴（图4.5，8）[②]。关于萨穆希文化，目前还没有用自然科学的方法做过断代，学者们将属于该文化的出土器物及其文化特征等与周边地区已知年代的考古学文化进行比较得出了不同的结论："科萨列夫认为其年代属于公元前 16 或前 15 世纪至前 13 世纪；马罗金等人则认为应属于公元前 2 千纪中期至前 13 或前 12 世纪；В. И. 马久欣科是最早研究其年代的，观点也不断变化，目前认为其年代应当属于公元前 15 至前 12 世纪；而季柳辛则认为属于公元前 16 或

① 　Есин Ю. Н., *Проблемы Выделения Изображений Афанасьевской Кульуры в Наскальном Минусинской Котловины*, с. 62.

② 　Матющенко В. И., *Об Антропоморфных Изображениях на Глиняных Сосудах из Поселения Самусь IV. Советская Археология*，1961（4）.

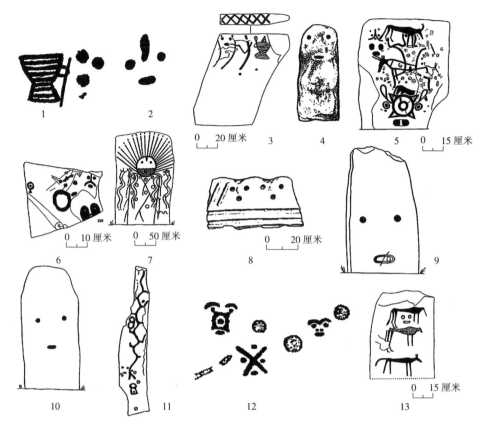

图 4.5　西伯利亚古代艺术中的岩绘类 Ba、Bb 和 Cb 型人面像①

1~7、9~13. 奥库涅夫石柱　8. 萨穆希文化陶器

前 15 世纪至前 13 或前 12 世纪。"② 虽然对其具体年代还存在某些争议，但学者们基本上都认可其年代范围大致在公元前 2 千纪中期至公元前 13 或前 12 世纪之间。

　　至于第二类，用圆圈表示眼睛，用短横线表示嘴巴的图像在奥库涅夫文化中也有发现（图 4.5，2~7、9~13）。其中两幅图像分别位于两个不同的塔加尔文化墓地的石围中，构图类似，并且均与其他人面像共存，可能是该类型图像处于繁荣阶段的作品（图 4.5，5、6）③。另一幅图像位于乌伊巴特 3 号墓葬的石围中，眼睛和嘴巴

---

①　1~7、9~13 采自 Леонтьев Н. В.，Капелько В. Ф.，Есин Ю. Н.，*Изваяния и Стелы Окуневской Культуры*；8 采自 Матющенко В. И.，*Об Антропоморфных Изображениях на Глиняных Сосудах из Поселения Самусь IV. Советская Археология*，1961（4）.

②　Есин Ю. Н.，*Древнее Искусство Сибири：Самусьская Культура*，с. 25–26.

③　Есин Ю. Н.，*Древнее Искусство Сибири：Самусьская Культура*，с. 197，203.

都刻在石柱的上部，头部轮廓和人像的身体同样被刻画出，这种构图风格具有典型的奥库涅夫早期的艺术特征（图4.5，4）①。

而额头处两眼之间有一短竖线的图像在奥库涅夫文化中也可见到（图4.5，2、7）。其中一幅图像位于奥恩哈科夫兀鲁斯（Онхаков）的一处塔加尔墓地中，在米努辛斯克首府阿巴坎市西北1千米处，该图像是一幅戴有射线状头饰的人像，属于典型的奥库涅夫早期艺术风格（图4.5，7）②。而眼睛上方有眉毛状装饰线条的图像在上述地区也有发现（图4.5，12），位于阿斯基兹区的叶欣诺9号墓葬的石柱上刻画了几幅人面像，其中两幅人面像在眼睛上方有眉毛状装饰线条，该墓葬属于塔加尔文化时期，石柱作为墓地石围的构件使用③。

此外，还有几幅图像也具有类似特征，但其年代特征不明显，很难直接判断属于什么时代，只能笼统地归入奥库涅夫文化中（图4.5，9～11、13）。

关于上述第二类岩画，А.Л.扎伊卡将其断在新石器时代和青铜时代早期，年代分别为公元前4000～前3000年和公元前2千纪上半期（见表4.3，2～4、9、11～13）。

А.Л.扎伊卡列入新石器时代的岩画主要包括两类：一是仅用杯状凹穴来简单构图（多数仅有眼睛和嘴巴，无轮廓），以及在杯状凹穴外加上心形、圆形或者颅骨形轮廓的人面像。但是，这一类中除了敲凿类的凹穴岩画（表4.3，1、8、10）外，还有一些图像是彩绘类的，主要是用圆圈表示眼睛，用圆圈或短横线表示嘴巴，以及在圆圈外添加心形轮廓的人面像（表4.3，2～4、9、11），后者与我们划定的Ba和Bb型岩画属于一类。另一类图像的尺寸和眼睛部分均较大，眼睛通常以同心圆的形式表现出来（表4.3，5～7）。下面，我们就作者断代的结果作进一步讨论。

关于第一类岩画的年代，作者将岩刻画和岩绘画归为一类，然后与黑龙江下游的类似凹穴岩画作比较。这些凹穴岩画均用三个圆窝表示眼睛和嘴巴，部分人面像岩画带有圆形或心形轮廓。随后，作者进一步认为该类型岩画与滨海边疆区的博伊斯曼文化（Бойсманская Культура）有关。博伊斯曼文化属于新石器时代文化，年代

① Леонтьев Н. В., Капелько В. Ф., Есин Ю. Н., *Изваяния и Стелы Окуневской Культуры*, с. 201.

② Леонтьев Н. В., Капелько В. Ф., Есин Ю. Н., *Изваяния и Стелы Окуневской Культуры*, с. 82, 118.

③ Заика А. Л., *Сердцевидные Личины в Петроглифах Южной Сибири*. Научное Обозрение Саяно - Алтая，2013（1）.

为距今 6500～5000 年。

在这里，作者将岩刻画和岩绘画两类图像放在一起进行比较的方法笔者不太赞同。与"焦伊斯基"类型不同，这类岩画过于简单，很难找到明显的文化特征，难以建立起传播学上的直接关系。笔者认为，岩刻类的人面像岩画（表 4.3，1、8、10）可以和博伊斯曼文化作比较①，但岩绘类的图像则应放入本地区彩绘类人面像这个大的系统内进行讨论。笔者更倾向于认为该类型人面像岩画产生于本地的文化传统。

再看第二类岩画的年代。A. Л. 扎伊卡将其断在新石器时代的依据如下：首先，这些图像经常叠压在其他图像的下面，位于多层图像的最下层；其次，图像尺寸很大，眼睛以大的、通常是同心圆的方式表现出来；再次，图像风格特征总体接近黑龙江下游岩画中的骷髅状人面（图 4.6，11、12、16、17）。其历史可以追溯到公元前 4000～前 3000 年的新石器时代繁荣期，而这个年代最早是由 A. П. 奥克拉德尼科夫于 1971 年提出来的，这里 A. Л. 扎伊卡只是转述了其观点②。

事实上，上述三个方面的论据还不足以得出该类型人面像属于新石器时代的结论。首先，该类图像经常叠压在其他图像的下面只能表明其年代较早，但具体早到什么程度不得而知。其次，图像尺寸很大，眼睛以大的、通常是同心圆的方式显示出来只是构图方面的论述，本身对解决年代问题起不了任何作用。因此，作者断代的关键部分在于第三点，即图像风格特征总体接近黑龙江下游岩画中的骷髅状人面，而该类型人面像的年代可以根据本地区的考古出土文物进行比较研究，进而得出相关结论。实际上，作者列举的这些图像，绝大多数都不能归入一个类型，仅仅根据某一方面特征的比较来判断其年代并不可靠，因此得出的年代结论也是值得商榷的。

在伊瓦什金—克留齐岩画中，存在着几幅图像互相叠压的情况（见图 2.66）。其中一幅 Bb 型人面像（见图 2.66，b）叠压在 Bf 型人面像（见图 2.66，a）上。A. Л. 扎伊卡将后者年代断在新石器时代，为公元前 4000～前 3000 年。至于前者的年代，作者并未具体指出，但根据类型学来看，可能归入青铜时代早期，即公元前 2 千纪上半叶（表 4.3）。另一幅 Ba 形人面像则被几幅人形图像叠压，年代也可能为青铜时代早期（见图 2.66，c）。

因此，在本书划分的 Bb 类型中，部分岩画的年代要晚于 Bf 型（见图 2.66，a），

① 关于该类型人面像的比较研究，将在下文岩刻画断代的相关部分重点论述。

② Окладников А. П., *Петроглифы Нижнего Амура*，с. 88.

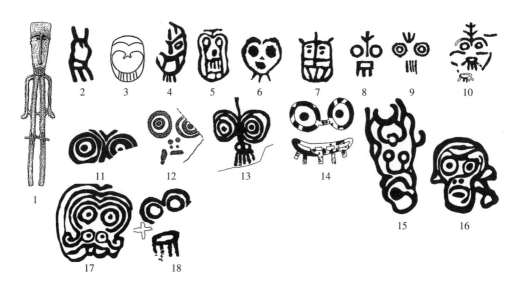

图 4.6 亚洲古代艺术中颅骨形和嘴部带有条纹装饰的人面像（采自 Заика А. Л.，*Личины Нижней Ангары*，с. 38）

1. 西西伯利亚 2. 马纳河 3、4、11、12、16、17. 黑龙江下游 5、7、9. 中国 6. 维谢拉河 8、10、13 ~ 15、18. 下安加拉河

但不能确定具体晚到什么程度。而另外若干 Bb 型岩画的年代可能更早一些，特别是那些仅用圆圈表示眼睛，圆圈或者短横表示嘴巴的人面像，但总体上均可归入一个时间段之内，即青铜时代早期（见表 3.1，52、54 ~ 56）。至于另一幅被人像叠压的图像，年代不能准确判断，但考虑到整个西伯利亚地区人像出现的时间均在青铜时代之后，而且时间跨度较长，笔者倾向于认为其年代属于青铜时代早期（见图 2.66，c）。

据此，我们可以得出如下结论：Ba、Bb 和 Cb 型人面像岩画基本上都可以归入青铜时代早期阶段。但必须注意到，下安加拉河和中叶尼塞河地区青铜时代早期的年代范围并不一致。前者的年代大致为公元前 2 千纪上半期，因此该地区岩画的年代大致在公元前 2000 ~ 前 1500 年之间；而后者的年代约为公元前 3 千纪中期至公元前 2 千纪初，故该地区的岩画年代约为公元前 2500 ~ 前 2000 年。

综上所述，中叶尼塞河上述类型的人面像岩画可以归入奥库涅夫时期，具体来说，属于奥库涅夫文化的早期阶段。而下安加拉河的人面像岩画和中叶尼塞河岩画的构图类似，作画方式、岩画的分布特征等也大体一致，可能存在着某种相关性。因此，我们可以得出如下结论："卡门卡"类型岩画的若干亚型（Ba、Bb 型）可能受到奥库涅夫文化的影响，但其他亚型与奥库涅夫文化的关系尚不明确，不能简单地认为整个下安加拉河地区岩画均是奥库涅夫文化影响下的产物。

2. Bd～Bg 型人面像岩画的年代

Bd～Bg 型又可以称为"典型的卡门卡"类型。部分该类型人面像岩画在其嘴部下方有胡须类的装饰线条（表4.4，8～18），而此类岩画在我国内蒙古地区同样有所发现（表4.4，41～47）。除一幅图像位于西辽河地区之外（表4.4，41），其余均位于阴山地区。二者还有其他一些共同点，如均用圆圈或者双圆圈表示眼睛，部分眼睛里面带有眼珠。

另外，下安加拉河人面像岩画中有两幅图像还刻画了牙齿，嘴部下方有数根线条，可能表示胡须（表4.4，8、9）。这种类型的人面像在内蒙古地区也有发现（表4.4，20、22、27～30），一幅图像位于阴山地区（表4.4，20），其余位于西辽河地区。除了这种典型的牙齿形象，还有一幅图像嘴巴下面的线条可能也表示牙齿（表4.4，7）。类似的牙齿形象在内蒙古地区人面像岩画中同样有不少发现（表4.4，19、21、23～26、32～40），这类图像的特点是：人面像下面的线条排列较为整齐，或平行，或外端两侧线条内凹，与向外发散的胡须线条有所不同。

具有完整轮廓的人面像岩画仅存在于内蒙古地区（表4.4，19～22），安加拉河地区没有发现。但是，我们必须注意到，在"卡门卡"类型岩画和内蒙古岩画中，均有部分人面像的眼睛上方有连续括弧组成的线条，应该是用来表示不完整轮廓，而这些轮廓均在眉脊处内陷，使轮廓呈心形（表4.4，7、12、15、16、23～26、41、42）。此外，上述两地均有部分人面像岩画有树状头饰（表4.4，1～7、13～16、33、36、38、40、45），但绝大多数位于下安加拉河地区，内蒙古地区比较少见。

总体上来看，"卡门卡"类型与阴山地区的人面像更为接近，而与西辽河地区人面像差异较大。主要表现在前两者均用方框表示嘴巴，方框下面用一排竖线表示胡须，而其中两幅图像的相似度尤其高，均用三重同心圆表示眼睛，椭圆形表示嘴巴，嘴巴下面有胡须状线条（表4.4，17、43）。另外，阴山和西辽河地区的人面像也有一些相似之处，如二者均有部分人面像有轮廓，方框内用一排线条表示嘴巴和牙齿，以及部分图像在眼睛和嘴巴之间用两个并列的小圆圈表示鼻孔。此外，上述三个地区部分具有不完整轮廓的岩画总体构图非常相似（表4.4，12、24～26）。这种广泛存在的相似性表明上述三个地区之间可能存在某种观念的交流。

表 4.4 亚洲北部地区带胡须或牙齿人面像岩画类型①

类型		典型岩画	分布范围
岩绘类	无牙齿无胡须		下安加拉河地区
	牙齿类		
	胡须类		
岩刻类	牙齿类	有轮廓类	西辽河(21~23、26~30、41) 阴山(19、20、24、25、31~40、42~47)
		无轮廓类	
	胡须类	有轮廓类	
		无轮廓类	

---

① 1~18 见表 3.1 和表 3.2；19~20、24~25、31~35、37~40、42、43、46、47 采自盖山林：《阴山岩画》；26、41 采自盖山林、盖志浩：《内蒙古岩画的文化解读》，北京图书馆出版社，2002 年；22、27 采自孙晓勇：《西辽河流域人面岩画考古年代分析研究》，《南京艺术学院学报》（美术与设计版）2014 年第 2 期；29 采自阮晋逸：《赤峰地区人面像岩画研究》，中央民族大学硕士学位论文，2013 年；28、30 采自田广林：《内蒙古赤峰市阴河中下游古代岩画的调查》，《考古》2004 年第 12 期；其余采自朱利峰：《环太平洋视域下的中国北方人面岩画》，北京：中国社会科学出版社，2017 年。

在讨论 Bd ~ Bg 型岩画年代之前，我们首先对内蒙古地区带有胡须和牙齿状线条的人面像岩画年代进行讨论。带有胡须状线条的构图方式在我国新石器时代的马家窑文化陶器中多有发现。其中三件为半山类型的人头像陶器盖残片（图4.7，1~3），与人面像岩画一样，均绘制了眼睛和嘴巴，并在嘴巴下面用一组平行竖线表示胡须。因此，将上述岩画中的此类线条理解为胡须是恰当的。另外，其中一件陶器在人面的鼻子下方用两个圆点表示鼻孔（图4.7，2），另一件陶器在眼睛上方刻画了睫毛（图4.7，3），这两种表现方式在岩画中也有发现，并且岩画中的睫毛同样在眼睛上方（表4.4，6）。

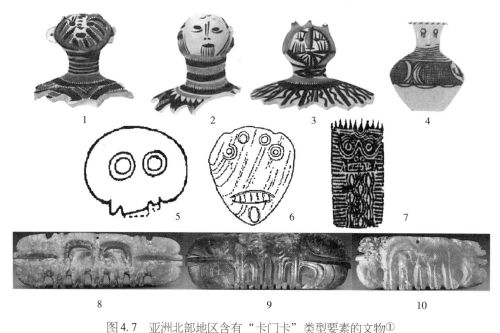

图4.7　亚洲北部地区含有 "卡门卡" 类型要素的文物①

1~3. 马家窑文化半山类型人头彩陶器盖　4. 马家窑文化马家窑类型彩陶瓶　5. 石兽面形器　6. 白音长汗二期乙类人面蚌饰　7. 神人兽面石饰　8~10. 红山文化勾云形器

① 　1~3 采自郑为：《中国彩陶艺术》，上海人民出版社，1985 年；4 采自张朋川：《中国彩陶图谱》，北京：文物出版社，1990 年；5 采自巴林右旗博物馆：《内蒙古巴林右旗那斯台遗址调查》，《考古》1987 年第 6 期；6 采自内蒙古自治区文物考古研究所：《白音长汗：新石器时代遗址发掘报告》，北京：科学出版社，2004 年；7 采自乌兰：《巴林右旗博物馆收藏史前人面饰初探》，朱士光等编《中国古都研究（第十八辑 上册）——中国古都学会 2001 年年会暨赤峰辽王朝故都历史文化研讨会论文集》，香港：国际华文出版社，2001 年；8~10 采自辽宁省文物考古研究所：《牛河梁：红山文化遗址发掘报告（1983~2003 年度）》（下），北京：文物出版社，2012 年。

此外，还有一件出自甘肃省秦安县焦家沟的彩陶瓶，在其颈部绘有人面像，鼻和耳用附加泥条堆塑，眼和嘴用褐彩绘成，属于马家窑类型（图4.7，4）①。尤其值得注意的是，该幅人面像同样刻画了睫毛，不同的是，人面像的睫毛在眼睛下方。关于马家窑文化的年代，据宗日遗址碳十四测年结果并校正，"时间大致可以划在距今5600～4000年之间，延续了大约1600年"②，而其中属于马家窑类型的M157和M192的年代经碳十四测定并校正后分别为5650±140和5685±225年，半山类型的则为4456±140年③。部分学者分析后认为，马家窑期为公元前3290年～前2880年；半山期为公元前2655年～前2330年④。而岩画中的胡须状和睫毛状图案基本与半山期彩陶器上的图案类似，故该类型人面像岩画基本可以归入马家窑文化半山期，但其传统有可能早到马家窑期。因此，将内蒙古地区带有胡须的人面像岩画年代断为马家窑文化半山期是比较合适的，具体年代为公元前2655～前2330年。

前文已经指出，部分人面像岩画下端的线条可能表示牙齿，这种类型的牙齿在我国北方地区的出土文物中同样可见。其中一件为内蒙古巴林右旗那斯台遗址调查中发现的兽面形器（图4.7，5）："（该器）用薄石片加工呈椭圆形，中间有两个并列的圆透孔，似为眼睛，下端凸出一长嘴，嘴的两端均外凸，似牙齿，用途不详，直径2.2厘米。"⑤ 关于其年代还没有确切的证据，但根据出土文物的风格判断，调查者认为可能属于红山文化时期⑥。

这种带有线条状牙齿图像的人面像在我国红山文化玉器中也有发现（图4.7，8～10）。其中一件为牛河梁遗址出土的编号为NIIZ1M27：2号的勾云形器，出土时位于墓主人头部的左侧、左肩以上，竖直，背面朝上（图4.7，8）。该件勾云形器形状与兽面形器类似，年代也应大致相当。同样在牛河梁遗址出土的一件编号为NIIZ1C：7的勾云形玉器（图4.7，9），与前者构造基本类似，从其形状可以判断出下面的线条表示的应该是牙齿。根据部分学者研究，"牛河梁遗址可以分为三期，年代从距今

① 张朋川：《中国彩陶图谱》，第248、488页。
② 陈洪海、格桑本、李国林：《试论宗日遗址的文化性质》，《考古》1998年第5期。
③ 陈洪海、格桑本、李国林：《试论宗日遗址的文化性质》，《考古》1998年第5期。
④ 陈洪海、格桑本、李国林：《试论宗日遗址的文化性质》，《考古》1998年第5期。
⑤ 巴林右旗博物馆：《内蒙古巴林右旗那斯台遗址调查》，《考古》1987年第6期。
⑥ 巴林右旗博物馆：《内蒙古巴林右旗那斯台遗址调查》，《考古》1987年第6期。

6000 年延续到距今 5000 年"①，基本上涵盖了红山文化中期至晚期阶段。另外，在牛河梁遗址上层积石冢 NIIZ1 第二层还出土了一件编号为 NIIZ1M22：2 号的勾云形器（或称之为"带齿兽面形器"）。其出土时位于人骨的右胸侧，总体构造与上述岩画类似，用两个小圆孔表示眼睛，眼睛上方用连续弧纹表示眉毛，眼睛下方有齿状物（图 4.7，10）。上述玉器在线条状牙齿这一特征上与内蒙古地区部分人面像岩画非常相似，因此，可以将有类似特征的人面像岩画归入红山文化时期，确切来说，属于红山文化中晚期，年代为距今 6000 ~ 5000 年。

　　另外，内蒙古地区部分岩画中刻画的牙齿图像，在我国新石器时代的白音长汗二期乙类人面蚌饰中可以清楚地辨认出（图 4.7，6）。该人面蚌饰编号为 AF14①：5，系用蚌壳研磨成人面形，眼睛上方有两个小孔，用以系绳佩戴。其平面呈桃形，上宽下窄，正面微外凸，背面微内凹。两个圆形凹槽表示眼睛，内各有一个圆孔，代表眼珠，其中左侧因蚌片剥落，只剩大半个圆孔。两个外凸弧线凹槽相扣代表嘴，内研磨竖向 7 道凹槽表示牙齿。关于其年代，学者们普遍认为属于兴隆洼文化的较晚阶段，对其中两个标本进行碳十四测年并校正得出，"其年代均超过 7000 年"②。但是必须注意到，该人面蚌饰虽然牙齿形象与岩画类似，但整体形象差距较大。另外，我们在巴林右旗博物馆发现了另外一件神人兽面石饰（图 4.7，7）③，其与上述牙齿状人面像岩画非常相似，尤其是嘴巴和牙齿的形状与部分岩画几乎完全相同。同时，与大部分人面像岩画一样，该幅图像无轮廓，刻画了鼻孔，与其中一幅人面像高度一致（表 4.4，27），与另一幅的相似度也相当高（表 4.4，30）。该件神人兽面石饰属于征集品，具体年代不详，"根据阴刻的旋目纹饰，制作技法等特征，时代初步认为早于红山文化"④。另外两幅内蒙古地区具有完整轮廓的人面像虽然牙齿的形象不太一样，但根据其他方面的类型特点，我们也将其年代归入此类（表 4.4，19、21）。此外，还有一幅无牙齿无胡须的人面像，根据类型学的分析

① 索秀芬、李少兵：《牛河梁遗址红山文化遗存分期的初探》，《考古》2007 年第 10 期。
② 内蒙古自治区文物考古研究所：《白音长汗：新石器时代遗址发掘报告》，第 501 页。
③ 乌兰：《巴林右旗博物馆收藏史前人面饰初探》，朱士光等编《中国古都研究（第十八辑 上册）——中国古都学会 2001 年年会暨赤峰辽王朝故都历史文化研讨会论文集》，第 168 ~ 173 页。
④ 乌兰：《巴林右旗博物馆收藏史前人面饰初探》，朱士光等编《中国古都研究（第十八辑 上册）——中国古都学会 2001 年年会暨赤峰辽王朝故都历史文化研讨会论文集》，第 171 页。

也归入此类（表4.4，31），这是因为下安加拉河地区有不少既无牙齿也无胡须的图像，但总体构图比较类似，这说明典型"卡门卡"岩画的各个亚型在内蒙古地区都可以找到原型。综上所述，此类人面像岩画年代大约在兴隆洼至前红山文化时期，具体来说为距今7000～6500年。

关于上述岩画的年代，我们可以通过赤峰市三座店石城遗址中发现的两幅图像来进一步分析（图4.8），石城遗址被认为属于夏家店下层文化时期。第一幅为双旋涡纹，局部压在夏家店下层文化建筑的石墙之下（图4.8，1）；另一幅为双旋涡纹和折线条组成的颜面纹，刻在通道中央的一块基岩上（图4.8，2）。两幅岩画均由发掘出土，依据他们在遗址中的埋藏层位，可以确定这些岩画的作画时间至少应与夏家店下层文化同时或更早。而夏家店下层文化的年代约为距今4000～3400年[1]。

这两幅图像与部分岩画相似，人面像均无轮廓，旋涡纹的眼睛与部分人面像岩画的眼睛比较类似，虽然后者的眼睛是双圆圈或三重圆圈，而非旋涡。另外，这两幅图像所在的石块很可能在作为建筑材料埋入地下之前已经制作有岩画，尤其是第一幅图像，局部压在夏家店下层文化建筑的石墙之下进一步证明了这一点。因此，笔者认为这些图像的年代均早于夏家店下层文化。

1　　　　　　　　　　　　　　　2

图4.8（彩版五）　三座店夏家店下层文化石城遗址内出土人面像（采自张亚莎：《赤峰岩画在中国岩画研究格局中的地位与意义》，内蒙古自治区文物考古研究所编《中国北方及蒙古、贝加尔、西伯利亚地区古代文化》（下），彩版二，图2、3）

---

[1]　郭治中、胡春柏：《赤峰三座店夏家店下层文化石城址发掘全面结束》，《中国文物报》2006年12月13日002版。

图 4.9（彩版五）　　翁牛特旗白庙子山人面像岩画（采自张亚莎：《赤峰岩画在中国岩画研究
格局中的地位与意义》，内蒙古自治区文物考古研究所编《中国北方及蒙
古、贝加尔、西伯利亚地区古代文化》（下），彩板二，图4、5）

另外，我们注意到，三座店出土的两幅人面像在制作技法上与同地区的多数岩画有所不同（图4.9）。前者的凿痕较浅，而后者较深；前者研磨的痕迹不明显，而后者的眼窝和鼻孔等凹穴处有较明显的研磨痕迹。因此，后者的年代可能比前者更早。这进一步证明了将内蒙古尤其是赤峰地区的人面像岩画年代断在新石器时代是恰当的。

"卡门卡"类型的人面像岩画在西伯利亚其他地区几乎不见，在西伯利亚新石器时代乃至更早期的文化传统中也没有对应物，而该地区青铜时代开始的人面造像传统主要是以奥库涅夫文化为代表，与该类型岩画的差异性也很大。目前仅在一根奥库涅夫石柱的侧面发现了一幅类似的图像（见图4.2，5d），而在该石柱正面还有几幅典型的奥库涅夫时期的图像（见图4.2，5a～5c）。笔者认为，该幅图像如果和下安加拉河地区的类似图像产生联系，也是后者传播的结果。

另外，"卡门卡"类型岩画与邻近的"焦伊斯基"类型岩画相比，在作画方式、颜料的选择、有无轮廓等方面有一些相似之处，表明两者可能存在着某种关系。但是，将镜头拉长，从一个更广阔的范围来看，该类型人面像岩画在我国内蒙古地区大量存在，并且与马家窑文化半山期的人面像非常相似。因此，下安加拉河地区的人面像可能受到中国北方地区文化的影响，而其年代也大致可以断在新石器时代晚期，随着马家窑文化的传播而扩散开来。

实际上，马家窑文化对安加拉河地区的岩画创作即便产生影响，也很可能是通过阴山和西辽河地区进行的。马家窑文化影响了阴山和西辽河地区的部分岩画类型，而早在马家窑文化到来之前，该地区已经有了比较发达的岩画艺术。部分岩画类型借着马家窑文化的某些艺术形式进行了再创作，进而影响到周边地区。实际上，内蒙古地区的此类岩画除了在下安加拉河地区可以见到外，在俄罗斯黑龙江下游同样有所发现，但数量和类型少得多，这应该也是内蒙古地区向外扩散的结果。因为从整个地区的人面制作传统来看，包括内蒙古在内的中国北方地区要比其他两个地区更早，内容更丰富，延续的时间也更长，而人面像岩画应该是新石器时代以来中国北方地区人面造像艺术的一种具体表现。因此，下安加拉河此类人面像岩画的年代应晚于内蒙古岩画的年代。如果将马家窑文化半山期的上限，即距今 4655 年视为内蒙古岩画年代的上限，那么下安加拉河地区岩画的年代要晚于这个数据，而具体晚多少还不好判断，我们暂且将距今 4500 年视为下安加拉河地区人面像岩画年代的上限。

与马家窑文化同时，安加拉河下游地区存在着铜石并用时代的格拉兹科沃文化，但这种文化影响不大，该时期占主要地位的仍然是本地的新石器时代文化传统。另据 А. Л. 扎伊卡研究，该地区早期的青铜时代文化年代大致为公元前 2 千纪上半期①。因此，公元前 2000 年可以视为其年代的下限。再者，前文我们已经指出，克拉斯诺亚尔斯克国立师范大学还保存有一件卡门卡河口出土的新石器陶器残片，上面有用同心圆表示眼睛的人面像（见图 2.70），虽然与"卡门卡"类型人面像还有不少差距，但是，毕竟表明在新石器时代该地区的确存在着人面造像传统，并且反映在相应的考古学文化中。

综上所述，Bd ~ Bg 型岩画年代可以断在新石器时代晚期，即公元前 2500 ~ 前 2000 年（表 4.5）。此外，我们注意到，下安加拉河地区人面像岩画中有部分既无牙齿又无胡须（Bd 型），而另外一部分仅有树状头饰和眼睛（Bc 型），但总体构图是一样的，年代上差距应该不大，可以将其视为大致同一时代的作品，即均属于当地新石器时代文化晚期。

---

① Заика А. Л., *Личины Нижней Ангары.* с. 155.

表 4.5 典型"卡门卡"型人面像岩画发展序列

型\式	A(有轮廓)		B(无轮廓)					C(不完整型)		考古学文化(年)	分布范围
	Aa	Ab	Ba	Bb	Bc	Bd	Be	Ca	Cb		
I	1 2	3 4	5	6	7	8	9			兴隆洼至前红山文化(公元前5000~前4500年)	阴山,西辽河
II		10 11 12 13	14	15 16 17 18 19 20	21				22	红山文化中晚期(公元前4000~前3000年)	阴山,西辽河
III		23 24	25 26	27				28 29		马家窑文化半山期(公元前2655~前2330年)	阴山,西辽河
IV		30	31 32	33 34 35 36 37 38 39 40 41 42 43 44	45 46			47		下安加拉河新石器时代文化晚期(公元前2500~前2000年)	下安加拉河

1、2、6、11、12、14~22、24~29. 阴山　3~5、7~10、13、23. 西辽河　30~47. 下安加拉河

在这里，我们发现，典型"卡门卡"型（Bd ~ Bg 型）岩画的年代可能早于简单构图的"卡门卡"型（Ba ~ Bb 型）岩画年代。前者属于新石器时代晚期，后者则属于青铜时代早期，可能来源于不同的文化传统。下安加拉河地区的人面像岩画虽然有可能部分采用了内蒙古岩画的艺术表现形式，但也有一些自身的特点，即该地区广泛存在的红色颜料绘制的人面像是后者所不见的，这可能来源于当地特殊的文化传统。

（三）C 型人面像岩画的年代

C 型人面像岩画实际上是对 A、B 两个类型以外其他无轮廓人面像岩画的统称，因此彼此间差异较大，需要分别断代。

1. Ca 型人面像岩画的年代

Ca 型人面像岩画的基本特点是用圆圈或者椭圆表示人的眼睛和嘴巴，嘴巴两侧有锐角状括弧，将嘴巴包合在内（图 4.10，1 ~ 3）。嘴角有锐角状括弧的图像在 A 型（"焦伊斯基"类型）人面像中也经常可见。但是，与 A 型人面像不同，Ca 型在眼睛和嘴巴之间没有末端分叉的水平线条，表明两者之间的年代有某种关联性，但又有所不同。实际上，与 Ca 型类似的人面像也见于奥库涅夫艺术（图 4.10，4 ~ 11）。

在哈卡斯共和国阿斯基兹区巴扎河河口处的一个石柱上发现七幅人面像，均用敲凿法制成（图 4.10，4）[①]。其中两幅图像制作在石板正面部位。上面一幅图像与 Ca 型人面像岩画最为接近，不同之处在于，人面像刻画了眼珠，眼睛内侧分别有一道括弧。尤其值得注意的是，该幅图像有三只眼睛，这是奥库涅夫文化早期人面像的一个重要特点（图 4.10，4a）。而下面一幅图像用圆圈表示眼睛，无其他五官，眼睛下方有一末端分叉的水平线条，这是 A 型岩画的典型特征（图 4.10，4b）。在石板侧面还制作了五幅图像，其中三幅图像带有三只眼睛（图 4.10，4d、4e、4f）；一幅图像在眼睛内侧有括弧（图 4.10，4e）；还有一幅图像在眼睛和嘴巴之间有两条水平线条，下面一根线条末端分叉（图 4.10，4f）；另一幅图像圆形轮廓外围有一圈太阳光芒状的射线（图 4.10，4c），而这类岩画同样是奥库涅夫早期艺术的典型特征之一。此外，在侧面人面像中间还夹杂有若干凹穴，部分凹穴成组出现，看起来像仅有眼睛或者仅有眼睛和嘴巴的无轮廓人面像。

① Леонтьев Н. В., Капелько В. Ф., Есин Ю. Н., *Изваяния и Стелы Окуневской Культуры*, с. 79, 111.

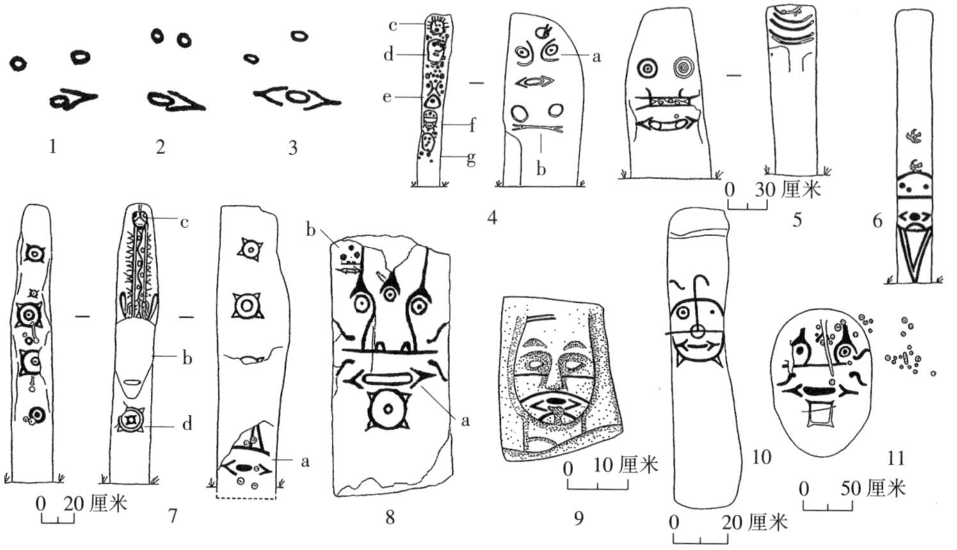

图 4.10　岩绘类 Ca 型人面像岩画及奥库涅夫艺术中的类似图像（1～3 来源见表 3.1，4～11
　　　　采自 Леонтьев Н. В.，Капелько В. Ф.，Есин Ю. Н.，*Изваяния и Стелы Окуневской*
　　　　Культуры）

1～3. 焦伊斯基岩画　4～11. 奥库涅夫人面像

　　在阿斯基兹区卡梅什塔（Камышта）车站附近还发现一块带有类似图像的石板。
该石板位于塔加尔文化墓葬石围的东部，在石板正面敲凿出一幅无轮廓人面像（图
4.10，5）。其中一只眼睛用同心圆表示，小圆窝表示眼珠，保存状况良好；嘴巴用
椭圆形表示，两侧有锐角状括弧；眼睛和嘴巴之间有两条水平装饰线条，线条中间
被两条短竖线封闭起来，构成矩形图像，矩形内部有呈"品"字形排列的三个小圆
窝，下面的两个圆窝可能用来表示鼻孔[1]。

　　在哈卡斯共和国别亚区一座恰阿塔什（Чаатас）[2] 石板墓附属的巨型立石上同样
发现了类似的图像。该墓葬位于阿巴坎河右岸，东距恰普德科夫兀鲁斯（Улус
Чаптыков）1.3 千米。人面像制作在较窄的侧面下方位置，有轮廓，眼睛和嘴巴之

---

[1]　Леонтьев Н. В.，Капелько В. Ф.，Есин Ю. Н.，*Изваяния и Стелы Окуневской Культуры*，с. 85，132.
[2]　"恰阿塔什"在哈卡斯语中是战争之石的意思，同时表示 6～9 世纪哈卡斯—米努辛斯克盆地吉尔吉斯
　　人的考古学文化，以及属于该文化的特定墓葬。

间有水平横线，下巴处有两个套在一起的倒三角形，似乎表示衣服（图4.10，6）①。
在阿斯基兹区另一座恰阿塔什石板墓附属的巨型立石上也发现了类似的图像。该墓
位于阿斯基兹河左岸的帕尔加诺夫兀鲁斯（Улус Палганов）附近。在其中的三个面
上都制作有图像（图4.10，7）②。其中一个侧面的中间位置敲凿有一幅人面像，有
口无眼，有两个类似动物的耳朵，头顶中间向上伸出笔直的立柱（图4.10，7b），立
柱顶端另一幅带轮廓的小型人面像，眼睛和嘴巴分别被三根一端相连的线条分开
（图4.10，7c）；中间人面像的下方有一个带有四个角状物的圆形符号（图4.10，
7d）。而另外一个侧面除了一个带圆心的圆圈之外，其余图像均为这种带有四个角状
物的圆形符号。立石正面的上部制作了两个类似的圆形符号，下方则是一个嘴角带
锐角状括弧的人面像，人面像上部分保存较差，但看得出眼睛和嘴巴之间有水平线
条（图4.10，7a）。

　　另外，在哈卡斯共和国博格勒区发现的一块石板需要引起我们的注意。该石板
是切尔诺瓦雅8号（Черновая VIII）墓地5号库尔干2号墓葬的棺材侧板。石板上的
人面像无轮廓，有三只眼，眼睛上方分别有一锐角状括弧，括弧顶端有一竖立的直
线；内侧括弧线条向下伸出，与眼睛和嘴巴之间的水平线条相连，线条中间有两个
圆孔表示鼻子，线条两端的上下两侧各有一根斜线；人面像轮廓还有红色颜料残迹
（图4.10，8a）。此外，人面像左上侧被一幅小型无轮廓人面像打破。人面像同样有
三只眼，嘴角有锐角状括弧，眼睛和嘴巴之间有水平线条（图4.10，8b）。值得注意
的是，中间大型人面像的下方同样有一幅带有四个角状物的圆形符号，这表明与前
一幅图像（图4.10，7）可能年代相近。与该幅人面像类似的图像还有一幅，位于卡
梅什塔河右岸塔加尔文化墓葬附近的一块巨型砾石上，人面像同样由敲凿法制成
（图4.10，11）③。此外，在哈卡斯共和国的乌斯季—阿巴坎区尼恩雅河左岸的一个石
柱上也发现了类似图像，也由敲凿法制成（图4.10，10）。上述两幅人面像所在的石板

① Леонтьев Н. В., Капелько В. Ф., Есин Ю. Н., *Изваяния и Стелы Окуневской Культуры*, с. 93, 169.

② Леонтьев Н. В., Капелько В. Ф., Есин Ю. Н., *Изваяния и Стелы Окуневской Культуры*, с. 87, 142.

③ Леонтьев Н. В., Капелько В. Ф., Есин Ю. Н., *Изваяния и Стелы Окуневской Культуры*, с. 100, 213.

均与塔加尔文化墓葬共存，人面像的年代均为奥库涅夫时期①。

在卡梅什塔地区还发现一幅石雕人面像，与前述图像的制作技术稍有不同。该幅人面像有二次加工的痕迹，先是用敲凿法制作出一幅有轮廓的浮雕人面像，而前述人面像均为剪影式的；然后以浮雕人面像的内侧轮廓为基础，在眼睛和嘴巴之间和嘴巴下方添加水平（或弧形）线条，嘴巴两侧添加锐角状的括弧（图4.10，9）。

综上所述，因为 Ca 型岩画位于焦伊斯基岩画点，与"焦伊斯基"类型图像组成一个完整的画面（见图2.35），且两类人面像同时出现于奥库涅夫石柱上（图4.10，4a、4b）。因此，我们可以得出如下结论：Ca 型人面像岩画年代可能与 A 型（"焦伊斯基"类型）岩画年代相近，均属于奥库涅夫中晚期，年代为公元前2000～前1300年。

2. Cc 型人面像岩画的年代

Cc 型人面像岩画的特点是用一条水平横线将两眼和嘴巴分成上下两部分（图4.11，1～11）。这类岩画既包括岩绘类（图4.11，1～6），也包括岩刻类（图4.11，7～11）。一幅位于下安加拉河地区，其余位于中叶尼塞河地区，不见于上叶尼塞河地区。同时，这种类型的岩画在中国北方的内蒙古、宁夏地区以及印度的拉达克地区也有发现，绘制技法均属于岩刻类（图4.11，12～23）。虽然形态上差异较大，但其共性还是显而易见的。

与 Cc 型人面像岩画最类似的图像出现在奥库涅夫文化早期的墓地石柱上（图4.12，4～6）。其中一个石柱位于乌斯季—阿巴坎区的乌伊巴特3号墓地，该人面像用敲凿法制成，然后涂以红色颜料（图4.12，4）；另外两个石柱位于同一地区的乌伊巴特5号墓地，均为敲凿法制成，其中一幅用短斜线表示眉毛，并且带有赭石颜料的残迹（图4.12，5～6）。乌伊巴特5号墓地的年代经碳十四测年并校正后为公元前2500～前2000年②。因此，我们可以将奥库涅夫文化的早期阶段大致归为公元前2500～前2000年。

---

① Леонтьев Н. В., Капелько В. Ф., Есин Ю. Н., *Изваяния и Стелы Окуневской Культуры*, с. 100, 213.

② Svyatko S. V. et al., *New Radiocarbon Dates and a Review of the Chronology of Prehistoric Populations from the Minusinsk Basin, Southern Siberia, Russia*. Radiocarbon. Vol. 51, Nr. 1, 2009, с. 249–250.

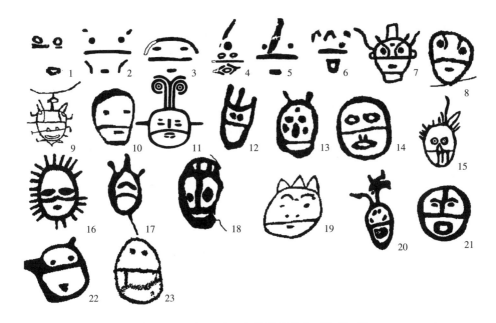

图 4.11　亚洲大陆面部带横线的人面像岩画①

1～10. 中叶尼塞河地区岩画　11. 下安加拉河地区岩画　12～15. 内蒙古阴山岩画　16. 西辽河岩画
17. 内蒙古巴丹吉林岩画　18～22. 贺兰山岩画　23. 印度拉达克岩画

　　眼睛上方有短斜线这一特征对奥库涅夫文化来说也非常典型。除了上述的乌伊
巴特 5 号墓地石柱上的人面像之外，在乌斯季—阿巴坎区还发现了另外一根类似的
石柱。该石柱上用敲凿法制成了两幅人面像，其中一幅除了眼睛上方有短斜线外，
在嘴边还刻了线条（图 4.12，7），其构图方式与中叶尼塞河地区一幅人面像岩画相
同（图 4.11，2），只是前者在两眼之间的上方有一个类似第三只眼睛的圆点，带括
弧的嘴部上方还有一条小短横。

　　事实上，眼睛和嘴巴之间有一横线以及眼睛上方有斜线这些特征都可以进一步
追溯到奥库涅夫文化早期阶段。在塔什—哈扎墓地的墓葬中曾发现过几幅人像，为
这一类型人面像岩画的断代进一步提供了佐证（图 4.12，1～3）。该墓地位于阿巴坎
河右岸河滩的第二级台地上，东距恰普德科夫兀鲁斯 8 千米，在卡梅什塔河河口对面。
"塔什—哈扎"是哈卡斯语"石宫殿"的意思。据俄罗斯学者介绍，"早在 1888 年，

---

① 1～11 见表 3.1 和表 3.2；12～15 采自盖山林：《阴山岩画》；16 采自盖山林、盖志浩：《内蒙古岩画
的文化解读》；17 采自盖山林：《巴丹吉林沙漠岩画》，北京图书馆出版社，1997 年；18～22 采自贺吉
德：《贺兰山岩画研究》；23 由汤惠生教授提供。

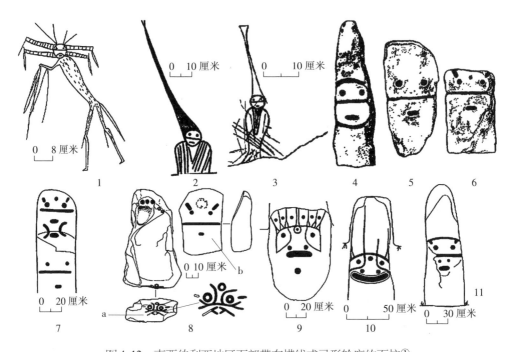

图 4.12　南西伯利亚地区面部带有横线或弓形轮廓的石柱①

1～3. 塔什—哈扎墓葬石板　4～7、9～11. 奥库涅夫石柱　8. 乌伊巴特—恰尔科夫墓葬石板

该墓地就已经被 Д. A. 克列缅茨（Клеменц Д. A. ）标注在米努辛斯克县的考古地图上，并于同年由 B. B. 拉德罗夫公布。1957 年，由 A. H. 利普斯基（Липский A. H. ）主持对其进行了发掘"②。目前，在该墓地共发掘清理了 6 座墓葬，在石围北角 5 号墓葬的石板中发现了几幅人像，其面部具有典型的奥库涅夫文化造像艺术的风格，即眼睛和嘴巴之间被一水平线条分为上下两部分，图像同样由敲凿而成。以

①　1 采自 Есин Ю. H. , *Стела с Изображением 《Солнцеголового》 Божества на Реке Туим в Хакасии*（K120 – летиюЭкспедиции на Енисей Общества Древностей Финляндии под Руководством И. P. Аспелина）. Археология, Ээтнография и Антропология Евразии, 2009（3）；2～3 采自 Липский A. H. , Вадецкая Э. Б. , *Могильник Тас Хазаа*. В Савинов Д. Г. , Подольский М. Л. （ред. ）, Окуневский Сборник 2. Культура и её Окружение. Санкт – Петербург: Элексис Принт, 2006；4～7、9～11 采自 Леонтьев H. В. , Капелько В. Ф. , Есин Ю. H. , *Изваяния и Стелы Окуневской Культуры*；8 采自 Лазаретов И. П. , *Окуневские Личины Джойского Типа — Маркёры Древних Путей*. В Ермоленко Л. H. и т. д. （ред. ）, Наскальное Искусство в Современном Обществе （К 290 – летию Научного Открытия Томской Писаницы）. Кемерово: Кузбассвузиздат, Том 2, 2011.

②　Липский A. H. , Вадецкая Э. Б. , *Могильник Тас Хазаа*. В Савинов Д. Г. , Подольский М. Л. （ред. ）, Окуневский Сборник 2. Культура и её Окружение, с. 9.

A. H. 利普斯基为代表的部分学者认为，"塔什—哈扎墓葬属于阿凡纳谢沃时期"①。但事实上该墓葬与阿凡纳谢沃文化和奥库涅夫文化均有共同点，又有不同点，其中的人面像岩画也与典型的奥库涅夫文化不同。因此，其年代可能在阿凡纳谢沃和奥库涅夫文化之间。保守起见，在此将其视为奥库涅夫文化早期墓葬，而这也是绝大多数学者所持的观点。其中一幅人像的面部细节特征与前述的人面像岩画非常类似（图4.12，1）。此外，前文已指出，在眼睛和嘴巴之间仅有一根水平线是奥库涅夫早期艺术的典型特征（图4.12，4、5），这在塔什—哈扎5号墓葬发现的两幅人像中可以得到进一步证实（图4.12，2、3），也进一步证明了人面像岩画中具有类似特征的图像都可以归入奥库涅夫文化早期阶段。而部分人面像岩画刻画了第三只眼睛，这在奥库涅夫艺术中非常典型，其年代同样可以追溯到奥库涅夫文化早期阶段（图4.12，6～10）。

头部上方带有弓形轮廓的人面像在奥库涅夫文化中同样被发现。在乌伊巴特河流域的一座塔加尔文化墓地石围的西南角发现了一座刻有人面像的石柱（图4.12，11），人面像上方带有弓形图案。此外，在奥库涅夫文化石柱上还发现了两幅面带括弧的三眼人面像带有弓形轮廓（图4.12，9、10）。其中，前者位于乌伊巴特河右岸，后者位于乌斯季—阿巴坎河地区别伊卡河流域的墓地中，图像均由敲凿而成。其中一幅图像的眼睛上方分别带有一条表示眉毛的斜线，前文已经指出，这类图像的年代一般属于奥库涅夫文化早期阶段（图4.12，11）。而弓形本身也可能仅是轮廓的一种简单化表现方式，因此这类人面像可以大致归为奥库涅夫早期阶段。

面带括弧和有三只眼睛的图像在 Cc 型岩画中也有发现（图4.11，4、7、8），而其中一幅图像同时具有上述两种特征（图4.11，7）。这两种特征均是奥库涅夫早期艺术中的典型形象。

因此，根据前文分析，我们可以把眼睛和嘴巴之间有横线、额头有三只眼、头顶有弓形轮廓的人面像岩画年代归入奥库涅夫文化早期阶段。但事实上，有弓形轮廓的人面像在整个叶尼塞河地区仅发现一幅（图4.11，3），并且可以归入面部带横线的一类。

---

① Липский А. Н., Вадецкая Э. Б., *Могильник Тас Хазаа*. В Савинов Д. Г., Подольский М. Л.（ред.），Окуневский Сборник 2. Культура и её Окружение, c. 13.

综上所述，可以得出如下结论：中叶尼塞河地区有三只眼睛、面部有横线和括弧的人面像岩画均属于奥库涅夫文化早期阶段，年代为公元前 2500 ～ 前 2000 年。而上叶尼塞河地区的类似图像还要结合当地的考古学文化具体分析。

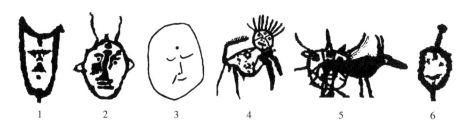

图 4.13　叶尼塞河地区岩刻画中有三只眼睛的人面像（图片来源见表 3.2）
1、2、6. 上叶尼塞河　3. 下安加拉河　4、5. 中叶尼塞河

现在，我们对有三只眼睛的人面像岩画作进一步分析。该类型人面像和面部带横线类型的人面像岩画之间有交集（图 4.11，4、7）。前者在三个地区都有分布，而后者主要分布在中叶尼塞河地区，下安加拉河地区仅有一幅，不见于上叶尼塞河地区。另外，上叶尼塞河地区有三只眼睛的三幅岩画之间差异很大，与奥库涅夫艺术形象差距也很大，很难说两者之间有什么直接关系（图 4.13，1、2、6）。同样的情况也存在于下安加拉河地区（图 4.13，3）。另外，前文所讨论的包含三只眼睛的奥库涅夫文化人面像均分布于中叶尼塞河地区，形象上与该地区的人面像岩画非常相似，因此，中叶尼塞河地区的类似形象可以归为奥库涅夫文化早期。但是，上叶尼塞河和下安加拉河地区具有三只眼睛的岩画年代还需要结合本地的考古学文化进行具体分析。

2009 年发现于乌伊巴特—恰尔科夫 1 号墓地 6 号墓葬石板上的人面像进一步为这种类型人面像岩画的断代提供了坚实的证据。这是目前在整个西伯利亚地区墓葬中发现的"焦伊斯基"类型与面部带括弧类型的人面像共存的唯一例子（图 4.12，8）[1]。该墓葬位于哈卡斯—米努辛斯克盆地乌伊巴特河右岸的恰尔科夫村，据俄罗斯考古学家兼墓葬发掘者 И. П. 拉扎列托夫（Лазаретов И. П.）介绍："该墓葬属于

---

[1]　Есин Ю. Н. , *Малоарбатская Писаница：Изображения Эпохи Бронзы Археология.* Этнография и Антропология Евразии，2012（3）.

奥库涅夫文化时期"①；Ю. Н. 叶欣则进一步认为，"根据葬仪和随葬品，该墓葬属于奥库涅夫文化的早期阶段"②。

目前共在两块石板上各发现一幅人面像，两块石板均作为墓葬内部建筑材料使用。其中一幅人面像位于一块直立石板的正面部位，眼睛和嘴巴之间有一横线，眼睛用圆点表示，嘴巴用一短横线表示，眼眉上方有一斜线，使用敲凿法制作而成（图 4.12，8b）③。该幅图像与中叶尼塞河地区一幅人面像岩画高度相似，唯一的区别在于后者在嘴角两侧分别有一条向内弯曲的线条（图 4.11，2）。前文已经指出，该类型人面像具有奥库涅夫艺术早期风格。因为其风格所显示的年代与墓葬本身的年代大致相同，因此，不太好判断其究竟是先于墓葬存在还是与墓葬同时存在。

另一幅人面像用红色颜料绘制而成，其风格与典型的"焦伊斯基"类型人面像岩画类似（图 4.12，8a）。人面像位于一块直立石板的底座上，一条末端分叉的水平线将人面像面部分为上下两部分。下面部分用两个一端分叉的线条构成嘴的形状，上部分则用三个圆圈表示眼睛，其中一只眼睛旁边装饰有类似眉毛的线条，另一侧线条脱落。两只眼睛内侧各有一条对称且向外弯曲的线条，线条下端与水平横线相连。该幅人面像并非处在同一个平面上，而是位于相接的两个面上，中间两只眼睛以下部分位于一个较窄的平面上，顶部的眼睛则位于较宽平面的边缘。图像颜色的保存情况不一，除了剥落部分外，较窄平面上保存得较好；而较宽平面上的颜料已经很难辨别了。由于墓葬中的环境大致是相同的，而不同岩面上的图像保存状况如此不同，很可能表明人面像的年代比墓葬更早。人面像最先被制作在该地区的某块岩石上，由于画面所处的两个岩面角度不同，受风雨侵蚀的程度不同，保存状况出现较大差异，之后，图像随着石板被移进墓中成为墓葬构件的一部分。另外，从颜料褪色的程度来看，该幅图像在被移入墓中之前已经在外面暴露了很长时间。因此，

① Лазаретов И. П., *Окуневские Личины Джойского Типа — Маркёры Древних Путей*. В Ермоленко Л. Н. и т. д.（ред.），Наскальное Искусство в Современном Обществе（К 290 - летию Научного Открытия Томской Писаницы），с. 63.

② Есин Ю. Н., *Малоарбатская Писаница：Изображения Эпохи Бронзы Археология*. Этнография и Антропология Евразии，2012（3）.

③ Есин Ю. Н., *Малоарбатская Писаница：Изображения Эпохи Бронзы Археология*. Этнография и Антропология Евразии，2012（3）.

其年代可能早到铜石并用时代。

但是，我们必须注意到，该幅图像除了具有"焦伊斯基"的某些特点外，还具有奥库涅夫文化人面像的一些特征，如人面像眼睛附近有类似眉毛的斜线、具有第三只眼睛等，这说明该幅图像可能是两者共同的源头，而典型的"焦伊斯基"类型岩画年代比其要晚。

除了人面像之外，在该块岩石的顶部还有一个研磨而成的类似脚印的岩画，有三到四个脚趾，似乎是在该石板靠近顶部的一个窟窿上敲凿而成。这种脚印图像并不常见，不过从我国史籍所载姜嫄"履巨人迹"而生周人始祖后稷的传说来看，这种类型的岩画应该很早就存在，可能随着人们生产活动的加剧而被破坏掉了。

综上所述，中叶尼塞河地区眼睛和嘴巴之间有横线（包括岩绘画的 Cc 型和岩刻画的 Cb 型）、额头有三只眼、头顶有弓形轮廓的人面像岩画年代均可以归入奥库涅夫文化的早期阶段，即公元前 2500～前 2000 年。

3. Cd 型人面像岩画的年代

Cd 型人面像岩画的特征是眼睛和嘴巴之间有"十"字形交叉线（图 4.14，1），这类图像在米努辛斯克盆地草原地带奥库涅夫文化的人面像中也有发现（图 4.14，2～5）。

其中一个石柱位于哈卡斯共和国希拉区乔尔诺耶湖附近（图 4.14，2），另一个石柱位于阿斯基兹区一个塔加尔文化墓地的石围中（图 4.14，3），人面像均为敲凿而成，但与人面像岩画不同，其并不用垂直的椭圆形轮廓来表示眼睛。另外，在其中一个石柱上，四或五个这种类型的人面像（在眼睛和嘴巴之间有"十"字形交叉斜线）垂直排列在一个三眼人面像的头饰上，头饰位于头顶中间位置，呈立柱状，顶端有一初月形图案，立柱两侧有向外伸出的曲线（图 4.14，2）。这种风格的三眼人面像属于典型的奥库涅夫文化作品，其头饰上的几个人面像可能是后来添加上的。这主要表现在以下两个方面：第一，柱状头饰被水平横线分成若干个小部分，但是其中一小部分中间仅有交叉线，并无表示眼睛和嘴的装饰；第二，在同一地区还发现了另外一个具有类似风格人面像的石柱（图 4.14，5），该人面像的柱状头饰同样被水平线分成几个小部分，但是与前者不同，其每个小部分仅装饰有交叉线，而无眼睛和嘴巴。这表明，眼睛和嘴巴并非最初就有，很可能是后来的艺术家添加上去

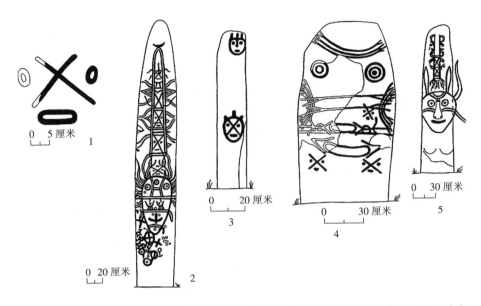

图4.14 面部带交叉线的人面像岩画及奥库涅夫文化中的类似图像（2～5采自 Леонтьев Н. В.，Капелько В. Ф.，Есин Ю. Н.，*Изваяния и Стелы Окуневской Культуры*）
1. 小阿尔巴特人面像岩画　2～5. 奥库涅夫石柱和石雕像

的。同时也表明，该幅图像（图4.14，2）中三眼人面像的年代早于面部带交叉线人面像的年代。

在另外一幅图中，这种面部带有"十"字形交叉线的人面像叠压在一个典型的"焦伊斯基"类型人面像上（图4.14，4）。前文述及，后者属于奥库涅夫文化的中晚期阶段，而叠压其上的面部带有"十"字形交叉线的人面像年代则更晚，可能属于奥库涅夫晚期阶段。

（四）D 型人面像岩画的年代

D 型人面像岩画是对有轮廓人面像岩画的统称，彼此间差异较大，也需要分别进行断代。

1. Db 型人面像岩画的年代

Db 型岩画的基本特点是人面像具有太阳的外形，脸部轮廓外侧围以若干芒线。由于该类图像同时涉及岩刻画和岩绘画两类，故将其放在一起讨论。其中三幅图像的芒线为九根，均为岩刻画（图4.15，4～6），三幅岩绘画人面像芒线数目多于九根（图4.15，1～3）。此外，这类图像在俄罗斯黑龙江下游以及中国北方的宁夏、内蒙古地区也多有发现，但中国北方地区和西伯利亚类似图像的关系还不是很明确，因此在这里仅列举前者的相关图像。

图4.15 西伯利亚地区具有太阳外形的人面像岩画①

1～6. 叶尼塞河流域 7、9、14. 黑龙江下游 8、10、12. 乌苏里江 11. 结雅河 13. 外贝加尔 15. 阿尔丹河（1～3、15 为岩绘类；4～14 为岩刻类）

此类图像在奥库涅夫文化的石柱和石板上多有发现（图4.16，1～9）。虽然这些石柱和石板均位于地面上，没有地层关系可以断代，但通过前面的论证，我们可以看出，其上的不少图像均属于奥库涅夫文化早期。有几幅图像眼睛和嘴巴之间有水平线条，其中一幅图像面部有括弧，这些都是奥库涅夫文化早期的特征（图4.16，1、4、5、6、9）。另外，在伊兹里赫—塔斯岩画中，面部带括弧、眼睛和嘴巴之间有水平线以及带太阳射线的人面像共存，这些人面像很可能是同一时期制作的，进

---

① 1～6 见表3.1 和表3.2；7、12、14 采自 Лапшина З. С., *Личины Петроглифов Амуро - Уссурийского Комплекса：Структура Рисунка и Художественный Образ*. В Ермоленко Л. Н. и т. д.（ред.），Наскальное Искусство в Современном Обществе（К 290 - летию Научного Открытия Томской Писаницы）. Кемерово：Кузбассвузиздат，Том 2，2011，c. 67；8～11、13、15 采自 Дэвлет Е. Г.，Дэвлет М. А.，*Мифы в Камне. Мир Наскального Искусства России*，c. 127 - 128.

一步证明了该类型人面像岩画属于奥库涅夫文化早期（见图2.42）。

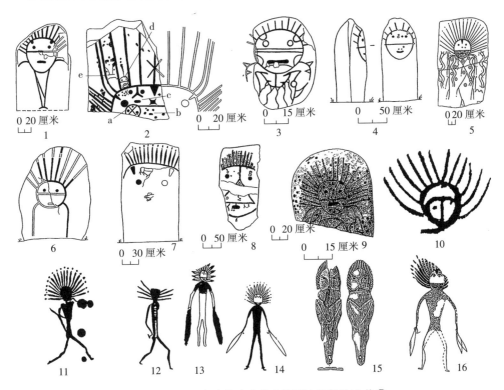

图4.16　北亚古代艺术中的太阳形人面像和人像①

1～9. 奥库涅夫文化人像　10. 卡尔巴克—塔什岩画中的人面像　11～14. 卡拉科夫文化人像　15. 克拉布里克1号墓葬出土人像　16. 别索泽克墓葬出土人像（1～9. 哈卡斯；10～15. 阿尔泰）

另一块石板上制作了数幅人面像，其中最大的一幅带有太阳射线，由于石板的损毁，仅保留图像的局部（图4.16，2）。三幅图像制作于其轮廓内（图4.16，2a、2b、2c），另外两幅制作在射线的空隙间（图4.16，2d、2e）。因此，这些图像的年代都晚于带有太阳射线人面像的年代，或者与其年代相同。此外，我们注意到，有三幅图像都属于奥库涅夫文化早期（图4.16，2b、2c、2d），这进一步证明了

---

① 1～9 采自 Леонтьев Н. В.，Капелько В. Ф.，Есин Ю. Н.，*Изваяния и Стелы Окуневской Культуры*；10 采自 Кубарев В. Д.，*Петроглифы Калбак - Таша I*（*Российский Алтай*），с. 390；11～14，16 采自 Кубарев В. Д.，*Шаманистские Сюжеты в Петроглифах и Погребальных Росписях Алтая*. Древности Алтая，2001（6）；15 采自 Грушин С. П.，Кокшенев В. В.，*Захоронение с Антропоморфной Скульптурой в Среднем Причумышье*. В Кирюшин Ю. Ф.（отв. ред.），Аридная Зона юга Западной Сибири в Эпоху Бронзы. Барнаул：Алтайский Государственный Университет，2004，с. 42.

将该类型人面像岩画的年代归入奥库涅夫文化早期是允当的。

这种类型的图像在卡拉科尔文化（Каракол Культура）中同样有所发现。卡拉科尔文化是根据 1985 年在戈尔诺—阿尔泰昂古代地区（Онгудайский Район）的卡拉科尔村发现的一处墓地而命名的。该墓地由苏联科学院新西伯利亚分院历史、语言、哲学研究所北亚考古探险队东阿尔泰支队主持发掘，其领队为 В. Д. 库巴列夫。通过对其中四座墓葬的发掘，确定其年代为青铜时代早期。墓葬具有一些共同的特点，具体表现为：在墓坑上方均覆盖一块石板，人体骨骼和墓坑的底部均有红色的赭石颜料，两腿之间安放一球形陶器，这种类型的陶器在阿凡纳谢沃文化中也有发现。卡拉科尔文化与阿尔泰地区的阿凡纳谢沃文化共存，并且与哈卡斯盆地的奥库涅夫文化产生时间也大致相同，相互之间很可能存在着某种程度的文化交流。

墓葬石板上发现大量"日首人身"的"太阳人"图像。有些用黑、红、白等颜料绘制而成（图 4.16，13、14），有些用工具敲凿而成（图 4.16，11、12）。在 1988 年出版的著作中，В. Д. 库巴列夫曾将"日首人身"形人像分为两期："第一期为公元前 3 千纪下半叶，第二期为公元前 3 千纪末至公元前 2 千纪初。"[1] 这两期均属于青铜时代早期。但是，正如作者所言，两者的差别很小，也很难区分。而在 2001 年发表的另一篇文章中，他将若干人像的年代定在"公元前 2 千纪初"（图 4.16，11 ~ 14）[2]，这其中就包含了一幅之前被认为属于第一期的图像（图 4.16，11）。另外一幅图像的眼睛和嘴巴之间有水平横线，眼睛中间有一竖线条（图 4.16，13），这些特征在奥库涅夫文化人面像中都存在，这表明卡拉科尔文化和奥库涅夫文化之间可能发生过交流，共享过某种精神观念，而类似的艺术作品正是这种精神观念外在化的体现。具有相同特征的人面像岩画在阿尔泰地区的卡尔巴克—塔什岩画中也有发现（图 4.16，10）。同时，在该篇文章中 В. Д. 库巴列夫还提到了阿尔泰地区别索泽克（Бешозек）墓葬盖板上的一幅图画，与卡拉科尔人像非常类似，其年代同样被断在公元前 2 千纪初（图 4.16，16）。

另外，在阿尔泰边疆区的克拉布里克 1 号墓葬（Могильнике Кораблик - I）中

① Кубарев В. Д., *Древние Росписи Каракола*. Новосибирск：Наука，1988，с. 96 – 103.
② Кубарев В. Д., *Шаманистские Сюжеты в Петроглифах и Погребальных Росписях Алтая*. Древности Алтая，2001（6）.

发现两件"日首人身"形的骨质人像，年代为青铜时代早期，即公元前 3 千纪末至公元前 2 千纪初（图 4.16，15）。根据 B. B. 科克舍涅夫（Кокшенев В. В.）的描述，人像上撒有赭石粉末①。

再来看俄罗斯远东乌苏里江和阿尔丹河的两幅图像（图 4.15，12、15）。其中一幅为船形图像和头部轮廓带有射线人面像的组合图像（图 4.15，12）。А. П. 奥克拉德尼科夫在研究欧亚大陆北部和中部太阳与船组合的岩画时指出："其（图像组合）与广泛分布于埃及和前亚（俄语 Передняя Азия，等同于"西亚"——笔者注）的太阳船图像一样都是太阳神话的反映。"② 在这点上，А. А. 福尔莫佐夫与 А. П. 奥克拉德尼科夫观点相同③，但同时他又认为，"在承认艺术发展一般性规律的同时，我们并不能将所有各种各样的岩画归为链条上的一个环节……地中海沿岸或者前亚的艺术并不是像西伯利亚森林地区那样发展起来的"④。这表明，西伯利亚的太阳形人面像可能还有更深的文化背景。

另一组图像事实上由三幅用红色颜料绘制的图像构成（图 4.15，15）。其中两幅图像为一组，属于同一时期，题材为猎鹿，人像头部缺失（图 4.15，15a、15b）。在鹿的身体下方绘制了一幅太阳形人像，人像部分射线叠压在鹿腿上（图 4.15，15c）。西伯利亚的驼鹿普遍被认为属于新石器时代，是整个地区年代最早的图像之一。人面像叠压其上，年代稍晚，笔者认为大致在距今 4430～3630 年，属于俄罗斯远东新石器时代的沃兹涅先诺夫卡文化，关于这一点将在第六章重点论述。此外，在俄罗斯外贝加尔的贝尔卡（Бырка）岩画点还发现一幅类似的人面像，人面像用红色颜料绘制，旁边立有一人，人的一只手与人面像的外轮廓相连（图 4.15，13）。

综上，我们可以得出如下结论：叶尼塞河地区的"太阳"形人面像岩画属于青

---

① Грушин С. П.，Кокшенев В. В.，*Захоронение с Антропоморфной Скульптурой в Среднем Причумышье*. В Кирюшин Ю. Ф.（отв. ред.），Аридная Зона юга Западной Сибири в Эпоху Бронзы，с. 35－48.

② Окладников А. П.，*Олень Золотые Рога. Рассказы об Охоте за Наскальными Рисунками*.

③ ［苏］А. А. 福尔莫佐夫：《苏联境内的原始艺术遗存》，路远译，西安：陕西师范大学出版社，1992 年，第 41～44 页。

④ Формозов. А. А.，*Всемирно－Исторический Масштаб или Анализ Конкретных Источников*，1969（4）.

铜时代早期，年代约在公元前 2500～前 2000 年。其与俄罗斯远东的类似人面像岩画
可能存在某种关系，至少共享着某种文化观念。

    2. Dc 型人面像岩画的年代

    Dc 型岩画的主要特点是人面像有心形轮廓。为了不重复论述，在此将岩刻画一些
相关的类型一并纳入进行讨论（图 4.17，6～9）①。其中一幅图像戴有射线状头饰，

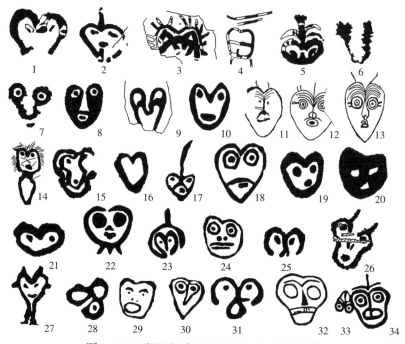

图 4.17　亚洲北部地区心形轮廓人面像岩画②

1～9、11～13. 叶尼塞河流域③　10、15、16、18、19、26、27. 托姆河　14. 阿尔泰　17、24. 黑龙江下
游　20. 卡通河　21、25. 勒拿河　22、23. 乌拉尔西北部　28～30. 内蒙古阴山　31. 宁夏贺兰山　32～
34. 西辽河（1～5 为岩绘类；6～34 为岩刻类）

---

①　格奥菲济克岩画中虽然有部分图像也有心形轮廓，但其眼睛和嘴巴均由较深的凹穴组成，应与该块石
　　板上其他的凹穴类岩画属于同一时期或者同一文化系统，需要单独研究，故不列入该类型进行分析
　　（见表 3.2，225、227、228、230）。

②　1～9 见表 3.1 和表 3.2；10～14 采自 Заика А. Л.，*Личины Нижней Ангары*，с. 125、140；15～27 采自
　　Ковтун И. В.，*Петроглифы Висящего Камня и Хронология Томских Писаниц*；28～30 采自盖山林：《阴
　　山岩画》；31 采自李祥石、朱存世：《贺兰山与北山岩画》；32～34 采自朱利峰：《环太平洋视域下的
　　中国北方人面岩画》。

③　其中三幅图像（图 4.17，11～13）位于安加拉河中游的“长石滩”（Долгий Порог），因为不能确定
　　其具体位置，加之该地区距离本书研究区域较远，故没有将其列入研究范围。

前文已经论证，在此不作赘述。

在俄罗斯黑龙江下游的沃兹涅先诺夫卡文化陶器上发现了几幅心形轮廓人面像（图4.18，1、2）。图像用颜料绘制而成，属于新石器时代晚期，年代约为公元前4千纪末至公元前2千纪①。这种构图方式可能对本地区的心形人面像岩画产生过影响。

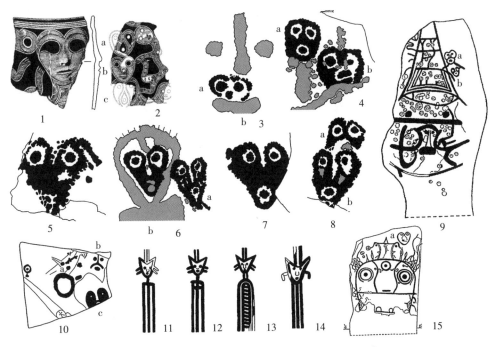

图4.18　西伯利亚地区古代艺术中的心形人面像②

1、2. 沃兹涅先诺夫卡文化陶器　3～8. 乌准—哈尔墓葬石板　9～10、15. 奥库涅夫石板　11～14. 萨穆希文化

类似图像在奥库涅夫石板上也有发现，表明奥库涅夫文化曾经与该类型岩画产生过联系，但两者的影响关系还需要进一步探讨。其中一块石板上发现有三幅图像，

---

① Медведев В. Е. , *Неолитические Культовые Центры в Долине Амура.* Археология，Этнография и Антропология Евразии，2005，№ 4（24）．

② 1～8 采自 Заика А. Л. , *Сердцевидные Личины в Петроглифах Южной Сибири.* Научное Обозрение Саяно－Алтая，2013（1）；9、10、15 采自 Леонтьев Н. В. ，Капелько В. Ф. ，Есин Ю. Н. ，*Изваяния и Стелы Окуневской Культуры*；11～14 采自 Есин Ю. Н. ，*Древнее Искусство Сибири：Самусьская Культура.*

均由敲凿而成（图 4.18，9）。最大的图像位于石板下方，眼睛和嘴巴之间有横线，这是奥库涅夫文化早期的特征之一；头顶有一梯形头饰，顶部残损，右侧一颅骨形人像将其打破（图 4.18，9a）；颅骨形人像身体内嵌套一个心形人面像（图 4.18，9b），该幅图像的年代应该最晚，与叶尼塞河流域两幅人面像岩画非常相似（图 4.17，7、8）。另一块石板上有三幅图像，其中两幅图像具有奥库涅夫文化早期特征（图 4.18，10a、10b），另一幅心形人面像下部缺失（图 4.18，10c），但从保留部分看，同样与上述两幅岩画（图 4.17，7、8）非常相似，其年代可能相同，均属于奥库涅夫文化早期。上述叶尼塞河流域两幅图像均位于萨满石岩画中，表明萨满石类型的岩画可能经历了从奥库涅夫早期到更晚阶段的发展过程。另一块奥库涅夫石板上发现了一幅有轮廓心形人面像（图 4.18，15a），人面像较小，位于一幅较大的奥库涅夫早期人面像的右上角，年代可能比较接近。叶尼塞河流域两幅图像（图 4.17，1、2）与其类似，故年代大致可以认为属于奥库涅夫文化早期阶段。

现在我们对萨满石上的两幅人面像岩画作进一步讨论。О. В. 科瓦列娃认为，奥库涅夫造像传统最晚的亚型集中在萨满石岩画中，其大多数（包括人面像——笔者注）被断代为青铜时代晚期，约为公元前 11 至前 8 世纪[①]。А. Л. 扎伊卡也认为，"图伊姆"类型（即乌准—哈尔墓葬人面像类型，图 4.19，萨满石岩画就属于该类型——笔者注）剪影式的心形人面像不晚于铜石并用时代，在奥库涅夫文化传统区的岩画中不断得到传承，其"孑遗的"类型一直延续到青铜时代晚期[②]。

实际上，上述两位学者将萨满石岩画年代断在青铜时代晚期的主要依据应该是岩画中有大量的双轮马车、车轮和青铜短剑（见图 2.43）。诚然，上述因素的确均可以归为青铜时代晚期，但另一方面，整个萨满石有 164 幅图像，即便是人面像岩画所在的石板下面部分也有 84 幅之多。岩画密集排列，打破关系明显，很难归入同一个时期。事实上，在世界范围内，晚期的艺术家利用早期的岩面重新作画的例子比比皆是。我们注意到，其中一幅人面像被两个圆圈打破（见图 2.43，a），而这两个圆

---

① Ковалева О. В., *Наскальные Рисунки Эпохи Поздней Бронзы Минусинской Котловины.* Новосибирск：Институт Археологии и Этнографии Сибирское Отделение Российской Академии Наук，2011，с. 86.

② Заика А. Л., *Сердцевидные Личины в Петроглифах Южной Сибири.* Научное Обозрение Саяно - Алтая，2013（1）.

图4.19（彩版六）　乌准—哈尔墓葬石板上的人面像（肖波拍摄于米努辛斯克博物馆）

圈很可能表示车轮。整幅画面中，车轮的形态各异，数量众多，左下方的 4 个表示
车轮的圆圈相互叠加在一起，而其中一幅图像就与打破人面像的车轮类似（见图
2.43，c）。而这幅车轮图像又被另外的一幅更加标准的车轮图像打破。表明人面像
岩画比双轮马车的年代要早得多。

　　现在，我们通过乌准—哈尔墓葬石板上的图像来进一步讨论该类型岩画的年代。
乌准—哈尔墓位于哈卡斯共和国希拉区的图伊姆河岸边，在两块用于墓葬盖板的砂
岩石板残片上发现了大量图像（石板分别为：103 厘米 × 130 厘米和 90 厘米 × 102 厘
米），包括很多人像和人面像，这些图像在奥库涅夫艺术中并不常见。

　　其中几幅人面像（图4.18，5 ~ 8）与萨满石岩画中的形象类似。一幅无轮廓图
像的鼻子和嘴巴之间后来又刻上了一幅有轮廓人面像，但后者刻槽比前者浅得多
（图4.18，3；图4.19，d、e）。除此之外，存在一些人面像之间的打破关系。其中一
幅图像被后来者在原有的人面轮廓下方用敲凿法添加了身体和腿（图4.18，6b；图
4.19，a、b），制作技法迥异于人面部分，凿痕较浅，并且打破了人面像的下部轮
廓，显示出其与人面像处于不同的时代。这也从一个侧面表明了该地区存在着后代
作画者对前代图像进行添加、修改的传统。此外，该幅图像还存在着后期图像打破

前期图像的情况。前者是一个典型的无轮廓人面像，水珠状的眼睛轮廓与嘴巴相连，用敲凿法制成，凿痕很浅，五官甚至需要仔细辨认才能区分清楚（图 4.18，6a；图 4.19，c），其左上角部分打破了另一幅人面像的外轮廓（图 4.18，6b；图 4.19，a）。从制作方式和制作痕迹的深浅来看，该幅人面像与其余几幅图像的差异都较大，表明其可能是后人模仿前人的结果。同时，这也表明该块石板上图像的年代可能早于墓葬的年代，在被安置于墓葬之前，石板上的人面像已经经历过若干发展阶段。

关于该墓葬石板上岩画的年代，发掘者 Л. Р. 克兹拉索夫和 И. Л. 克兹拉索夫认为岩画出自"铜石并用时代墓葬中"①；后来的学者在进行更细致的分析后认为，"岩画出自其中一个奥库涅夫文化墓葬的石板上"②。由于岩画早于墓葬被制作，笔者倾向于将其年代定在铜石并用时代。而该石板位于中叶尼塞河地区，该地区的铜石并用时代即阿凡纳谢沃文化时期，据俄罗斯学者对该地区 32 个属于阿凡纳谢沃文化的标本做的碳十四测年，"其年代为 4820±50 至 3700±80 年，校正后年代为公元前 3706～前 3384 至公元前 2389～前 1883 年"③，А. В. 博利亚科夫对上述数据分析后认为，"中叶尼塞河地区的阿凡纳谢沃文化年代在公元前 3300 年至前 2500 年之间，但也不排除其上限达到公元前 3700 年"④。综合以上分析，我们认为该块石板的年代大致在公元前 3300 至前 2500 年之间。

至于岩画的年代可能更复杂一些。这种剪影式心形人面像从奥库涅夫文化早期到较晚的时期都存在（图 4.18，9b、10c），表明这种风格延续了很长时间。但另一方面，萨满石岩画的年代早于二轮马车和青铜短剑的年代（青铜时代晚期），故将其断在铜石并用时代至青铜时代早期是比较合适的，具体来说，为公元前 3300～前 2500 年。

此外，在托姆河沿岸的"悬石"（Висящий Камень）岩画点也发现了不少此类图像（图 4.17，10、15、16、18、19、26、27）。托姆河是鄂毕河的右支流，岩画点

① Заика А. Л.，*Сердцевидные Личины в Петроглифах Южной Сибири*. Научное Обозрение Саяно – Алтая，2013（1）.

② Ковалёва О. V.，*Наскальные Рисунки Эпохи Поздней Бронзы Минусинской Котловины*，с. 25.

③ Поляков А. В.，*Радиоуглеродные Даты Афанасьевской Культуры*. В Степанова Н. Ф.，Поляков А. В.（отв. ред.），Афанасьевский Сборник，с. 170.

④ Поляков А. В.，*Радиоуглеродные Даты Афанасьевской Культуры*，с. 164.

位于克麦罗沃市的下游。萨穆希文化中发现了几幅类似的图像，可以作为其年代参考依据（图4.18，11~14）。前文已指出，萨穆希文化年代大致在公元前2千纪中期至公元前13或12世纪之间。托姆河地区的心形人面像岩画的年代大致与其相当。

综上，我们可以得出如下结论：属于岩刻类Cf型的萨满石岩画的年代可能属于铜石并用时代至青铜时代早期。同属Cf型的另外两幅图像与其类似，情况可能相同（图4.17，6、9）。也就是说，岩刻类的Cf型岩画年代均属于铜石并用时代至青铜时代早期，大致在公元前3300~前2500年之间。而岩绘类的Dc型年代则稍晚，属于青铜时代早期，约为公元前2000~前1500年。

3. Dd~Df型人面像岩画的年代

Dd~Df三个类型图像数量不多，为了简化论证过程，将其放在一起进行讨论。另外，岩刻画中的一些类似图像也一并进行年代分析。

三个类型中五幅图像有发辫（图4.20，1、3、6），这种图像在托姆河的"悬石"岩画中经常可见（图4.21）。因为目前仅在萨穆希文化中发现数量众多的人面像，而且部分人面像构图与其类似，因此，把这些图像均归入萨穆希文化范围内。其中一幅图像与"悬石"岩画的相似度很高（图4.20，6），二者之间可能存在某种关系。学术界现在已经确认，奥库涅夫文化与萨穆希文化曾经发生过交流，在克拉斯诺亚尔斯克边疆区南部的丘雷姆河左岸发现了一处新石器时代的乌瓦雷遗址（Стоянка Увалы），同时存在上述两种文化因素（详见第六章）。现在还很难确定两者的影响关系，但是，从其中一幅图像带有心形轮廓来看，其年代可能属于奥库涅夫文化早期（图4.20，1b）。

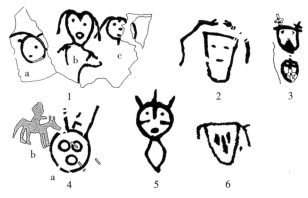

图4.20　岩绘类Dd~Df型人面像岩画（图片来源见表3.1、3.2）

1~5为岩绘类　6为岩刻类

图 4.21　托姆河岩画（采自 Ковтун И. В., *Петроглифы Висящего Камня и Хронология Томских Писаниц*, с. 74）

　　另外，我们注意到，有一幅图像身体部分呈菱形（图 4.20，5）。这种图像在阿尔泰卡尔巴克—塔什岩画中也有发现（图 4.22，1），图像头部轮廓呈心形，外面有射线状线条，属于奥库涅夫文化早期。另外，克拉布里克 1 号墓葬人像的身体部分也有此类特征，年代与奥库涅夫文化早期相当（图 4.22，2）。而前述图像（图 4.20，5）位于下安加拉河地区，年代可能稍晚，应属于青铜时代早期；此外，其与心形人面像共存（见图 2.73；图 4.17，1），前文已经论证，后者年代属于青铜时代早期，进一步证明上述观点。同时，与其共存的还有两幅图像（图 4.20，2、3），同发现于安加拉河下游的维杜姆斯基—贝克岩画点，年代可能大致相当。此外，还有一幅图像戴有三根线条的头饰，并且被晚期的人骑马图像打破，年代应与上述图像年代相当（图 4.20，4）。

　　综上所述，Dd 型人面像岩画的年代为奥库涅夫文化早期，即公元前 2500～前 2000 年，而 De、Df 年代则为青铜时代早期，即公元前 2000～前 1500 年。

　　（五）岩绘画与奥库涅夫艺术关联性的再探讨

　　前文论及，在若干奥库涅夫石柱的人面像轮廓处发现有红色颜料的残迹，类似情况在其他一些奥库涅夫文化人面像中也存在。例如，哈卡斯共和国希拉区希拉镇的一块奥库涅夫石板上发现了一幅敲凿而成的人面像，人面像头上带有呈发散状的太阳芒线，在其面部凹槽处有红色颜料残迹，但保存状况很差；此外，在其射线状头饰中也发现红色颜料残迹，较前者而言，保存状况较好（图 4.23，1）。研究者认

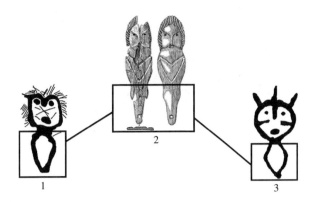

图 4.22 身体部分呈菱形的图像①

1. 阿尔泰 2. 克拉布里克 1 号墓葬 3. 维杜姆斯基—贝克

为，"该幅人面像在奥库涅夫时期面部是涂红的，而现在仅留下白色的刻画线"②。

2014 年，Ю. Н. 叶欣等人发表了《米努辛斯克盆地奥库涅夫文化岩画中的颜料》一文，对这一问题进行了详细探讨。作者运用自然科学的方法对米努辛斯克盆地奥库涅夫文化五个人面像样本上的颜料残迹进行了分析并认为，"红色颜料的主要成分是赤铁矿（三个样本），而其中一个样本含有大量的赭石。所有样本的赤铁矿中都含有大量水晶。黑色颜料（两个样本）含有木炭（这提供了对奥库涅夫岩画进行直接测年，以及判明使用木材种类的可能性），这些木炭均被研磨过"③。

其中一个样本来自波尔塔科夫村（Село Полтаков）的一块石柱残片。在该残片上发现了大量的人面像，其中最大幅人面像的内外还有大量的小型人面像，似乎是对前者的模仿，形态差异较大，所有这些图像均为敲凿而成。石柱表面涂以红色颜料，而岩画轮廓的敲凿痕迹则呈黑色（图 4.23，4）。另外，在乌伊巴特—恰尔科夫（Уйбат - чарков）1 号墓地的一块石板残片（图 4.23，5）以及乌伊巴特河流域的一根石柱上（图 4.23，3），同样发现了这种人面像的制作方式。虽然人面像的轮廓均

---

① 1 采自 Кубарев В. Д.，*Шаманистские Сюжеты в Петроглифах и Погребальных Росписях Алтая.* Древности Алтая，2001（6）；2 采自 Грушин С. П.，Кокшенев В. В.，*Захоронение с Антропоморфной Скульптурой в Среднем Причумышье*，с. 42；3 采自 Заика А. Л.，*Личины Нижней Ангары*，с. 117.

② Есин Ю. Н.，*Тайна Богов Древней Степи*，с. 107.

③ Есин Ю. Н.，Магай Ж.，Руссельер Э.，Вальтер Ф.，*Краска в Наскальном Искусстве Окуневской Культуры МинусинскойКотловины.* Российская Археология，2014（3）.

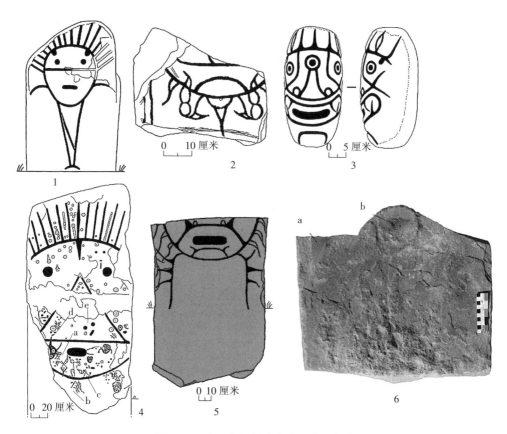

图 4.23 涂红色颜料的奥库涅夫石柱①

呈黑色，而石板表面呈红色，但并非表明是石板表面先涂红，然后再制作人面像。
事实上，是人面像先制作完成后，再在表面整体涂以红色，但是由于时间久远，轮
廓沟槽中的红色颜料逐渐褪去，仅留下一些残迹依稀可见。我们知道，岩绘类的 A
型（"焦伊斯基"类型）均为红色颜料绘制而成，而奥库涅夫文化人面像中使用红色
颜料的情况表明，这两者之间除了构图上有共同点之外，在制作方法上也有某种关
联。并且，使用红色颜料的奥库涅夫文化人面像中的一些图像要素也与焦伊斯基
"简单"型人面像岩画的某些要素类似，如眼睛和嘴部之间有一横线（图 4.23，1）、
仅有眼睛和嘴巴（图 4.23，4d、4e）、面部带有交叉线（图 4.23，4a、4b、4c）以

① 1 采自 Есин Ю. Н. , *Тайна Богов Древней Степи*；2 ~ 6 采自 Есин Ю. Н. , Магай Ж. , Руссельер Э. ，
Вальтер Ф. , *Краска в Наскальном Искусстве Окуневской Культуры Минусинской Котловины*.
Российская Археология，2014（3）.

及有第三只眼（图4.23，3）等，进一步表明二者之间的确存在着某种关联，这也表明用奥库涅夫文化人面像对该类型岩画进行断代具有一定的合理性。

而另一件位于乌伊巴特—恰尔科夫1号大墓的石柱残片上也发现了一些颜料残迹（图4.23，6）。在石板较宽一面的顶端中心部位敲凿了一个凹穴，在凹穴边缘地带残留一些红色颜料痕迹（图4.23，6b）；且石板一侧上部位置被研磨过，上面同样有红色颜料痕迹（图4.23，6a）。此外，还有一个样本来自伊特科尔（Иткуль）2号墓地14号大墓的墓葬石板。该墓葬为石墓，位于大墓的中心位置，石板覆盖在石墓表面，图像则位于该石板的宽面上（图4.23，2）。石板下部残留有人面像的部分轮廓，从类型上来看，具有典型的奥库涅夫艺术特征。石板通体被涂成红色，但其刻槽内还保留着部分黑色颜料残迹。

其他奥库涅夫石柱和石板的人面像上虽然没有发现红色颜料，但很可能是时间太久，保存不好而流失掉了。红色颜料的广泛应用，进一步证明了奥库涅夫艺术和该地区两种类型的人面像岩画都有密切的关系，而奥库涅夫人面像很可能是众多类型人面像岩画的源头。

二　岩刻画年代的断定

岩刻画可以划分为四个类型。其中A型和B型主要位于上叶尼塞河地区，以穆古尔—苏古尔岩画点为代表；C型主要位于中叶尼塞河地区，以伊兹里赫—塔斯岩画点为代表；D型主要位于下安加拉河地区，以格奥菲济克岩画点为代表。"穆古尔—苏古尔"类型人面像岩画的典型特征是在头部上方有触角，大多数岩画在中间的触角顶端有圆点或者圆圈。"伊兹里赫—塔斯"类型人面像岩画绝大多数都可以在奥库涅夫艺术中找到类似图像，基本上可以归为奥库涅夫文化类型。"格奥菲济克"类型主要特点是用较深的凹穴表示眼睛和嘴巴，有些图像还在眼睛和嘴巴外加上圆圈或者双圆圈表示脸部轮廓。现按照上述四个类型分别对岩刻画的年代进行讨论。

（一）A型人面像岩画的年代

关于"穆古尔—苏古尔"类型（A型和B型）人面像岩画的年代，俄国学术界观点比较一致，均认为其属于青铜时代。如 A. П. 奥克拉德尼科夫"将比日克提克—哈亚人面像岩画的年代断为青铜时代，或者更确切地说，属于奥库涅夫时期"①。
而在谈到穆古尔—苏古尔岩画时，A. A. 佛尔莫佐夫写道："最有趣的是 30 幅面具。
有公牛角或者 3 只角的头饰，在面颊处有表示刺青的条纹和括弧，所有这些都将图
像和奥库涅夫的雕刻面具联系在一起。"② 稍后，M. A. 杰夫列特在《乌鲁克海姆岩
画》一书中指出："某些奥库涅夫岩画与钦格—穆古尔—苏古尔组岩画存在着某种无
可争议的相似性。"③ 她认为："图瓦岩画，包括面具图像在内，比米努辛斯克盆地的
奥库涅夫人像年代要晚。奥库涅夫时期可以看作是图瓦面具图像年代的下限，而上
限是前斯基泰时期。"④ 正如 M. A. 杰夫列特前文中已经指出的，"萨彦峡谷岩画的特
点是靠近水源并且面向河流……在阿尔德—莫扎加崖壁上的人面像布局中一种明确
的规则可以被观察到：离叶尼塞河越近，它们与河流的方向越一致，与穆古尔—苏
古尔经典的类型越相似，也越古老。我们必须假定最古老的人面像被刻在岩画数量
不多的崖壁上，位于河水边并与水流的方向保持一致"⑤。Л. Д. 恰达姆巴也认为：
"米努辛斯克盆地和图瓦的奥库涅夫艺术互相紧密地联系在一起，首先是通过风格上
有所模仿的大量带角的人面像岩画来实现的。"⑥ 随后，他进一步写道："图瓦地区暂
时还没发现石器时代的岩画，最早的岩画属于青铜时代。" 具体来说，属于青铜时代
的岩画有"面具（即人面像——笔者注）、蘑菇状头部的人像、战车以及其他一些图
像，但是最主要的图像是公牛"⑦。下面，笔者就在前人研究的基础上，对该类型人
面像岩画的年代进行具体讨论。

---

① Окладников А. П., *Лики Древнего Амура*，с. 75.

② Формозов А. А., *Наскальные Изображения в Центральной Туве*. В Рыбаков Б. А. （отв. ред.），
Археологические Открытия 1966 Года. Москва：Наука，1967，с. 133 – 134.

③ Дэвлет М. А., *Петроглифы Улуг – Хема*，с. 16.

④ Дэвлет М. А., *О Головных Уборах Антропоморфных Изображений Эпохи Бронзы на Верхнем Енисее*. В
Сунчугашев Я. И. （отв. ред.），Вопросы Археологии Хакасии，с. 54.

⑤ Devlet M. A., *Petroglyph on the Bottom of the Sayan Sea*（*Mount Aldy – Mozaga*）. Anthropology & Archeology of Eurasia, Vol. 40, 2002 （1）.

⑥ ЧадамбаЛ. Д.，*Сюжеты и Стили в Наскальном Искусстве Тувы*. Известия Российского
Государственного Педагогического Университета им. Герцена А. И, 2008 （74 – 1）.

⑦ ЧадамбаЛ. Д.，*Сюжеты и Стили в Наскальном Искусстве Тувы*. Известия Российского
Государственного Педагогического Университета им. Герцена А. И, 2008 （74 – 1）.

　　Aa 和 Ab 型人面像岩画基本特点是：用小圆凹表示眼睛；部分岩画用短横线表示嘴巴，部分岩画无嘴巴；用短竖线表示鼻子。这类岩画在我国连云港将军崖岩画中有大量发现（图 4.24，16～27），在宁夏贺兰山岩画中也有若干发现（图 4.24，28）。所有岩画均用敲凿或研磨方式制成，叶尼塞河地区以敲凿法居多，而连云港地区则以研磨法为主。

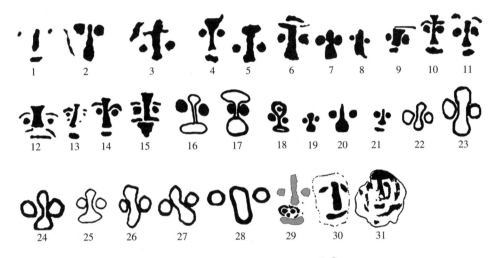

图 4.24　简单无轮廓类型人面像①

1～15. 上叶尼塞河岩画　16～27. 江苏连云港将军崖岩画　28. 贺兰山岩画　29. 乌准—哈尔墓葬岩画
30. 陕西扶风姜西村新石器时代陶塑人面像　31. 陕西陇县新石器时代陶塑人面像

　　在陕西发现了两件具有类似特征的陶塑人面像（图 4.24，30、31）。一件出自扶风姜西村（图 4.24，30），一件出自于陇县（图 4.24，31）。据学者研究，"二者年代均为新石器时代"②。

　　此外，乌准—哈尔墓葬的一块石板上也发现了一幅类似的图像（图 4.24，29）。该幅图像的鼻子和嘴巴之间后来又刻上了一幅有轮廓人面像，但有轮廓人面像的刻槽比上述图像浅得多，表明这类图像的年代很早（见图 4.19，d、e），约为铜石并用时代至青铜时代早期。

---

① 　1～15 见表 3.2；16～27 由中央民族大学张嘉馨博士提供；28 采自贺吉德：《贺兰山岩画研究》；29 采自 Заика А. Л.，*Сердцевидные Личины в Петроглифах Южной Сибири. Научное Обозрение Саяно - Алтая*，2013（1）；30、31 采自盖山林、盖志浩：《内蒙古岩画的文化解读》。
② 　盖山林、盖志浩：《内蒙古岩画的文化解读》，第 94 页。

但是，还不能据此就认为 Aa 型人面像岩画与乌准—哈尔墓葬岩画的年代相同，均属于铜石并用时代，即阿凡纳谢沃时代。为了进一步弄清其年代，本节将回到该地区的考古学文化中进行具体分析。

在阿尔德—莫扎加岩画中，有两幅 Ab 型人面像岩画共存在一个岩面上（图 4.25，1）。其中一幅图像在眼睛下方用两根线条表示眼泪（4.25，1b）[①]。这两幅图像均由敲凿法制成，凿痕深浅及保存状况大致相当，且从构图上看，两者的鼻子、眼睛和眉毛部分也基本相同。可以认为，其制作年代应该也大致相同。

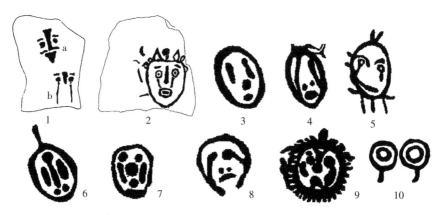

图 4.25　亚洲北部地区带泪珠状线条的人面像[②]

1. 阿尔德—莫扎加岩画　2. 卡拉奥尔加遗址出土人面像　3~7、9~10. 贺兰山和北山岩画　8. 阴山岩画

眼睛下方带有泪珠状线条的人面像在南西伯利亚卡拉奥尔加（Kapa‑Opra）遗址中也有发现（图 4.25，2）。卡拉奥尔加山是位于图瓦共和国乌尤克盆地北部的一座小山冈，在阿尔然 2 号墓东北 2 千米处。2010 年为配合克孜尔—库拉吉诺（Кызыл‑Курагино）铁路建设开展的考古调查中发现了一处遗址，遗址位于山脚下。在 2000 平方米的范围内发现了两个文化层，其年代初步断定为新石器至

① Дэвлет М. А., *Петроглифы на Дне Саянского Моря (Гора Алды‑Мозага)*, с. 83.

② 1 见表 3.2；2 采自 Семёнов В. А., *Плита с Окуневской Личиной со Стоянки Кара‑орга в Туве*. В Ермоленко Л. Н. и т. д.（ред.），*Наскальное Искусство в Современном Обществе（К 290‑летию Научного Открытия Томской Писаницы）*；3~5、7、9 采自李祥石、朱存世：《贺兰山与北山岩画》；6、10 采自贺吉德：《贺兰山岩画研究》；8 采自盖山林：《阴山岩画》。

青铜时代①。在其中的一个探方中发现了一块水平放置于沙土层上的石板，石板上面有一幅人面像，另外一块石板则垂直立置于人面像的额头部分。人面像用石质工具敲凿而成，凿痕宽度为 1 ~ 2 厘米。眼睛为呈锯齿状的圆圈，圆圈中间有点状的眼珠；鼻子为上窄下宽的短竖线；嘴的轮廓中间有一条横置短线；双眼下方有两条分别连到嘴巴上方的竖线，似乎用以表示"眼泪"。其头顶上方有两个三角形的角状物，角状物中间有一类似"天线"的装饰。人面像年代被断为"奥库涅夫时代"②。该幅图像与前述岩画图像虽然有所区别，但共同点也很明显。除了均在眼睛下方用线条表示眼泪之外，都用两条外端稍微向下倾斜的水平短线表示眉毛，用一根短竖线表示鼻子，且眼睛和鼻子的构图非常类似。

因此，可以根据该幅图像的年代来对本地区类似的人面像岩画进行断代，即带有泪珠状线条的人面像属于奥库涅夫时期（图 4.25，1b），而与其共存的另一幅人面像岩画同样属于这一时期。进而我们可以得出如下结论：本地区 Aa 型和 Ab 型人面像岩画年代与其大致相同。

但是，关于卡拉奥尔加遗址出土的人面像，B. A. 谢苗诺夫并未指出其年代究竟属于奥库涅夫的哪个阶段，因此有必要对其进一步分析。前文已经指出，在铜石并用时代的阿凡纳谢沃时期，这种类型的图像在中叶尼塞河的乌准—哈尔墓葬中就已经出现；而在上叶尼塞河的图瓦地区，这种类型的图像则出现于奥库涅夫时期。"图瓦地区的奥库涅夫文化被认为是在萨彦岭的西部地区发展起来的，即萨彦峡谷的乌尤克（Uyuk）、乌斯（Us）和托扎（Todzha）盆地。在这些地区，数量众多的奥库涅夫遗址被人所知，年代上包括该文化的早期和晚期两个阶段。图瓦地区奥库涅夫文化的最初阶段同时受到本地新石器时代文化居民和阿凡纳谢沃文化类型居民的影响。"③ 而另据俄罗斯学者研究，"上叶尼塞河铜石并用时代向青铜时代的转变发生在

① Семёнов В. А. , *Плита с Окуневской Личиной со Стоянки Кара - орга в Туве.* В Ермоленко Л. Н. и т. д. （ред.）, Наскальное Искусство в Современном Обществе（К 290 - летию Научного Открытия Томской Писаницы）, с. 129.

② Семёнов В. А. , *Плита с Окуневской Личиной со Стоянки Кара - орга в Туве*, с. 129.

③ Sergey A. Vasilev, Vladimir A. Semenov, *Prehistory of the Upper Yenisei Area（Southern Siberia）*. Journal of World Prehistory, Volume 7, 1993（2）.

奥库涅夫文化的中期，即公元前 2 千纪中叶"①。因此，可以认为，这种类型的图像最初出现在中叶尼塞河的乌准—哈尔墓葬中，在奥库涅夫文化的中期阶段传到上叶尼塞河地区。

此外，这种带有泪珠状装饰线条的人面像在中国北部地区的内蒙古、宁夏也有发现（图4.25，3~10）。亨策曾专门分析了马家窑文化彩绘的母题和含义（脸部的之字形、菱形和直线等），并得出如下结论：这类图案具有相同的礼仪象征意义，两者都是表现以泪水（脸上的线条）浇灌土地的"哭神"②。

（二）B 型人面像岩画的年代

B 型岩画实际上是对"穆古尔—苏古尔"类型岩画中有轮廓类型的统称，数量众多，类型丰富，可以划分成若干亚型。该地区的岩画在奥库涅夫石柱上发现的不多，但若干墓葬出土的石板上发现一些人面像与部分 B 型岩画非常类似，提供了直接的断代依据。而其余的 B 型岩画可以综合考古学文化和图像学的比较分析来进行推断。

1. Ba ~ Bd 型人面像岩画的年代

在亚洲北部地区发现不少轮廓似水珠状的人面像岩画。这种轮廓的人面像在穆古尔—苏古尔和我国宁夏、内蒙古地区都有发现（图4.26，1~24、28~33）。其中，头顶中间带有垂直线条的水珠形轮廓人面像以贺兰山地区最为集中，其实际数量可能比叶尼塞河地区还要多③。此外，在西藏西部和邻近的印度拉达克地区同样发现了水珠形轮廓人面像岩画（图4.27）。从制作方式上看，所有岩画均使用敲凿法制作出人面像的轮廓和五官，除了具有相似的轮廓外，五官方面也有一些共同点。如大部分岩画都刻画了眼睛和嘴巴，眼睛均用圆点表示，嘴巴或为短线，或为圆点，部分轮廓中无嘴巴或者无眼睛可能是由于画面局部剥落造成的（图4.26，5~7、16、18、21、24）。另外，所有岩画在人面顶部中间和（或）下巴处有一根垂直线条，部分岩画在头顶线条上或顶部有一圆点或者圆圈（图4.26，1、2、4、5、11、12）。其中仅

① Sergey A. Vasilev, Vladimir A. Semenov, *Prehistory of the Upper Yenisei Area（Southern Siberia）*. Journal of World Prehistory, Volume 7, 1993（2）.

② ［苏］列·谢·瓦西里耶夫：《中国文明的起源问题》，郝镇华等译，北京：文物出版社，1989 年，第215 页。

③ 除上述例子外，贺兰山地区还有很多此类人面像，见贺吉德：《贺兰山岩画研究》，第139 页。

有一幅图像眼睛为圆圈，有眉，无嘴巴，在眼睛下有泪珠状的线条（图4.26，20）。这种眼睛下方有泪珠状线条的人面像在前述的卡拉奥尔加遗址和穆古尔—苏古尔岩画点均可见，而卡拉奥尔加遗址人面像年代已断定为青铜时代，可以为该幅图像的年代提供某种参考。

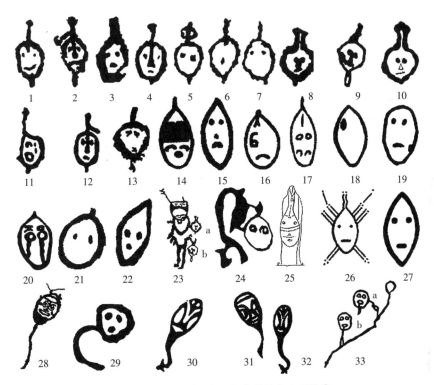

图4.26　亚洲北部地区水珠形轮廓人面像①

1～13、23、28. "穆古尔—苏古尔"类型　14～21、29～33. 宁夏贺兰山　22. 内蒙古阿拉善　24. 内蒙古阴山　25. 奥库涅夫石柱　26、27. 萨穆希文化

在托姆河流域萨穆希文化居址的陶器中同样发现了两幅类似的图像（图4.26，26、27），年代为公元前2千纪中期，比卡拉奥尔加遗址年代稍晚。其中一幅图像轮廓两侧分布有3根对称线条，头顶位置中空，与一根管状物相连（图4.26，26）。而

① 1～13、23、28 见表3.2；14～21、31～33 采自贺吉德：《贺兰山岩画研究》；22、24 采自盖山林：《阴山岩画》；25 采自 Леонтьев Н. В. ，Капелько В. Ф. ，Есин Ю. Н. ，*Изваяния и Стелы Окуневской Культуры*；26、27 采自 Есин Ю. Н. ，*Семантика декора на сосудах самусьской культуры. Древности Алтая*，2001（7）；29、30 采自李祥石、朱存世：《贺兰山与北山岩画》。

图 4.27（彩版六）　印度拉达克地区水珠形轮廓人面像（采自 Laurianne Bruneau, John Vin-
　　　　　　　　cent Bellezza, *The Rock Art of Upper Tibet and Ladakh ：Inner Asian Cultural
　　　　　　　　Adaptation, Regional Differentiation and the Western Tibetan Plateau Style*）

在奥库涅夫文化石柱上也发现有类似的图像（图 4.26, 25）。该石柱位于克拉斯诺亚
尔斯克边疆区的新谢洛夫斯克区的一座塔加尔文化墓葬的石围中，在石板的正中位
置敲凿了一幅人面像，轮廓与前述萨穆希文化图像相同。人面像头顶部分中空，向
上伸出两根平行线条，线条顶部与石柱的顶端连在一起。石柱顶部很窄，似乎被人
为加工过；其余部分较宽。整个石柱仿佛是人的身体，而人面像仿佛是挂在人胸前
的护身符之类的装饰品。

　　综合以上分析，我们认为该类型人面像岩画的年代应该属于奥库涅夫文化的晚
期阶段，约在公元前 1500 年之后。

　　至于此类岩画所包含的文化内涵，从我国内蒙古阴山一幅具有类似图像的岩画
中可以看出（图 4.26, 24）。一个人形图像手中握着一幅穆古尔—苏古尔简单型人面
像。人像用抽象线条表示，身体微曲，一幅虔诚状，似乎表明其正在参加某种仪式；
人面像似乎作为面具使用，表明其在该仪式中起着重要的作用。而在阿尔德—莫扎
加岩画点，同样有一幅类似的图像。一个人形图像手里握着两个"穆古尔—苏古尔"
类型的人面像（图 4.26, 23）。人像戴有面具，头上有两根类似羽毛的装饰，身披羽

衣，具有很强的仪式感；人面像同样作为面具使用，并在仪式中扮演着重要角色。以此类推，我们可以认为该类型人面像岩画均具有类似功能。

另外，我们注意到，在穆古尔—苏古尔岩画中，一幅图像下颌处连有一根曲线，使人面像看起来像是迎风飘扬的风筝（图4.26，28）。这类图像在宁夏贺兰山地区也有发现（图4.26，29~33）。其中三幅图像面部特征与穆古尔—苏古尔岩画类似（图4.26，30~32）；一幅图像面部（图4.26，29）与穆古尔—苏古尔的另一幅人面像类似（图4.26，13）。此外，还有两幅人面像的连接线末端连在一根曲线上，曲线向上伸出的一端带有圆圈（图4.26，33）。这类图像看上去像飞升的精灵，神格意味明显，具有强烈的宗教意味。

Ba~Bd型图像在亚洲北部地区的广泛分布，表明上述地区在青铜时代可能发生了某种文化观念上的交流，但这种观念传播的原因，以及传播的路线和机制都还需要进一步深入研究。

2. Be~Bg型人面像岩画的年代

Be~Bg型人面像岩画的相同之处是头饰的装饰线均为三根，不同之处在于其是否有把手以及头饰中间的线条是否有圆圈。此外，这类岩画的面部较写实，脸形类似"瓜子脸"（图4.28，1~18）。其中绝大多数位于上叶尼塞河地区，中叶尼塞河地区仅在费德罗夫卡岩画点发现一幅（图4.28，17）[①]。费德罗夫卡人面像轮廓上方向内凹陷，呈心形，这与中安加拉河地区的三幅人面像相似（图4.28，19~21）。这三幅图像在前述的心形轮廓人面像（图4.17，11~13）中也有述及。从兼具"瓜子脸"和"心形轮廓"这两个特点来说，中安加拉河的三幅图像与费德罗夫卡人面像之间可能存在着某种联系。

除了岩画之外，在考古出土文物中也发现了一些类似的图像。其中一幅出土于阿尔然2号墓葬（图4.29，3），人面像仅余下半部分，眼睛以上的额头部分完全剥落。从余下部分看，整个轮廓呈瓜子状，用圆点表示眼睛，竖线表示鼻子，嘴巴则用一短横表示，线条粗细变化不明显。阿尔然2号墓位于图瓦北部的图拉诺—乌尤克盆地，2000~2004年由俄罗斯考古学家К. В. 丘古诺夫（Чугунов К. В.）主持发

---

① 分类时，根据头饰类型将费德罗夫卡的这幅图像归入Bi型，但其也具有"瓜子脸"的特点，因此将其放在此处一并分析。

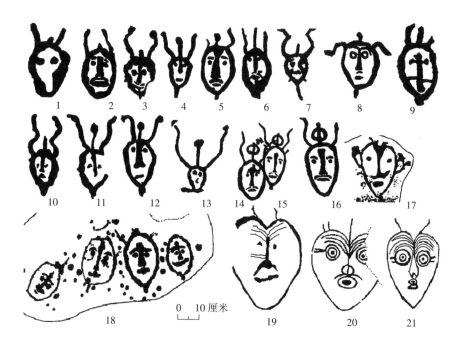

图4.28 叶尼塞河地区"瓜子脸"形人面像岩画（1~18 见表3.2；19~21 采自
Заика А. Л., *Личины Нижней Ангары*；Заика А. Л., *Сердцевидные*
Личины в Петроглифах Южной Сибири）

1~16. 穆古尔—苏古尔　17. 乌斯季—费德罗夫卡　18. 多戈-巴雷　19~21. 中安加拉河

掘，年代为公元前 7 世纪左右，属于斯基泰时期的中间阶段。在其祭祀坑内共出土
了 34 块带有岩画的石板残片和 4 块鹿石①。此外，其下另有一个属于奥库涅夫文化
时期的文化层，其中就包括 2 块带有人面像的石板残片，"年代被断为公元前 14 至
前 12 世纪，属于奥库涅夫文化的后半阶段"②。因此，"瓜子脸"类型岩画年代应大
致与其相当。此外，在俄罗斯科斯特罗马州加利奇区还出土了一件青铜面具，年代

① Дэвлет М. А., *Человек и его Место в Системе Мироздания（по Материалам Петроглифов Бассейна*
Верхнего Енисея）. В Советова О. С., Король Г. Г.（отв. ред.），Изобразительные и Технологические
Традиции в Искусстве Северной и Центральной Азии. Кемерово: Кузбассвузиздат，2012（9），с. 10 -
11.

② Семёнов В. А.，*Плита с Окуневской Личиной со Стоянки Кара - орга в Туве.* В Ермоленко Л. Н. и т.
д.（ред.），Наскальное Искусство в Современном Обществе（К 290 - летию Научного Открытия
Томской Писаницы），с. 133.

约为公元前 3 千纪中叶至前 2 千纪（图 4.29，2）①。这幅图像具有相似的外轮廓，但比较有趣的是，其用两个类似老鼠的动物图像表示头饰部分。在俄罗斯南西伯利亚地区的切尔诺瓦雅 8 号墓地的一座墓葬中出土了几件石雕人像，其中五件构图类似，均在一根小石棒的一端刻画出五官形象，石棒的其余部分用以表示人的身体（图 4.29，4）。其年代属于公元前 2 千纪上半期，即奥库涅夫文化时期②。

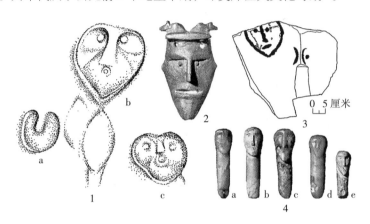

图 4.29　西伯利亚和中国的"瓜子脸"形人面像③

1. 新疆哈巴河托干拜 2 号墓地出土人面像　2. 俄罗斯科斯特罗马州加利奇区青铜面具　3. 阿尔然 2 号墓葬出土人面像　4. 切尔诺瓦雅 8 号墓地石雕人像

　　另外，在邻近的中国新疆哈巴河托干拜 2 号墓地 M4 的石棺中也发现两幅具有类似形状的人面像。关于墓葬年代，发掘者认为属于新疆阿勒泰地区青铜时代的切尔木切克文化范畴，距今约 4200 年，是目前阿勒泰地区考古发掘中最早的古代文化。在石棺内北壁上，刻画有人面图案，人面呈桃形，眼睛呈圆饼状，石板表面风化严重，仅在脸部局部残留有红色颜料痕迹（图 4.29，1；图 4.30）④。多数研究者认为

①　Пиотровский Ю. Ю. , Бронзовый Век. Европа Без Границ. Четвертое – Первое Тысячелетия до н. э. Санкт – Петербург：Чистый Лист，2013，с. 558.

②　M. Artamonov, The Dawn of Art / Древнее Искусство. Leningrad：Aurora Art Publishers，1974，с. 60.

③　1 由新疆文物考古研究所于建军研究员提供；2 采自 Пиотровский Ю. Ю. , Бронзовый Век. Европа Без Границ. Четвертое – Первое Тысячелетия до н. э. ；3 采自 Дэвлет М. А. , Человек и его Место в Системе Мироздания（по Материалам Петроглифов Бассейна Верхнего Енисея）；4 采自 M. Artamonov, The Dawn of Art / Древнее Искусство.

④　于建军等：《新疆哈巴河托干拜 2 号墓地发掘简报》，《文物》2014 年第 12 期。

图 4.30（彩版七）　　新疆哈巴河托干拜 2 号墓地出土带人面像的石板（由新疆文物考古研究
　　　　　　　　　　　所于建军研究员提供）

切尔木切克文化的来源可能与分布于米努辛斯克盆地的阿凡纳谢沃文化有关[1]。但林
沄认为："它既有可能和阿法纳谢沃（即阿凡纳谢沃——笔者注）文化在年代上有并
存的时期，也可能和古墓沟文化有并存的时期，同时也可能和晚于阿凡纳谢沃文化
的奥库涅夫文化有并存的时期。"[2]　而邵会秋则认为：　"克尔木齐（即切尔木切
克——笔者注）早期遗存主要是延续了阿凡纳谢沃文化的传统，但同时克尔木齐早
期遗存中的平底陶器以及陶器上的珍珠纹饰很可能来自奥库涅夫文化，因此该类遗
存兼有阿凡纳谢沃文化和奥库涅夫文化因素。"[3]　另外，还有一些学者认为该文化与
卡拉苏克文化有关。如水涛指出："综合比较南西伯利亚青铜时代各文化的主要特
征，可以看出新疆阿勒泰地区以克尔木齐 M16 为代表的这种青铜文化遗存，与阿凡
纳谢沃文化的基本面貌差距较远，与安德罗诺沃文化比较在陶器的造型特征及墓葬
形制方面也有明显的差别。从总体上看，它最接近米努辛斯克盆地的典型卡拉苏克

① 刘学堂、李文瑛：《新疆史前考古研究的新进展》，《新疆大学学报》（哲学·人文社会科学版）2012
　　年第 1 期。
② 林沄：《关于新疆北部切尔木切克类型遗存的几个问题》，《庆祝何炳棣先生九十华诞论文集》编辑委
　　员会编《庆祝何炳棣先生九十华诞论文集》，西安：三秦出版社，2008 年，第 731 页。
③ 邵会秋：《试论新疆阿勒泰地区的两类青铜文化》，《西域研究》2008 年第 4 期。

文化遗存。"① 此外，持此说的还有吕恩国、常喜恩、王炳华和王明哲等人②。关于切尔木切克文化有如此多的不同意见，一方面固然是由于考古材料的匮乏，还不能全面揭露文化面貌，但另一方面也表明，这种文化可能同时受到众多不同文化因素的影响，每种文化都从不同侧面参与到该文化的发展进程中。

必须注意的是，哈巴河托干拜 2 号墓地 M4 中人面像与大多数"穆古尔—苏古尔"类型岩画存在着明显的差异。首先，前者在头顶中间内陷，使整个轮廓呈心形，这与前述的安加拉河中游的两幅人面像岩画比较相似；其次，前者均无头饰，而"穆古尔—苏古尔"类型岩画中有轮廓的人面像绝大多数都有头饰。

此外，M4 出土的人面像具有两个显著的特点，第一是心形轮廓，第二是眼睛呈水珠状。而与其类似的图像在前述的乌准—哈尔墓葬中已经被发现。俄罗斯学者 А. Л. 扎伊卡用大量的事实证明，这种源自乌准—哈尔传统的人面造像一直延续到奥库涅夫时期③。另外，在托干拜 M2B 和 M4 的石棺内壁都发现有红色颜料的痕迹。其中，M4 的红色颜料仅在人面像的面部留有少量残迹；而 M2B 的红色颜料主要被绘制成菱形网格纹饰，其中以点纹填充（图 4.31）④。前文已经指出，奥库涅夫艺术中存在许多在人面像表面涂以赭石的例子，部分人面像的年代可以早到奥库涅夫文化的早期阶段。这表明，托干拜 2 号墓地 M4 人面像的确可能受到奥库涅夫艺术的影响。虽然 M4 出土的人面像与"穆古尔—苏古尔"类型人面像岩画的外形差异较大，但总体而言，两者应当属于同一个文化群体所为，只是在发展过程中产生了地方性差异。

通过与阿尔然 2 号墓葬出土残缺人面像的比较研究，"穆古尔—苏古尔"岩画中该类型人面像的年代大致与其类似，为奥库涅夫文化的晚期阶段。俄罗斯科斯特罗

① 水涛：《新疆青铜时代诸文化的比较研究——附论早期中西文化交流的历史进程》，袁行霈主编《国学研究》第一卷，北京大学出版社，1993 年，第 471 页。

② 请参阅吕恩国、常喜恩、王炳华：《新疆青铜时代考古文化浅论》，宿白主编《苏秉琦与当代中国考古学》，北京：科学出版社，2001 年，第 192 页；王明哲：《论克尔木齐文化和克尔木齐墓地的时代》，《西域研究》2013 年第 2 期。

③ Заика А. Л., *Сердцевидные Личины в Петроглифах Южной Сибири.* Научное Обозрение Саяно - Алтая，2013（1）.

④ 于建军等：《新疆哈巴河托干拜 2 号墓地发掘简报》，《文物》2014 年第 12 期。

图 4.31（彩版七）   新疆哈巴河托干拜 2 号墓地出土的带红色图案的石板（采自于建军等：
《新疆哈巴河托干拜 2 号墓地发掘简报》，《文物》2014 年第 12 期）

马地区的青铜人面像目前还属于孤证，考古学文化上的关联性还需要论证。类似的
情况在东西伯利亚也存在。贝加尔湖沿岸新石器时代的基托伊文化中也发现了一件
具有类似形象的石人头，根据最新研究成果，"基托伊文化年代为距今 8000 至 6200
年"[1]。虽然风格上比较相似，但同样还属于孤证，很难说两者之间有什么直接关系。
而切尔诺瓦雅 8 号墓地出土人像的人面部分与南西伯利亚地区的该类形象非常相似，
但是正如前文所述，某些方面差异性也比较明显：如前者无头饰，而后者普遍有头
饰；后者普遍以人面形式存在，而前者位于一根石棒顶端，石棒其余部分构成其身
体部分。因此，切尔诺瓦雅 8 号墓地人像与"穆古尔—苏古尔"岩画中类似形象的
人面像可能不属于同一文化观念下的作品，即其创作族群可能有所不同。虽然二者
本质上不属于同一类产品，即一类是人像，另一类是人面像，但不能排除两者具备
共同的文化来源，即来自于新石器时代的人面造像传统。

　　另外，在萨穆希文化陶器上发现了一些人像和人面像（图 4.32，1~6），部分人
像的头饰与"穆古尔—苏古尔"类型人面像类似，即头饰线条的数目均为 3 根。此

---

① Weber, A. W., McKenzie, H. G., Beukens, R., *Radiocarbon Dating of Middle Holocene Culture History in the Cis – Baikal*. In Andrzej W. Weber, M. Anne Katzenberg, Theodore G. Schurr (eds.), Prehistoric Hunter – Gatherers of the Baikal Region, Siberia：Bioarchaeological Studies of Past Lifeways. Philadelphia：University of Pennsylvania Museum of Archaeology and Anthropology, 2010, pp. 27 – 50.

外，"穆古尔—苏古尔"类型中许多人面像的头饰似乎包含类似公牛角的图案，只是在大部分情况下，在两只角的中间部位附加了另外一根线条，使头饰线条的总数一般表现为3根。而戴公牛角头饰的人像和人面像在西伯利亚地区的墓葬出土物中也很常见（图4.32，6~11）。其中在萨穆希文化陶器中发现一例（图4.32，6），在卡拉科尔文化中也发现数例（图4.32，7~11）。卡拉科尔文化是根据在戈尔诺—阿尔泰自治区昂古代区的卡拉科尔村发现的一处墓地命名的，根据俄罗斯考古学家对其中的四座墓葬进行的发掘可知，该处墓葬均属于青铜时代。其人像年代被断为公元前3千纪下半期至公元前2千纪初，即青铜时代早期[1]。从时间上看，这种戴有牛角状头饰的人像或者人面像均出现在青铜时代，而戈尔诺—阿尔泰地区最早；从地域上看，该地区与图瓦地区毗邻，青铜时代以来的文化基本类似，我们大致可以判断出"穆古尔—苏古尔"人面像岩画中戴牛角状头饰的类型应该属于青铜时代。

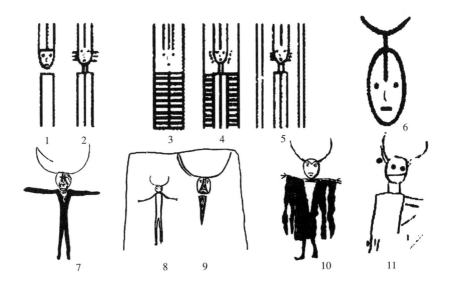

图4.32　西伯利亚地区出土的部分带有"穆古尔—苏古尔"类型头饰的图像（1~6采自 Есин Ю. Н.，*Семантика декора на сосудах самусьской культуры*；7~11采自 Кубарев В. Д.，*Древние Росписи Каракола*）
1~6. 萨穆希文化陶器人像和人面像　7~11. 卡拉科尔墓葬人像

在卡拉奥尔加遗址中发现的人面像也具有类似的头饰（见图4.25，2）。该幅图

---

[1]　Кубарев В. Д.，*Древние Росписи Каракола*，с. 102 – 103.

像头饰线条数目为7，呈左右对称排列。类似的头饰在"穆古尔—苏古尔"类型的许多人面像中都可见到，但是整体形象并不一样。与"穆古尔—苏古尔"类型相比，该幅人面像的头饰更短，并非呈线条状，数量也较前者更多。此外，脸部轮廓与"穆古尔—苏古尔"类型部分岩画类似，且头饰中间的线条末端有一个圆点，这在"穆古尔—苏古尔"类型人面像岩画中也很常见。虽然两者形态差异较大，但是毕竟可以为这类岩画的断代提供某些参考。

综上所述，上述类型的人面像岩画年代都可以归为奥库涅夫文化晚期阶段，约在公元前1500年之后。

3. Bh 型人面像岩画的年代

Bh 型的主要特点是人面像戴有树状头饰，这类岩画全部分布于上叶尼塞河地区（图4.33，10～16）。而在西西伯利亚托木斯克州泰加林地区发现过一些青铜人像，这些人像属于早期铁器时代的库莱文化（图4.33，1～9）①，其最典型的特征是人像头上戴有头饰。头饰形状不一，部分头饰为树状图案（图4.33，1、2、4、6），其中两幅树状物数目为3个（图4.33，1、2）；一幅头饰有损坏，剩下3个树状物，实际数目可能为4或5个（图4.33，4）；另一幅图像的头饰为两个树状物向内上方伸出并在头顶正上方闭合，内侧为一个从头顶正中间伸出的三角形图案（图4.33，6）。剩下的图像，除了一幅头饰为带有短线的半圆环外（图4.33，5），其余头饰均为2个动物图像（图4.33，3、7～9）。我们必须注意到，其中两幅图像在眼睛和嘴巴之间有两根平行线条，被表示鼻子的线条从中间分开（图4.33，4、6），而这种表现方式在奥库涅夫艺术中也有发现（图4.33，17）②，表明库莱文化可能受到奥库涅夫文化的影响。这种用3根树状物表示头饰的图像与"穆古尔—苏古尔"类型戴有树状头饰的人面像类似，而人面像岩画脸上的花纹则表明其可能作为面具使用，这与库莱文化青铜面具的功能类似。因此，两者之间应该存在着某种关联性。

---

① 潘克拉托娃 Л. В.，*Образ Мирового Древа в Кулайской Металлопластике*. В Белоусова Н. А. и т. д.（ред.），Археология Южной Сибири. К 80 - летию А. И. Мартынова. Кемерово：Кемеровский Государственный Университет. Выпуск 26，2013，с. 141.

② 列昂季耶夫 Н. В.，卡别里科 В. Ф.，叶辛 Ю. Н.，*Изваяния и Стелы Окуневской Культуры*，с. 123.

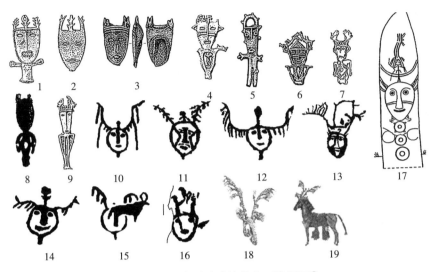

图 4.33　具有树状头饰的人面像岩画①

1~9. 库莱文化青铜人像　　10~16. Bh 型人面像岩画　　17. 奥库涅夫文化石柱　　18. 巴泽雷克 1 号大墓出土戴鹿角的马面具　　19. 巴泽雷克 1 号大墓马面具复原图

而在穆古尔—苏古尔岩画中还存在着人面像被后期公牛图像打破的现象（图 4.33，15）。至于其年代，从该地区出土的含有牛形图像的文物来看，大部分属于青铜时代至早期铁器时代（图 4.34，1~6）。其中 1 件出土于叶尼塞河地区的墓葬，年代为公元前 3 千纪中叶（图 4.34，1）②；另外 5 件则属于我国北方的鄂尔多斯型青铜器，年代约在战国时期（图 4.34，2~6）③。俄罗斯考古学家 Л. Д. 恰达姆巴也认为公牛图像是图瓦地区青铜时代最主要的图像④。据此，大致可以认为，该幅人面像岩画的年代可能早到青铜时代早期，甚至到铜石并用时代。但是，牛毕竟是草原上较常见的动物，与畜牧和游牧民族的生活密不可分，对其进行艺术创作的动机可能持续较长的时间，因此仅根据一幅牛形图像对岩画年代进行断定比较牵强，还需要其

---

① 1~9 采自 Панкратова Л. В., *Образ Мирового Древа в Кулайской Металлопластике. В* Белоусова Н. А. и т. д. （ред.）, Археология Южной Сибири. К 80 – летию А. И. Мартынова；10~16 见表 3.2；17 采自 Леонтьев Н. В., Капелько В. Ф., Есин Ю. Н., *Изваяния и Стелы Окуневской Культуры，с.* 123；18、19 采自 Королькова Е. Ф., *Властители Степей.*

② MM. Artamonov, *The Dawn of Art / Древнее Искусство，*с. 56.

③ 田广金、郭素新：《鄂尔多斯式青铜器》，北京：文物出版社，1986 年，第 123 页。

④ ЧадамбаЛ. Д., *Сюжеты и Стили в Наскальном Искусстве Тувы.* Известия Российского Государственного Педагогического Университета им. Герцена А. И, 2008 （74 – 1）.

他材料作进一步证明。但无论如何，根据上述出土文物情况，将其年代断为青铜时代应是比较恰当的。

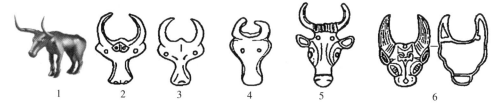

图 4.34　亚洲北部地区出土的牛形饰件①
1. 叶尼塞河地区的铜牛　2～6. 鄂尔多斯型青铜器中的牛形饰件

由于岩画年代远早于库莱文化年代，我们可以合理地推测，库莱文化青铜人面像和人像正是受到人面像岩画的影响而发展起来的一种艺术形式；但同时，由于地域上相邻，部分库莱艺术也受到奥库涅夫艺术的影响。

此外，巴泽雷克 1 号大墓还出土了一件装扮有树状（或鹿角状）头饰的马面具（图 4.33，18、19）。面具用皮革和马鬃毛制成，通体被染成红色，年代为公元前 4 世纪，处于斯基泰时期②。该面具的鹿角形头饰与"穆古尔—苏古尔"类型人面像中部分头饰非常相似（图 4.33，15），而与其他树状人面像头饰虽然在细节上有所差别，但总体上可以归为一类。因此，"穆古尔—苏古尔"类型人面像岩画中，类似图像的年代应该也基本接近。此外，由于该类型人面像岩画年代要早于马面具的年代，且两者同处于亚欧草原地带，因此可以认为，马面具这种戴有树状（或鹿角状）头饰的装饰艺术可能受到了早期人面像岩画的影响。

至于此类人面像岩画的年代，大致可以判断为青铜时代，并且与本地区其他类型的人面像岩画年代相同，约在公元前 1500 年之后。

4. Bj 型人面像岩画的年代

该类型岩画的主要特点是人面像酷似面具（图 4.35）。俄罗斯岩画专家 M. A. 杰夫列特也将这种类型的人面像视为人脸面具，并认为"它们本身并不代表具象的人，

① 1 采自 Завитухина М. П.，*Древнее Искусство на Енисее. Скифское Время*. Ленинград：Искусство，1983；2～6 采自田广金、郭素新：《鄂尔多斯式青铜器》。

② Королькова Е. Ф.，*Властители Степей*. Санкт‐Петербург：Государственный Эрмитаж，2006，с. 103，112.

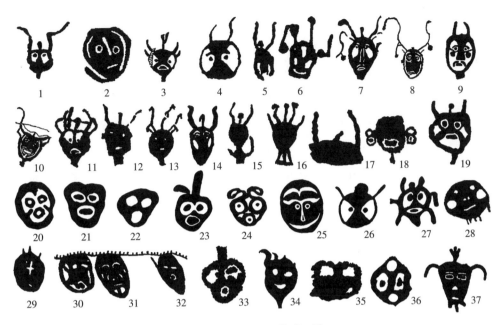

图 4.35　Bj 型人面像岩画①

1～19. 上叶尼塞河　20～25. 俄罗斯黑龙江下游　26. 印度拉达克　27. 亚美尼亚杰格哈马　28～29. 内蒙古巴丹吉林　30～32. 宁夏中卫　33. 宁夏贺兰山　34. 内蒙古桌子山　35～36. 蒙古阿尔泰　37. 蒙古丘鲁特河

而是表示曾经存在过的面具。萨满和巫师能够戴着这些面具完成某种宗教仪式"②。据该作者考证，"其分布范围从西方亚美尼亚的格格木山延伸到东方的黑龙江下游地区。最北边位于下安加拉河的维杜姆斯基岩画点。在蒙古丘鲁特河地区发现了带有触角的人面像，这种触角是以有凸出部分的三个枝权的形式存在的。此外，在蒙古

---

① 1～19 见表 3.2；20～25 采自 Окладников А. П.，*Петроглифы Нижнего Амура*；26～27 采自 Devlet M. A.，*Petroglyph on the Bottom of the Sayan Sea*（*Mount Aldy – Mozaga*）. Anthropology & Archeology of Eurasia，Vol. 40，2002（1）；28～29 采自盖山林：《巴丹吉林沙漠岩画》；30～32 采自李祥石、朱存世：《贺兰山与北山岩画》；33 采自贺吉德：《贺兰山岩画研究》；34 采自梁振华：《桌子山岩画》，北京：文物出版社，1998 年；35～36 采自 Esther Jacobson，Vladimir Kubarev，Damdensurenjin Tseevendorj，*Mongolie Du Nord – ouest Tsagaan Salaa/Baga Oigor*. Paris：Deboccard，2001；37 采自 Васильевский Р. С.（отв. ред.），*Наскальные Рисунки Евразии. Первобытное Искусство*.

② Чадамба Л. Д.，*Памятники Наскального Искусства в Саяноском Каньоне Енисея*（*Республика Тыва*）. Известия РоссийскогоГосударственного Педагогического Университета им. А. И. Герцена，2008（3）.

阿尔泰地区的哈拉—亚马河地区也发现类似的图像"①。实际上，这种图像在中国北方地区也有少量分布（图 4.35，28～34）。该类人面像通常在下巴处用垂直的竖线表示面具的把手，仪式的参与者可以握住把手使用面具（图 4.35，1、3、7、9～13、18～19、34），少量人面像上还刻画了用来系在人脸上的环扣（图 4.35，11）。

阿斯基兹区塔加尔文化时期叶欣诺 9 号墓地 2 号墓葬的石围上发现了几幅人面像，其中一幅图像类似面具（图 4.36，3b）②。该幅图像保存状况不好，小部分已经剥落。从残存部分看，图像戴有头饰，顶部有两根线条，左右两侧应该各有 3 根对称的线条。因被一奥库涅夫文化晚期的人面像打破（图 4.36，3a），图像年代可能属于奥库涅夫文化的较早阶段。此外，在中国江西新干县大洋洲还出土了一件编号为 XDM：67 的商代双面青铜人面具（图 4.36，2）。面具头部中空扁形，两面相同对称；眼窝下凹，眼球圆凸，内开圆洞；嘴张齿露，中齿铲形，侧牙勾卷。旁安两耳，顶插双角。上管下銎，管銎相通；顶上圆管可插羽冠，下部方銎能装木柄。上管圆、下銎方的造型和古人天圆地方的理念相通，寓意神人贯通天地的能力。其方銎部分与"穆古尔—苏古尔"类型岩画图像的把手下面的凸出部一致，古代宗教仪式的参与者可能握着它走在人群前面，功能与带把手的人面像岩画类似。其凸出的眼睛，巨大而中空的瞳孔以及露出牙齿的大嘴使人面像蒙上一层神秘、恐怖的气息。部分学者认为，面具所在墓葬年代为"商代后期早段，即相当于殷墟中期"③。M. A. 杰夫列特也注意到了该件青铜面具与"穆古尔—苏古尔"岩画中类似图像之间的关系，并指出，"中国工匠制作的这个青铜雕像与叶尼塞河萨彦岭峡谷岩石上凿刻的青铜时代的祖先神像很类似，这为将其作为"穆古尔—苏古尔"类型人面像可能的原型进行深入研究提供了基础"④。

类似的面具在西伯利亚地区仅发现少数几幅，其中一幅为托姆河地区库莱文化时期的青铜面具（图 4.36，1）。库莱文化年代为公元前 1 千纪中期至公元 1 千纪中

---

① Дэвлет М. А., *Бронзовый Прототип Наскальных Изображений Личин - масок в Саянском Каньоне Енисея.* Социальные и Гуманитарные Науки，2013（1）.

② Леонтьев Н. В.，Капелько В. Ф.，Есин Ю. Н.，*Изваяния и Стелы Окуневской Культуры*，с. 185.

③ Леонтьев Н. В.，Капелько В. Ф.，Есин Ю. Н.，*Изваяния и Стелы Окуневской Культуры*，с. 192.

④ Дэвлет М. А.，*Бронзовый Прототип Наскальных Изображений Личин - Масок в Саянском Каньоне Енисея.* Вестник Тувинского Государственного Университета. Социальные и Гуманитарные Науки，2013（1）.

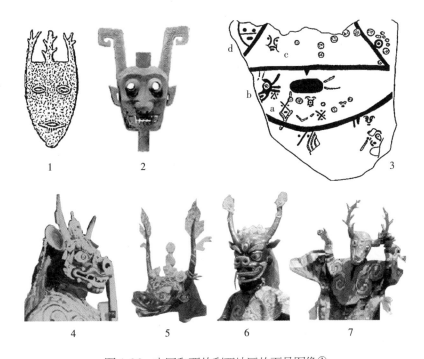

图 4.36　中国和西伯利亚地区的面具图像①

1. 库莱文化青铜人面像　2. 商代双面神人青铜像　3. 奥库涅夫石柱　4～7. 羌姆面具

期，延续时间近千年。从公元前 3 世纪开始库莱人逐步向南部迁徙并到达了阿尔泰
地区，到公元 1 千纪中期，已经到达萨列哈尔德（亚马尔—涅涅茨自治区）、塔拉
（鄂木斯克州）、巴尔瑙尔（阿尔泰边疆区）和阿钦斯克（克拉斯诺亚尔斯克边疆
区），涵盖了西伯利亚西部和南部一个巨大的地理空间范围②。但是，据此认为该类

① 1 采自 Панкратова Л. В., *Образ Мирового Древа в Кулайской Металлопластике.* В Белоусова Н. А. и
т. д.（ред.），Археология Южной Сибири. К 80 - летию А. И. Мартынова, с. 141；2 采自江西省博
物馆等：《新干商代大墓》，北京：文物出版社，1997 年，彩版三七；3 采自 Леонтьев Н. В.，
Капелько В. Ф.，Есин Ю. Н.，*Изваяния и Стелы Окуневской Культуры*, с. 185；4、5 采自 Дэвлет Е.
Г.，Дэвлет М. А.，*Мифы в Камне. Мир Наскального Искусства России*，彩版 215、216；6、7 采自岳
岚：《藏传佛教羌姆面具的审美探析——以青海佑宁寺羌姆面具为例》，青海民族大学硕士学位论文，
2014 年。

② Панкратова Л. В.，*О Возможных Истоках Иконографии Образа Медведя в Кулайской
Металлопластике.* Вестник Томского Государственного Педагогического Университета，2015（9）；
Чемякин Ю. П.，*Культовая Металлопластика Сургутского Варианта Кулайской Культуры.* Вестник
Томского Государственного Университета，2013（2）.

型的人面像岩画受到库莱文化的影响而发展起来是不妥当的。首先，尚未发现库莱文化与图瓦地区古代文化之间发生联系的确切证据；其次，库莱文化人面像头饰的 3 根线条均为树枝状，而人面像岩画的两侧线条均为角状，从这种意义上来说，人面像岩画与前述的奥库涅夫文化人面像更类似；再次，存在着面具形岩画和非面具形岩画共存的证据，而这些共存的人面像岩画的制作方式和保存情况基本上是一样的，表明其年代也大致相当（见图 2.4）。

因此，该类型人面像岩画的年代大致可以确定为青铜时代，具体来说，为奥库涅夫文化晚期，约在公元前 1500 年之后。

此外，在藏传佛教分布区域还广泛流行一种面具文化，其分布范围涵盖中国的西藏、内蒙古以及不丹、尼泊尔、布里亚特、图瓦等地。这种面具在查姆舞蹈中使用，但不同地区的查姆舞蹈中使用的面具不同。其中两件发现于南西伯利亚地区，与人面像岩画相比，异同之处非常明显（图 4.36，4、5）。从相同点来看，两者均有角状头饰，头顶中间还有一根枝状物，上面嵌套某种装饰品，与人面像岩画头顶中间线条顶端的圆点或圆环相似；从不同点来看，人面像岩画主要刻画的是人面，而查姆面具主要表现的是动物形象。另外两件出自青海佑宁寺，从佩戴的角状物可以看出两件面具均使用动物形象，一幅为牛面具，另一幅为鹿面具。不同的是佑宁寺面具在头顶中间没有向上伸出的其他装饰（图 4.36，6、7）。

根据俄罗斯学者的研究，"'查姆'是藏语单词'恰姆'的蒙古语发音，意思是舞蹈，更准确地说指的是神的舞蹈"[1]。而在中国的文献中，通常将其称为"羌姆"[2]。这种舞蹈伴随着喇嘛教的扩散而传播到了南西伯利亚地区[3]。但是，目前关于查姆的研究还很不充分，尤其是其起源和传播路径等相关问题。藏传佛教是佛教和西藏本土地区的原始宗教"苯教"相互结合的产物。查姆中使用的面具应与佛教无关，而是苯教艺术的一种孑遗。事实上，一些学者也注意到，"羌姆仪式中使用面具的历史已久，然而远在羌姆自印度引入藏地之前，在西藏原始巫教和藏地苯教（bonpo）中就

---

① Дэвлет Е. Г. , Дэвлет М. А. , *Мифы в Камне. Мир Наскального Искусства России* , с. 368.

② 关于"羌姆"舞蹈，可参阅马胜德、曹娅丽：《青海宗教祭祀舞蹈考察与研究》，北京：文化艺术出版社，2005 年。

③ Дэвлет М. А. , *Петроглифы Мугур – Саргола* , с. 254.

已存在着假面舞蹈"①。而关于苯教的起源，部分学者认为，其受到了波斯祆教二元
论的影响，并且这种影响应当发生在6世纪之前②。据此，我们大致可以得出如下结
论：查姆舞蹈使用的面具来自于藏族的原始宗教——苯教，并在较晚的时期从西藏
地区随着喇嘛教传到图瓦等地。而早期的苯教面具则有可能来自波斯祆教，并经过
中亚（包括图瓦）地区传播到西藏，人面像岩画在这个过程中很可能对苯教面
具——查姆面具的原型产生了影响。

　　5. 鼻子为"Σ"形的人面像岩画的年代

　　在叶尼塞河流域还有若干带轮廓的人面像，其共同特点是鼻子为"Σ"形（图
4.37，1～3）。其中一幅图像来自萨满石岩画（图4.37，1），另外两幅图像来自穆古
尔—苏古尔岩画（图4.37，2、3）。其中，萨满石岩画中的图像是一幅完整的人像，
但是其人面部分与另外两幅有轮廓人面像非常相似。事实上，这种类型的鼻子在上叶
尼塞河地区的人面像中普遍存在，包括无轮廓和有轮廓两种类型。此外，西藏西部以及
与其接壤的印度拉达克地区也有发现相似类型（图4.37，14、15），这两个地区地域上
相连，其岩画被某些学者视为一个统一体，将其称为"西藏高原西部风格"③。两幅岩
画的外形并不一样，其中一件近似三角形，顶角部分有一定弧度，"Σ"形图案位于其
嘴巴部分（图4.37，14）；而另一件轮廓呈水珠形，"Σ"形图案在其额头位置，人面
像头顶有一根短线，顶端连有一个圆圈，这种构图方式在上叶尼塞河地区的"穆古
尔—苏古尔"类型岩画中经常可见（图4.37，15）。

　　除了岩画之外，"Σ"形图案在仰韶文化彩陶纹饰和雕像中也经常可见（图
4.37，4～11）。其中五幅图像出现在仰韶文化半坡类型的人面鱼纹彩陶盆上（图
4.37，4～8），在其内壁以黑彩绘出。这些图像将人面和鱼纹巧妙地结合在一起，人
面普遍戴有一尖顶饰物，脸近似圆形，鼻梁挺直，鼻子部分类似三角形，眼睛为一
条直线，嘴上还衔着两条小鱼，耳朵位置各有一折线形或者鱼形饰物。专家认为，
这些彩陶盆可能作为儿童瓮棺的棺盖使用，是一种特殊的葬具。其年代属于仰韶文

① 王娟：《藏戏和羌姆中的面具》，《西藏民族学院学报》（哲学社会科学版）2003年第3期。

② 尕藏扎西：《论藏传佛教寺院羌姆舞蹈的源流》，《西藏研究》2009年第4期。

③ Laurianne Bruneau, John Vincent Bellezza, *The Rock Art of Upper Tibet and Ladakh：Inner Asian Cultural Ad-*
aptation, *Regional Differentiation and the Western Tibetan Plateau Style.* Revue d'Études Tibétaines, CNRS,
2013（28）.

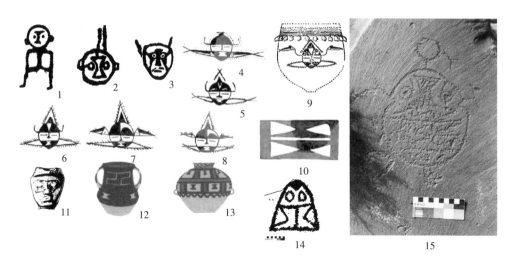

图 4.37　"⊠"形符号的人面像、人像和纹饰①

1. 萨满石岩画　2、3. 穆古尔—苏古尔岩画　4~9. 仰韶文化人面鱼纹　10. 仰韶文化彩陶纹饰　11. 仰韶文化骨雕人头像　12、13. 马家窑文化彩陶　14. 印度拉达克岩画　15. 西藏岩画

化半坡类型，"据碳十四测定，半坡类型的绝对年代为距今 6140~5585 年，校正年代约为距今 6790~6240 年之间"②。陕西临潼姜寨遗址还发现一件绘有类似图案的尖底器残片，其编号为 ZHT37H493：32（图 4.37，9）。据发掘者描述："人面纹饰于口沿突饰之下。人面圆形，有三角形发髻，用两个黑三角作眉，以一横黑道表示眼，作眯眼状，鼻作倒"T"字形，耳两侧向外平伸后向上弯曲，曲端各连一条小鱼，嘴

① 1、2 采自 Есин Ю. Н.，*Петроглифы《Шаман - камня》(Гора Оглахты，Хакасия)*. Научное Обозрение Саяно - Алтая，2013（1）；3 采自 Заика А. Л.，*Сердцевидные Личины в Петроглифах Южной Сибири*. Научное Обозрение Саяно - Алтая，2013（1）；4~8、10 采自中国科学院考古研究所、陕西省西安半坡博物馆：《西安半坡：原始氏族公社聚落遗址》，北京：文物出版社，1963 年；9 采自西安半坡博物馆、陕西省考古研究所、临潼县博物馆：《姜寨：新石器时代遗址发掘报告》，北京：文物出版社，1988 年；11 采自陕西省文物考古研究所、陕西省安康水电站库区考古队：《陕南考古报告集》，西安：三秦出版社，1994 年；12、13 采自张朋川：《中国彩陶图谱》；14 由汤惠生教授提供；15 采自 Laurianne Bruneau，John Vincent Bellezza，*The Rock Art of Upper Tibet and Ladakh：Inner Asian Cultural Adaptation，Regional Differentiation and the Western Tibetan Plateau Style*. Revue d'Études Tibétaines，CNRS，2013（28）.

② 王小庆：《论仰韶文化史家类型》，《考古学报》1993 年第 4 期。

周边涂黑。另外,下颌两侧各有一条变体鱼纹。"① 该幅人面像发现于姜寨遗址 2 期遗存中,"年代与仰韶文化史家类型年代相当,晚于仰韶文化半坡类型"②。根据碳十四测定,史家类型年代为"距今 5490±160 年~5235±95 年,校正后为距今 6140±165 年~5935±110 年"③,即距今 6000 年左右。

此外,除了上述彩陶中的人面像,陕西省西乡县何家湾遗址第 4 文化层第 2 号灰坑还出土一件骨雕人头像,编号为 H190∶2(图 4.37,11),属于仰韶文化半坡类型。关于其年代,部分学者认为"距今 6000 多年,是迄今我国发现年代最早的以骨为材料圆雕而成的人头像"④。该人头像用浅浮雕的形式表现五官,头上似乎戴有平顶帽饰,脖子处断裂,表明其本身可能为完整人像的一部分。另外,在仰韶文化彩陶纹饰中发现了单独存在的"Σ"形图案(图 4.37,10),呈上下排列,同样属于仰韶文化半坡类型。

实际上,上述彩陶中的人面鱼纹图像均是由人面和 5 条鱼的图像组合而成。除了嘴巴位置衔的两条鱼外,头顶和耳朵位置还有 3 条鱼,只不过部分图像的鱼形装饰已经呈现图案化,鱼的特征不甚明显。仰韶文化彩陶中的"Σ"形图案大多位于人面像的嘴巴处;鼻子的形状与嘴巴类似,但更加抽象,中间是一根竖线,线条下方连着一个小短横。而西伯利亚地区有轮廓人面像岩画的"Σ"形符号均在人面的鼻子部位。至于西伯利亚地区和中国江苏连云港的无轮廓人面像岩画,鼻子部分与仰韶文化彩陶纹饰的鼻子部分更相似。

另外,在马家窑文化马家窑类型彩陶中也发现了"Σ"形图案(图 4.37,12、13)。说明这种文化元素持续的时间很久,从仰韶文化半坡类型直到马家窑文化马家窑类型时期。但是马家窑文化中的"Σ"形图案已经单独存在,而非与人面像相结合,叶尼塞河地区的"Σ"形图案均与人面像结合,因此,我们只能以仰韶文化的年代作为判断依据。从整个地区来看,这种图像最早出现在仰韶文化半坡类型中;中叶尼塞河地区次之,约为铜石并用时代的晚期至青铜时代早期;上叶尼塞河地区最晚,应为奥库涅夫文化下半期。而西藏西部和拉达克地区的人面像岩画同样可以

---

① 西安半坡博物馆、陕西省考古研究所、临潼县博物馆:《姜寨:新石器时代遗址发掘报告》,北京:文物出版社,1988 年,第 254 页。

② 西安半坡博物馆、陕西省考古研究所、临潼县博物馆:《姜寨:新石器时代遗址发掘报告》,第 14 页。

③ 王小庆:《论仰韶文化史家类型》,《考古学报》1993 年第 4 期。

④ 吴诗池、吴宏辉,林莉丽:《仰韶文化的原始艺术》,《史前研究》2004 年第 0 期。

归为青铜时代晚期，大致与上叶尼塞河地区的类似岩画年代相当。关于这一点，下文继续进行论述。

　　关于"ᙆ"形图案的来源，部分学者也进行过探讨，认为其是鱼形图案的变体（图4.38）。其具体演变路径如下："A2g 式花纹可能是由 A2a 或 A2b 式的鱼形花纹简化而成的复合鱼纹，后来渐次演化成 A2i 式无头的复杂鱼纹，再经过多次的变化，最后成为 B18e、B14h 或 B9h、B9i 等式纯几何形的图案花纹，也即由 A2 型的鱼形花纹，经过一系列的变化而变成 B9、B18 和 B14 等型的图案花纹。"[1] 从一个侧面表明，这种类型的人面像岩画可能和鱼，或者说和水环境有关。

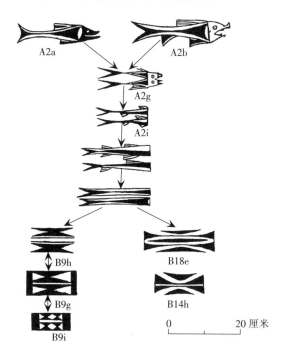

图4.38　"ᙆ"形图案演变示意图（采自中国科学院考古研究所、陕西省西安半坡博物馆：《西安半坡：原始氏族公社聚落遗址》，第183页）

　　6. 具有打破关系人面像岩画的年代

　　我们知道，人面像岩画属于早期艺术形式，与后来的肖像画最大区别在于，前者与一定的宗教思想观念相联系，通常会伴随着新的宗教思想观念或信仰体系的介入而

───────────────

[1]　中国科学院考古研究所、陕西省西安半坡博物馆：《西安半坡：原始氏族公社聚落遗址》，第182页。

发生改变；而肖像画则是审美情趣占主要地位，因此存在一个长时间的模仿过程，并不存在镇压和取代的问题。岩画主题随着宗教观念的变迁而发生改变的情况在岩画中经常可以遇到，如后来的岩画叠压在前期的岩画之上。这种做法可能是由于同一块岩面"风水"较好，不断被后来者重复利用。但同时也不能排除这样一种可能，即前者代表了一种旧有的宗教观念，在后来者眼中是邪恶的，应用新的宗教符号进行镇压。

实际上，这种做法一直持续到非常晚近的时期。例如，在俄罗斯奥涅加湖的东岸，一幅巨大的人像上刻画了一幅东正教的十字架，根据贝德纳里克用微腐蚀断代法测定，十字架年代大约在500年前（图4.39，1）；而在玻利维亚的伯纳·埃斯克里塔，同样有一幅人形岩画上面覆盖着一个基督教十字架（图4.39，2）。此外，在西藏任姆栋岩画中有一幅豹逐鹿的图像被后人刻上了六字真言，据汤惠生先生介绍，该字为六字真言的第一个字"嗡"（图4.40）。上述几种情况均是用后来的宗教符号对之前被认为是"邪恶的"符号进行镇压，以便消除其影响的最好案例。

而在"穆古尔—苏古尔"类型人面像岩画中也存在着人面像被后期岩画打破的现象（图4.39，3~8）。其中五幅图像（图4.39，3~7）中的人面像被公山羊打破，另一幅图像（图4.39，8）被公牛图像打破。关于后者前文中已经有过讨论，大致与本地区其他类型的人面像岩画年代相同，约在公元前1500年之后。

而与牛形图像类似，公山羊的形象在叶尼塞河地区的古代艺术中也经常出现（图4.39，9~20）。这些公山羊形象并非同一时代作品，而是从早期铁器时代一直持续到中世纪时期。通过比较可以发现，三幅"穆古尔—苏古尔"类型岩画中的山羊图像（图4.39，3、5、6）写实性更强，与铁器时代早期（斯基泰时期）的山羊形象（图4.39，9~19）较相似；而另外一幅图像（图4.39，7）则更加抽象化，躯干仅用线条表示，与较晚时期（古突厥时期，即中世纪早期）的山羊形象相似（图4.39，20）[1]。此外，在剩下的一幅图像中，人面像岩画同时被早晚两期的山羊图像打破（图4.39，4），其中，头饰部分的山羊图像为斯基泰时期，人面部分的山羊图像为古突厥时期。因此，人面像岩画应在斯基泰时期之前。随着斯基泰文化全面取代本地文化，原有的宗教思想观念和造像传统被取代，人面像岩画也被新的以动物为主的形象所取代。

---

[1]　Дэвлет М. А., *Петроглифы Мугур - Саргола*, с. 242.

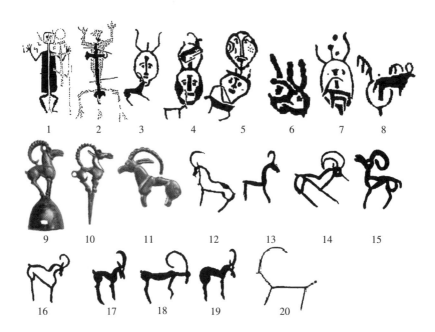

图 4.39 具有打破关系的人面像岩画及动物图像（1、2 采自［英］保罗·G·巴恩：《剑桥插图史前艺术史》；3～6、8 参见表 3.2；7、12～20 采自 Дэвлет М. А.，*Петроглифы Мугур - Саргола*，с. 131，241；9～11 采自 Завитухина М. П.，*Древнее Искусство на Енисее. Скифское Время*）

1. 俄罗斯奥涅加湖岩画　2. 玻利维亚伯纳·埃斯克里塔岩画　3～8. "穆古尔—苏古尔"类型岩画　9～11. 叶尼塞河地区的山羊形器物　12～19. 鹿石上的山羊　20. 古突厥银器上的山羊图像

图 4.40（彩版八）　西藏任姆栋岩画中被刻以六字真言的豹逐鹿图像（采自 Laurianne Bruneau，John Vincent Bellezza，*The Rock Art of Upper Tibet and Ladakh：Inner Asian Cultural Adaptation，Regional Differentiation and the Western Tibetan Plateau Style*）

因此，青铜时代晚期可以大致断为该类型人面像岩画年代的下限。

（三）C型人面像岩画的年代

C型岩画是对中叶尼塞河地区人面像岩画的一种统称，相互之间差异较大。总体来说，该地区人面像岩画与奥库涅夫文化关系更加密切，多数图像在奥库涅夫石柱上都可以找到类似物。而部分类型的人面像在考古出土文物中也多有发现，均为本地区人面像岩画的年代分析提供了可作比较的资料。

1. Ca型人面像岩画的年代

该类型人面像岩画的主要特征是用两条括弧从眼睛内侧将面部分开（图4.41）。除了Ca型外，其他类型中有部分人面像岩画也具备这一特征，故将其归入该类一并讨论。

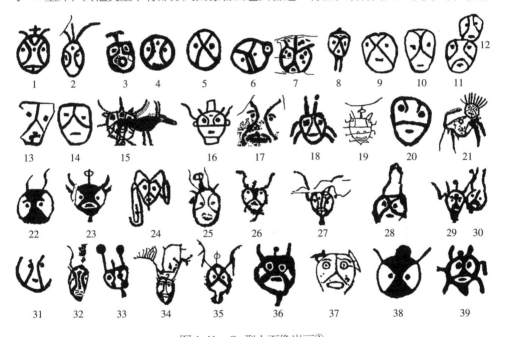

图4.41　Ca型人面像岩画①

1～7. 贺兰山　8. 阴山　9～21. 中叶尼塞河　22～36. 上叶尼塞河　37. 蒙古阿尔泰　38. 印度拉达克
39. 亚美尼亚

① 1～4、6～7采自贺吉德：《贺兰山岩画研究》；5采自许成、卫忠：《贺兰山岩画》；8采自盖山林：《阴山岩画》；9～25、29、31～36见表3.2；26、30引自 Дэвлет М. А，*Петроглифы Мугур - Саргола*；27～28引自 Дэвлет М. А，*Петроглифы Улуг - Хема*；37采自 Esther Jacobson，Vladimir Kubarev，Damdensurenjin Tseevendorj，*Mongolie Du Nord - ouest Tsagaan Salaa/Baga Oigor*. Paris：Deboccard，2001；38～39采自 Devlet M. A，*Petroglyph on the Bottom of the Sayan Sea（Mount Aldy - Mozaga）*. Anthropology & Archeology of Eurasia，Vol. 40，2002（1）.

　　除了一幅图像外（图4.41，17），其余图像均有轮廓。大部分人面像岩画都戴有头饰，部分人面像看上去类似某种面具。除了叶尼塞河地区之外，在中国的内蒙古和宁夏、蒙古阿尔泰、印度拉达克以及亚美尼亚等地均有发现。虽然形态千差万别，但均在面部有括弧的共同点也是明显的。宁夏的其中一幅图像（图4.41，4）与上叶尼塞河地区的人面像（图4.41，31）非常相似。另外我们注意到，前者的额头上有第三只眼，而这也是奥库涅夫文化人面像的典型特征。

　　这种类型的人面像最早出现于我国北方地区的陶器中（图4.42，7、8）。其中一件陶塑人面像出土于河北易县北福地新石器时代遗址的第一期遗存（图4.42，7）。该遗址面貌与磁山早期遗存有许多相似之处，与兴隆洼文化也有一些相近之处。"一期遗存的绝对年代大约在公元前6000～前5000年间，即距今约8000～7000年之间"①，属于新石器文化早期阶段。另一件陶器出土于辽宁东沟县后洼遗址下层遗存（图4.42，8）。据北京大学考古系碳十四实验室对后洼下层木炭测量的结果，"后洼下层类型的年代应在6000年前"②。我国宁夏、内蒙古地区面部带括弧的人面像岩画基本上都可以归入此类，其年代可以断为距今8000～6000年之间。

　　此外，该类型图像在阿尔然2号墓葬中也有发现（图4.42，4）。图像仅存上半部分，下半部分已经剥落。从残余部分构图情况来看，其面部轮廓大致呈圆形，圆点表示眼睛，两条括弧从眼睛内侧将面部分为三个部分。该幅图像与"穆古尔—苏古尔"类型的其中一幅岩画高度类似，几乎可以视为出自同一艺术家之手（图4.41，31）；另外，奥库涅夫文化石柱上也可以发现类似构图（图4.42，2、3、6）③。这表明，"穆古尔—苏古尔"类型岩画可能和中叶尼塞河地区的奥库涅夫艺术发生了联系。另外，该墓葬上层叠压了斯基泰时期文化层，年代约为公元前7世纪。因此，我们大致可以认为上叶尼塞河地区的类似岩画年代均在公元前2千纪下半期至早期铁器时代之前，图瓦地区的类似图像均可归入这个时期。

　　此外，印度拉达克地区的人面像岩画是用剪影法制成（图4.41，38），这种表现方式在中叶尼塞河地区不见，但在上叶尼塞河地区的穆古尔—苏古尔岩画点发现两

①　段宏振：《北福地：易水流域史前遗址》，北京：文物出版社，2007年，第21页。

②　许玉林、傅仁义、王传普：《辽宁东沟县后洼遗址发掘概要》，《文物》1989年第12期。

③　Леонтьев Н. В., Капелько В. Ф., Есин Ю. Н., *Изваяния и Стелы Окуневской Культуры.*

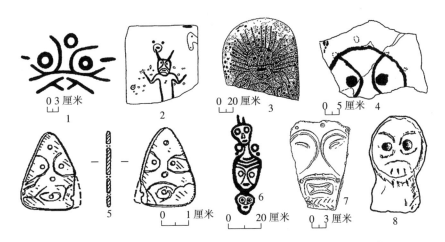

图 4.42 出土文物与墓地石垣中面部带括弧状条纹的人面像①

1. 乌伊巴特—恰尔科夫墓葬 2、3、6. 奥库涅夫石柱 4. 阿尔然 2 号墓葬 5. 切尔诺瓦雅 8 号墓地 9 号墓葬 7. 河北北福地遗址 8. 辽宁东沟县后洼遗址

幅（图 4.41，22、23）；另在亚美尼亚杰格哈马山脉（Geghama Mountains）发现了类似的作品（图 4.41，39）。而蒙古阿尔泰地区由于和图瓦地区地域相连，其类似作品应该是受到了"穆古尔—苏古尔"类型的影响（图 4.41，37），年代应与"穆古尔—苏古尔"类型的年代类似，即公元前 2 千纪下半期至早期铁器时代之前。

另外，前文已经论述，在乌伊巴特—恰尔科夫墓葬中发现了面部带有括弧的彩绘人面像，年代属于奥库涅夫文化早期阶段（图 4.42，1）。但需要注意的是，该幅图画是由红色颜料绘制的，因此不确定相似的岩刻画是否属于同一时期。但是，同一区域内另外一些发现可以为我们提供进一步的参考。在切尔诺瓦雅 8 号墓地 9 号墓葬中出土了几件石雕像，其中两件面部有类似的括弧（图 4.42，5）。但与岩画相比，其尺寸较小。此外，在其额头上有一小孔，可能表

① 1 采自 Лазаретов И. П.，*Окуневские Личины Джойского Типа — Маркёры Древних Путей*；2、3、5、6 采自 Леонтьев Н. В.，Капелько В. Ф.，Есин Ю. Н.，*Изваяния и Стелы Окуневской Культуры*；4 采自 Дэвлет М. А.，*Человек и его Место в Системе Мироздания（по Материалам Петроглифов Бассейна Верхнего Енисея*）；7 采自段宏振：《北福地：易水流域史前遗址》；8 采自许玉林、傅仁义、王传普：《辽宁东沟县后洼遗址发掘概要》，《文物》1989 年第 12 期。

示第三只眼，抑或只是起悬挂的作用①。墓葬年代不清楚，从人面像的构图来看，可能属于奥库涅夫文化早期阶段。另外，该幅人面像嘴角处有括弧，这是"焦伊斯基"类型的典型特征。

但是，我们也应当注意到，除了具有某些共同的特征外，这些岩画之间的差异还是很大，年代也不尽相同。其中几幅图像刻画有三只眼睛（图 4.41，15、16、21）②，一图像带有太阳状的射线（图 4.41，21），这些都是奥库涅夫文化早期人面像的典型特征③。而同时具有括弧状面部纹饰、三只眼和太阳状射线的人面像在奥库涅夫文化石柱中也有发现（图 4.42，3），人面像面部括弧的下半部分被一条横线截断，只剩下上半部分，类似的形象在岩画中可以找到（图 4.41，16、19）。面部括弧被水平横线截断的构图方式在克拉斯诺亚尔斯克边疆区南部的列布亚日墓葬石板上也有发现，并且图像均有三只眼睛，头上有三根线条状的头饰（图 4.43）。该墓葬的具体年代还不清楚，只是大致判定为奥库涅夫时期④。因此，这种类型岩画的年代都可以归为奥库涅夫时期，但可能从早期一直持续到晚期。带有三只眼和（或）射线状头饰的人面像属于早期阶段，其余图像属于较晚时期。

近年来，俄罗斯考古学家在哈卡斯共和国希拉区伊特科尔湖（Озеро Итколь）西北部发现了一些墓葬，其中伊特科尔第二地点 14 号墓地 4 号墓葬发现了几件柱形结构的人面雕像。在该墓地共获得了两组碳十四测年数据。其中一组数据来自墓葬内的一块木板残片，校准后的结果有 95.4% 的概率在公元前 2860 ~ 前 2498 年之间，

---

① M. Artamonov, *The Dawn of Art* ∕ *Древнее Искусство*，с. 60.

② 具有三只眼睛的奥库涅夫文化人面像在早期的乌伊巴特—恰尔科夫墓葬中已有发现。Лазаретов И. П.，*Окуневские Личины Джойского Типа — Маркёры Древних Путей*. В Ермоленко Л. Н. и т. д.（ред.），Наскальное Искусство в Современном Обществе（К 290 – летию Научного Открытия Томской Писаницы），с. 63.

③ Кубарев В. Д.，*Древние Росписи Каракола*，с. 102 – 103；Савинов Д. Г.，*О Выделении Стилей и Иконографических Групп Изображений Окуневского Искусства*. В Савинов Д. Г.，Подольский М. Л.（ред.），Окуневский Сборник 2. Культура и её Окружение. Санкт – Петербург：Элексис Принт，2006，с. 172.

④ Миклашевич Е. А.，*Окуневские Лошади：к Проблеме Появления Одомашненной Лошади в Южной Сибири*. В Савинов Д. Г.，Подольский М. Л.（ред.），Окуневский Сборник 2. Культура и её Окружение，с. 191 – 203.

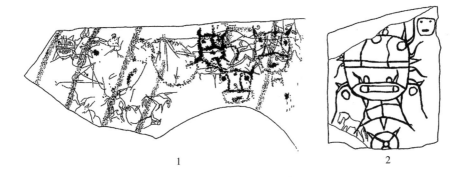

图 4.43 列布亚日墓葬石板［采自 Миклашевич Е. А., *Окуневские Лошади：к Проблеме Появления Одомашненной Лошади в Южной Сибири*. В Савинов Д. Г., Подольский М. Л.（ред.），Окуневский Сборник 2. Культура и её Окружение，с. 204］

属于阿凡纳谢沃文化时期。这块木头是阿凡纳谢沃墓上的设施，晚些时候被奥库涅夫文化居民重新用作建筑材料。第二个数据来自墓葬中 1 号墓穴的人骨，其年代校准后的结果有 95.4% 的概率在公元前 2620～前 2206 年之间，为奥库涅夫文化的早期阶段①。这些人面像均表现为柱状结构，部分头顶呈角状（图 4.44，1、2）。从某方面看，就像部分奥库涅夫石柱的缩小版，与奥库涅夫石柱上的部分人面像构图也非常相似，可以作为众多奥库涅夫石柱的断代依据。需要注意的是，这些人面像的眼睛内侧普遍用剪影法制成括弧形状，与带有括弧的人面像岩画具有异曲同工之妙。另外，部分人面像的面部还有一条横线（图 4.44，1），进一步证明了该墓葬出土的人面像的确与本地区人面像岩画之间存在着文化上的联系。我们基本上可以认为，这类图像均是在大致同一时间段内，由同一族群出于同样的文化观念创作的作品，区别仅在于载体的不同。

同时，我们注意到，伊兹里赫—塔斯岩画中，面部带括弧的人面像与眼睛上方带眉毛的人面像（见图 2.42，a）、眼睛和嘴巴之间带横线的人面像（见图 2.42，b）以及头部外侧带太阳射线的人面像（见图 2.42，c）等奥库涅夫文化早期的人面像共存。因此，我们可以将中叶尼塞河地区这种类型的人面像岩画年代断为奥库涅夫文

---

① Поляков А. В.，Есин Ю. Н.，*Миниатюрные Изображения из Погребения Окуневской Культуры на Озере Иткуль в Хакасии*. Археология，Этнография и Антропология Евразии，2015（2）.

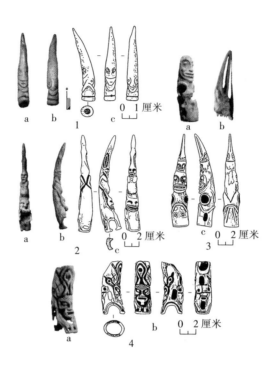

图 4.44　带人面像的角质柱形饰件（采自 Поляков А. В. , Есин Ю. Н. , *Миниатюрные Изображения из Погребения Окуневской Культуры на Озере Иткуль в Хакасии*）

化早期阶段。

　　综上所述，中叶尼塞河地区 Ca 型人面像属于奥库涅夫文化早期阶段，年代为公元前 3 千纪中期至公元前 2 千纪初，即公元前 2500 ~ 前 2000 年。而上叶尼塞河地区的此类岩画属于奥库涅夫文化晚期阶段，即公元前 2 千纪下半期至早期铁器时代之前。而考古学证据表明，南西伯利亚的早期铁器时代大约始于公元前 8 世纪。因此，其年代范围大致为公元前 1500 ~ 前 800 年。

　　从年代序列上来看，中国类似的人面像岩画年代最早，米努辛斯克盆地次之，图瓦地区最晚。现将亚洲北部和中部地区面部带括弧人面像岩画发展序列进行排列（表 4.6）。

表 4.6　亚洲北部和中部地区面部带括弧人面像岩画发展序列

式 型	A(有头饰)			B(无头饰)			C(无轮廓)	考古学文化（年）	分布范围
	Aa	Ab	Ac	Ba	Bb	Bc			
I	1 2 3	4 5		6	7	8		兴隆洼—红山文化 公元前6000～前4000年	内蒙古阴山、宁夏贺兰山
II	9 10 11 12					13 14 15 16 17 18 19		奥库涅夫文化早期 公元前2500～前2000年	中叶尼塞河
III	20 21 22 23 24 25 26 27 28 29 30 31		32 33 34 35			36 37	38	奥库涅夫文化晚期 公元前1500～前800年	上叶尼塞河、蒙古阿尔泰、亚美尼亚哈哈马、印度拉达克

1~4、6~8.贺兰山　5.阴山　9~19、38.中叶尼塞河　20~31、33、34、36.上叶尼塞河　32.亚美尼亚哈哈马　35.印度拉达克　37.蒙古阿尔泰

2. Ce 型人面像岩画的年代

Ce 型岩画仅有两幅（图 4.45，1、2）。但另外一幅图像与其相似，也可以归为一类研究（图 4.45，3、4）。其中一幅图像有 3 只眼，面部带括弧状装饰线，并被一幅公牛图像打破（图 4.45，1）。前文已经论述，其年代属于奥库涅夫文化早期。现在我们重点讨论另外两幅图像的年代（图 4.45，2 ~ 4）。

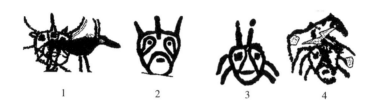

图 4.45　岩刻类 Ce 型人面像岩画（1 ~ 3 见表 3.2；4 采自 Заика А. Л.，*Сердцевидные Личины в Петроглифах Южной Сибири*. 其中，3、4 中的人面像为同一幅图像）

在奥库涅夫文化早期的塔斯—哈扎 1 号墓葬中出土过一块带有人面像的棺材盖板，在盖板内侧接近中心的位置敲凿了一幅人面像（图 4.46，1）。人面像左右两侧各有几幅鸟首人身的图像，图像的躯干部分还有表示毛发的线条。左侧人像和人面像之间有一幅鸟的图像。这些鸟首人身的图像被认为是萨满的形象[①]。人面像的轮廓近似圆形，眼睛呈鱼状（或水珠状），头顶上方有两根向外伸出的线条。其与一幅 Ce 型人面像岩画类似（图 4.45，2），不同之处在于人面像岩画头顶有三根线条，嘴巴被弧线从上部包合。另外，值得注意的是，这两幅图像在头顶位置都有一根短线从轮廓内侧向下伸出。

此外，在另外一块奥库涅夫石板上同样发现了类似的图像（图 4.46，2）。该块石板位于卡梅什塔河左岸地区，同样用于棺材盖板，但具体年代不清楚，只能判断属于奥库涅夫时期。石板中间敲凿了一人像，人像的面部与其中一幅人面像岩画非常相似（图 4.45，3）。不同之处在于，该幅图像仅在头部上方有两根可能用来表示角的线条，而人面像岩画还在脸颊两侧各有两根向下伸出的线条；另外，石板人像

---

① Липский А. Н. , Вадецкая Э. Б. , *Могильник Тас Хазаа*. В Савинов Д. Г. , Подольский М. Л. （ред.），Окуневский Сборник 2. Культура и её Окружение, с. 15.

图 4.46　奥库涅夫文化石板①

1. 塔斯—哈扎 1 号墓葬盖板　2. 奥库涅夫石板

的嘴部被上下两根弓形弧线包合在内，而人面像岩画没有此类线条，但是，这种线条在前述的人面像中存在（图 4.45，2）。

　　类似的元素表明，这些图像之间有着密切的关系，年代也具有某种相关性。我们可以大致推测，该类型人面像岩画的年代与奥库涅夫文化石板上图像的年代近似，均为奥库涅夫文化早期，即公元前 2500～前 2000 年。

（四）D 型人面像岩画的年代

　　D 型人面像岩画实际上是对"格奥菲济克"类型中有轮廓图像的一种统称，中叶尼塞河也有少部分图像可以归入此类（图 4.47）。同时，Ac 型岩画虽然无轮廓，但由于跟格奥菲济克岩画的有轮廓类型制作在同一块岩面上，并且基本构图类似，均是用较深的小圆窝表示眼睛和嘴巴（部分嘴巴为较粗的横线），因此有必要放在一起进行断代。

　　D 型岩画分为三个地区。其中上叶尼塞河地区的人面像岩画应该与本地区的其他岩画年代相同，均为奥库涅夫文化晚期。至于中叶尼塞河地区，伊兹里赫—塔斯人面像岩画的年代应该属于同一时期，前文已经论证过，与其共存的面带括弧、头上有射线的人面像年代均为奥库涅夫文化早期，因此 D 型人面像岩画的年代同样为奥库涅夫文化早期（图 4.47，9）；丘梁—塔克 D 型岩画与面带括弧的人面像共存，而且其本身有三只眼，这均是奥库涅夫早期的特征，因此年代可以归

① 1 采自 Липский А. Н., Вадецкая Э. Б., *Могильник Тас Хазаа*. В Савинов Д. Г., Подольский М. Л.（ред.）, Окуневский Сборник 2. Культура и её Окружение, с. 49；2 采自 Леонтьев Н. В., Капелько В. Ф., Есин Ю. Н., *Изваяния и Стелы Окуневской Культуры*, с. 91, 155.

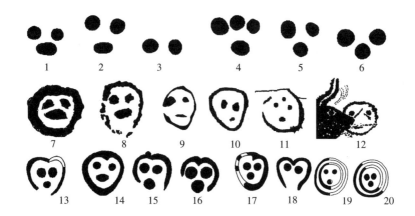

图 4.47　岩刻类 D 型人面像岩画

1~6、13~20. 格奥菲济克　7、8. 穆古尔—苏古尔　9. 伊兹里赫—塔斯　10. 乌斯季—土巴　11. 丘梁—塔克　12. 巴拉—季格伊

为奥库涅夫文化早期（图 4.47，11）；巴拉—季格伊 D 型岩画，同样与有三只眼、面带括弧以及头带射线的人面像岩画共存，年代可以归入奥库涅夫文化早期（图 4.47，12）；至于乌斯季—土巴这幅人面像年代不好确定，目前还没有很好的断代方法，只能推测其属于奥库涅夫文化时期（图 4.47，10）。

　　下安加拉河地区格奥菲济克岩画的年代需要另外分析。虽然类型学上可以归为一类，但是它与中叶尼塞河地区的岩画还是有所不同。这一类型的主要特点是眼睛和嘴巴均用研磨而成的小圆凹组成，部分外面加有圆形或者心形轮廓，从某种意义上来说，均可以视为岩画中的一种特殊类型——凹穴岩画。而这种类型的人面像岩画在亚洲北部地区有着广泛的分布，除了叶尼塞河地区之外，在俄罗斯远东黑龙江下游和中国内蒙古地区都有发现（图 4.48）。汤惠生教授曾对遍布世界各地的凹穴岩画进行研究，指出此类岩画起源相当早，甚至可能到旧石器时代早期[1]。根据微腐蚀断代法，他认为："（将军崖岩画）基岩凹穴岩画的年代在距今 11000 年左右；刻以凹穴岩画的石棚为距今 6000 年。"[2] 国际岩画委员会主席、澳大利亚岩画专家罗伯特 G. 贝德纳里克也认为："我们所知的最早的岩画是沟槽曲线和凹穴岩画，尤其是后者。在三个旧大陆它的年代可以早到旧石器时代中期甚至早期，因此，它比西南欧

---

① 汤惠生：《凹穴岩画的分期与断代——中国史前艺术研究之一》，《考古与文物》2004 年第 6 期。

② 汤惠生、梅亚文：《将军崖史前岩画遗址的断代及相关问题的讨论》，《东南文化》2008 年第 2 期。

已经测定的旧石器时代晚期的岩画年代要早得多。"①

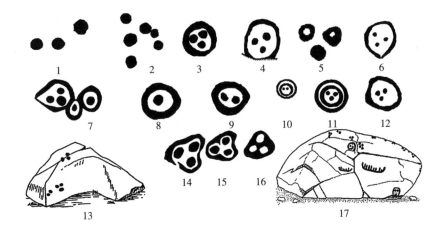

图 4.48 亚洲北部地区凹穴类人面像岩画（1、2、8～11 采自盖山林、盖志浩：《内蒙古岩画的文化解读》；3～7、12 采自盖山林：《阴山岩画》；13～17 采自 Окладников А. П., *Петроглифы Нижнего Амура*）
1～12. 内蒙古岩画　13～17. 黑龙江下游萨卡齐—阿连岩画

近年来，我国黑龙江饶河县小南山 15M6 号墓葬出土了一块带有凹穴的石器（发掘者称其为"钻坑石器"）。石器近扁圆形，两面钻出大小不一的圆坑。长 8.28、宽 6.2、厚 2.73 厘米，重 146.9 克（图 4.49，1）。其年代在距今 9000 年左右，处在奥西波夫卡文化和新开流—鲁德纳亚文化之间的阶段②。石器上的凹穴组合与无轮廓人面像比较相似，只是岩画中的人面特征更明显一些。但是，该墓葬周围并未发现类似的凹穴岩画，因此其与人面像岩画的关系还不清楚。

在俄罗斯黑龙江下游的博伊斯曼文化（Бойсманская Культура）中发现不少石质凹穴人面像，为此类岩画的断代提供了较好的参考依据（图 4.49，4～17）。博伊斯曼文化分布在俄罗斯远东滨海边疆区的南端，因彼得大帝湾的博伊斯曼湾岸边遗址而得名，年代约为距今 7000～4800 年③。目前共有两个以博伊斯曼命名的地点，其

① Bednarik R. G., *Cupules: the Oldest Surviving Rock Art*. International Newsletter on Rock Art, 2001 (30).

② 黑龙江省文物考古研究所、饶河县文物管理所：《黑龙江饶河县小南山遗址 2015 年Ⅲ区发掘简报》，《考古》2019 年第 8 期。

③ Бродянский Д. Л., *Антропоморфные Персонажи в Неолитическом Искусстве Приморья*. Проблемы Истории, Филологии, Культуры, 2003 (13).

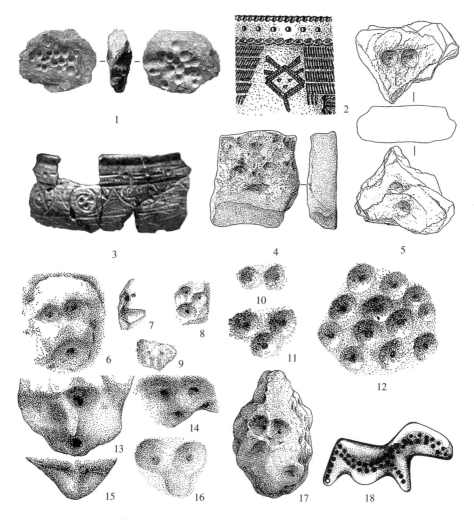

图 4.49　亚洲北部地区出土的凹穴类人面像①

1. 小南山 15M6 号墓葬出土石器　2. 卡波尼尔墓葬出土陶器　3. 马雷舍沃文化陶器　4～17. 博伊斯曼文化石板　18. 孙吉尔遗址出土的儿童陪葬马

① 1 采自黑龙江省文物考古研究所，饶河县文物管理所：《黑龙江饶河县小南山遗址 2015 年Ⅲ区发掘简报》，《考古》2019 年第 8 期；2 采自 Заика А. Л.，Личины Нижней Ангары；3 采自 Пономарева И. А.，Личины Нижнего Амура（Вопросы Хронологии）. В Толпенко И. В.（отв. ред.），VIII Исторические Чтения Памяти Михаила Петровича Грязнова；4 采自 Бродянский Д. Л.，Портрет Лесного Кота, Поймавшего Мышь：（Неолитический Сюжетный рисунок на Плитке Песчаника）. Проблемы Истории, Филологии，Культуры，2002（12）；5 采自 Бродянский Д. Л.，Персонажи Берингийских Мифов в Неолитическом Искусстве Приморья. Проблемы Истории，Филологии，Культуры，2003（13）；6～17 采自 Бродянский Д. Л.，Антропоморфные Персонажи в Неолитическом Искусстве Приморья. Проблемы Истории，Филологии，Культуры，2004（14）；18 采自 Бродянский Д. Л.，История Первобытного Общества. Владивосток：Издательство Дальневосточного Университета，2003，с. 30.

中，博伊斯曼 1 号地点为居址，博伊斯曼 2 号地点为带墓葬的居址。此外，还有其他一些属于该文化的遗址。人面像主要发现于博伊斯曼 2 号地点的下层，迄今为止共在 13 块石板上发现了人面像（图 4.49，5 ~ 17）。博伊斯曼 2 号地点共包含两个文化层，上层为早期铁器时代的扬科夫考古学文化（Янковская Археологическая Культура），年代为距今 2800 ~ 2300 年；下层为新石器时代中期的博伊斯曼文化，年代为距今 6500 ~ 4700 年①。人面像均用研磨的技法制作于石板上，石板大多残缺。从现存情况看，多数人面像用三个凹穴表示眼睛和嘴巴，也有部分人面像仅有眼睛。其中一块石板上有 12 个密集排列的凹穴，可能每三个为一组，分别代表人面像的眼睛和嘴巴，换言之，该组图像共包含了四幅人面像（图 4.49，12）。此外，属于博伊斯曼的格沃兹杰沃 3 号居址（Поселения Гвоздево - 3）也发现了一块带有类似图像的砂岩石板，Д. Л. 布罗江斯基（Бродянский Д. Л.）认为描述的是猫捉老鼠的场景（图 4.49，4）。可见，在博伊斯曼文化中，这种类型的图像广泛存在。其构图方式与 D 型岩画非常类似，制作技法也相同，可以合理地推测，两者的年代可能也大致相同。Д. Л. 布罗江斯基也注意到博伊斯曼文化与这种凹穴类人面像岩画之间的关系，进而将后者年代断为距今 6500 ~ 5000 年②。笔者也赞同此说。

实际上，这种制作凹穴的传统可以追溯到旧石器时代晚期。在距今 2.4 万年前的弗拉基米尔附近的孙吉尔（Сунгирь）河岸边一座居址的埋葬坑内发现了一件儿童陪葬马（图 4.49，18）。马置于男童的胸部，上面布满了小圆窝，某些圆窝的组合方式与岩画中的形象非常类似。

另外，在俄罗斯远东马雷舍沃文化出土了一件陶器残片，上面保留有若干人面像。其中一幅人面像用圆窝表示眼睛和嘴巴，同时还带有心形轮廓（图 4.49，3），这种构图方式与该地区的部分岩画高度类似（图 4.48，14 ~ 16）。因此，部分学者将此类岩画的年代断在马雷舍沃时期。而马雷舍沃文化的年代，据碳十四测年为"5180 ± 100 至 4380 ± 40 年"③。А. Л. 扎伊卡通过综合分析后，进一步将其年代断为

---

① Попов А. Н., *Погребальные Комплексы на Многослойном Памятнике Бойсмана - 2 в Южном Приморье*. Археология, Этнография и Антропология Евразии, 2008（2）.

② Заика А. Л., *Личины Нижней Ангары*, с. 133.

③ Пономарева И. А., *Личины Нижнего Амура（Вопросы Хронологии）*. В Толпенко И. В.（отв. ред.）, VIII Исторические Чтения Памяти Михаила Петровича Грязнова, с. 159.

公元前 3 至前 2 千纪①。

　　通过以上分析，下安加拉河地区 D 型人面像岩画的年代大致可以断在新石器时代。但是，正如前文所述，下安加拉河地区的新石器时代持续时间很长，基本上一直延续到铁器时代才告结束。而在下安加拉河地区的卡门卡 1 号地点的山顶上发现了一座属于铁器时代的卡波尼尔墓葬，其中一件陶器上刻有一幅人面像，人面像用不规则的小圆窝表示眼睛和嘴巴，与岩画不同的是，该幅人面像有菱形的轮廓，头上有两根线条表示头饰；另外，眼睛和嘴巴不是很典型的圆窝，更类似于篦点，即具有一定形状的器具压印在上面形成的，与凹穴岩画有所不同（图 4.49，2）②。但是，无论如何，这种使用圆窝（或篦点）作为人面像眼睛和嘴巴的装饰风格一直到铁器时代还有孑遗。因此，对该类型岩画年代的界限还应有所规定。

　　笔者认为，其对应的新石器文化应该是青铜时代（包括铜石并用时代）之前的文化，不包括与青铜文化共存时期的部分，岩画应该是在青铜时代到来之前的作品。前文已经指出，中叶尼塞河地区的阿凡纳谢沃文化年代在公元前 3300～前 2500 年之间，而在上叶尼塞河和中叶尼塞河南部地区被阿凡纳谢沃文化占据之时，下安加拉河地区分布的则主要是格拉兹科沃文化。表明二者有一个共存的时期。但是，必须注意到，阿凡纳谢沃文化持续的时间很长，而格拉兹科沃文化出现于贝加尔湖沿岸地区的时间约为距今 5200 年之前，该文化传播到下安加拉河地区的时间还不清楚。但综合上述两点，并且考虑到安加拉河上下游之间交通比较便利，将其传播到下安加拉河地区的年代定为距今 5000 年左右应该是比较合适的，而这个年代也可视为该地区凹穴类人面像岩画年代的下限。

　　至于其年代上限，笔者认为可以参考该地区新石器出现的年代。正如前文所述，大约在 7000 年前，下安加拉河地区就出现了新石器时代的陶器，而此时的陶器是圜形或尖底的蛋形陶，器表有条状编织纹。而在稍晚阶段的约 6000 年前，出现了戳刺纹等纹饰，具体表现为小圆窝组成的带状条纹或者篦点纹，而这些纹饰与上述人面

---

① Заика А. Л.，*Личины в Наскальном Искусстве Нижней Ангары*. Археология，Этнография и Антропология Евразии，2012（1）.

② Заика А. Л.，*Личины Нижней Ангары*，с. 129.

像岩画的基本构成要素相当，也可以视为其年代相近的一种例证。因此，将其年代上限定为距今6000年前比较合适。

综合以上分析，笔者认为，下安加拉河地区的这类岩画属于新石器时代作品，年代约为公元前4000~前3000年之间。

（五）"穆古尔—苏古尔"类型岩画年代及文化属性的再讨论

现在，我们继续对"穆古尔—苏古尔"类型人面像岩画的年代进行探讨。前文已经指出，该类型人面像岩画均属于青铜时代，并基本上可以归入奥库涅夫文化晚期阶段，年代为公元前1500~前800年之间。

但是必须注意到，该地区除了奥库涅夫文化以外，还存在着其他类型的青铜时代文化，即安德罗诺沃文化和卡拉苏克文化。前文已经指出，位于哈卡斯南部和图瓦北部地区的托拉—达什（Тоора‐Даш）居址的第六至七层为奥库涅夫文化在图瓦地区的两个发展阶段，第八至九层为前斯基泰时期，而第十层为斯基泰和匈奴—萨尔马特时期。这个前斯基泰时期由于文化内涵不明确，具体属于哪种文化还不能确定，但处于青铜时代早期和铁器时期早期的两种文化之间，只能属于安德罗诺沃文化或者卡拉苏克文化。然而，奥库涅夫文化在本地区存在的时间很长，如俄罗斯学者 А. М. 曼杰尔施塔姆（Мандельштам А. М.）就认为，"在斯基泰时期，奥库涅夫文化的葬俗是显而易见的"[①]。因此，奥库涅夫文化传统与后两种青铜时代文化在上叶尼塞河流域有一个并存的过程。

而该地区接下来的青铜时代文化为安德罗诺沃文化和卡拉苏克文化。在这里，为了厘清人面像岩画和上述两种文化之间的关系，我们将首先对该地区具有重要断代标志的一种岩画——双轮战车岩画的年代进行探讨（图4.50、4.51）。双轮战车岩画形态不一，但也具有一些共性，即均属于单辕双轮双套马车，只是有些图像中马的形象没有清楚地表现出来（图4.50，2、4、5、9、24）。此外，大部分马车有轮辐（图4.50，1~8、10~15、17~26）。双轮马车包括战车和货车两种。Е. Е. 库兹米娜（Kuz′mina E. E.）认为："战车的特点是安装辐条式车轮，驾驭者站立，由佩

---

① Мандельштам А. М. , *О Некоторых Результатах Новых Археологических Исследований в Центральной Туве.* Информационный Бюллетень Международная Ассоциация по Изучению Культур Центральной Азии，1983（4）.

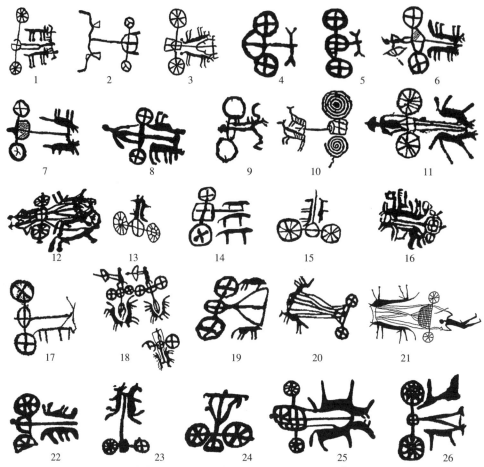

图 4.50　亚洲北部地区的双轮战车图像①

1 ~ 3. 阿尔德—莫扎加　4 ~ 5. 穆古尔—苏古尔　6 ~ 9. 乌斯季—莫扎加　10. 奥格拉赫特　11. 蒙古阿尔泰　12. 前杭爱省包格德苏木特伯希乌拉　13. 巴彦洪格尔省巴彦勒格苏木毕其格图阿姆　14. 青海玉树赓卓　15. 内蒙古巴彦淖尔市磴口县沙金套亥苏木托林沟　16. 内蒙古再日玛格　17. 新疆巴里坤县李家湾　18. 阿尔庖森 V　19. 考克—布拉克　20. 科伊—巴雅尔 III　21. 帕米尔岩画　22 塔吉克斯坦岩画　23 ~ 24. 吉尔吉斯斯坦岩画　25 ~ 26. 俄罗斯阿尔泰岩画（1 ~ 10、25 ~ 26. 俄罗斯；11 ~ 13 蒙古国；14 ~ 17. 中国；18 ~ 20. 哈萨克斯坦；21 ~ 22. 塔吉克斯坦；23 ~ 24. 吉尔吉斯斯坦）

① 1 ~ 9 采自 Дэвлет Е. Г. , Дэвлет М. А. , Мифы в Камне. Мир Наскального Искусства России, с. 220 – 221；10 采自 Devlet M. A. , Petroglyph on the Bottom of the Sayan Sea (Mount Aldy – Mozaga). Anthropology & Archeology of Eurasia, Vol. 40, 2002 (1)；11 采自 Laurianne Bruneau, John Vincent Bellezza, The Rock Art of Upper Tibet and Ladakh：Inner Asian Cultural Adaptation, Regional Differentiation and the Western Tibetan Plateau Style. Revue d' Études Tibétaines, CNRS, 2013 (28)；12、13、15、16 采自特日根巴彦尔：《欧亚草原中东部地区车辆岩画的分布特点及内容分析》，《草原文物》2012 年第 2 期；14 采自王永军：《一带一路背景下玉树通天河流域车辆岩画研究》，《西藏大学学报》（社会科学版）2018 年第 4 期；17 采自苏北海：《国际阿尔泰学研究之四：新疆岩画》，乌鲁木齐：新疆美术摄影出版社，1994 年，第 194 页；18 ~ 21 采自 Kuzmina E. E. , The Origin of the Indo – Iranians. Leiden · Boston：Brill, 2007, p. 646；22 ~ 26 采自 Новгородова Э. А. , Древнейшие Изображения Колесниц в Горах Монголии. Советская Археология, 1978 (4) .

戴马衔的马牵引,通常在奔驰中驾驭。实心轮或驾驭者以坐姿驾驭的双轮车,应称为货车,而不是战车。货车与四轮马车一样,均为工作车辆。"① 辐条式车轮由于比较轻便,能够帮助驾驭者在战场上取得机动性优势,故可以视作战车的典型特征。历史学家斯图亚特·皮戈特将两个轮子装有轮辐的轻型战车称为"技术共通体",这种轻型战车差不多同时突然出现在一个囊括了从埃及到美索不达米亚所有文明的地区②。双轮战车岩画广泛存在于欧亚草原地区,在叶尼塞河流域也有不少发现(图4.50,1~10)。此外,在中国、蒙古、哈萨克斯坦、塔吉克斯坦、吉尔吉斯斯坦、印度以及俄罗斯阿尔泰等地也有发现(图4.50,11~26)。从分布范围来看,双轮战车岩画和"穆古尔—苏古尔"类型人面像岩画在部分地区具有很高的重合度,表明二者年代可能具有某种相关性。

1 2

图 4.51(彩版八) 中国西藏西部和印度拉达克地区的双轮战车图像(采自 Laurianne Bru-
neau, John Vincent Bellezza, *The Rock Art of Upper Tibet and Ladakh: Inner
Asian Cultural Adaptation, Regional Differentiation and the Western Tibetan
Plateau Style*)
1. 中国西藏西部 2. 印度拉达克

关于双轮战车岩画的年代,学术界有不同的观点,主要分歧在于这类图像究竟属于安德罗诺沃时期还是卡拉苏克时期。大卫·安东尼指出,哈萨克斯坦东部山脉和俄罗斯阿尔泰山地表岩石上表现战车的雕刻图案和岩画,被认为属于青铜时代晚

① Kuz'mina E. E. , *The Origin of the Indo - Iranians*, p. 406.
② [英]约翰·基根:《战争史》,时殷弘译,北京:商务印书馆,2010 年,第 206~207 页。

期安德罗诺沃类型，年代在公元前 1650 年之后①。E. E. 库兹米娜也认为，双轮战车图像与安德罗诺沃文化有关，"安德罗诺沃文化的影响经过新疆和中国西北地区可以一直追踪到安阳（妇好墓）。马、双轮战车、稀有的管銎镞、金耳环和镜子应该都与此有关。"② 具体来说，安德罗诺沃部落在公元前 2 千纪后半期将双轮战车带到了中国③。同样的道理，叶尼塞河流域的双轮战车岩画也是安德罗诺沃文化的遗存，只不过与在中国的传播时间有所不同。

其主要依据是考古中发现的一些与安德罗诺沃文化有关的车辆图像或实物（图 4.52，1、3、4）。其中一件陶器来自东欧的苏哈亚—萨拉托夫卡（Сухая Саратовка）遗址，其器表制作有一幅与岩画非常相似的双轮战车图像（图 4.52，1）。苏哈亚—萨拉托夫卡遗址属于东欧青铜时代晚期的木椁墓（Timber – grave Culture）文化，也被称为斯鲁布文化（Srubna Culture），主要分布于黑海北岸，从多瑙河一直延伸到乌拉尔。该文化是与安德罗诺沃文化并行发展的一个文化联盟。E. E. 库兹米娜认为，木椁墓文化和安德罗诺沃文化均与印度—伊朗人的起源有关。而欧亚草原上的艺术，诸如马、双轮马车、双轮双驾战车等题材均可以通过印度—伊朗的神话来解释④。之所以将双轮战车与安德罗诺沃文化而非木椁墓文化联系在一起，主要是因为安德罗诺沃文化分布范围更广，是与印度—伊朗人群联系最紧密的文化综合体。此外，在辛塔什塔—彼德罗夫卡文化的墓葬中也出土有不少战车残骸和辐条轮痕（图 4.52，3、4），其中一件出自俄罗斯车里雅宾斯克的辛塔什塔 28 号墓葬，属于辛塔什塔类型，另一件出自哈萨克斯坦北部的博里克（Berlik）2 号墓葬，属于彼德罗夫卡类型。根据近年来的碳十四测年，该文化的时间范围约在公元前 2000 年~前 1750 年，属于青铜时代中期阶段⑤。而辛塔什塔—彼德罗夫卡文化被认为是安德罗诺沃文化的前

---

① ［美］大卫·安东尼：《马、车轮和语言：欧亚草原青铜时代的骑马者如何塑造了现代世界》，张礼艳等译，北京：中国社会科学出版社，2016 年，第 406 页。

② Kuz'mina E. E. , Stages of Development of Stock Breeding Husbandry and Ecology of the Steppes in the Light of the Archaeological and Palaeoecological Data（4th Millennium BC – 8th Century BC）. In Bruno Genito（ed）. The Archaeology of the steppes：Methods and strategies，Napoli：Istituto Univesitario Orientale，1994，pp. 41 – 42.

③ Кузьмина Е. Е. , Арии – путь на Юг. Москва：Летний Сад，2008，c. 181.

④ Kuz'mina E. E. , The Origin of the Indo – Iranians，p. 182.

⑤ 杨建华：《辛塔什塔：欧亚草原早期城市化过程的终结》，《边疆考古研究》2006 年第 5 辑。

身，因此车辆岩画的传播应与这两种文化有关。

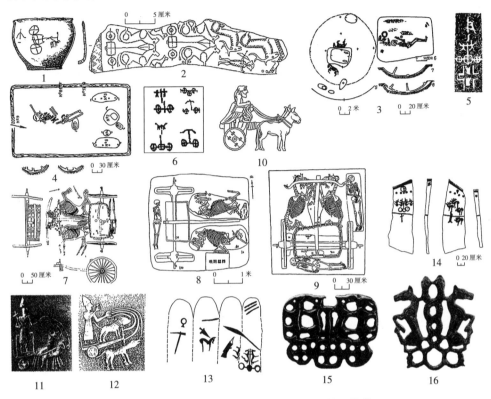

图 4.52 考古出土文物中的双轮战车及其图像①

1. 苏哈亚—萨拉托夫卡遗址出土陶器 2. 南山根 102 号墓刻纹骨板 3. 博里克 2 号墓葬 4. 辛塔什塔 28 号墓葬 5. 安阳殷墟出土青铜器上的铭文 6. 甲骨文中的"车"字 7. 安阳梅园庄殷代车马坑 8. 安阳殷墟孝民屯车马坑 9. 安阳郭家庄殷代车马坑 10. 艾格拉伯土丘出土铜车 11、12. 卡鲁姆卡内什 II 出土印章 13、14. 蒙古鹿石 15、16. 鄂尔多斯青铜牌饰

① 1、3、4 采自 Kuzmina E. E., *The Origin of the Indo - Iranians*, pp. 646 - 647；2 采自安志敏、郑乃武：《内蒙古宁城县南山根 102 号石椁墓》，《考古》1981 年第 4 期；5 采自安阳市文物工作队、安阳市博物馆：《安阳殷墟青铜器》，郑州：中州古籍出版社，1993 年，第 38 页；6 采自李济：《安阳》，石家庄：河北教育出版社，2000 年，第 124 页；7 采自安阳市文物工作队：《安阳梅园庄殷代车马坑发掘简报》，《华夏考古》1997 年第 2 期；8 采自中国科学院考古研究所安阳发掘队：《安阳殷墟孝民屯的两座车马坑》，《考古》1977 年第 1 期；9 采自中国社会科学院考古研究所安阳工作队：《安阳郭家庄西南的殷代车马坑》1988 年第 10 期；10 ~ 12 采自 [美] 大卫·安东尼：《马、车轮和语言：欧亚草原青铜时代的骑马者如何塑造了现代世界》，第 412 页；13 ~ 16 采自特日根巴彦尔：《欧亚草原中东部地区车辆岩画所见古代游牧民族车形演变研究》，内蒙古自治区文物考古研究所编《中国北方及蒙古、贝加尔、西伯利亚地区古代文化》（下），第 1235 ~ 1237 页。

　　除了安德罗诺沃文化之外，也有部分学者认为双轮战车岩画与卡拉苏克文化有关。在对蒙古双轮战车岩画进行研究时，Э. А. 诺夫戈罗多娃（Новгородова Э. А.）指出："大多数学者认为，戈壁（蒙古国——笔者注）双轮战车的年代属于卡拉苏克时期，即公元前 14 ~ 前 13 世纪。而蒙古国学者 Д. 道尔吉（Дорж Д.）和 Н. 色尔奥德扎布（Сэр - Оджав Н.）则认为蒙古的双轮战车岩画年代最晚出现于公元前 1 千纪末。"① 这表明，双轮战车岩画本身也经历过较长的发展阶段，其内部可以进一步划分为不同类型，不同类型的年代可能不相同。随后，她进一步指出："蒙古、图瓦和南西伯利亚的双轮战车岩画显然属于卡拉苏克和奥库涅夫时期。"② 作者认为图瓦的此类岩画属于奥库涅夫时期，判断依据主要是双轮战车岩画的伴生图像具有明显的奥库涅夫文化特征。但遗憾的是，她并未具体指明所谓的伴生图像究竟是哪种。而蒙古的双轮战车岩画属于卡拉苏克时期，主要是将其与中国殷商时期的出土材料进行比较的结果。此外，П. Ф. 库兹涅佐夫（Кузнецов П. Ф.）等人也持双轮战车岩画与卡拉苏克文化有关的观点③。苏联 1956 年出版的《世界通史》第一卷进一步指出："许多典型的卡拉苏克器物，特别是刀、双套马车的小画、陶器的装饰，都在安阳附近商（殷）国都城出土的制品和青铜器的装饰上，找到了它们的直接原型。"④ 直接将此类车辆图像的源头指向了中国的中原地区。

　　现在，我们结合考古出土材料对双轮战车岩画的年代作进一步分析。学术界普遍认为，由畜力牵引的双轮车辆年代早于双轮战车。其中一件双轮车辆出自近东的艾格拉伯土丘（Tell Agrab），由青铜铸造，车轮实心，为三块木板拼接而成。车辆由两头驴（或马）牵引，年代为公元前 2700 ~ 前 2500 年（图 4.52，10）。另外，在近

---

① Новгородова Э. А. ，*Древнейшие Изображения Колесниц в Горах Монголии.* Советская Археология，1978（4）.

② Новгородова Э. А. ，*Древнейшие Изображения Колесниц в Горах Монголии.* Советская Археология，1978（4）.

③ Кузнецов П. Ф.（гл. ред. ），*Кони，Колесницы и Колесничие Степей Евразии.* Екатеринбург：Институт Экологии Растений и Животных Уральское Отделение Российской Академии Наук；Самара：Поволжская Государственная Социально - гуманитарная Академия；Донецк：Донецкий Областной Краеведческий Музей；Челябинск：Рифей，2010，c. 109.

④ 乌恩岳斯图：《北方草原考古学文化研究——青铜时代至早期铁器时代》，北京：科学出版社，2007年。

东卡鲁姆卡内什（Karum Kanesh）II 出土的印章上也发现了两幅车辆图像（图 4.52，11、12），车辆均为两轮，每个轮子带有四个辐条，但是牵引的动物不能确定，可能是当地的驴或野驴，动物通过鼻环来控制，年代约为公元前 1900 年。必须注意到，虽然此时轮辐式车辆已经出现，但用来牵引的畜力并非马，而是驴子之类的动物。只有在将马与辐条车轮结合以后，其机动性才大大提高，真正意义上的战车才开始出现。因此，"近东地区最早的真正的战车形象——辐条式双轮车辆，由马而不是驴或野驴牵引，由马衔而不是唇或鼻环控制，由站立的武士而不是坐着的车夫驾驭——首次出现于约公元前 1800 年的古叙利亚印章上。"① 其年代晚于前述的辛塔什塔—彼德罗夫卡文化。

　　而我国出土的双轮战车实物及相关图像年代更晚一些。其中三件车辆来自安阳出土的殷代车马坑（图 4.52，7~9），其基本布局类似，均为双轮双驾马车，车轮为辐条式，与岩画中的双轮战车形象类似。此外，在安阳殷墟出土的青铜器以及甲骨文上均发现"车"字，同样与岩画中的双轮战车形象类似（图 4.52，5、6）。关于殷墟与卡拉苏克文化的关系，中外诸多学者都讨论过，虽然观点各异，但基本上均承认二者发生过交流，这里不再赘述。此外，内蒙古宁城县南山根 102 号石椁墓出土了一件刻纹骨板（图 4.52，2），"一侧钻有四孔，一侧稍残，原来可能也有钻孔，刻纹精细，可分为三部分：前面有两鹿，一人手持弓矢；中间有两车，一车在前一车在后，两车各驾有双马，其中后车在两马的前面还各有一狗；后面部分为两排对错的三角纹"②。基本与岩画中发现的双轮战车结构一致。关于该墓葬的年代，发掘者认为"应相当于西周晚期至春秋早期"③。此外，该墓中出土的环首刀与卡拉苏克文化以及殷墟出土的环首刀均非常相似，表明三者之间存在着某种程度的交流。在鄂尔多斯青铜器中也发现了两块具有类似构图的双轮战车牌饰，其中一辆为四驾马车（图 4.52，15），另一辆则为双驾马车（图 4.52，16），与岩画中的部分车辆非常相似。此两件器物为采集品，具体年代不详。

---

① ［美］大卫·安东尼：《马、车轮和语言：欧亚草原青铜时代的骑马者如何塑造了现代世界》，第 411 页。
② 安志敏、郑乃武：《内蒙古宁城县南山根 102 号石椁墓》，《考古》1981 年第 4 期。
③ 安志敏、郑乃武：《内蒙古宁城县南山根 102 号石椁墓》，《考古》1981 年第 4 期。

　　另外，在蒙古国科布多省达尔维县丘鲁蒂格特罗赫鹿石上也发现了一幅车辆图像（图4.52，13）①。该鹿石是墓地石围的一部分，石围共由四块鹿石组成，分别刻画出马、短剑、弓囊、鹤嘴斧或啄、双轮战车以及长矛等图像。其中，双轮战车与长矛位于同一块鹿石上。潘玲将其归为 C 型鹿石，并认为"C 型鹿石的年代在春秋战国时期，出现年代最晚，分布范围最广泛，其流行年代与被称为'斯基泰式'器物的晚期北方系青铜器的年代基本相同"②，其断代的主要依据是该型鹿石中伴出的具有长且厚的剑格的青铜短剑和鹤嘴斧（或啄）。另外，在蒙古国乌布苏省宗杭爱苏木布勒庆也发现了一幅类似的图像，但用来驾车的马为四匹（图4.52，14），年代可能与前者相当。但是我们注意到，鹿石中的图像很多，而双轮战车图像却仅有两幅，并且只能代表岩画中的一个类型，这种类型的主要特点是轮子没有刻画出辐条。从而表明，其造像传统可能来自更早的时期。

　　蒙古国考古学界 Б. 朝克特巴特尔（Цогтбаатар Б.）、Ц. 图尔巴特（Төрбат Ц.）、Ч. 阿木尔图布信（Амартүвшин Ч.）、З. 巴图赛罕（Батсайхан З.）等学者认为赫列克苏尔遗存最密集的区域在阿尔泰山与杭爱山之间，而且鹿石遗存往往与赫列克苏尔遗存共存，一般将二者视为同一共存文化——即"赫列克苏尔—鹿石文化"③。近年来，随着相关研究的深入开展，这一观点正在被更多的学者所接受。且根据以往的考古资料及 2018 年来吉林大学和蒙古国国立大学在蒙古国西部——图音河流域的岩画调查资料来看，部分车辆岩画跟赫列克苏尔—鹿石文化的关系更为密切，随着研究的深入，其年代问题定会更加明了④。"赫列克苏尔"是指中心用石块堆砌成圆形石堆，外围用石块有序地铺成圆形或方形石围，中心石堆和外围石围之间再平铺石块形成射线状连接的积石建筑⑤，其年代为青铜时代晚期至早期铁器时

①　关于这块鹿石的具体位置，В. В. 沃尔科夫在《蒙古鹿石》一书中认为出自蒙古国科布多省达尔维县丘鲁蒂格特罗赫，Э. А. 诺夫哥罗多娃在 Древнейшие Изображения Колесниц в Горах Монголии 中持相同观点，特日根巴彦尔认为出蒙古国科布多省达日毕苏木朝鲁腾—敖格特赫，实际上指同一个地方；而潘玲在《论鹿石的年代及相关问题》中则认为出自巴彦洪戈尔省博格多县布恩查格敖包。
②　潘玲：《论鹿石的年代及相关问题》，《考古学报》2008 年第 3 期。
③　Ерөнхий Редактор У. Эрдэнбат，Монголчууд：Талын Нүүдэлчдийн Уламжлал（Нэн Эртнээс XII Зууны Эхэн）. Улаанбаатар：Монсудар хэвлэлийн газар，2018，т. 40.
④　以上赫列克苏尔—鹿石文化相关资料由蒙古国国立大学特日根巴彦尔博士提供。
⑤　特尔巴依尔：《赫列克苏尔遗存的年代及相关问题》，《北方民族考古》2015 年第 2 辑。

代。1996 年，一座被称为"安琪尔·琼"（Анчил Чон）的墓葬在哈卡斯共和国的东南部被发现（图 4.53）。墓葬属于卡拉苏克文化时期，约为公元前 13 ~ 前 11 世纪①。该墓葬具有赫列克苏尔的典型特征：中间用石块堆成直径为 7.5 米的圆形石围，石围由直立的石板构成，再以石堆为中心向外平铺石块形成八条射线状连接，而这些射线状连接本身又成了新的石围的一部分。正中心有一个石棺，可能埋葬着贵族；射线状的石围之间另有七个石棺；在其东南角还有三个用于埋葬儿童的呈方形的小型积石墓。Н. А. 博科文科（Боковенко Н. А.）认为，这种圆形石围的建筑传统可以追溯到安德罗诺沃时期并且与西方的传统有关。而这种以石堆为中心，并向外平铺石块形成射线状的圆形居址或墓葬的习俗出现于中亚青铜时代的早期阶段（公元前 2 千纪初），随后，从中亚传播到了蒙古和中国北方地区②。

　　可见，"赫列克苏尔—鹿石"文化与卡拉苏克文化及以殷墟为代表的晚商文化之间存在着广泛的文化交流。从岩画的分布情况来看，中亚及其以西地区存在着数量众多的双轮战车，但人面像却很少见，这部分双轮战车岩画主要与安德罗诺沃文化发生了联系；而中亚以东地区则存在着人面像岩画与车辆岩画的高度重合③，表明二者可能均属于卡拉苏克时期，即卡拉苏克的艺术家参与了"穆古尔—苏古尔"部分类型岩画的创作，并将其与双轮战车一起扩散到了其他地区。但是，上叶尼塞河地区的卡拉苏克文化和奥库涅夫文化曾经共存过，并基本上同时被塔加尔文化所取代，因此，即便卡拉苏克文化参与了人面像岩画的创作，也可以视为奥库涅夫传统的一种延续，其年代的下限为塔加尔文化开始之前。而前文已经指出，该地区的塔加尔文化始于公元前 7 世纪，因此，人面像岩画年代的下限为公元前 8 世纪。故其年代范围大致为公元前 1500 ~ 前 800 年。

　　综合以上分析，现将叶尼塞河流域人面像岩画按照年代发展序列及其对应的考

① Боковенко Н. А. （Россия），*Новые Памятники Радиальной Конструкции Эпохи Поздней Бронзы в Центральной Азии.* В Зданович Д. Г. и др. （ред.）. Комплексные Общества Центральной Евразии в III – I тыс. до н. э. Региональные Особенности в Свете Универсальных Моделей. Челябинск：ЧелГУ，1999，с. 175 – 176.

② Боковенко Н. А. （Россия），*Новые Памятники Радиальной Конструкции Эпохи Поздней Бронзы в Центральной Азии,* с. 176.

③ 两种图像并存的地区包括中国的宁夏和内蒙古、俄罗斯上叶尼塞河、蒙古西部和印度的拉达克。

图 4.53　安琪尔·琼墓葬（采自 http：//dostoyanieplaneti. ru/3251 – anchil – chon）

古学文化归类如下（表 4.7）。同时需要说明的是，虽然安加拉河下游地区的人面像
岩画有一部分年代属于新石器时代晚期，但却和中叶尼塞河地区部分属于青铜时代
早期阶段的人面像岩画年代大致相同，故将其归在一起，作为整个叶尼塞河地区人
面像岩画发展过程中的第三个阶段。

表 4.7　叶尼塞河流域人面像岩画发展序列及其对应的考古学文化①

发展阶段	岩画类型		考古学文化	分布范围	典型岩画
	岩刻类	岩绘类			
第一期 公元前4000~前3000年	Ac、Da、Db		新石器时代中晚期	下安加拉河	
第二期 公元前3300~前2500年	Cf		阿凡纳谢沃	中叶尼塞河 / 下安加拉河	
第三期 公元前2500~前2000年	Bc~Bg		新石器时代晚期	下安加拉河	

① 第四期中的奥库涅夫文化中晚期年代应为公元前2000~前1300年，为了方便制表，将其年代下限提前到公元前1500年。另外，这里的奥库涅夫文化中晚期是相对于中叶尼塞河地区而言，如果放到整个奥库涅夫文化序列中来看，可能归为中期更为合适。

续表 4.7

发展阶段	岩画类型		考古学文化	分布范围	典型岩画
	岩刻类	岩绘类			
第三期 公元前2500～前2000年	Ca、Cb、Cd、Ce、Da	Bb、Cb、Cc、Cf、Da、Db、Dd	奥库涅夫文化早期	中叶尼塞河	
第四期 公元前2000～前1500年		Ba、Bb、Cb、Db、Dc、De、Df	青铜文化早期	下安加拉河	

续表 4.7

发展阶段	岩画类型		考古学文化	分布范围	典型岩画
	岩刻类	岩绘类			
第四期 公元前2000～前1500年		A、Ca、Cd、Ce	奥库涅夫文化中晚期	中叶尼塞河	
第五期 公元前1500～前800年		Aa、Ab、Ad～Af、B、Ca	奥库涅夫文化晚期	上叶尼塞河	

小　结

　　从整个叶尼塞河流域人面像的分布特征来看，属于奥库涅夫文化的人面像最多，主要分布在哈卡斯—米努辛斯克盆地的墓地石柱上，而这一地区的人面像岩画与其相似点也最明显，即中叶尼塞河地区的人面像岩画大多数可以归为奥库涅夫时期，其中一部分可以归为奥库涅夫文化的早期阶段，其特点是刻画有三只眼睛、面部有括弧、头上带有射线等。但是必须看到，"焦伊斯基"类型的人面像岩画——即红色颜料绘制的类型主要集中在哈卡斯—米努辛斯克盆地的南缘山地，在草原地带以及北部地区均不见，与奥库涅夫文化的分布范围并不一致，表明这种类型的人面像可能是在奥库涅夫文化的繁荣阶段向外扩散形成的，应属于奥库涅夫文化的较晚时期，而创造这种类型岩画的人群应属于居住此地的以渔猎和采集为生的森林民族。另外，还有少部分中叶尼塞河地区岩画年代可能早到铜石并用时代，即阿凡纳谢沃时期。而上叶尼塞河地区的人面像岩画，根据上文分析结果，均可以归为奥库涅夫文化的后半阶段。至于下安加拉河地区，由于部分岩画的眼睛和嘴巴以圆点或圆圈的形式存在，而这种构图方式的人面像在奥库涅夫文化中也有发现，可能和奥库涅夫文化有关；部分图像与中国内蒙古阴山、西辽河地区的岩画比较相似，可能受到马家窑文化的影响，年代可以归入新石器时代晚期；另外一些凹穴类的岩画则可以与远东地区出土的凹穴类人面像作比较，大致推算出年代为新石器时代中晚期。至于奥库涅夫艺术中的人面像和本地人面像岩画年代的早晚关系还不能完全确定，为了慎重起见，还是以奥库涅夫文化的年代来对该地区岩画的年代进行断代，但必须注意到，不论是本地区的人面像岩画，还是奥库涅夫艺术本身都与中国北方和中原地区的新石器时代艺术存在着众多相似之处，表明两者可能有共同的源头，即中国新石器时代的人面造像艺术。

第五章　人面像岩画的文化内涵

人面像岩画作为特殊历史阶段的产物，与当时的意识形态密切相关。因此，要探讨人面像岩画的文化内涵，首先要了解岩画作者的思维观念，这就必须回到作者所处的特定时空环境中去。前文已经指出，叶尼塞河流域人面像岩画的年代基本上处于新石器时代至青铜时代，而这一时期流行的宗教观念为萨满教。萨满教最初发现于西伯利亚地区，被用来描述"人们通过改变自身意识状态以便在人和超自然之间沉思"的行为；随后，学者们在全世界范围内都发现了萨满教的证据，对萨满的定义也扩展为主要是具有控制其出神状态能力的人。"萨满教"这个词汇自从3个世纪以前被使用以来，便受到持续性的争议。一般来说，萨满教并非一种单独、统一的宗教，而是具有跨文化特征的宗教形式。因此，学术界逐渐用"shamanisms"[①]来指称，而用复数形式是为了表示其形式的多样性和内涵的丰富性。从这个意义上来说，我们可以称"萨满教"为"萨满文化"，是对原始宗教的一种泛称。关于其产生年代，美国俄勒冈大学艾肯斯教授（C. Melvin Aikens）在对旧石器时代晚期的一些考古材料进行分析之后指出："从萨满教在全世界的广泛分布可以推断，它已经有非常悠久的历史，至少在旧石器晚期（即智人从非洲向其他地方迁徙时期），人类已经有萨满意识。"[②] 可见，萨满教产生年代非常久远，完全涵盖了我们探讨的这一时间范畴。下面，本书将着重探讨人面像岩画和萨满教之间的关系，进而揭示人面像岩画的文化内涵。

---

① Thomas A. DuBois, *Trends in Contemporary Research on Shamanism*. Volume 58, Numen, 2011（1）.

② ［美］C. Melvin Aikens：《萨满教：研究中石器文化和早期宗教的文化历史工具》，张锋译，《农业考古》2000 年第 1 期。

第一节　萨满教及萨满教岩画研究理论

萨满教和岩画的关系在过去 30 余年来逐渐成为岩画研究领域最热门的话题之一。这种讨论绝大多数集中在南非、北美以及西欧的旧石器时代洞窟岩画中，同时也发生在西伯利亚和中亚新石器时代和青铜时代的岩画中，并逐渐将萨满教视为一种普遍存在的现象，从而愈来愈受到世界范围内的关注①。从历史上看，将萨满教理论用于岩画的解释是萨满教研究本身发展的结果。在 17 至 19 世纪，萨满教研究主要依据的是民族学材料。进入 20 世纪后，考古学材料越来越受到重视，学者们倾向于把萨满教与欧洲早期猎人艺术联系起来进行讨论，最早受到关注的为小型骨、角、石等刻制品。随后，欧洲和西伯利亚的岩画进入了人们的视线。在欧洲，这些岩画主要位于洞窟中；而在西伯利亚，岩画则大多位于临河的崖壁上。制作方法上，前者主要是用颜料涂绘；后者则包括涂绘和磨刻两种方式。学者们发现岩画所处的环境与萨满教的宇宙观具有共通之处，而岩画中的图像与萨满教仪式的某些方面也非常契合。此外，萨满教的灵魂观在岩画中也有相应的体现。由于岩画数量众多，内涵丰富，能够非常具象地展现特定时代人们的精神生活。事实上，许多岩画的确再现了萨满教的宗教仪式场景，而萨满教元素在岩画中更俯拾皆是。因此，岩画已经成为萨满教考古学的一种重要资料来源。

一　萨满教和萨满教岩画研究历史回顾

学术界一般将萨满教分为狭义和广义两种。狭义的萨满教特指西伯利亚地区的一种宗教现象，广义的萨满教则是对古代原始宗教的一种泛称，汤惠生将其概括为具有迷狂、三界宇宙观、灵魂再生、二元对立思维等性质的宗教形式。迷狂俗称附体，即萨满巫师与各种精灵打交道时必须采用的途径。所谓三界宇宙观，是指天堂、

① 请参阅：Christina Pratt, *An Encyclopedia of Shamanism*, Volume 1, New York：Rosen Publishing Group, 2007；Neil S. Price, *The Archaeology of Shamannism*. London – New York：Routledge, 2001.

人间和地狱。三个世界由一根中心柱联系在一起，中心轴或中心柱位于宇宙中心，其艺术形象一般用山、树、梯和孔的形式来表现，象征着天柱、宇宙柱。萨满巫师可以通过宇宙柱实现天地交通。

萨满教得名于"萨满"一词。17 至 18 世纪，当俄国人在西伯利亚地区与当地居民不断遭遇时，发现其信仰的宗教迥异于自己所熟悉的宗教形式，但又苦于找不到一个合适的词来表述它，就根据表演这种宗教仪式的萨满来命名，而最初的萨满教仅仅是对西伯利亚地区一种本土宗教的称谓①。此时关于萨满教只鳞片甲的记载也仅局限于一些传教士、探险家、旅行家以及地方军政长官的笔记和报告中。19 世纪时，一些俄国学者开始对西伯利亚地区的萨满教进行专门调查，并将之介绍到欧洲等地。从此，萨满教作为一种早期宗教形态开始进入国际视野，并激发了一批欧美学者投入到萨满教的研究中。进入 20 世纪后，一批国外学者开始对西伯利亚邻近地区，尤其是与其文化有密切关系的中国东北地区进行萨满教的实地考察，获取了大量第一手资料，对萨满教的基本形态、仪式、仪轨等进行了记录。其中，尤以日本学者秋叶隆和俄罗斯学者史禄国成果最丰。但是，纵观这一时期，还处于基础资料的搜集、整理中，关于萨满教本身的一些架构还没有搭建起来。

20 世纪 50 年代，"法国的鲍泰（M. Bouteiller）和艾利亚德（M. Eliade）分别出版了《萨满教和巫术问题》和《萨满教——古代迷狂术》两部书，标志着萨满教当代研究的开始"②。后者尤其贡献甚巨，他通过遍览人类社会历史上的各种宗教形式，试图揭示宗教发展的一般规律。最后得出结论，萨满教是世界范围内的众多古代社会居民普遍流行的一种宗教体系，并且这种信仰贯穿整个人类历史。随后，学者们在全世界范围内都发现了萨满教的证据。正是由于艾利亚德等人的工作，萨满教从一种地方性的宗教逐渐成为世界性的宗教，并作为唯一的原始宗教而日益受到学术界的关注。正如汤惠生所言："越来越多的学者认识到萨满教与人类最初文明的关系，认为人类最初的文明就是萨满文明，萨满教是世界范围内唯一的原始宗教。"③

---

① 关于西伯利亚萨满教的相关情况，请参阅 Лойко В. Н., *Шаманизм*: *По Ту Сторону*. Минск: Плопресс，2003.

② 汤惠生：《关于萨满教和萨满教研究的思考》，《青海社会科学》1997 年第 2 期。

③ 汤惠生：《关于萨满教和萨满教研究的思考》，《青海社会科学》1997 年第 2 期。

美国人类学家兹纳门斯基（Znamenski）评价艾利亚德的主要贡献："在于扩展了萨满教隐喻的地理边界。从某种意义上说，他使萨满教走向全球。他的前辈们将这种现象限制在西伯利亚、北极和北美西部地区。相反地，艾利亚德引导学者们将这一习语应用到所有与有组织的世界宗教模式有别、宗教师在改变状态下进行工作的非西方和前欧洲基督教信仰的考察上。"[①]

　　而将萨满教理论用于岩画研究同样始于这一时期，主要是将其与民族学中的相关材料进行类比，进而产生了两种相互关联但又不尽相同的结论。一是认为某些具体的岩画图像具有萨满教性质。如德国学者克契纳将"欧洲旧石器时代晚期洞穴岩画中披着兽皮的类人形图像解释为正在跳舞的萨满巫师"[②]。苏联岩画专家 M. A. 杰夫列特则认为："图瓦岩画中头上有角的人面像与民族学材料中具体的萨满教特征具有某种继承关系。"[③] 而另外一些学者首先规定了岩画的萨满教性质，进而认为该地区所有岩画都是在萨满教思想观念下的作品。德国学者劳梅尔在解释西欧旧石器时代洞窟岩画时指出："我们必须知道萨满教的世界和观念，以便了解萨满教在岩画中的重要性"[④]；"不了解萨满教的故事和萨满的体验，我们将不可避免地将岩画视为对动物世界的自然主义性质的描绘"[⑤]。他认为旧石器时代的岩画都具有萨满教性质，甚至可能是萨满本人的作品。而苏联学者 A. П. 奥克拉德尼科夫则指出："在类人形岩画中，清楚地展现出了一种广泛地与萨满形象以及获得萨满技能相关的思想综合体……贝加尔湖沿岸地区各部落的岩画就其基本内容来说，具有萨满教的性质。"[⑥]纵观这一阶段，学者们主要是将某一个或者某一类具体的图像与萨满教的相关形象进行类比，还没有建立一套比较系统的理论体系。

---

① A. Znamenski, *The Beauty of the Primitive. Shamanism and the Western Imagination.* New York：Oxford University Press, 2007, p. 180.

② Kirchner H., *Ein archäologischer beitrag zur urgeschixhte des Schamanismus.* Anthropos, 1952（47）. 转引自汤惠生：《青海岩画：史前艺术中二元对立思维及其观念的研究》，北京：科学出版社，2001 年，第191 页。

③ Дэвлет М. А., *Петроглифы Мугур - Саргола*, с. 248 - 250.

④ Lommel Andreas, *Shamanism：The Beginnings of Art.* Translation from German by Micheal Bullock, New York：McGraw - Hill, 1967, p. 106.

⑤ Lommel Andreas, *Shamanism：The Beginnings of Art*, p. 128.

⑥ Окладников А. П., *Петроглифы Байкала - Памятники Древней Культуры Народов Сибири*, с. 84.

20 世纪 80 年代开始，一些岩画专家试图借助泛萨满教的理论对史前岩画进行全面解释。南非学者路易斯·威廉（Lewis–Williams J. D.）及其学生托马斯·道森（Thomas Dowson）等人将神经心理学用于萨满教研究，促进了萨满教考古学的诞生。他们的工作不仅使萨满教研究从理论走向实证，同时也将岩画的研究推进到一个新的阶段。他们"根据非洲南部（Southern Africa）土著居民桑人（San）的民族学资料，认为该地区的岩画是萨满巫师服药后进入迷狂状态时所绘制的"①。路易斯·威廉认为"所有的萨满教都被假定为某种有组织的意识改变状态，而产生这些状态的神经系统对人类来说是普遍存在的。正因为具备相同的神经系统，人们才有可能体验结构类似的视觉、听觉、身体、嗅觉和味觉的幻觉，尽管幻象的含义和内容因历史和文化情境而异"②。他将这种无所不包并且普遍适用的理论用于对洞穴岩画以及世界范围内贯穿整个人类历史的类似艺术的解释中，认为它们与萨满教的宗教实践紧密相连。因此，"不仅南非地区，世界各地的岩画都以各种形式与萨满巫师的迷狂状态和跳神活动联系在一起"③。路易斯·威廉的萨满教岩画研究理论开创了利用自然科学的研究成果开展岩画研究的先河，是岩画研究走向科学实证主义的一个重要标志。

在 1988 年发表的《古今中外的符号：旧石器时代晚期艺术中的内视现象》一文中，他们首次提出萨满出神过程中存在着一个三阶段模型④；随后，在 2004 年出版的《桑人的精神：根源、表现和社会效果》一书中，路易斯·威廉进一步对该模式进行了阐释。威廉等人认为"岩画和萨满教之间存在着一个由人类神经系统的电子化学功能预示的三阶段模型，任何人都有可能体验它们。世界范围内的民族学报告和神经心理

---

① 关于 Southern Africa 一词，国内学术界绝大多数将其译为"南非"，这很容易引起误解，实际上路易斯·威廉所述及的桑人岩画包括南非和纳米比亚两个国家，因此译作"非洲南部"较为妥帖。参见曲枫：《商周青铜器纹饰的神经心理学释读》，辽宁省博物馆馆刊（第 2 辑），沈阳：辽海出版社，2007 年；李世武：《岩画的萨满教起源假说辨析》，《民族艺术》2015 年第 4 期。

② Lewis–Williams J. D., *Harnessing the Brain: Vision and Shamanism in Upper Palaeolithic Western Europe*. In Margaret W. Conkey, etc.（eds.），Beyond Art: Pleistocene Image and Symbol. Berkeley: University of California Press, 1996, p. 322.

③ Lewis–Williams J. D, etc., *The Economic and Social Context of Southern San Rock Art*. Current Anthropology, Volume 23, 1982（4）.

④ Lewis–Williams J. D., Dowson T. A., *The Signs of All Times: Entoptic Phenomena in Upper Palaeolithic Art*. Current Anthropology, 1988（29）.

学研究确认了这种可能性的普遍性。因此，我们在这里获得了一把识别人们宗教体验中可能存在的意识转变的钥匙"①。由于萨满生活在特定的社会中，而他们的信仰和体验在很大程度上蕴藏着本身与萨满并非直接相关的有关宇宙、仪式（例如某些青春期仪式）的一般信仰，而这却发生在萨满教的宇宙观和概念环境中。为区别这两种等级的萨满教，1983 年保罗·塔森用"萨满的"（Shamanic）指称那些由萨满创作的岩画，而用"萨满教的"（Shamanistic）指称由非萨满制作的但是处于整个萨满教信仰和实践的语境下的岩画。此后，路易斯·威廉和怀特雷都接受了这种划分方法②。

　　路易斯·威廉的功绩并不在于为岩画的解释提供了一个终极方案，而在于提供了一种全新的视角，拓展了岩画解释的可能性。他的神经心理学模式，在岩画图像、萨满教和人类的神经系统三者之间建立了联系，使世界范围内的诸多岩画图像可以用萨满教的相关理论进行解释。但是，这种解释模式涵盖的范围过于广泛，忽略了各岩画点创作时空上的差异性，因此引起了众多的批评。而路易斯·威廉在其萨满教理论受到猛烈抨击后，也意识到泛萨满教的理论可能会抹杀不同萨满教传统之间的区别，并且"掩盖使萨满教繁荣的社会环境的多样性"③。因此，在神经心理学研究模式提出以后，"他尝试着改变仅对岩画进行图像学解释的模式，试图证明旧石器时代艺术的特征（诸如洞穴的社会和地形环境以及它内部的岩壁等）而不是图像本身在萨满教环境下可能是真实的"④；随后，他进一步对萨满教的历史、内涵以及萨满教用于岩画研究的适用范围进行了论述，认为"萨满教只是解释岩画的方法之一，不能将所有岩画均置于萨满教的理论框架之下进行解释"⑤。但这只是问题的一个方

①　Lewis – Williams J. D. , *Rock Art and Shamanism*. In McDonald J. , Veth P. （eds.）, A Companion to Rock Art. Wiley – Blackwell, Online Library, 2012, p. 20.

②　Lewis – Williams J. D. , *Rock Art and Shamanism*. In McDonald J. , Veth P. （eds.）, A Companion to Rock Art. pp. 21 – 22.

③　Lewis – Williams D. J. , *A Cosmos in Stone：Interpreting Religion and Society through Rock Art*. Walnut Creek, California：Altamira Press, 2002, p. 191.

④　Andrzej Rozwadowski, *Rock Art，Shamanism and History：Implications From a Central Asian Case Study*. In B. W. Smith, K. Helskog & D. Morris （eds.）, Working With Rock Art：Recording, Presenting and Understanding Rock Art Using Indigenous Knowledge. Johannesburg：Wits University Press, 2014, p. 194.

⑤　Lewis – Williams J. D. , *Rock Art and Shamanism*. In McDonald J. , Veth P. （eds.）, A Companion to Rock Art. p. 17.

面，问题的另外一个方面在于，萨满教原本是对西伯利亚满—通古斯语民族宗教的一种称谓，西伯利亚地区同样存在着大量的岩画，许多岩画显然是对萨满教宗教仪式场景的一种再现，并且这些岩画直到非常晚近的时候仍然在被创作。但是，目前用于解释岩画的萨满教理论基本上没有考虑到西伯利亚地区的民族学材料，学术界讨论的萨满教岩画研究理论的概念及其内涵和外延也都是针对非西伯利亚地区而言的，这就不免让人对其萨满教理论用于岩画研究的有效性产生怀疑。因此，对不同地区的研究者而言，应当在对该理论反思的基础上，更加重视材料的分析；在岩画断代的基础上与特定地区的历史文化相联系，具体问题具体分析，而其中尤其应当注意的是对西伯利亚地区相关资料的分析和运用。

20 世纪 90 年代以来，以阿特金森（Atkinson）为代表的学者开始在艾利亚德泛萨满教理论基础上针对特定区域及文化语境中特定萨满的观念进行民族学考察。他采纳了霍尔姆伯格（Holmberg）创造的"shamanisms"这一概念，用复数形式表示其形式的多样性和内涵的丰富性[1]。他主要突出了 20 世纪 90 年代人类学对萨满教兴趣的转变，即避免将萨满教作为一个包罗万象的、形而上的现象（艾利亚德的"古代技术"或者各种其他类似的方法）进行广泛的检验，而是针对特定语境中特定萨满的经验和观念进行民族学审查。通过使用复数形式，阿特金森提醒读者注意这种被更加限定的民族学材料的重要性，以及它所反映的理论和学科倾向。这项研究被视为对早期综合性理论研究的一种矫正。

二　西伯利亚萨满教岩画研究历史回顾

俄罗斯学者关于萨满教与西伯利亚岩画之间关系的论述颇多。早在 20 世纪 30 年代，Г. Ф. 米勒就提出，西伯利亚岩画的制作者应为当地的萨满，萨满通过制作岩画获得更多的尊重或者支持他的预言[2]。而西伯利亚若干带有图画的岩石直接被当地人称为"萨满石"更是二者之间存在密切关系的一个例证。

---

[1] Thomas A. DuBois, *Trends in Contemporary Research on Shamanism*. Volume 58, Numen, 2011 (1).

[2] Миллер Г. Ф., *История Сибири*. Т. 1. Москва – Ленинград: Издательство Академии Наук СССР, 1937, c. 537 – 538.

此外，M. H. 杭加洛夫在文章中提出"贝加尔湖岩画起源于萨满教"，并且认为"类人形图像带角的头部与萨满带角的冠冕类似"①。A. П. 奥克拉德尼科夫指出"侧身带尾巴的人像和头上带角的人像与萨满教具有密切的关系"②；在《贝加尔湖岩画——西伯利亚人民古代文化遗存》中他进一步写道："在类人形岩画（贝加尔湖的青铜时代岩画——笔者注）中，清楚地展现出了一种广泛地与萨满形象以及获得萨满技能相关的思想综合体……贝加尔湖沿岸地区各部落的岩画就其基本内容来说，具有萨满教的性质"③。И. В. 阿谢耶夫认为"贝加尔湖查干扎巴岩画的许多内容都具有萨满教特征，属于贝加尔湖的某支土著居民"④。A. И. 马金对阿穆尔河沿岸森林地区岩画与萨满教的关系进行了详细的论述，重点对岩画所体现的萨满教三界宇宙观进行了阐释⑤。王强林和 A. П. 扎比亚克也指出"雅库特地区一些岩画主题与萨满形象有关。另外，外贝加尔沿岸地区有一座新石器时代的被称为萨满山的圣殿，山上有大量的岩画"⑥。M. A. 杰夫列特则注意到"图瓦岩画中头上带角的人面像与民族学材料中具体的萨满教特征具有某种继承关系"⑦，随后，她进一步将这种图像称为"人脸面具"，"因为它们本身并不代表具象的人，而是表示曾经存在过的面具，萨满和巫师能够戴着这些面具完成某种宗教仪式"⑧，而 M. X. 曼奈奥尔也持类似的

① Окладников А. П., *Петроглифы Байкала – Памятники Древней Культуры Народов Сибири*；Асеев И. В., *Шаманская Символика на Петроглифах в Бухте Саган – Заба на Байкале и Этнографические Параллели*. В Алкин С. В. （отв. ред.），История и Культура Востока Азии：Материалы Международной Научной Конференции. Том 2. Новосибирск：Институт Археологии и Этнографии Сибирского Отделения Российской Академии Наук，2002.

② Окладников А. П.，Запорожская В. Д.，*Ленские Писаницы. Наскальные Рисунки у Деревни Шишкино*，с. 102.

③ Окладников А. П.，*Петроглифы Байкала – Памятники Древней Культуры Народов Сибири*，с. 84.

④ Асеев И. В.，*Шаманская Символика на Петроглифах в Бухте Саган – Заба на Байкале и Этнографические Параллели*. В Алкин С. В. （отв. ред.），История и Культура Востока Азии：Материалы Международной Научной Конференции.

⑤ Мазин А. И.，*Таежные Писаницы Приамурья*，с. 122 – 150.

⑥ Ван Цзяньлинь，Забияко，*Петроглифы Северо - Восточного Китая в Контексте Социальной и Религиозной Истории Региона*. Религиоведение，2012（4）.

⑦ Дэвлет М. А.，*Петроглифы Мугур - Саргола*，с. 248 – 250.

⑧ Чадамба Л. Д.，*Памятники Наскального Искусства в Саяноском Каньоне Енисея（Республика Тыва）*. Известия РоссийскогоГосударственного Педагогического Университета им. А. И. Герцена，2008（3）.

观点①。В. Д. 库巴列夫对"阿尔泰地区岩画中的萨满诸形象进行了探讨，并从萨满教神话学的角度对岩画的内涵进行了解读"②。Е. Г. 杰夫列特通过对西伯利亚岩画中"X 射线风格"的人形图像、持鼓的人形图像以及戴有射线状头饰的人形图像的微观分析，并与萨满教装饰及用具进行比较，指出"萨满教的世界观是西伯利亚人复杂的象征体系中的基本组成部分……岩画主题为探寻萨满教概念的早期根源提供了一个特殊的机会"③。А. П. 奥克拉德尼科夫也指出"这种'骨架'风格起源于公元前2 千纪末至 1 千纪初叶的泰加森林部落艺术传统，与萨满教意识形态有着最为密切的关系"④。伯查得·布伦特杰斯则认为"沿阿穆尔河定居的部落创作的人面像和'骨骼'风格的岩画都是萨满教的反映"⑤，"骨架风格"与"X 射线风格"是同一种风格的不同表述。Е. Г. 杰夫列特和 М. А. 杰夫列特在《岩石中的神话：俄罗斯的岩画世界》中对"萨满教宇宙观和西伯利亚岩画与萨满教的关系作了全面的阐释"⑥。

　　除了考古学家之外，一些萨满教学者也利用岩画资料对萨满教的具体内涵进行阐释。Т. Ю. 谢姆在《西伯利亚各民族的萨满教》一书中，将"楚科奇半岛、阿穆尔河上游沿岸地区、奥廖克马河以及黑龙江下游的部分岩画图像放在萨满教的理论框架下进行阐释"⑦，相较而言，由于作者具有深厚的萨满教研究功底，把岩画作为还原萨满教的原始资料之一，与其他民族学、人类学材料交互运用，使萨满教的内

①　Маннай － оол М. Х. , *К Вопросу о Генезисетувинского Шаманство*. В Гоголев А. И. （отв. ред.）, Шаманизмкак Религия：Генезис, Реконструкция, Традиции. Якутск：Якутский Государственный Университет, 1992, с. 85 － 86.

②　Кубарев В. Д. , *Шаманистские Сюжеты в Петроглифах и Погребальных Росписях Алтая*. Древности Алтая, 2001 （6）.

③　Ekaterina Devlet, *Rock Art and the Material Culture of Siberian and Central Asian Shamanism*. In Neil S. Price （ed.）, The Archaeology of Shamannism. London － New York：Routledge, 2001, pp. 43 － 51.

④　Окладников А. П. , *Петроглифы Байкала － Памятники Древней Культуры Народов Сибири*, с. 149 － 153.

⑤　Burchard Brentjes, *Rock Art in Russian Far East and in Siberia*, from http：//www. rupestre. net/tracce/? p = 2065.

⑥　Дэвлет Е. Г. , Дэвлет М. А. , *Мифы в Камне. Мир Наскального Искусства России*, с. 385 － 395.

⑦　Сем Т. Ю. , *Шаманизм Народов Сибири. Этнографические Материалы XVIII － XX вв*. Санкт － Петербург：Филологический Факультет Санкт － Петербургский Государственный Университет, 2006, с. 102 － 502.

涵和功能得到了更好的体现；匈牙利学者米哈伊·霍珀尔在《西伯利亚岩画中的表演性萨满教》一文中对西伯利亚岩画中萨满的形象进行了分析，其对萨满教起源的解释基于"萨满的'动物形体'——鹿或鸟——背后隐藏着'动物的任何东西都是神圣的'这一古代信仰"[1]，作者尤其着重对岩画中不同头饰的人物形象进行分析，指出它们均是萨满形象的反映。

一般来说，俄国学者并非把所有岩画均纳入萨满教的框架内进行解释，而是具体问题具体分析，针对特定的图像与民族学材料中的萨满教图像进行类比，进而充实、完善萨满教理论体系。

第二节　人面像岩画的文化内涵

从中国和西伯利亚的情况来看，人面像岩画的年代大致都可以归为新石器时代至青铜时代，而这一时期西伯利亚流行的宗教为萨满教。事实上，萨满教这一宗教形式在中国的古代社会中同样存在。张光直就认为，中国古代文明的一个最主要特征是"萨满式的文明"[2]；李约瑟博士认为"汉代的巫、觋、仙等均为萨满，而且汉代'羡门'一词，实为萨满的最早译音"[3]；王继潮认为"萨满教是中国先秦两汉社会一直存在的宗教现象，其主要特征是依靠昏迷技术与鬼神世界交通、招魂和治疗病人"[4]；亚瑟·瓦立认为"在古代中国，鬼神祭祀时充当中介的人称为巫。据古文献的描述，他们专门驱邪，预言，卜卦，造雨，占梦。有的巫师能歌善舞。有时，巫就被释为以舞降神之人。他们也以巫术行医，在作法之后，他们会像西伯利亚的萨满那样，把一种医术遣到阴间，以寻求慰藉死神的办法。可见，中国的巫与西伯利亚和通古斯地区的萨满有着极为相近的功能，因此，把'巫'译为萨满是……合

① 米哈伊·霍珀尔著，卢晓辉译：《西伯利亚岩画中的表演性萨满教》，《西域研究》1997 年第 3 期。
② 张光直：《考古学专题六讲》，北京：文物出版社，1986 年，第 4 页。
③ ［英］李约瑟：《中国古代科学思想史》，陈立夫等译，南昌：江西人民出版社，1990 年，第 160 页。
④ 王继潮：《中国古代萨满昏迷中的药物问题》，《自然科学史研究》2005 年第 1 期。

适的"①。汤惠生在对巫文化和萨满教进行比较之后提出"'巫'或'巫术'只是萨满教的一部分，而不能代替萨满教"②，换言之，巫文化应归入萨满教（或萨满文化），随后作者又指出"越来越多的学者认识到萨满教与人类最初文明的关系，认为人类最初的文明就是萨满文明，萨满教是世界范围内唯一的原始宗教"③。其指的是上古社会具有迷狂、三界宇宙观、灵魂再生、二元对立思维等性质的宗教形式。因此，我们可以将上述地区的人面像岩画放在萨满教的框架下进行统一研究。具体来说，人面像岩画大致从以下三个方面反映了萨满教的思想观念。

一　人面像岩画反映了萨满教的三界宇宙观

三界宇宙观是萨满教最重要的思想观念之一。正是因为宇宙分为不同的层次，才产生了萨满通天的需要。萨满教的三界宇宙观是指天堂、人间和地狱，三个世界分别住着天神、人和恶魔。萨满通过迷狂，俗称附体，与神、鬼、人的灵魂进行沟通。三个世界由一根"中心轴"或"中心柱"联系在一起，中心轴或中心柱位于世界中心，又被称为"世界柱""宇宙柱""天柱"等，这个中心的艺术形象一般用山、树和孔的形式来表现。萨满巫师可以通过天柱，或上天，或入地与神魔沟通。清人徐珂所辑《清稗类钞》云："萨满教又立三界，上界曰巴尔兰由尔查，即天堂也；中界曰额尔土土伊都，即地面也；下界曰叶尔羌珠几牙几，即地狱也。上界为诸神所居，下界为恶魔所居，中界尝为净地，今则人类繁殖于此。"④从作画地点的选择来看，绝大多数人面像岩画都位于临河的崖壁上，而那些不位于崖壁上的岩画点大致可以分为两种情况。其中一种情况是岩画制作在岸边独立的石块上，如穆古尔—苏古尔岩画点和格奥菲济克岩画点。前者位于河岸边石滩上，后者位于河岸边的圆石上。但是必须注意到，这些岩石本身很可能就是从附近的山崖上剥落下来的，这就意味着在作画之初，这些岩画同样位于山崖上。第二种情况为岩画制作在岩洞

①　Arthur Waley, *The Nine Songs*, *A Study of Shamanism in Ancient China*. London: Allen & Unwin, 1955, p. 9. 转引自张光直：《美术、神话与祭祀》，北京：民族出版社，1999 年，第 35 页。

②　汤惠生：《萨满教二元对立思维及其文化观念》，《东南文化》1996 年第 4 期。

③　汤惠生：《关于萨满教和萨满教研究的思考》，《青海社会科学》1997 年第 2 期。

④　富育光、孟慧英：《满族萨满教研究》，北京大学出版社，1991 年，第 179 页。

内，如普洛斯库尔亚科娃岩画。这些山体和洞穴都是萨满通天的必经之路。

在人面像岩画中有很多戴有三根头饰。首先，我们来分析"三"与萨满教之间的关系。成友宝认为"'三'是一个非常幸运的数字，它几乎在东西方所有国家都受到尊重，被视为神性、尊贵和吉祥的象征"①。前文已经指出，萨满教将宇宙空间划分为天堂、人间和地狱三层，因此，"三"是萨满教中的一个重要数字，它体现了萨满教的基本宇宙观。《说文解字》释"三"为："天、地、人之道也"②，即"三"代表了天、地、人三界，这与萨满教的三界宇宙观是一致的。《山海经·南山经》载有："又东五百里，四方而三坛，其上多金玉，其下多青雘。"③《水经注》引《尔雅·释丘》曰："三成为昆仑丘。"④晋郭璞注："昆仑山三重，故以名云。"意思是说：昆仑山有三级，所以叫昆仑丘⑤。另引《昆仑说》曰："昆仑之山三级，下曰樊桐，一名板桐；二曰玄圃，一名阆风；上曰层城，一名天庭，是为太帝之居。"⑥"三成"和"三级"即三层或三重之意。汤惠生曾对神话中的昆仑山形象进行考证，并指出昆仑山即为萨满教中联系天地的宇宙山；而布里亚特萨满的招魂仪式按传统要在一日内反复举行三次；我国内蒙古自治区境内的达斡尔、鄂温克、鄂伦春等民族的萨满帽通常以红、黄、蓝三色布为带饰；鄂温克萨满死后三年产生新萨满；达斡尔萨满教的斡米南仪式"每隔三年、大约在旧历三四月举行一次"⑦。从比较语言学方面来看，"sama 和 saman 在满—通古斯语中指萨满，而与之相对应的 sam 在汉语、蒙古语和朝鲜语中分别表示'三''冠状物'和'大麻'"⑧。而"冠状物"即冠饰，前文已经指出，是萨满迷狂仪式中重要的组成部分，是萨满通天必备的工具之一。至于"大麻"在萨满教中的作用问题，学者们已经研究得相当深入，达成了比较一

---

① 成友宝：《神秘数字"三"新探》，《中南民族大学学报》2003 年第 3 期。

② ［汉］许慎：《说文解字》，北京：九州出版社，2001 年，第 8 页。

③ 方韬译注：《山海经》，北京：中华书局，2009 年，第 9 页。

④ 陈桥驿译注：《水经注》，北京：中华书局，2009 年，第 2 页。

⑤ 陈桥驿译注：《水经注》，第 2 页。

⑥ 陈桥驿译注：《水经注》，第 2 页。

⑦ 色音：《东北亚的萨满教——韩中日俄蒙萨满教比较研究》，北京：中国社会科学出版社，1998 年，第 24 页。

⑧ Пенглин Ванг, *Графические Метафоры Состояний Шамана в Петроглифах и Концептуализация Шаманизма с Помощью Чисел*. Антропологический Форум, 2006（5）.

致的共识，一般认为，萨满通常借助大麻进行迷狂体验。伊利亚德指出，为了达到迷狂的目的，萨满会使用"包括毒品、鼓和被灵魂附体在内的各种手段"[①]；古希腊历史学家希罗多德早在 2500 年前就提出斯基泰人有抽食大麻以获得迷狂体验的习惯，斯基泰人信奉萨满教，而迷狂体验则是萨满特有的宗教行为，因此，我们可以认为这是世界上最早有关萨满吸食大麻的记载；王纪潮指出，"世界各地的萨满昏迷所用的麻醉药一般是有毒物，如毒蘑菇、佩约特仙人掌、莨菪、大麻、曼德拉草等"[②]；郭淑云也说，"在祭祀仪式上，萨满有时使用某些致幻药物以获得与神相见、与神合一的体验"[③]，这种体验就是迷狂体验，而致幻药物就包括大麻。此外，萨满使用大麻的例子在考古出土文物中也有所发现，如我国考古学家在 2500 年前的新疆洋海墓地中发现了萨满干尸，而萨满陪葬品中有保存完好的大麻，这是迄今世上保存完好的最古老的大麻[④]。可见，"三""冠状物""大麻"不仅发音与萨满类似，内涵上也与萨满紧密相关。

鄂伦春人认为，"活着的人共有三个灵魂。一个人的灵魂又分三个时期。孩子出生后，大人要为孩子做三个布娃娃为保护神。如小儿受到惊吓，由小儿母亲的姐、妹在清晨有雾时抱着小儿的衣服绕房子三圈，边走边叫小儿的名字"[⑤]。在其关于娘娘神的传说中则载有，哥哥看到三只公鹿正在顶架，妹妹骑着马走到三个水泡子的地方，看到有三位仙女在洗澡[⑥]。同样强调了"三"的重要性。此外，在跳神治病仪式中，"鄂伦春萨满先击鼓三次，一般分三次分别询问病的来由。而专门治病的'阿哈'萨满必须经三年的学习"[⑦]。在鄂温克族有关天神的传说中，"开天辟地时，呼伦湖旁边有座拔地千丈的大山，挡住了天神出进的道路，结果被其中一位天神用剑

① M. Eliade, *Shamanism: Archaic Techniques of Ecstasy*. New Jersey: Princeton University Press, 1972, p. 95.
② 王继潮:《中国古代萨满昏迷中的药物问题》,《自然科学史研究》2005 年第 1 期。
③ 郭淑云:《致幻药物与萨满通神体验》,《西域研究》2006 年第 3 期。
④ 李肖、吕恩国、张永兵:《新疆鄯善洋海墓地发掘报告》,《考古学报》2011 年第 1 期。
⑤ 吕大吉、何耀华:《中国各民族原始宗教资料集成：鄂伦春族、鄂温克族、赫哲族、达斡尔族、锡伯族、满族、蒙古族、藏族》, 北京：中国社会科学出版社, 1999 年, 第 24 页。
⑥ 内蒙古自治区编委会:《鄂伦春族社会历史调查》(一), 呼和浩特：内蒙古人民出版社, 1985 年, 第 163 页。
⑦ 吕大吉、何耀华:《中国各民族原始宗教资料集成：鄂伦春族、鄂温克族、赫哲族、达斡尔族、锡伯族、满族、蒙古族、藏族》, 第 63～64 页。

砍成三段"①。在关于尼桑萨满的传说中，"仆人为了救活本家少爷，雇了三辆马车，走了三天三夜。而尼桑萨满在跳神救人时，布置了三个铃铛，到阴间后，遇到座有外三层土墙、中三层木棚、里三层铁壁的院子"②。而赫哲族的神分为上中下三界，与萨满教的宇宙观完全一致，具体来说"上界为天堂，诸神所在；中界即人间，为人类繁殖之地；下界为地域，为恶魔所住。而鬼神同样有三类。此外，他们同样认为人的灵魂有三个"③。在萨满服神裙的前幅裙上挂有"龟三枝，蛇三条，四足蛇三条，有珠苏三串"④。在蒙古萨满唱词中有诸多"腾格里"（天），包括三个萨勒腾格里——司风之天；三个吉巴润腾格里——司微风之天；三个额莫合尔钦腾格里；三个玛南腾格里——司雾天；三个斡您腾格里——司烟天；三个布林腾格里——司昏天；三个高海腾格里——姊天⑤。在藏族《格萨尔史诗》分部本《霍岭大战》中，"霍尔国首领三帐王的寄魂处为白、黄、黑三条野牦牛，格萨尔各砍掉其一双牛角，三个霍尔国首领都病了"⑥。四川木里地区俄亚纳西族祭天时，"在十三日由负责喂养神猪的两户人家上高山选砍三棵祭天神树，每棵树高三米左右。初四小祭时，要在木官门前插上三根长竹子，上面点燃三支香。祭天场内烧三堆火，上面各烧三个石头。点天香（一直点到大祭结束）绕场三周。祭天台分三层，每个神米篓前摆三碗神米。每个神树前有一个槽穴，里面放三块石头"⑦。此外，在纳西族大祭时，"要将猪的内脏切成小片，放在三个木盘内连同三碗酒、三碗饭，分别摆在三棵神树前"⑧。

贵州土家族巫师被称为"土老师"，分为正式和非正式两种，其传承有三个条

---

① 吕大吉、何耀华：《中国各民族原始宗教资料集成：鄂伦春族、鄂温克族、赫哲族、达斡尔族、锡伯族、满族、蒙古族、藏族》，第93页。

② 内蒙古自治区编辑组：《鄂温克族社会历史调查》，呼和浩特：内蒙古人民出版社，1986年，第494页。

③ 吕大吉、何耀华：《中国各民族原始宗教资料集成：鄂伦春族、鄂温克族、赫哲族、达斡尔族、锡伯族、满族、蒙古族、藏族》，第193页。

④ 凌纯声：《松花江下游的赫哲族》（上册），台湾历史语言研究所单刊甲种之十四，1934年，第108页。

⑤ 额尔德木图：《蒙古英雄史诗与孛额唱词中的"腾格理"》，《内蒙古社会科学》1995年第5期。

⑥ 吕大吉、何耀华：《中国各民族原始宗教资料集成：鄂伦春族、鄂温克族、赫哲族、达斡尔族、锡伯族、满族、蒙古族、藏族》，第810页。

⑦ 四川省编辑组：《四川省纳西族社会历史调查》，成都：四川省社会科学院出版社，2009年，第58~59页。

⑧ 四川省编辑组：《四川省纳西族社会历史调查》，第61页。

件:"1.三代祖传;2.从事法事三年无间断;3.有一定文化,能看经念咒画符,家庭经济状况较好等。学习土老师为期三年。"① 广西龙胜红瑶过旧历年,除夕晚上以寨为单位抬狗辞旧岁迎新年,"每到一家,先由后生抬狗入厨房围绕炉灶三圈,表示驱邪灭瘟"②。云南丽江塔城依陇地区的祭天要在祭台上放置三块神石,还要准备祭天香和祭天米。祭天香分大、中、小三种,大香共做三炷。备米三升,其上插香三炷呈扇状③。四川凉山地区祭祀锅庄神要"架起三块石头锅庄。祭祀时间在每年春季三月间,由男人跑到户外并大声喊叫,邀请祖宗三代前来享用祭品"④。四川盐边地区祭鬼时,"三天内不能说汉话或者在房内正壁上挂上青杠树枝削白了的三根丫枝表示三个神坛。祭百龙神时的祭品是三个荞粑、三碗酒、三杯清茶"⑤。云南怒江傈僳族每年的年节中,"要在初三这一天共同祭山鬼。届时每家各出三根柴"⑥。而武定、元谋等地的傈僳族有农耕祭祀的习俗,"播种前,先在秧田进水口处插三炷香和三枝桃花。而在求雨、祈晴仪式中,则要选用三棵各长出三个岔岔的松头"⑦。傈僳族在选择男巫师"端公"时,要在中堂内置三个砖头,并置三个烧红的犁铧。端公驱鬼时要击鼓三下,用嘴将烧得通红的铁犁铧衔出火塘,在患者身上绕三圈;或是将烧红的铁犁铧用嘴衔在病人面前,再用舌头舔犁铧三次。而占卜时同样要卜三次⑧。壮族神话《布洛陀》也记载:"宇宙是一个圆柱形结构,分三层,上层称为天

① 贵州省民族志编委会:《民族志资料汇编·土家卷》,第163页。转引自吕大吉、何耀华:《中国各民族原始宗教资料集成:土家族卷、瑶族卷、壮族卷、黎族卷》,北京:中国社会科学出版社,1998年,第65页。

② 贵州省民族志编委会:《民族志资料汇编·土家卷》,第185页。

③ 吕大吉、何耀华:《中国各民族原始宗教资料集成:纳西族卷、羌族卷、独龙族卷、傈僳族卷、怒族卷》,北京:中国社会科学出版社,2000年,第54页。

④ 陈宗祥:《西康傈僳水田民之图腾制度》,南京:边政公论,1948年,第1~2页。

⑤ 李永宪、马云喜:《盐边县岩门公社傈僳族调查报告》,李绍明、童恩正主编《六江流域民族综合科学考察报告之一:雅砻江下游考察报告》,昆明:中国西南民族研究学会编印,1983年,第204页。

⑥ 杨建和:《怒江傈僳族的宗教信仰》,宋恩常《中国少数民族宗教初编》,昆明:云南人民出版社,1985年,第223~224年。

⑦ 吕大吉、何耀华:《中国各民族原始宗教资料集成:纳西族卷、羌族卷、独龙族卷、傈僳族卷、怒族卷》,第748~749页。

⑧ 吕大吉、何耀华:《中国各民族原始宗教资料集成:纳西族卷、羌族卷、独龙族卷、傈僳族卷、怒族卷》,第758~759页。

界，即蓝天以上的部分，由雷王主管；中界是人类生活的大地，由布洛陀主管"①，在这里，圆柱形的宇宙结构实际上就是"世界柱""天柱""宇宙柱"的象征，也就是萨满教宇宙中心的象征。

除了民族学和古代文献中关于三层宇宙结构的描述外，一些考古出土文物也蕴含着类似的观念（图5.1）。其中三件器物主体结构被分为三层，每个层级上都进行相应的场景描绘（图5.1，1~3）。第一件为出土于三星堆2号器物坑的大型铜神树，编号为K2②：94，"残高3.9米，树下有一圆形底座，树干挺直，其上有一头下而尾朝上的龙，树尖残，枝为三层，每层三枝，每枝上立一鸟"②（图5.1，1）。关于其具体内涵，学术界争论较多，"有不少研究者将其与社联系起来，或径直称之为祀社之树，或认为这些神树是通天的建木兼社树，也有认为它是扶桑兼社树"③；部分研究者将其与同坑出土的一株青铜树释为"扶桑和若木"④。此外，还有部分学者从宗教人类学和萨满艺术的角度对其进行了探讨，认为"鸟与树相结合的表现形式是萨满艺术中'世界之轴'或'萨满树'的典型特征，是萨满和巫师进行祭祀时沟通天地的主要道具"⑤。笔者赞同该青铜树的萨满教性质，但对其文化内涵在此不予讨论，而是着眼于其三层空间结构，就这一点而言，与萨满教的三层宇宙观是高度契合的。第二件为编号K2③：296的青铜神坛，同样出土于三星堆2号器物坑，自下而上"由兽形座、立人座、山形座和盝顶建筑四部分组成"⑥（图5.1，2）。樊一等将其划分为三层，"顶部方斗形建筑为上层，立人座、立人及其冠顶山形座为中层；底部圈足与二兽为下层。大意言之，神坛自上而下竖向垂直展开的时空序列是天界、人界、地界即所谓'三界'"⑦。这种观点与萨满教的宇宙观完全契合。第三件为洛阳涧西七里河东汉墓出土的具有三层结构的陶枝灯和灯台，编号为H4-3（图5.1，3）。据部分学者描述："这是一件有十三支灯盏的陶枝灯，通高85厘米，底部有呈斗笠形的灯座，如同山

① 梁庭望：《花山崖壁画——壮族上古的形象历史》，《中央民族学院学报》1988年第2期。

② 胡昌钰、蔡革：《鱼凫考——也谈三星堆遗址》，《四川文物》1992年第S1期。

③ 孙华：《四川盆地的青铜时代》，北京：科学出版社，2000年，第191页。

④ 孙华：《四川盆地的青铜时代》，第193页。

⑤ 陈淳、殷敏：《三星堆青铜树象征性研究》，《四川文物》2005年第6期。

⑥ 四川省文物考古研究所：《三星堆祭祀坑》，北京：文物出版社，1994年，第231页。

⑦ 樊一、吴维羲：《三星堆神坛考》，《四川文物》2003年第2期。

恋，其上贴塑有各种动物和人物。在灯座、灯柱之间的圆形灯盘上，以及上层与中层灯盏之曲枝的后部，都有端坐或乘龙的羽人，灯柱的顶端有一枚大鸟形的灯盏。"[1]因此，灯台和灯座共同构成一个三层结构的立体图像，这同样与萨满教的三层宇宙观是一致的。

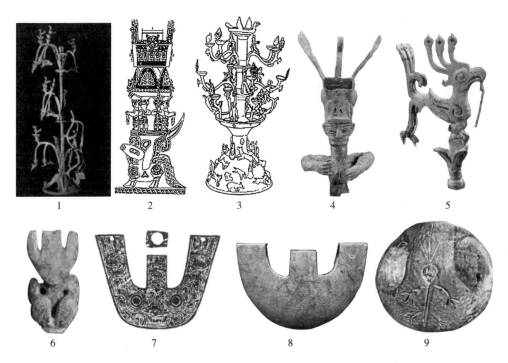

图5.1 中国考古出土的具有三层结构或具有"山"字形头饰的器物[2]
1、2、4、5. 三星堆遗址出土青铜器 3. 汉代陶枝灯与灯台 6. 红山文化玉器 7、8. 良渚文化玉三叉形器 9. 汉阳出土商代陶拍

①　霍巍：《四川汉代神话图像中的象征意义——浅析陶摇钱树座与陶灯台》，《华夏考古》2005年第2期。

②　1采自四川省文物考古研究所：《三星堆祭祀坑》，图版63；2采自樊一、吴维羲：《三星堆神坛考》，《四川文物》2003年第2期；3采自霍巍：《四川汉代神话图像中的象征意义——浅析陶摇钱树座与陶灯台》，《华夏考古》2005年第2期；4采自四川省文物考古研究所：《三星堆祭祀坑》，图版41；5采自四川省文物考古研究所：《三星堆祭祀坑》，图版66；6采自柳冬青：《红山文化》，呼和浩特：内蒙古大学出版社，2002年，第113页；7采自浙江省文物考古研究所：《良渚遗址群报告之一：瑶山》，北京：文物出版社，2003年，第116页；8采自浙江省文物考古研究所：《良渚遗址群报告之二：反山》，北京：文物出版社，2005年，图版432；9采自国家文物局：《中国文物精华大辞典·陶瓷卷》，上海辞书出版集团，1995年，第60页。

　　除了上述本身具有三层结构的文物之外，在出土器物中还发现了一些与人面像结构类似的人面形象，其基本特征为在头上有三根线状或者柱状、片状头饰（图5.1，4～9）。其中一件为出土于三星堆2号器物坑的铜兽首冠人像，编号为K2③：264。人像头戴兽面冠饰，冠饰两侧像两个向上耸立的兽耳，中间有一呈象鼻卷曲状的装饰物。长刀眉、水珠状眼睛、三角形鼻、长方耳、耳垂穿孔、阔口、颈部长直（图5.1，4）。另外一件同样出土于三星堆2号器物坑，编号为K2②：213，被部分学者称为"立鸟"。"花朵中果实上有一立鸟，大头，头上耸立三支冠羽，羽尖各有一小孔；钩喙，喙中穿一铜丝；尾上翘，尾羽向上下分开各三支如孔雀开屏，向下尾羽穿有铜丝，铜丝扭成8字形。高8、宽4.5厘米"[1]（图5.1，5）。该器物是从一株小型铜神树上脱落下来的，而鸟是萨满通天的一个重要助手，这在世界范围内的民族志材料中经常可见。关于2号器物坑的年代，根据孙华的研究，"三星堆器物坑的年代不会晚于商代末期，两个坑的器物都是在殷墟中期前段同时掩埋的"[2]。另外一件为红山文化的玉巫人（图5.1，6），部分学者将其称为"玉熊神"[3]，这主要是基于外部特征而言。实际上，这种戴有动物头像或者动物面具的人像不仅在考古文物中经常出现，在民族志材料和文献资料中也可以大量发现。如《山海经》中就载有大量人面兽身或者兽面人身的形象，与上述红山文化玉器形象内涵一致的，都是萨满巫师的一种表现形式。

　　类似的形象在良渚文化玉器中也可以见到（图5.1，7、8）。其中一件为出土于浙江余杭瑶山墓地编号为M9：2的玉三叉形器，该器"呈三叉状，左、右叉平齐，顶端钻椭圆形孔，并从正反两面钻通小孔。中叉略低，其顶端穿椭圆形孔，穿孔底端两侧各钻1个浅孔。……两叉上部刻羽纹，下部刻神兽纹，双眼睛，扁嘴露出两组獠牙"[4]（图5.1，7）。与其具有类似构图的玉三叉形器在余杭的反山墓地中同样发现，编号为M14：135。其"下端圆弧，上端分为三叉，左右两叉平齐，中叉略短。……正面中部刻划有神人兽面纹，其中神人以宝盖头结构刻划代替，兽面纹包

① 四川省文物考古研究所：《三星堆祭祀坑》，第225页。
② 孙华：《三星堆器物坑的埋藏问题——埋藏年代、性质、主人和背景》，《南方民族考古》2013年第9期。
③ 柳冬青：《红山文化》，第113页。
④ 浙江省文物考古研究所：《良渚遗址群报告之一：瑶山》，第117页。

括眼部、眼梁、鼻梁、鼻部、嘴部、下肢以及鸟形爪"①（图5.1，8）。此外，在湖北省博物馆还藏有一件汉阳出土的商代陶拍。陶拍上刻有一正面人像，"双目紧闭，张大口，躯干为一较宽的竖道，四肢伸张，手足皆三指。头顶一枚较大的箭头，箭尾接两个相连的方形雷纹，其旁伴有曲线形闪电纹"②（图5.1，9）。值得注意的是，该幅图像除了有三根线条状的头饰外，还有三个指头的手和脚，以及尾巴状线条。这与《山海经》中人面兽身的描述也基本相符，并且与前述的塔什—哈扎墓葬出土的人像也非常相似，而后者普遍被认为是萨满的形象。

除了文物之外，在我国还发现了六座属于新石器和青铜时代的祭坛，均具有三层结构。第一座为近期在陕西神木石峁遗址发现的三层祭坛。据介绍，"在距离外城城墙约300米处出土了祭坛和祭祀痕迹，并按地名命名为樊庄子祭坛。这座祭坛共三层，自上而下分别为圆丘形土筑遗迹和一小一大的两层方台形石构基址。祭坛最底部的石构基址边长约90米，整体高度距现今地表超过8米。在祭坛周边，分布数座'活土坑'，面积3至5平方米"③。第二座为四川成都的羊子山土台，形状为四方形，三层（图5.2）。部分学者认为"这种形式类似于东方的琅琊台"④。据《水经·潍水注》记载，琅琊台"台基三层，层高三丈，上级平敞，方二百余步，广五里。……台上有神渊，渊至灵焉，人污之则竭，斋洁则通"⑤。而《山海经·南山经》也载："又东五百里，曰成山，四方而三坛，其上多金玉，其下多青膬。"⑥ 关于其年代，部分学者认为："当在公元前1300～前1000年间到公元前316年略后这样的年代范围内。"⑦ 第三座为辽宁省朝阳市牛河梁遗址二号地点的三号冢。其"冢基面为构成同心圆式的三层石桩，三圈石桩以中层保存最多，达234根……三圈石桩高度不一，外圈最低，中圈高于外圈近0.4米，内圈又高于中圈近0.3米，分三层递收迭起"⑧。

---

① 浙江省文物考古研究所：《良渚遗址群报告之二：反山》，第94页。

② 国家文物局：《中国文物精华大辞典·陶瓷卷》，第60页。

③ http://xian.qq.com/a/20140220/006583.htm#p=1.

④ 孙华：《羊子山土台考》，《四川文物》1993年第1期。

⑤ 陈桥驿译注：《水经注》，第218页。

⑥ 方韬译注：《山海经》，第9页。

⑦ 李明斌：《羊子山土台再考》，《成都考古研究》2009年第0期。

⑧ 方殿春、魏凡：《辽宁牛河梁红山文化"女神庙"与积石冢群发掘简报》，《文物》1986年第8期。

第四座为安徽省含山县凌家滩遗址的三层祭坛。据描述，其最下层为纯净细腻的黄斑土，第二层用大石块和大量小石子铺设而成，最上层则用鹅卵石碎块与黏土搅拌铺垫而成①。第五座位于上海市青浦区福泉山遗址山顶平台的中心部位，同样呈三层结构。该祭坛南北长 7.3 米，东西最宽处 5.2 米，作阶梯形，自北而南，自下而上共有三级台面，每级升高约 0.34～0.44 米，各台面中间平整，周围散乱地堆积许多石块，形成不规则的方圆形，整座祭坛都被大火烧红②。除去上述几座祭坛遗址外，在浙江余杭瑶山还发现了一处良渚文化祭坛遗址，"平面呈方形，由里外三重组成"③。这些祭坛分布范围涵盖了东南西北各个方向，表明这种三层结构的祭坛建造观念在古代中国是普遍存在的。

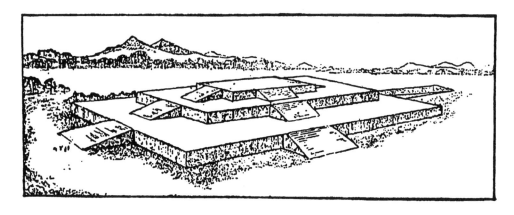

图 5.2　羊子山土台复原示意图（采自李明斌：《羊子山土台再考》）

此外，这种三层祭祀台在国外也有发现。据报道，距幼发拉底河岸不远的狮子山遗址，是公元前 4 千纪土耳其马拉蒂亚平原一个繁荣的经济、政治、宗教和行政中心，意大利考古队在这里发现了"三重台基"式巨大的神庙。该神庙建立于公元前 3900 年至前 3450 年间，清理出上千件批量生产的碗，以及大量封泥，说明庙宇不仅仅是宗教场所，还是公众活动中心④。而在中国社会科学院 2015 年对洪都拉斯玛

①　张敬国：《含山凌家滩遗址第三次考古发掘主要收获》，《东南文化》1999 年第 5 期。
②　上海市文物管理委员会：《福泉山新石器时代遗址发掘报告》，北京：文物出版社，2000 年，第 64 页。
③　芮国耀：《余杭瑶山良渚文化祭坛遗址发掘简报》，《文物》1988 年第 1 期。
④　杨雪梅：《距今三百三十万年的石器、三万余年的洞穴岩画等考古新发现去年相继出炉补上认知世界的缺环》，《人民日报》2016 年 1 月 4 日版。

雅文明城邦科潘遗址 8N－11 号贵族居址的发掘中，出土了具有三层结构的建筑遗址，尤其值得注意的是，在其第二层台基的东西侧面还刻制有人面符号。而整个建筑本身也被认为与祭祀活动有关。在这里，"人面像""三层台阶""祭祀遗址"等要素同时出现，进一步证明了人面像与萨满教的宇宙观密切相关①。

可见，数字"三"在古人观念中占据重要的地位，并且与通天思想密切相关。通天的前提便是宇宙存在着分层结构，人们可以采取一些特殊的手段，在多层空间遨游，而具备这种能力的人一般被称为萨满。因此，"三层宇宙观"是萨满教最核心的内容之一，是整个萨满教思想体系建立的基础，萨满教所有的仪式、仪轨都是为了实现不同层次宇宙之间的交通而建立的。

二 人面像岩画反映了萨满教的灵魂观

灵魂观是萨满教世界观最重要的组成部分之一，同时也是萨满迷狂体验能够实现的前提和基础。在万物有灵论的基础上，萨满教中又普遍存在着三魂的观念，"三魂一体，密不可分，又各有所司，共同主宰着人的生、死及生命状态"②。但各民族对"三魂"的称谓有所不同。一般来说，"满族分三魂为命魂（满语为'发扬阿'）、浮魂和真魂（满语为'恩出发物阿'）；赫哲族的三魂观是生命魂（赫哲语为'奥任'）、思想二魂（赫哲语为'哈尼'）和转生魂（赫哲语为'法扬库'）。蒙古族的三魂有两种分法，一为'主魂''游魂'和'尸魂'；一为永存的灵魂、心底的或暂时的灵魂和转世的灵魂，其内涵不尽相同"③。蒙古国学者布·任钦认为："人不止一个灵魂，有三个灵魂。两个是不灭的灵魂，一个是会灭的灵魂，这三个灵魂从萨满教的观点来看的话是从母体而来的血肉之魂，从父体而来的骨魂，第三个是天魂。"④赫哲族同样认为人有三个灵魂，第一个灵魂人与动物都有，在人死以后，此灵魂立即离开肉体；第二个灵魂能暂时离开肉体，到远的地方去，且能和别的灵魂或神灵

---

① 李新伟：《洪都拉斯玛雅文明城邦科潘遗址 8N－11 贵族居址的发掘》，中国考古网 2016 年 1 月 5 日版。

② 郭淑云：《萨满教灵魂观及其哲学思想》，《云南社会科学》2001 年第 3 期。

③ 郭淑云：《萨满教灵魂观及其哲学思想》，《云南社会科学》2001 年第 3 期。

④ 陈萌萌：《谈蒙古族萨满教中的灵魂观》，《语文学刊》2015 年第 5 期。

发生关系；第三个灵魂有创造来生的能力，人死之后立刻离开肉体①。这种三魂观念可能和萨满教的三界宇宙观有关。

（一）面具

岩画中的人面形象可能有两种指向，一是祖先和各种神灵的神像；二是面具。事实上，神像和面具本身都代表着祖先，承载着祖先的灵魂。戴上面具，萨满具有了祖先的神力，与祖先的灵魂合二为一。但是，面具并非仅仅是祖先的象征，某些时候也是其他神灵的象征。因为不论是在人面像岩画中，还是在墓葬面具以及萨满面具中，有些所谓的人面形象并非人，而是各种各样的动物形象，抑或是动物和人的混合形象，在这种情况下将其解释为祖先的神灵太牵强，而更可能是面具本身代表的各种神灵。面具之所以是萨满祖先和神灵的象征，是因为萨满本身是由上述两者来选择。正如部分学者所言："最初，祖先本身也是由天神所'选择'。根据布尔亚特的传统，'萨满过去直接通过天神获得萨满的神圣权力，只是到了我们这个时代，他们才从祖先处获得这种权力'。"② 因此，面具、神像和人面像岩画包含着同样的文化功能。关于面具和祖先以及神灵之间的关系，学界多有论述。陈德安就指出，"中国古代称面具为'魌头'……巫祝或祭师戴上代表上神或祖先亡灵的面具，就能获得超自然的神力"③。据《周礼·夏官·方相氏》载："方相氏掌蒙熊皮，黄金四目，玄衣朱裳，执戈扬盾，帅百隶而时难，以索室驱疫。"④ 郑玄注："冒熊皮者，以惊驱疫之鬼，如今魌头也。"⑤ 即中国古代的面具——魌头，是由早期的动物皮（熊皮）简化而来的。方相氏即后世所称的萨满巫师，主要职能是在"颛顼绝地天通"后通过一定的仪式实现天地沟通。方相氏这种蒙动物皮的形象在岩画和墓葬中都有发现。什罗科格罗夫也曾提到通古斯萨满使用面具"来表明 malu 的灵魂进入了他的身体"⑥。而另外一些学者则认为，"在世界许多地方，面具代表祖先，而它们的佩戴

---

① 凌纯声：《松花江下游的赫哲族》（上册），第 102 页。

② M. Eliade, *Shamanism: Archaic Techniques of Ecstasy*, p. 67.

③ 陈德安：《三星堆：古蜀王国的圣地》，成都：四川人民出版社，2000 年，第 8 页。

④ 杨天宇：《周礼译注》，上海古籍出版社，2004 年，第 451 页。

⑤ 十三经注疏整理委员会：《周礼注疏（十三经注疏）》卷第三十一，北京大学出版社，2000 年，第 971 页。

⑥ M. Eliade, *Shamanism: Archaic Techniques of Ecstasy*, p. 165.

者则被认为是祖先的化身"①。贺吉德也说道:"原始人常在祭祀仪式中广泛地使用面具,以赋予自己进入另一世界去的能力。例如新几内亚的拜宁人(Baining),把在祭祀仪式中使用过的面具当作圣物来供奉,认为它是沟通人与神这两个世界之间的渡船,它所装载的不是任何东西而是人的灵魂。"② 戴上面具,取得超凡的力量,可以自由地进入另一个世界,"面具、文身、识别符号、装饰,能把一个演员送到一种神秘的世界中去,或赋予他以一种临时性的特殊精神状态"③。萨满进入另一个世界是通过迷狂体验来实现的,包括"脱魂"和"凭灵"(即"附体")两种形式。所谓"脱魂",就是萨满的灵魂离开身体,在三界之间往返;而"凭灵"则是将召唤来的神灵附于萨满的躯体之上,使其为萨满本人服务。灵魂信仰曾普遍存在于史前社会,其主要观点认为:"人、生物乃至世间万物都存在着一种寓寄于生命本体,又主宰本体,却不以本体的消亡而消亡的精神体,这就是'灵魂'。"④ 萨满巫师通过迷狂来降神,降的就是天神、祖先神,戴着表示两者的面具更容易使降神仪式成功。但是,除此之外,萨满面具还有其他的功能,主要是保护萨满在迷狂之旅中不受恶灵伤害。

除了萨满在通天仪式中经常使用面具之外,在新石器时代以来的墓葬中也有大量的面具被发现,包括陶、石、骨、木、麻以及金属面具等⑤,前文中曾大量引述。事实上,这些面具可能均与萨满教的灵魂观有关。郭淑云曾将墓葬中出土面具反映的萨满教思想观念归纳如下:1. 给死者覆面或戴面具,目的是使各种恶魔认不出死者的面目,以保护死者免受恶灵的伤害,同时也使灵魂依附在面具上而尽快到达彼岸世界;2. 头颅为寓魂之所,为死者戴面具正是基于护魂的目的;3. 给死者覆面和戴面具即起到将生者与死者隔离的作用⑥。此外,部分墓葬出土面具还有被焚烧和损毁的情况。如在广汉三星堆祭祀坑出土了大量的青铜面具,而包括青铜面具在内的器物大多数都有火烧过的痕迹。类似葬俗在契丹族中同样存在。与前者不同的是,

---

① M. Eliade, *Shamanism: Archaic Techniques of Ecstasy*, p. 166.

② 贺吉德:《贺兰山岩画研究》,第 174 页。

③ [英]马林诺夫斯基:《自由与文明》,北京:世界图书出版公司,2009 年。

④ 郭淑云:《原始活态文化:萨满教透视》,第 51 页。

⑤ 关于面具文化的详细情况,请参阅郭静:《中国面具文化》,上海人民出版社,1992 年;李锦山、李光雨:《中国古代面具研究》,济南:山东大学出版社,1994 年。

⑥ 郭淑云:《北方丧葬面具与萨满教灵魂观念》,《北方文物》2005 年第 1 期。

其面具多数为覆面，材质以金银为多；葬俗中除了焚物之外，还有毁器。部分学者指出："毁器，抛盏——毁坏随葬品，人为的有意弄坏随葬品，使它们不完整的观念和行为，是我国北方民族对生与死的极为古老的观念的集中反映。"① 而 B. B. 叶夫休科夫在考察女真人萨满教时也说道："凡是死后应当归萨满所有的物品，都要烧毁、杀死（马）或打碎。总之，要想个办法破坏物品的完整性及各部分之间的正常关系。这也是当灵魂与肉体的联系由人入了鬼籍而不再存在的时候，萨满采取的办法。"②

（二）覆面习俗

此外，萨满教中还普遍存在着覆面习俗。拉德罗夫写道："在阿尔泰和高尔迪（Goldi）地区，当萨满引导死者的灵魂进入黑暗之地时，他将板油涂抹在脸上，以免被亡灵认出。"③ 事实上，这种萨满在脸上涂抹脂肪的习俗在世界范围内的原始民族中广泛存在，而它的含义并不像表面看起来那么简单。正如艾利亚德所言："在面部涂抹脂肪毫无疑问是为了保护萨满在通神之旅中免受恶灵的伤害，但更重要的是为了让萨满通过巫术的方法参与到精灵世界中去。"④ 从这种意义上来说，涂抹脂肪与面具的作用相似。

实际上，在脸上涂抹脂肪是一种特殊形式的覆面。覆面是指人死后在死者面部置放的覆盖物，其材质包括黏土、陶器、蚌壳、金属质品以及玉石等不同形式。覆面在欧亚大陆众多地方的古代墓葬中均可见，反映了古人共同的宗教观念。民族学材料表明，"在丧葬时遮盖死者的面孔，主要是为了防止亡灵出逃而留在人间作祟。从古至今，为死者盖面的习俗在我国流传甚广，盖面的材料有布、纸、铜、铁、金、银、石（包括玉石）等类"⑤。另外，"北方的鄂伦春人习惯用一块布或纸蒙在亡人脸上，使他的灵魂附在上面，不要胡走乱游"⑥。

其中，玉覆面在我国流传的时间最长，大致从西周持续到汉初。一些学者曾对

① 郭淑云：《北方丧葬面具与萨满教灵魂观念》，《北方文物》2005 年第 1 期。

② 王乘礼：《辽金契丹女真史译文集》第一集，长春：吉林文史出版社，1990 年，第 204 页。

③ M. Eliade, *Shamanism: Archaic Techniques of Ecstasy*, p. 166.

④ M. Eliade, *Shamanism: Archaic Techniques of Ecstasy*, p. 166.

⑤ 郭静：《中国面具文化》，第 63 页。

⑥ 宋恩常：《中国少数民族宗教初编》，昆明：云南人民出版社，1985 年，第 37 页。

其发现过程、型式及分期等进行过系统研究，并认为其功用主要包括两方面：第一，切断死者和阳间的联系；第二，引魂升天①。例如山西晋侯墓地出土的三件玉覆面。第一件编号为 I11M31：73，"出自墓主人头部，由 79 件不同形状的玉石片组成。……覆面周边用两种等腰三角形石片围绕，大三角形尖端向内，小三角形尖端向外，相间排列"②。此外，在轮廓内还用各种不同形状的玉片表示五官（图 5.3，1）。第二件编号为 I 11M62：20，"用 48 件玉片缝缀在布帛上组成人面形。四周围以 24 片玉缀，中间用 24 片玉片组成五官。眉眼以碧玉制作。除玉缀外，其他玉片上均有纹饰"③（图 5.3，2）。第三件编号为 M92：57，出土时"紧贴在墓主脸部。由 23 块形式不同的玉片缀在布帛类织物上组成。9 块带扉牙的玉器围成一周，中间由眉、眼、额、鼻、嘴、颐、髭共 14 件玉器构成一幅完整的人面形"④（图 5.3，3）。

此外，在其他地方也有发现。例如陕西扶风黄堆老堡子西周墓出土的编号为 95FHM55：1～7 的玉覆面，"由不同形状的玉器组成，现残存 10 件，有龙形饰 2、眉形饰 2、贝形目饰 2、鼻形饰 1、耳形饰 1、须形饰 1，还有两端大小不等的璜形饰 1。每件上面均钻有两孔，并有纹饰"⑤（图 5.3，4）。另一件为湖北荆州秦家山二号墓出土编号为 M2：40 的玉覆面，"椭圆形，黑褐色，长 20、宽 13.9、厚 0.23 厘米。其制作方法为先经过锯截，敲凿成人面轮廓，然后进行穿孔、刻制。眼、鼻孔、嘴镂空，面、眉、眼、嘴、耳等部位的轮廓线以及发、眉、髭皆为阴刻，刀法细腻，线条流畅。覆面四周有 8 个小圆孔，应缝缀于用丝织品制成的面罩上"⑥（图 5.3，5）。最后一件为山西绛县横水 M2 玉覆面，形制比较简洁，仅用两片圆形玉环表示眼睛，两块上下部分契合的玉璜表示嘴巴⑦（图 5.3，6）。覆面的形式各样，但其共同点均为将亡者眼睛遮盖。这是因为古人相信眼睛是心灵的窗户，是灵魂与外界沟通的地方，蒙住眼睛就是断绝亡灵回归社会扰乱活人生活的一个重要途径，这是覆面传统

① 原胜文、石文嘉：《玉石覆面研究》，《中原文物》2009 年第 3 期。
② 张崇宁、孙庆伟、张奎：《天马——曲村遗址北赵晋侯墓地第三次发掘》，《文物》1994 年第 8 期。
③ 李夏廷、张奎：《天马——曲村遗址北赵晋侯墓地第四次发掘》，《文物》1994 年第 8 期。
④ 徐天进等：《天马——曲村遗址北赵晋侯墓地第五次发掘》，《文物》1995 年第 7 期。
⑤ 罗芳贤、魏兴兴：《1995 年扶风黄堆老堡子西周墓清理简报》，《文物》2005 年第 4 期。
⑥ 王明钦：《湖北荆州秦家山二号墓清理简报》，《文物》1999 年第 4 期。
⑦ 宋建忠等：《山西绛县横水西周墓发掘简报》，《文物》2006 年第 8 期。

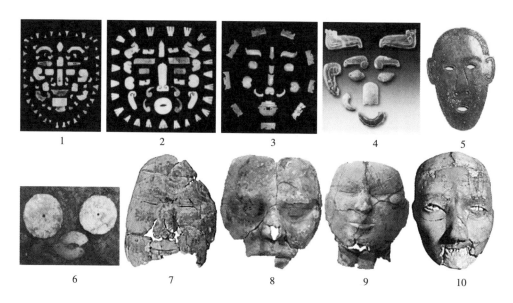

图5.3 中国和西亚地区出土的部分覆面①

1～3. 山西晋侯墓地出土玉覆面 4. 陕西扶风黄堆老堡子西周墓出土玉覆面 5. 湖北荆州秦家山二号墓出土玉覆面 6. 山西绛县横水 M2 出土玉覆面 7～9. 叶尼塞河中游泥塑人面 10. 巴勒斯坦耶利哥（今以色列杰里科）出土泥塑人面

得以产生的一个先决条件。

　　而在俄罗斯叶尼塞河地区流行的则是泥塑人面（图5.3，7～9）。与玉覆面类似，人的眼睛均处于闭合状态，初见如一幅睡着的模样。叶尼塞河的泥塑人面时代较晚，约产生于公元前 6 至前 5 世纪，属于铁器时代较早阶段的塔施提克文化②。但据学者推断，这种泥塑人面与人们对祖先颅骨的崇拜有关，主要是认为人的灵魂寄存于颅骨中。而携带祖先颅骨的习俗产生年代较为久远，约为公元前 3000～前 2000 年的铜

① 　1 采自张崇宁、孙庆伟、张奎：《天马——曲村遗址北赵晋侯墓地第三次发掘》，《文物》1994 年第 8 期；2 采自李夏廷、张奎：《天马——曲村遗址北赵晋侯墓地第四次发掘》，《文物》1994 年第 8 期；3 采自徐天进等：《天马——曲村遗址北赵晋侯墓地第五次发掘》，《文物》1995 年第 7 期；4 采自罗芳贤、魏兴兴：《1995 年扶风黄堆老堡子西周墓清理简报》，《文物》2005 年第 4 期；5 采自王明钦：《湖北荆州秦家山二号墓清理简报》，《文物》1999 年第 4 期；6 采自宋建忠等：《山西绛县横水西周墓发掘简报》，《文物》2006 年第 8 期；7～9 由肖波拍摄于哈卡斯乡土博物馆；10 采自［法］Catherine Louboutin：《新石器时代——世界上最早的农民》，第 102 页。

②　关于塔施提克文化，可参阅中国大百科全书出版社编辑部：《中国大百科全书·考古学》，第 511 页。但关于该文化的年代与俄国学者观点有所不同。

石并用时代①。此外，我们注意到，这些泥塑人面的额头和脸颊处都用红色颜料绘制成各种图案，而额头图案一般为窝状。前文述及，在中叶尼塞河地区的奥库涅夫文化中发现了大量的人面像，其中一些人面像表面还有红色颜料的残迹。这表明，在叶尼塞河地区将人面像涂红是有深厚历史文化根源的。而在我国新石器时代墓葬中也发现人颅骨上涂红色颜料的现象，如"仰韶文化时代的洛阳王湾遗址，王湾第一期、第二期文化的人颅骨，都涂以朱色"②。荒木日吕子认为，在祖先的祭祀中，敌国首领头盖供荐的咒术的意义包括：其一，头中有灵一，具有强大的生命力；其二，随着牲首进行血祭。随后，她接着指出，"血祭是指制祭之中所进行的事。这意味着牲体的供荐与血祭同时进行。牺牲者鲜血给予降临了的祖灵较强大的力量，更加保护了人们。"③ 在这里，红色是血的象征，而血在仪式中是有特殊作用的，陈梦家对此也有过类似论述："卜辞被禳，尚注意及巫术中的巫术物，而以血（尤其犬、豕、羊家畜的血）为最具有巫术能力的。祭祀与巫术在形式上无显著之别，但从用牲一项上可以分别之：巫术之祭的用牲重其血，因血可以被禳一切，祭祀用牲重其肉，因为先祖可以享用它；巫术之祭用牲重于清洁，祭祀用牲重于丰盛。"④ 在这里，作者认为血具有避邪的巫术能力。此外，血还是生命的象征，面部涂上红色颜料蕴含着希望死者重生之意，这从其葬俗中也可看出。经研究，叶尼塞河的这些泥塑人面的身体和头部都在古代下葬时按照人的本来面部被重新组装，并用特殊的方法进行处理，目的是为了更好地保存，这与古埃及木乃伊的性质相当，即人死后还能复活，但复活需要原来完整的身体。而在巴勒斯坦耶利哥（今以色列杰里科）一个居民的颅骨上，也发现覆盖着黏土制成，并涂成肉色的面孔，其眼眶里放置了两个贝壳（图5.3，10），年代为公元前7000年的新石器时代较早阶段，这种习俗同样与对颅骨和祖先的崇拜有关⑤。而面部涂成肉色和眼睛内放置贝壳，同样是希望恢复死者本

① Вадецкая Э. Б. , *Древние Маски Енисея*. Санкт – Петербург & Красноярск：Версо，2009，с. 176.
② 李仰松、严文明：《洛阳王湾遗址发掘简报》，《考古》1961年第4期。
③ ［日］荒木日吕子：《东京国立博物馆保管的甲骨片——有关人颅骨刻字的考察》，《南方文物》1994年第1期。
④ 陈梦家：《商代的巫术与神话》，第573页。转引自张光直：《中国青铜时代》，北京：生活·读书·新知三联书店，1990年，第60页。
⑤ ［法］Catherine Louboutin：《新石器时代——世界上最早的农民》，第102页。

来的容貌，即希望其获得重生。

（三）颅骨崇拜

萨满教中还普遍存在着颅骨崇拜的习俗。根据史籍所载，契丹人的始祖通呵持一骷髅，"人不得见"，"国有大事，则杀白马灰牛以祭，始变人形"，则此骷髅乃萨满灵魂所在、精灵所在①。此处刻画的契丹人始祖正是一萨满形象。而骷髅也可解释为骷髅，因为后者是骷髅中最重要的部分，通常认为是人的魂气之所在。如《西游记》中描写沙僧出世时的形象时，提到其项下悬九个骷髅，而此处的骷髅即人头。17 世纪西藏古格王国的藏族僧侣，在祈祷时必须"戴上用死人颅骨做的帽子，并用颅骨做成的盛具喝水，因为死者的思想总是寄托于他们的颅骨之内，这样就能使自己很好地活着；使用颅骨杯是驱赶世俗邪恶特别有效的方法，它是驱除所有恶习和肉欲的精神灵丹，而不意味着吃食人类自身"②。这种思想并非佛教所有，而是来自于西藏当地更古老的萨满教习俗，这种习俗直到今天仍有孑遗。如藏传佛教的"羌姆"面具就是由人颅骨装饰而成的冠状物。在西藏那曲比如县境内，还有用人的颅骨堆砌成的围墙，围墙位于一个天葬台上，人颅骨像砖块一样一层一层地垒砌起来，总数约有 200 个，墙前是几块大平石，用来做肢解尸体的"砧板"。天葬台正是萨满教通天思想的反映，将尸体肢解并保存颅骨，则是萨满教死亡与再生仪式的体现，均与萨满教的灵魂观有关。伊利亚德在解释萨满教死亡和再生性入会式时说道："布里亚特萨满的选择如同其他地方一样，包含着一个非常复杂的迷狂体验，在这一过程中，萨满候选人据信受到拷打、切成碎片、处死，而后又复活。只有这一入会的死亡和再生才使得萨满显得神圣。"③ 可以说，面具，包括人面像岩画在内，其主要目的就是为了让萨满显得神圣，既是萨满迷狂体验必不可少的一个助手，也是萨满将其显圣成果传递给社会其他成员的一个手段。孟慧英也指出："在萨满经验中，由于魂骨被视作生命的再生之源，'归魂于骨'成为萨满法术中追求的主要目标。"④

---

① 樊菲、张碧波：《灵性世界探秘——关于颅骨、面具崇拜的文化人类学考察》，《东北史地》2006 年第 5 期。

② ［意］托斯卡诺《魂牵雪域——西藏最早的天主教传教会》，伍昆明、区易炳译，北京：中国藏学出版社，1997 年，第 159 页。

③ M. Eliade, *Shamanism: Archaic Techniques of Ecstasy*, p. 76.

④ 孟慧英：《中国通古斯语族民族的萨满教特点》，《满语研究》2001 年第 1 期。

此外，使用人颅骨作为饮器的习俗在古代文献以及民族志材料中比比皆是，同样也都是萨满教灵魂观的反映。

而使用面具和覆面的习俗也都是由颅骨崇拜转化而来。郭淑云写道："面具被先民视为御魂之所，这与他们对颅骨的崇拜密切相关。由佛尔斯脱提出的'亚美式萨满教的意识形态内容'之一，即相信人类和动物的灵魂，或其本质生命力，一般驻居在骨头里面，经常在头的骨里。人类和动物从他（它）们的骨骼再生。"① 颅骨崇拜是祖先崇拜的一种表现形式，归根结底是灵魂观的产物。德国学者利普斯指出："在人造的祖先像外，死人的颅骨或骨骼也作为含有'灵魂力量'之物而受到崇拜……既然颅骨时常被当成灵魂的座位，自然就要获得它、保存它，假如它属于一个杰出人物如祭祀或首领，更是如此……从死人崇拜和颅骨崇拜，发展出面具崇拜及其舞蹈和表演。刻成的面具，象征着灵魂、精灵或魔鬼。"② 而关于魂，部分学者认为"魂为气，其形态变幻莫测，有时呈椭圆形气体依附某处，有时似雾气漂移不定，颜色多为黄褐色或黑色"③。中国古语常言"灵魂出窍"，所谓"窍"，即灵魂出入人头的通道。关于该通道的确切位置，老子曾云："天门开阖。"关于"天门"，道教经典则称："功满岁足，阳神欲出，……如鹤出天门，龙升旧穴，天门自开，弃壳而去。"④ "'阳神'即生人的灵魂；而'天门'又叫'顶门''天阙'，指的是头顶的百会穴。上面两段文字说的是等练功到了一定的程度，天门可以自由开合，灵魂便能从头顶飘然而出了。可见'窍'是开在头顶上的"⑤。这种"灵魂"从"窍"中飘然升天的图景在人面像岩画中也有反映（图5.4，1~8）。其中四幅图位于中国宁夏的贺兰山，一幅位于内蒙古桌子山，还有三幅位于上叶尼塞河的穆古尔—苏古尔。人面形象各有不同，但均在头顶中间位置有一根向上伸出的柱状物，一个或若干个圆形或椭圆形的圈状物套其上，呈向上飞升状态。与此类似的图像在奥库涅夫文化石柱中也有发现（图5.4，9）。该石柱位于哈卡斯共和国的阿斯基兹区，头顶中间

① 郭淑云：《原始活态文化：萨满教透视》，第572页。

② ［德］利普斯：《事物的起源》，王宁生译，成都：四川民族出版社，1982年，第346~347页。

③ 郭淑云：《原始活态文化：萨满教透视》，第60~61页。

④ 张荣明：《中国古代气功与先秦哲学》，上海人民出版社，1987年。转引自郭静：《中国面具文化》，第36页。

⑤ 郭静：《中国面具文化》，第36页。

有一个树状物向上伸出，树状物顶端有一圆圈套在其上。在这里，圈状物应该就是灵魂的象征，树状物与柱状物蕴意是相同的，均是宇宙中心的象征，灵魂正是通过这里来升天。

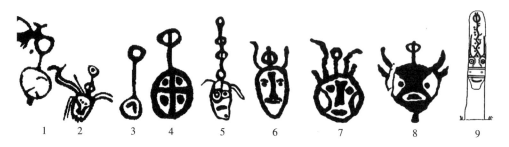

图 5.4   戴有圈状头饰的人面像①

1～4. 贺兰山岩画   5. 内蒙古桌子山岩画   6～8. 穆古尔—苏古尔岩画   9. 奥库涅夫文化石柱

　　另外，墓葬中还存在大量的颅骨钻孔现象，其分布范围几乎涵盖了世界各个大陆，时代跨度从新石器时代到铁器时代，有些地方甚至延续到近代②。韩康信等学者将这种现象解释为"古代开颅术"；而何星亮则认为，在古代的技术条件下不可能实行如此复杂的开颅手术，而是具有巫术等象征意义③。此外，一些墓葬的葬具也留有专门的孔洞，"一般认为这个小孔就作为死者灵魂出入的通道，这在中外民族葬俗和考古资料中都可以找到例证"④。尤其值得注意的是在新疆山堡拉墓地的单人葬中，"墓底铺芦苇和宽叶香蒲，上置尸体，再盖以用胡杨木挖凿而成的船形棺。在这种倒扣的船形棺上，凿有一长方形孔"⑤。这种船形棺在古代中国南方越人的葬俗中经常可见。如贵县罗泊湾一号汉墓的 7 名殉葬者的棺木，均是将圆木一分为二，剜空以葬尸骨，其形如独木舟；桂西地区的田阳、田东、平果等地岩洞葬，也都是用圆木

————————

①　1～4 采自李祥石、朱存世：《贺兰山与北山岩画》；5 采自盖山林：《阴山岩画》，第 394 页；6～8 见表 3.2；9 采自 Леонтьев Н. В.，Капелько В. Ф.，Есин Ю. Н.，*Изваяния и Стелы Окуневской Культуры*，с. 183.

②　韩康信、谭婧泽、何传坤：《中国远古开颅术》，上海：复旦大学出版社，2007 年，第 5～9 页。

③　何星亮：《生前开颅还是死后穿孔？——关于"中国五千年前开颅术"之商榷》，《广西民族大学学报》（哲学社会科学版）2010 年第 1 期。

④　羊毅勇：《试析新疆古代葬俗》，《新疆社会科学》1990 年第 4 期。

⑤　羊毅勇：《试析新疆古代葬俗》，《新疆社会科学》1990 年第 4 期。

制成独木舟形状的棺木。另据宋人周辉《清波杂志》引《南海录》云："南人送死者，无棺椁之具，稻熟时理米，凿大木若小舟以为臼，土人名曰春塘，死者多敛于春塘中以葬。"① 此外，大量的羽人划船纹还出现在广西各地出土的铜鼓上，法国学者戈鹭波认为，这类羽人划船纹的作用与东南亚婆罗洲达雅克人超度死者亡灵到云湖中央的"天堂之岛"所用的"金船"相类似②，其本质就是运送灵魂升天的"灵魂之舟"。事实上，"用舟船载送灵魂升天的观念和习俗曾经普遍地存在于古代中古南方以及东南亚和太平洋岛屿地区"③。更进一步证明了此处的孔洞的确与灵魂升天有关。由此可见，在头颅上钻孔是出于宗教的目的，为了灵魂出入方便，很可能是古人通天思想的反映，而通天思想则是萨满教的核心思想观念之一。

三 人面像岩画反映了萨满教的通天观

通天观是以三界宇宙观和灵魂观为基础的。因为宇宙分为不同的层次，故产生了通天的需要；而灵魂可以脱离身体而自由流动，从而使通天成为可能。从作画地点上来看，叶尼塞流域人面像岩画大部分都制作在临水的崖壁上，而其中相当一部分岩画都戴有柱状物或者树状物头饰，且头饰中的柱状物、树状物都位于靠近头顶中间的位置，正是宇宙柱、世界树的象征。与其内涵相同的还有大山的形象，其中就包括岩画所在的山体，均是世界山的象征。宇宙柱、世界树和世界山均代表着宇宙中心，萨满与各种天神、精灵正是经由这里在天地间往返。

我国古代典籍中有非常多关于宇宙柱、世界树的记载，对其宇宙象征意义学者们也进行过详细的论述。汤惠生曾对《山海经》中各种世界树的形象进行过探讨，并指出"诸如建木、扶桑、大木、寻木、珠树、扶木、青木、若木等等都是世界树的象征"④。《后汉书·东夷传》说辰韩"诸国邑各以一人注祭天神，号为'天君'；

---

① ［宋］周辉等：《四部丛刊续编子部［56］：清波杂志程史 括异志 续幽怪录》，上海书店出版社，1934年，第157页。

② ［法］V·戈鹭波：《东京和安南北部的青铜时代》，刘雪红、杨保筠译，云南省博物馆、中国古代铜鼓研究会编《民族考古译文集》，昆明：云南民族博物馆，1985年，第254页。

③ 刘小兵：《滇文化史》，昆明：云南人民出版社，1991年，第55页。

④ 汤惠生：《神话中之昆仑山考述——昆仑山神话与萨满教宇宙观》，《中国社会科学》1996年第5期。

又立苏涂，建大木以悬铃鼓，事鬼神"①。而大木即世界树的象征。关于宇宙柱，最
早的记载当属女娲炼石补天，断鳌足以立四极的故事；另据《神异经》记载："昆仑
之山有铜柱焉，其高入天，所谓天柱也"②；傣族史诗《巴塔麻嘎捧尚罗》记述，
"神柱倒，天垮了，地也塌了，大天下，依旧雾蒙蒙，茫茫水一片"③。而我们前文已
经提到，壮族的宇宙观中，世界就是一个三层的柱状结构，这本身也是宇宙柱观念
的一个体现。此外，这种宇宙柱的形象在与人面像岩画同时代、同地域的奥库涅夫
文化中也广泛存在（图5.5）。这些石柱既是宇宙柱，也是宇宙山的象征，而石柱上
的人面像大多头顶中间位置有一根突出的树状物或柱状物，某些时候，这些树状物
或柱状物直接将人面像额头中间的第三只眼与石柱顶端相连，升天意味明显（图
5.5，2、4）。而第三只眼本身就有"天眼"之称，即与天相通。此外，我们还应当
注意到，部分人面像头顶的柱状物与梯子类似，各级阶梯刻画得非常明显，表明其
不仅是宇宙柱的象征，同时也是天梯的象征（图5.5，6~8）。

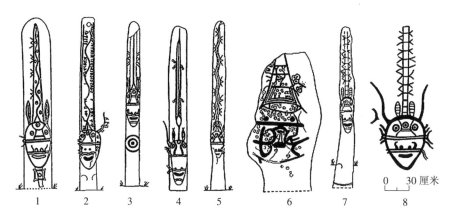

图5.5　戴有柱状头饰的奥库涅夫石柱（采自 Леонтьев Н. В.，Капелько В. Ф.，Есин Ю.
Н.，*Изваяния и Стелы Окуневской Культуры*，с. 127 – 138）

　　类似图像在我国宁夏和内蒙古地区的人面像岩画中同样可见（图5.6，1~11）。
其头饰既包括树状和柱状物（图5.6，1~8、11），也包括山状物和梯状物（图5.6，
9、10）。汤惠生曾对世界范围内的宇宙山形象进行过梳理，并指出"由于萨满教是

---

① 萧兵：《中庸的文化省察——一个字的思想史》，武汉：湖北人民出版社，1997 年，第 73 页。

② ［汉］东方朔：《神异经》，北京：中华书局，1991 年，第 27 页。

③ 西双版纳州民委：《巴塔麻嘎捧尚罗》，昆明：云南人民出版社，1989 年，第 150 页。

在，或曾经在世界范围内普遍流行的一种宗教，所有有关'宇宙山'的记载和传说，普遍见之于世界各地"①。随后，他进一步论证了我国古籍中所载的"'祁连''昆仑''贺兰'都是古代匈奴语'天'的称谓，所以祁连山、昆仑山、贺兰山均为'天山'"，即这些山并非确指某一座山，而是萨满教宇宙中心的象征。据此，我们可以进一步认为，岩画所在的山体均为萨满心目中的宇宙山，萨满在山上作画，借助一定的宗教仪式和法器，实现天地交通。而梯状头饰则是天梯的象征，天梯又是宇宙山、宇宙树、宇宙柱的象征性表现，伊利亚德曾指出"我们看到过无数的萨满借助梯子升天的例子"②；袁珂也指出"中国古代神话中的天梯，都是自然生成物，一种是山，另一种是特定的大树"③。

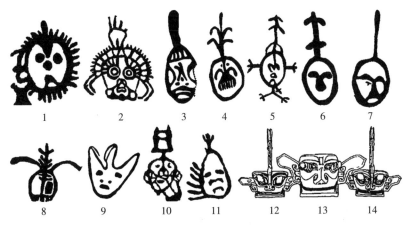

图 5.6　戴有柱状、树状等头饰的人面像④

1～9、11. 贺兰山岩画　10. 大麦地岩画　12～14. 三星堆青铜面具

除人面像岩画外，在我国的考古出土文物中也有类似象征物。正如前文提到的良渚文化"山"字形玉器，与宁夏贺兰山的"山"字形人面像岩画基本类似，同样是宇宙山的象征。而前述的三星堆 2 号器物坑出土的编号为 K2②: 94 铜神树、编号为 K2③: 296 的青铜神坛，以及洛阳涧西七里河东汉墓出土的编号为 H4－3 的陶枝灯

---

① 汤惠生：《神话中之昆仑山考述——昆仑山神话与萨满教宇宙观》，《中国社会科学》1996 年第 5 期。

② M. Eliade, *Shamanism: Archaic Techniques of Ecstasy*, p. 487.

③ 袁珂：《中国神话通论》，成都：巴蜀书社，1991 年，第 88 页。

④ 1～10 采自李祥石、朱存世：《贺兰山与北山岩画》；11 采自盖山林：《阴山岩画》，第 294 页；12～14 采自孙华：《四川盆地的青铜时代》，第 251 页。

和灯台，均是被一根树状物或柱状物将三层空间结构连接起来，同样是宇宙树和宇宙柱的象征。此外，在三星堆遗址 2 号器物坑还出土了三件青铜面具，"均在鼻梁上插有卷云状铜饰件，犹如一缕从鼻孔中喷出的云气"①。从正面观察，铜饰件如一根柱状物从面具正中间向上垂直伸出，与前述的人面像岩画形象完全一致。岩画创作于二维空间之上，不可能显示其头饰的原本形态，我们可以合理地推测，人面像岩画的头饰应该是丰富多样的，但从正面看去，中间部分的那根线条都是直立向上的。这意味着岩画的头饰都是为了强调"中"的概念，最终目的则是为了通天。

另外，还有其他的证据可以证明上述头饰均是宇宙中心的表现。在俄罗斯西伯利亚岩画和奥库涅夫石柱中有这样的图像：人的头顶通过一个柱状物或树状物连接一颗星星（图5.7）。如发现于米努辛斯克盆地的一幅人像岩画，其面部两侧各带有两条向外下侧伸出的线条，头上戴有耳朵状装饰，其中一只手里握着棍状物，与其伴出的还有另外两幅人像，均为典型的萨满形象（图5.7，1）。另外一幅图像类似兽面形象，有三只眼睛，位于奥库涅夫石柱上，其头顶上方两侧戴有耳朵状装饰（图5.7，2）。实际上，图像中的星星正是北极星。北极星在萨满教中具有非常重要的地位，萨满文化区的普遍观念认为北极星位于天之中，照在大地的中心上。苏迷卢山"山顶正对着北极星，住着梵天和苏摩的乾达婆诸神（佛教则认为山顶上住着帝释天）。苏迷卢山底即为地狱"②；"楚科奇人称北极星为'天之脐'，三个世界被相似的孔洞连接起来，萨满通过它和神话中的英雄实现通天"③。此类神话在亚洲北部阿尔泰人、蒙古人、雅库特人中也都广泛流传；中国古代文献中也有关于北极星的记载，《尔雅·释天》："'北极谓之北辰'，北辰指的就是北极星。郭注：'北极，天之中，以正四时。'"④《公羊传》昭公十七年载："北辰亦为大辰。疏云：'北辰，北极，天之中。'"⑤ 可见，这颗星正是北极星，象征着世界中心，萨满通过头顶上的宇宙树或宇宙柱与北极星相连，从而实现通天。

① 孙华：《四川盆地的青铜时代》，第251页。
② 张保胜译：《薄伽梵歌》，北京：中国社会科学出版社，1989年，第118页。
③ W. G. Bogoras, *The Chukchee.* In M. Eliade, Shamanism: Archaic Techniques of Esctasy, p. 262.
④ 李学勤：《十三经注疏·尔雅注疏》，北京大学出版社，1999年，第176页。
⑤ 李学勤：《十三经注疏·春秋公羊传注疏》，北京大学出版社，1999年，第507页。

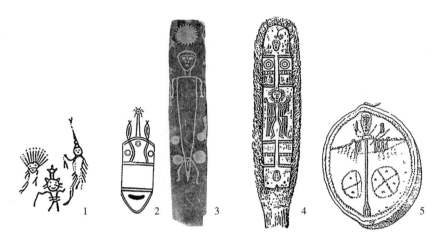

图 5.7　部分文物中反映通天思想的图像①

1. 西伯利亚米努辛斯克岩画　2. 米努辛斯克鹿像石　3. 秭归太阳人石刻　4. 鄂温克萨满手鼓局部　5. 阿尔泰萨满鼓鼓背

　　在湖北秭归东门头遗址发现了一块距今7000年属于城背溪文化的"太阳人"石刻，石板正面刻有一完整站立人像，人像带有尾巴状饰物，腰部两侧分别有呈上下排列的两个研磨的凹穴，人像的头顶部伸出一根线条，线条顶端指向一太阳状物体②（图5.7，3）。首先，从人像的造型来看，与萨满巫师的形象非常类似，《山海经》中就描述了大量这种人面兽身的巫师形象。类似的巫师形象在前述的塔什—哈扎墓葬以及汉阳出土的商代陶拍中都有发现。另外，其头顶上有太阳图像，太阳与人像之间用一短竖线相连，太阳是天的象征，因此，整幅图像的通天意味是不言而喻的。人像两侧的凹穴也有特殊含义，汤惠生认为："玉玦、阙观以及岩画中的凹穴和动物蹄印图案，都是中国古代萨满式文明中以'天'和'通天'为核心的信仰体系所遗留下来的文物遗迹。"③ 值得一提的是，所有的磨刻类人面像岩画基本上都与凹穴伴生，这就进一步证明了人面像头顶正中间的装饰是通天的象征，

① 1 采自 Шер Я. А., *Петроглифы Средней и Центральной Азии.*, с. 141；2 采自 Есин Ю. Н., *О Некоторых Проблемах Интерпретации Изображений Эпохи Бронзы Центральной и Северной Азии.* Археология，Этнография и Антропология Евразии，2005（2）；3 采自佚名：《"太阳人"石刻》，《湖北社会科学》2014 年第 6 期；4 采自 Дэвлет Е. Г.，Дэвлет М. А.，*Мифы в Камне. Мир Наскального Искусства России*，с. 334；5 采自凌纯声：《松花江下游的赫哲族》（上册），图 213，В。

② 孟华平：《"太阳人"与东门头遗址》，《文物天地》2003 年第 6 期。

③ 汤惠生：《玦、阙、凹穴以及蹄印岩画》，《民族艺术》2011 年第 3 期。

而人面像岩画本身也是萨满教通天观念的反映。

这种观念在鄂温克萨满鼓中的人像和人面像上也得到了证实。整个萨满手鼓鼓身由上、中、下三部分构成，中间有一人像呈蹲踞状，头上带有芒线，身上穿有萨满袍类的衣服；上下两部分各有一个人面像。人像的头部和人面像的造型基本类似，均呈骷髅状（图5.7，4）。鼓身的三层结构与萨满教的三层宇宙观相吻合，三个空间从中间被贯通。中间的人像表示萨满巫师，上、下的人面像则表示神灵，是萨满通过迷狂体验而欲沟通的对象。鼓在萨满教仪式中的重要性是第一位的，它的象征性很复杂，具有各种不同的巫术功能。它在萨满教的出神仪式中必不可少，如将萨满带到"世界中心"，抑或是使他在空中飞行，或是召唤和囚禁灵魂等。此外，击鼓能够促使萨满尽快进入迷狂体验，使其全神贯注并取得与灵魂世界的联系。从这个角度来说，鼓与迷幻剂的作用类似。萨满鼓鼓架是用世界树的树枝做成的，它的象征意义是通过世界树实现天地沟通，通过宇宙轴到达世界中心。鼓面是用宇宙树的枝干做成的，萨满通过击鼓，使自身被送到世界中心，因此可以登天。鼓面和鼓架都具有巫术宗教的作用，都是为了使萨满可以在迷狂体验中进入世界中心。因此，鼓身上的所有图像包括人面像和人像必然都与通天有关。由此，我们也可以推断出，叶尼塞河流域具有骷髅状外形的人面像，不管是否有头饰，均与萨满教的通天有关。在阿尔泰萨满鼓鼓背上发现了两幅人面像，其构图与该地区人面像岩画以及奥库涅夫文化人面像的部分图像类似，即面部轮廓被十字形交叉线分为四个部分，每个部分有一个圆点，用来表示眼睛和嘴巴（图5.7，5）。由于这两幅图像出现在萨满鼓上，因此也是萨满教通天思想的反映。前文我们已经讨论了岩画的类似形象，并且提到河南郑州市大河村遗址秦王寨文化彩陶中也有类似图像，我们同样可以认为其是萨满教通天思想的反映。根据上述结论，我们可以进一步推断，所有人面像岩画本身就是萨满教通天思想的反映，不管其具体形态怎样，是否具有头饰。它们与萨满鼓上的人面像功能相似，唯一的区别仅是载体不同，所处环境不同。但基本可以肯定，两者均是萨满教观念下的作品。

前文述及，那些制作在崖壁上的岩画，其所在山体均是"宇宙山"的象征。但是，除此之外，还有少量岩画位于洞穴之中，而洞穴在萨满教中被称为"天之脐"，同样是沟通天地的所在。伊利亚德曾说道："罗马的中央曾是一个孔洞，mundus，即世俗世界与地狱之间互相沟通交往的要害。罗施尔（Roscher）长期以来一直把 mundus 释为 omphalos（即地球的肚脐）；每个拥有一个 mundus 的城市都被认为坐落在世界的中心，即坐落在大地的肚脐上。"① 另外，"根据伊朗的传说，宇宙被想象为中间有个像肚脐眼 S 的大孔道的六辐车轮"②。此外，古代中国南方铜鼓鼓面"中心的太阳'光体'即称为'脐'，……日丽中天，故光体又称为'天脐'"③。而"古印第安和中国均以人体部位称太阳为'天脐''天心'，太阳石与铜鼓都有'脐'，并且以'∧'为太阳芒"④。据萧兵介绍，"'宇宙脐'有时跟'世界树'相连，构成一个组合性的神话意象"⑤。这在阿尔泰和波斯的神话以及印度的吠陀诗经中都有体现。

小　结

　　西伯利亚是萨满教的故乡，生活在这片土地上的人们自古以来就信仰萨满教。萨满教不仅是一种宗教形式和精神文化形态，更是一种行为规范，指导着人们的日常生活。不论是岩画所处的环境，还是其本身的构图特点，抑或是民族学、考古学中的相关材料，均指向萨满教的相关观念。这也从另一个侧面表明叶尼塞河流域的人面像岩画的确是萨满教观念下的作品。此外，必须指出的是，我们虽然用萨满教的理论来解释人面像岩画，但并不否认人面像岩画中同样包含着一些神话观念，或者其他的一些信仰形式，例如祖先崇拜。但是，正如前文我们已经指出的那样，这些神话观念和信仰形式均体现了萨满教的观念，而同时他们也都包含在萨满教的信仰体系中，两者并不冲突。

---

① ［美］米尔希·艾利亚德：《神秘主义、巫术与文化风尚》，北京：光明日报出版社，1990 年，第 28 页。

② ［美］米尔希·艾利亚德：《神秘主义、巫术与文化风尚》，第 29 页。

③ 王大有：《龙凤文化源流》，北京工艺美术出版社，1988 年，第 273～274 页。

④ 宋宝忠、王大有：《阿斯特克太阳历及其文明》，《社会科学战线》1985 年第 3 期。

⑤ 萧兵：《中庸的文化省察——一个字的思想史》，第 531 页。

第六章 与周边地区人面像岩画的关系

叶尼塞河流域人面像岩画是北亚艺术中的一颗璀璨明珠。它们之间虽然差异性很大，但作为一个整体，显示出了某种内部的关联性，最突出的表现就是与奥库涅夫文化艺术存在着密切的关系。但是必须看到，由于岩画内部发展的不平衡性，其与周边文化的关系也是随着考古学文化的演变而动态演变的。一般来说，中叶尼塞河和下安加拉河人面像岩画的年代较早，大概产生于新石器时代晚期至铜石并用时代，受到中国北方岩画的影响较多；而上叶尼塞河人面像岩画的年代较晚，应属于奥库涅夫文化晚期的作品，并与中国新疆的切尔木切克文化有着密切的关系。

第一节 叶尼塞河地区与周边地区古代文化的关系

就整个欧亚大陆北部来看，叶尼塞河流域的人面像岩画同西伯利亚西部和东部以及中国北方地区的人面像岩画都有着密切的关系。人面像岩画比较集中的几个地方，包括宁夏贺兰山、内蒙古桌子山、南西伯利亚的穆古尔—苏古尔、西伯利亚东部的萨卡齐—阿连和谢列梅捷沃等，其他类型的岩画基本不见或者所占比例很小。这表明人面像岩画是一个独立的文化现象。另一些地方的人面像岩画不仅数量少，而且与其他类型的岩画共存，并且在整幅画面中不占主要地位，这似乎暗示着人面像岩画已经走向尾声，逐步被其他类型的艺术形式所代替。而从整个艺术发展史的角度来看，虽然在旧石器时代晚期，被称作"大母神"的女人像已经出现，但毕竟不占主流，整个东西伯利亚地区目前也仅在马耳他遗址中发现若干。另一方面，以人面形式出现的艺术品最早在新石器时代的墓葬中被发现，在西伯利亚地区较少，而且年代相对较晚；而在同时期的中国，从南到北都发现了大量的人面像形象，载体包括陶器、玉器、骨器和石器等，年代上也较早，似乎暗示了人面像岩画的起源与此有关。鉴于欧亚大陆上的人面像岩画主要集中在叶尼塞河、托姆河、俄罗斯远东以及中国北方地区，因此，本书将着重探讨叶尼塞河地区与东西伯利亚、西西伯利亚以及中国北方地区的文化关系。

一　叶尼塞河流域与东部地区古代文化的关系

西伯利亚东部地区的人面像岩画主要集中在黑龙江下游和乌苏里江流域。根据A. П. 奥克拉德尼科夫等人的研究，整个苏联的新石器时代可以划分为五个系统，十一个小区。其中，凯尔特米纳尔文化主要位于中亚地区，其偏北部分涵盖西伯利亚，与上叶尼塞河流域的新石器时代文化关系密切；鄂毕河流域新石器时代文化和西吉尔（Шигирская Культура）文化同属于乌拉尔—鄂毕河系统，其中西吉尔文化跨越乌拉尔山脉分布在欧亚两侧。此外，还有三个系统的九个小区均分布在西伯利亚地区（图6.1）。其中，下安加拉河和中叶尼塞河可以划入一个大区，与色楞格河下游及勒拿河上游地区同属于贝加尔湖文化区，年代在公元前4000～前3000年[1]。其涉及的范围与冯恩学在《俄国东西伯利亚与远东考古》一书中论及的"贝加尔湖沿岸、安加拉河下游、外贝加尔"三个新石器时代文化区的地域大致相当。而"贝加尔湖沿岸"则包括"贝加尔湖之西的上安加拉河流域、贝加尔湖西北的勒拿河上源、贝加尔湖及东北地区"[2]。

从整体上来看，冯恩学虽然将贝加尔湖沿岸、安加拉河下游、外贝加尔划分为小区分别进行论述，但也注意到了他们之间的联系："安加拉河下游的文化面貌与贝加尔湖沿岸有很多相似之处，如都是圜底或尖底的陶器，都有网纹，流行篦齿纹、坑点纹，有少量的器耳，有箭杆整直器。表现了安加拉河下游与贝加尔湖沿岸在新石器时代属于一个大的文化区"[3]。同时，作者也指出："东西伯利亚和远东的北部属

---

[1]　Окладников А. П.（отв. ред.），*История Сибири с Древнейших Времен до Наших Дней*. Т. 1，с. 104.

[2]　冯恩学：《俄国东西伯利亚与远东考古》，第94页。

[3]　冯恩学：《俄国东西伯利亚与远东考古》，第146页。

于一个大的文化区，其最主要的标志是以尖底或圜底的卵形陶器为基本的陶器形态。"① 其范围比前者要广泛得多。

　　而根据学者研究，贝加尔湖文化区可以划分为三个主要的发展阶段，即"伊萨科沃期、谢罗沃期、基托伊期"②；而冯恩学在总结俄罗斯学者研究成果的基础上认为，"谢洛沃文化直接来源于伊萨科沃文化，是伊萨科沃文化的直接发展"③，同时他又指出，"越来越多的人相信基托伊文化与谢罗沃文化是并行发展的两支文化"④。前文已经指出，根据学术界最新的研究成果，基托伊期年代可能最早，约为距今8000年之前。

　　贝加尔湖文化区的经济活动主要为采集和渔猎，尚未发现任何农业生产的痕迹。目前发现的遗迹包括遗址和墓葬。早期的遗迹主要是墓葬，随葬品以狩猎工具为主，有采用压剥法加工的石镞、矛头及刃部嵌有石叶的骨矛等。与中石器时代相比，箭头的体积和重量均有所增加，类型也更为多样。与箭头体积和重量增加相适应的，是弓的长度和强度均有所增加。部分学者甚至推测，伊萨科沃时期弓的长度很可能与人的身高相等⑤。除弓箭外，还发现了不少猎人近战中使用的长矛，矛头像箭头一样类型多样，由燧石和硅质页岩制成，矛头细而长，非常锋利，便于捕捉大型猎物。此外，还有适于制作独木舟的大型石锛、剁割兽尸或剖鱼用的不对称三角形石刀及石刃骨柄刀、采集和挖坑使用的鹿角锄。陶器主要为尖底陶器，表面有网络状印痕。墓坑填土中混有石块和石板，死者多直肢葬，头朝向日出或日落的方向。墓穴有时彼此并列，反映了死者之间的血缘关系。谢罗沃期出现面积较大的居址，表明这些居址并非四处游荡的森林猎人和渔民的短期露营地，而更可能是某些族群的长期居住地，至少是季节性居住地。有的居住地有几十个石垒的灶，并有深1.5米、直径2米的窖穴。流行有铤石镞，石矛和嵌石刃的骨矛加工更为精致。骨鱼钩（稍晚则有骨石复合鱼钩）、骨鱼镖头、诱鱼用的石雕或骨雕鱼形诱具及相当大的石网坠等，反映了捕鱼业的进一步发展和捕鱼方法的多样化。需要注意的是，这种鱼镖头和鱼形

①　冯恩学：《俄国东西伯利亚与远东考古》，第93页。

②　Окладников А. П.（отв. ред.），История Сибири с Древнейших Времен до Наших Дней. Т. 1, с. 107–119.

③　冯恩学：《俄国东西伯利亚与远东考古》，第129页。

④　冯恩学：《俄国东西伯利亚与远东考古》，第141页。

⑤　Окладников А. П.（отв. ред.），История Сибири с Древнейших Времен до Наших Дней. Т. 1, с. 105.

诱具在俄罗斯远东和中国北方地区均有发现。关于这一点，下文将重点讨论。

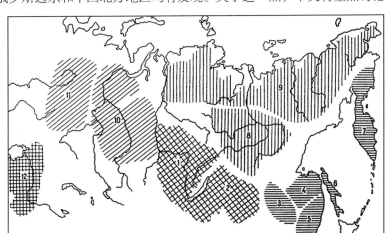

图6.1　西伯利亚的新石器时代文化（采自 Окладников А. П. , *История Сибири с Древнейших Времен до Наших Дней*. Т. 1，с. 95）

1. 安加拉　2. 奥涅加（Онежская）①　3. 黑龙江中游　4. 黑龙江下游　5. 滨海地区　6. 萨哈林　7. 堪察加　8. 勒拿河中游　9. 东北地区　10. 鄂毕河流域　11. 西吉尔　12. 凯尔特米纳尔（1~2. 贝加尔湖地区；3~7. 远东地区；8~9. 雅库特地区；10~11. 乌拉尔—鄂毕河地区；12. 中亚地区）

与此同时，贝加尔湖沿岸与雅库特和黑龙江地区的古代居民在外贝加尔地区发生过密切接触，并且产生了三者的混合文化，其中希尔金斯洞穴（Шилкинская Пещера）最具有代表性。该洞穴位于希尔卡河（Река Шилка）岸边的山顶上，1952~1954年由 А. П. 奥克拉德尼科夫院士主持对其进行了发掘。除了发现有新石器时代的人骨外，还发现了石器工具、刮刀、鱼叉、箭头以及用骨、石和动物角制成的针，同时还有一些陶片和铁制品。一些元素与黑龙江沿岸新石器时代早期的新彼得罗夫卡文化（Новопетровская Культура）和远东地区的新石器时代文化非常相似②。

而到了青铜时代早期，奥库涅夫文化陶器的早期形式同样和乌斯季—别拉亚陶器具有相似的抛物面或者冠状的形式，在器身和口沿位置具有类似的装饰图案，这种图案偶尔在陶器口沿内部边缘和底部也同样发现。"装饰图案的主要形式是由连续的坑点纹组成的平行线，更经常的是布满容器器身的水平线条，偶尔也会碰到在器

---

① 该处的奥涅加应为笔误，从该文化的分布图来看，所谓的奥涅加地区可能为贝加尔湖沿岸（прибайкалье）的误写。

② Окладников А. П. （отв. ред.），*История Сибири с Древнейших Времен до Наших Дней*. Т. 1，с. 116.

身表面有垂直纹或者斜纹的装饰布局。通常，底部和侧壁的图案装饰采用相同的组织结构，这种结构最先从底部以螺旋线或者同心圆的形式旋转开来并且转到躯干直到颈部的位置。"[1] 总之，以乌斯季—别拉亚为代表的新石器时代文化特征在奥库涅夫文化陶器中频繁出现，所占比例将近60%。这确切地表明了二者之间具有某种继承性的关系。Л. А. 萨科洛娃注意到，"从新石器时代开始的各居民点，某种文化的陶器在各地传播，它的主要特征是平底，直通的侧面轮廓接近截锥（数学用语，指截去一个圆锥体的锥角剩下的部分——笔者注）样式，偏好梳状装饰图案等"[2]。而滨海地区是生产平底截锥体陶器的核心地区，早在中石器时代奥西波夫卡文化（公元前12000～前10000年）时期的陶器中，就已经具备了上述特征。随后，这种陶器在滨海地区和黑龙江地区更晚期的马雷舍沃文化、博伊斯曼文化、孔东文化、沃兹涅谢诺夫卡文化中遇见，并作为这些文化的基质出现[3]（图6.2）。

　　关于人形图像（包括人面像）在西伯利亚的传播途径，部分学者认为是从俄罗斯远东地区传播到西伯利亚中、南部地区。Л. А. 萨科娃就写道："从这里（俄罗斯远东滨海地区）新的艺术形式——类人形人面像传播到叶尼塞河地区。在新石器时代，叶尼塞河、安加拉河、托姆河地区，岩画描述的主要是动物形象，其中比较著名的形象有驼鹿、公牛、鹿。而在滨海地区则形成另一种多神教诸神的样子——类人形的、奇幻的、动物元素的——角和耳朵。这里可能是一种古代海洋构图风格形成的中心之一。这种艺术形式的典型图像传播到米努辛斯克盆地，其仅仅在奥库

① Соколова Л. А., *Проблема Сложения Окуневской Культуры*. В Савинов Д. Г.（отв. ред.），Проблемы Изучения Окуневской Культуры. Санкт - Петербург：Музей Антропологии и Этнографии Российская Академия Наук，1995，с. 20 - 24.

② Соколова Л. А., *Характеристика и Типология Окуневского Керамического Ком - плекса*. В Пиотровский Ю. Ю.（отв. ред.），Степи Евразии в Древности и Средневековье. Санкт - Петербург：Государственный Эрмитаж. Книга 1，2002，с. 230 - 236.

③ 参阅 Соколова Л. А.，*Характеристика и Типология Окуневского Керамического Ком - плекса*. 另外，关于奥西波夫卡文化、马雷舍沃文化、博伊斯曼文化、孔东文化、沃兹涅谢诺夫卡文化的具体内涵及年代相关问题请参阅冯恩学：《俄国东西伯利亚与远东考古》，第196～223、243～259页；潘玲：《俄罗斯孔东遗址的陶器及孔东文化》，《北方文物》2004年第1期；Пономарева И. А.，*Личины Нижнего Амура（Вопросы Хронологии）*. В Толпенко И. В.（отв. ред.），VIII Исторические Чтения Памяти Михаила Петровича Грязнова.

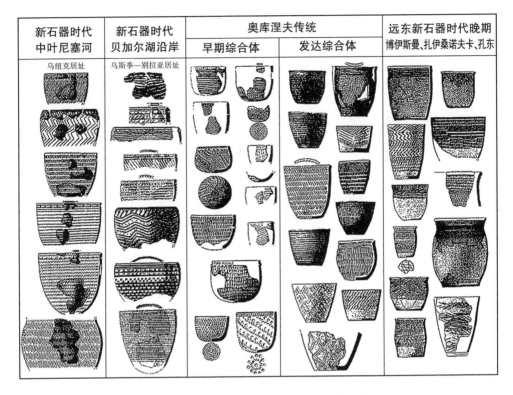

新石器时代 中叶尼塞河	新石器时代 贝加尔湖沿岸	奥库涅夫传统		远东新石器时代晚期 博伊斯曼、扎伊桑诺夫卡、孔东
乌纽克居址	乌斯季—别拉亚居址	早期综合体	发达综合体	

图 6.2　西伯利亚中、东部新石器时代文化和奥库涅夫文化陶器比较（采自 Соколова Л. А., *Многокомпонентность в Окуневской Культурной Традиции*, с. 465）

涅夫传统中才能看见。"① 在作者看来，亚洲和美洲大陆的人面像岩画产生于滨海地区的新石器时代文化，存在于滨海地区新石器时代共同的祖先群体，分别广泛地扩散到这两个大陆。而 А. П. 奥克拉德尼科夫早就注意到滨海地区人面像岩画和美洲西北部地区类似图像之间的关系，不仅认为二者均是海洋文化的一种反映，而且作画方式、岩画载体均相似，所有这些岩画都是敲凿在单独的圆石上，而非山岩上②。关

① Соколова Л. А., *Многокомпонентность в Окуневской Культурной Традиции*. В Деревянко А. П., Молодин В. И. (отв. ред.), Современные Проблемы Археологии России：Материалы Всероссийского Археологического Съезда. Новосибирск：Институт Археологии и Этнографии Сибирского Отделения Российской Академии Наук, 2006, с. 466–467.

② Окладников А. П., *Взаимодействие Древних Культур Тихого Океана*. (*На Материалах Петроглифов*). В Членова Н. Л. (отв. ред.), Проблемы Археологии Евразии и Северной Америки, с. 42.

于黑龙江下游萨卡齐—阿连人面像岩画的年代，他认为"应属于中石器时代或者新石器时代早期，绝对年代应该在公元前 5000 至前 4000 年左右"[①]。

在笔者看来，这种认为亚洲北部地区的人面像岩画产生于俄罗斯滨海地区的观点是牵强的。诚然，亚洲北部地区的陶器纹饰之间存在相似之处，但显而易见的是，陶器器形差异性很大。一般说来，远东南部的滨海地区陶器器形主要是平底筒形器；而东西伯利亚的其他地区则主要是圜底或尖底的蛋形陶器。另外，上述两地的岩画共同点并不多，如滨海地区典型的具有颅骨特征的人面像岩画在叶尼塞河地区基本不见；滨海地区数量众多的戴有太阳芒线状头饰的人面像岩画在叶尼塞河地区数百幅人面像岩画中也仅有寥寥数幅。同样，叶尼塞河地区具有奥库涅夫文化特点的一些人面像在滨海地区也基本不见。且这些类型的人面像岩画在邻近的中国北方地区均大量被发现。这可能表明，中国北方地区才是亚洲北部地区人面像岩画的最初源头。

但是，不论怎样，通过以上分析我们都可以得出如下结论：奥库涅夫文化是一种非常复杂的文化组合，众多不同类型的文化都参与了它的形成，且这些文化之间的距离非常遥远。亚洲北部地区这种大范围的文化交流事件表明古人的迁徙能力可能在某些情况下超出了我们的想象。而实际上，从旧石器时代至今的每个时期，都在不断重复地发生人类大迁徙，迁徙距离和速度惊人。此外，我们发现，贝加尔湖沿岸青铜时代早期的格拉兹科沃文化陶器上的类人形图像上有小圆窝构成的直线图案，这种构图方式与萨穆希文化陶器构图方式一致；并且，这种构图方式最早可以追溯到安加拉河流域旧石器时代晚期的马耳他文化。而前文已经指出，这种纹饰在整个西伯利亚地区的新石器时代文化中曾广泛流行，并且一直延续到铜石并用时代（阿凡纳谢沃文化）和青铜时代早期（奥库涅夫文化）。从另一个侧面再次说明了整个西伯利亚地区历史上的确发生过大范围的文化交流事件。因此，在考虑到该地区岩画的相似性时，必须考虑到历史上人类长时段、远距离迁徙的事实。

[①] Окладников А. П., *Взаимодействие Древних Культур Тихого Океана.（На Материалах Петроглифов）*, *с.* 49.

二　叶尼塞河流域与西部地区古代文化的关系

西伯利亚西部的人面像岩画主要集中在托姆河下游地区，托姆河是鄂毕河的一条重要支流，而鄂毕河是西伯利亚第三大河，通过河谷地带与西伯利亚第一大河叶尼塞河连接起来。"早期的俄罗斯新土地发现者们沿着各大河的支流向东方前进，他们从鄂毕河上的纳雷姆卫出发，沿着克特河和卡斯河的河谷走到叶尼塞河。"① 事实上，西伯利亚的各条大河基本上都可以通过支流或者河谷地带连接起来，而西伯利亚西部与叶尼塞河地区之间的文化联系至迟从新石器时代开始就已经非常紧密。目前来看，与叶尼塞河地区类似的人面像岩画也存在于西伯利亚西部的托姆河地区。托姆河地区新石器时代典型的文化是萨穆希 1 号地点所代表的考古学文化，年代为公元前 3000 年末。随后，萨穆希 4 号地点发展成本地的青铜时代文化，即萨穆希文化。В. И. 马久欣科（Матющенко В. И.）指出，"该文化根植于本地的新石器文化传统"②。大部分学者都支持这一观点。萨穆希文化的名称源于其第一座墓发掘于鄂毕河上游的萨穆斯卡河河口，而萨穆希 4 号地点发现于托姆河下游沿岸地区。萨穆希 1 发展到萨穆希 4 时，出现了在陶器上绘制人像（包括人面像）的传统，而萨穆希文化艺术的起源至今仍是一个争议性很大的问题。关于萨穆希文化的年代，学术界分歧较大，但基本上都认可其年代大致在公元前 2000 年中期至公元前 13 与 12 世纪之间。至于该地区的人面像岩画，则基本上认为与萨穆希文化的年代相当。

我们知道在南西伯利亚地区先后经历了青铜文化的四个发展阶段，而其中奥库涅夫文化有发达的人面造像传统，不仅体现在奥库涅夫文化墓葬的地面立柱上，在考古出土的棺材石板上也有发现，而其他几种青铜文化中鲜有人面造像。因此，我们将重点考察奥库涅夫文化与萨穆希文化交流的情况。

事实上，在萨穆希文化的人像刚被发现时，学者们就迫不及待地将其与奥库涅夫文化进行比较，以解决其起源问题。А. П. 奥克拉德尼科夫就指出，"萨穆希文化

---

① ［苏］Н. И. 米哈伊洛夫：《西伯利亚自然地理概述》，第 101 页。

② Матющенко В. И., *Некоторые Новые Материалы по Самусьской Культуре*. В Смирнов А. П.（отв. ред.），Проблемы Археологии Урала и Сибири，1973，c. 198.

的类人面可能是奥库涅夫文化类人面的变体，后者才是其最初的形态"①。与 A. П.
奥克拉德尼科夫的观点相左，Г. A. 马克西门科夫（Максименков Г. А.）则认为萨
穆希艺术是奥库涅夫艺术的来源②；后来，他又进一步修正了自己的观点，认为"萨
穆希文化和奥库涅夫文化具有共同的新石器时代的基础，而奥库涅夫居民很可能从
北部地区来到米努辛斯克盆地"③。按照 B. И. 马久欣科的观点，萨穆希文化陶器与
奥库涅夫文化石柱上有主题、样式都非常类似的图像，可能表明这些文化的携带者
非常接近，或者它们形成的途径相同④。H. B. 利奥季耶夫也认为，奥库涅夫造像传
统在萨穆希人像风格的形成过程中起了很大的作用⑤。而 Ю. H. 叶欣近年来在总结
前人工作的基础上，对萨穆希文化进行了全面的研究，其中着重探讨了该文化与奥
库涅夫文化的关系⑥。尽管上述作者观点还存在些差异，但均认为奥库涅夫文化与萨
穆希文化发生过交流，两者的人面造像艺术之间存在着某种关联性。

根据奥库涅夫文化（分布在米努辛斯克盆地）人像与北部（克拉斯诺亚尔斯克
叶尼塞河流域以及鄂毕河上游的萨穆希）人像的相似性可以得出如下结论：奥库涅
夫文化的居民很可能来自中叶尼塞河的北部森林地带，而他们出现在草原的原因目
前还不是很清楚，其中一种可能是经济社会发展的结果。M. П. 格拉兹诺夫
（Грязнов М. П.）就指出："人们已经证实，早在新石器时代的遗迹中，米努辛斯
克盆地已具备最适宜的条件来发展有关畜牧业的初步知识。"⑦ 而这种知识在随后的
阿凡纳谢沃文化中进一步得到发展。与阿凡纳谢沃文化的居民比邻而居，奥库涅夫
文化的早期居民能够借用他们有关畜牧业的知识。但是奥库涅夫人的居住条件不允

---

① Окладников А. П., *Петроглифы Ангары*, с. 136.

② Максименков Г. А., *Окуневская Культура и её Соседи на Оби*. В Окладников А. П. （отв. ред.），
История Сибири с Древнейших Времен до Наших Дней. Т. 1，с. 169–172.

③ Вадецкая Э. Б., *Археологические Памятники в Степях Среднего Енисея*, с. 36.

④ Матющенко В. И., *Некоторые Новые Материалы по Самуськой Культуре*. В Смирнов А. П. （отв.
ред.），Проблемы Археологии Урала и Сибири，1973，с. 198.

⑤ Леонтьев Н. В., *Антропоморфные Изображения Окуневской Культуры*. В Савинов Д. Г., Подольский
М. Л. （ред.），Окуневский Сборник. Культура. Искусство. Антропология，с. 99.

⑥ Есин Ю. Н., *Древнее Искусство Сибири: Самуськая Культура*.

⑦ Грязнов М. П., *Неолитическое Погребение в с. Батени на Енисее*. Материалы и Исследования по
Археологии СССР，1953（39）.

许畜牧业得到充分的发展，为了解决这种矛盾，奥库涅夫人就试图寻找更适合畜牧经济的地方。第二个原因可能是金属制造技术的发展。米努辛斯克草原富含铜矿，这对掌握了新技术的人们是非常有吸引力的。但是，奥库涅夫人统治米努辛斯克地区的时间相对较短。大概在公元前 2000 年中期，来自米努辛斯克盆地西部的邻居，安德罗诺沃人取代了他们，并且带来了新的文化。新来者并未消灭早先定居于此的奥库涅夫居民，他们与草原上的安德罗诺沃人共同生活的历史还不是很清楚，但在更晚的时候，约在公元前 2000 年下半叶，当卡拉苏克文化遍布草原时，他们仍然与奥库涅夫人发生了遭遇，而后者构成了卡拉苏克居民的一部分。总体来说，萨穆希文化主要是与奥库涅夫文化发生了交流，"当米努辛斯克盆地居住着奥库涅夫人时，在他们的西北方即今天的托木斯克地区居住着紧邻奥库涅夫人的萨穆希部落，他们保留着有典型陶器的居民点。这些居民点之一就是萨穆希文化"①。

萨穆希文化最大的特点就是陶器上绘有人像和人面像。陶器中保留了许多新石器时代的构图要素：普遍使用图案装饰、附加堆纹构成棋盘状的矩形布局、小窝构成的线条以及许多其他元素。萨穆希文化与奥库涅夫文化有许多相似点，特别是在容器的型式和图案装饰等方面。在萨穆希的考古发掘中，发现了似乎来自于奥库涅夫文化的装饰有一系列小窝图案或者半月形的容器碎片，相同的石器、半月形的石质吊饰、类似的物品在奥库涅夫墓葬中都有发现。二者都有类似的人像，虽然载体不同，奥库涅夫人面在石板上，而萨穆希人面在陶器上，但两种文化中的人面都戴有冠饰，冠饰上都有线条。这些相同点见证了叶尼塞河和鄂毕河地区居民在青铜时代的持续的文化联系。据学者研究，"萨穆希文化在鄂毕河持续到公元前 2 千纪上半叶末期，之后被西方来的安德罗诺沃文化取代，但是，萨穆希文化在托姆河地区并没有消失，并且在这里进一步发挥作用。受南方新邻居强烈的影响后，这种文化最终发生了剧变，吸收安德罗诺沃文化的影响，发展成为一种与安德罗诺沃草原文化并行的新的文化"②。

除了上述文化内涵方面的相似性之外，在克拉斯诺亚尔斯克边疆区南部的丘雷

① Матющенко В. И., *К Вопросу о Бронзовом Веке в Низовьях р. Томи*. Советская Археология, 1959 (4).

② Окладников А. П. (отв. ред.), *История Сибири с Древнейших Времен до Наших Дней*. Т. 1, с. 178.

姆河左岸还发现了一处新石器时代的乌瓦雷遗址（Стоянка Увалы），进一步证明了奥库涅夫文化和萨穆希文化存在着密切的关系。该遗址位于丘雷姆河左岸25米处，得名于附近一处被称为乌瓦雷的村庄，迄今共发现两个地点。第一地点属于新石器时代，主要发现物为研磨而成的半圆形砍砸器，其末端有打制痕迹。第二地点在第一地点下游100~120米处，文化面貌与第一地点明显不同。发掘者认为其年代属于奥库涅夫时期①；但同时也出土了一些具有萨穆希文化特征的陶器，如在器表刻有线条状篦纹，若干篦纹线条构成带状图案。这进一步证明了两种文化在中叶尼塞河地区曾经发生联系，表明奥库涅夫文化艺术可能对萨穆希文化的人面造像艺术产生了影响。

三 叶尼塞河流域与中国北方地区古代文化的关系

我国北方地区的人面像岩画主要集中在内蒙古和宁夏两个自治区，这些地区及其邻近的中原地区还广泛分布着陶质、石质、玉质和骨质等面具和人头像，以及附着于其他器物上的人面纹饰，其年代主要集中在新石器时代。因此，我国北方地区的人面像岩画的主要部分应大致属于同一时期。但同时也不排除部分人面像岩画的年代持续到青铜时代和铁器时代。另外，我国北方地区自古以来就与西伯利亚地区保持着密切的文化联系，这种联系从考古学文化中可以得到很好的证明。

（一）旧石器时代

早在安加拉河流域旧石器时代晚期的马耳他文化中，一些出土的石器就显示出与中国北方石器相似的特征。张光直在《中国古代文明的环太平洋的底层》中指出："马耳他（Malta）有14个动物埋葬，其中有6个北极狐、6个鹿，鹿的角和后腿都已被割去……并推论，马耳他是玛雅——中国文化连续体之祖先文化。"② 同时，东西伯利亚色楞格河东岸支流希洛克河西岸的托尔巴加遗址出土的石核，以棱柱形和近棱柱形为主，而棱柱类与我国水洞沟遗址的出土文物类似，年代为距今34860±

---

① Быконя Г. Ф. , Дроздов Н. И. , *Памятники Истории и Культуры Красноярского Края.* Красноярск： КрасноярскоеКнижное Издательство，1989（1），с. 299.

② 张光直：《中国古代文明的环太平洋的底层》，《辽海文物学刊》1989年第2期。

2100 年至 15100 ± 520 年①。至于外贝加尔文化，冯恩学认为，与我国北方地区同属于一个大的文化传统区，共同的表现在：楔形石核和柱形石核在我国山西省下川遗址中有较多发现；外贝加尔萨蓬遗址和雪橇岬遗址出土的石锯在我国山西峙峪遗址和下川遗址中也有出土；此外还有相似的锛形器、石钻、石片刻制器等②。而俄罗斯远东南部，即黑龙江中下游地区的旧石器时代文化与我国北方的旧石器时代文化应属于一个大的文化区，其石器工具的各个类型在我国北方地区都可以找到。吕光天等也指出，从旧石器晚期开始，中原与贝加尔湖地区和黑龙江流域就有了以细石器文化传统为例证和以山顶洞人与扎赉诺尔人在人种上的联系③。

（二）新石器时代

到了新石器时代，整个地区的文化联系更加密切。吕光天等认为："贝加尔湖地区和黑龙江流域新石器时代文化倾向于华北和东北部地区的新石器文化。……从贝加尔湖到黑龙江下游广大地区是通古斯各群体生息的地方。这些地方与新开流文化和西团山文化以及赤峰地区的夏家店上层的通古斯文化都紧密地连成一片，一脉相承。类似这样的文化在黑龙江省共发现 60 多处，吉林省 40 多处。由于这些地区离中原较近，黄河流域的古代文化应是通过这些地区传入黑龙江和贝加尔湖地区的，从而构成了中原和黑龙江流域文化联系的通道之一。另一条通道就是由华北的内蒙古通过宁夏、北达贝加尔湖地区。"④ 赵宾福则指出："位于呼伦贝尔草原以西的俄罗斯外贝加尔和贝加尔湖沿岸地区，是一个典型的以使用石镞、骨鱼镖、骨鱼钩和尖圜底罐为特色的渔猎型新石器文化区。将这一地区出土的新石器时代遗存与我国东北境内的新石器文化遗物做一比较，便不难发现至少从公元前 5 千纪开始，贝加尔湖周围地区就与东北的西部地区产生了密切的交往。"⑤

综观整个地区，其文化间的相互联系主要体现在如下几个方面。

首先，从陶器类型上看，整个叶尼塞河及其以东地区均是以圜底或尖底蛋形陶器为主，而这种类型的陶器在我国北方地区也有发现（图 6.3）。

---

① 冯恩学：《俄国东西伯利亚与远东考古》，第 44 ~ 45 页。

② 冯恩学：《俄国东西伯利亚与远东考古》，第 52 ~ 53 页。

③ 吕光天、古清尧：《贝加尔湖地区和黑龙江流域各族与中原的关系史》，第 10 页。

④ 吕光天、古清尧：《贝加尔湖地区和黑龙江流域各族与中原的关系史》，第 10 ~ 19 页。

⑤ 赵宾福：《东北新石器文化格局及其与周边文化的关系》，《中国边疆史地研究》2006 年第 2 期。

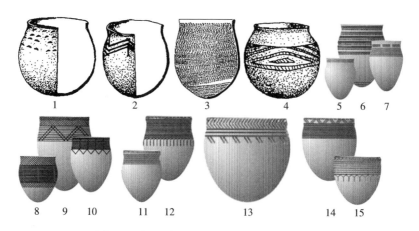

图 6.3 东西伯利亚和中国北方地区的陶器①

1. 谢罗沃文化 2. 基托伊文化 3. 托拉—达什遗址 4. 昂昂溪文化 5~10. 海塔类型 11~15. 波索利斯克类型

前文已经指出，西伯利亚东部地区普遍存在着圜底或尖底蛋形陶器。而这种类型的陶器并非我国北方地区的主流器型。冯恩学早就注意到，在贝加尔湖地区，从新石器时代的伊萨科沃文化（公元前 4000 年）到青铜时代的格拉兹科沃文化（公元前1800 ~ 前 1300 年）都是尖圆底和圆底陶器，而在我国东北以及苏联境内的黑龙江中下游地区和滨海州地区则主要是平底筒形罐②。目前来看，前者年代最早的位于中西伯利亚南部地区（从安加拉河至哈卡斯—米努辛斯克附近）。该地区的陶器可以分为两类，即距今约8700 ~ 6200 年的海塔类型（图6.3，5 ~ 10），以及距今 7900 ~ 4400 年的波索利斯克类型（图6.3，11 ~ 15）。类似的圜底或尖底陶器在我国嫩江中游的昂昂溪文化中也有发现。根据梁思永的描述，昂昂溪遗址出土约200 块陶片和两件完整陶器，所有陶器和陶片都呈棕色，其中一件完整陶器为球形罐（图6.3，4），

---

① 1、2、4 采自冯恩学：《我国东北与贝加尔湖周围地区新石器时代文化交流的三个问题》，《辽海文物学刊》1997 年第 2 期；3 由 M. E. 基卢诺夫斯卡娅教授提供；5 ~ 15 参见 I. M. 别尔德尼科夫等：《新石器时代绳纹陶器器表纹理痕迹解释（中西伯利亚南部）》，内蒙古自治区文物考古研究所编《中国北方及蒙古、贝加尔、西伯利亚地区古代文化》（上），第38 ~ 39 页。

② 冯恩学：《东北平底筒形罐区系研究》，《北方文物》1991 年第 4 期。

另一件为圜底球形罐。此外，还有一件残片，据推测其原本器形为蛋形陶罐①。关于该文化的年代，冯恩学认为应在距今 4000±360 至 3688±104 年，为新石器时代之最晚的文化。在将其与谢罗沃文化陶器（图 6.3，1）和基托伊文化陶器（图 6.3，2）进行比较之后他进一步认为，昂昂溪文化的球形陶罐可能是由贝加尔湖周围地区在新石器时代末期传入我国东北嫩江流域的②。

其次，在昂昂溪文化的墓葬中，与球形罐伴出的还有几件穿孔的骨质鱼镖头（图 6.4，4、5、7）；类似的骨质鱼镖头在西伯利亚地区也有发现，分布范围涵盖安加拉河和叶尼塞河的上游和中游地区（图 6.4，1~3、6、8、9），其中两件发现于贝加尔湖沿岸地区新石器时代的谢罗沃文化和基托伊文化（图 6.4，1、2）。冯恩学注意到，穿孔的鱼镖头在我国东北地区仅见于昂昂溪文化；贝加尔湖沿岸的谢罗沃文化中鱼镖头没有穿孔，基托伊文化中则普遍穿孔。从形状上来说，前者有直的，也有弧状弯曲的；而后者多为笔直式，仅在谢罗沃文化中发现少量弧状弯曲的鱼镖头③（图 6.4，1）。

实际上，西伯利亚使用骨质鱼镖头的范围要更为广泛。笔者曾在克拉斯诺亚尔斯克国立师范大学民族学考古学博物馆见到一件类似的骨质鱼镖头（图 6.4，6），来自下安加拉河地区，属于新石器时代，结构上与昂昂溪其中一件骨质鱼镖头类似，但前者更为笔直，没有后者尖部的弧度。另有一件来自于该地区铁器时代早期的彻班文化墓葬④（图 6.4，3）。而在中叶尼塞河地区的墓葬中也发现有类似的骨质鱼镖头（图 6.4，9），墓葬位于哈卡斯共和国境内阿斯基兹河的上游地区，属于奥库涅夫文化时期⑤。另外，在上叶尼塞河所在的图瓦地区也发现一件类似的骨质鱼镖头（图

---

① 梁思永：《昂昂溪史前遗址》，中国科学院考古研究所编《梁思永考古论文集》，北京：科学出版社，1959 年，第 84 页。

② 冯恩学：《我国东北与贝加尔湖周围地区新石器时代文化交流的三个问题》，《辽海文物学刊》1997 年第 2 期。

③ 冯恩学：《我国东北与贝加尔湖周围地区新石器时代文化交流的三个问题》，《辽海文物学刊》1997 年第 2 期。

④ Nikolai P. Makarov, *The Ancient Stages of the Culture Genesis of the Krasnoyarsk Northern Indigenous Peoples.* Journal of Siberian Federal University, 2013（6）.

⑤ Ковалев А. А., *Могильник Верхний Аскиз I, курган 2.* В Савинов Д. Г., Подольский М. Л.（ред.），Окуневский Сборник. Культура. Искусство. Антропология, с. 111.

6.4，8），出土于托拉—达什遗址的第一层，属于新石器时代①。

　　这种类型的骨质鱼镖头在俄罗斯远东地区的博伊斯曼文化中也有发现（图6.4，10～12）。该文化出土的骨质鱼镖头形态并不一致，但各种类型在整个地区都能找到对应物。如其中一件器身比较直，两端分叉（图6.4，12），与基托伊文化的骨质鱼镖头就非常类似（图6.4，2）；而另外两件则与叶尼塞河及中国北方地区的都比较类似（图6.4，10、11）。关于其年代，据学者研究，"可以把博伊斯曼文化的绝对年代定为距今7000～5000年左右"②。尽管年代早晚不同，但这些类似的文化现象表明在新石器时代晚期至青铜时代早期，亚洲北部的中部和东部地区的确发生过文化交流。

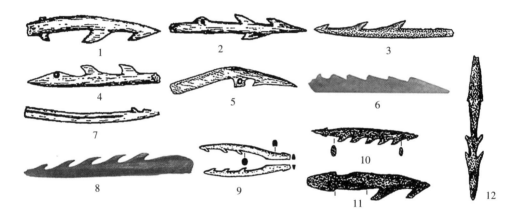

图6.4　东西伯利亚和中国北方地区的骨质鱼镖头③
1. 谢罗沃文化　2. 基托伊文化　3. 彻班文化　4、5、7. 昂昂溪文化　6. 下安加拉河地区新石器时代
8. 托拉—达什居址第一层　9. 奥库涅夫文化　10～12. 博伊斯曼文化

---

① Sergey A. Vasilev, Vladimir A. Semenov, *Prehistory of the Upper Yenisei Area（southern Siberia）*. Journal of World Prehistory, Volume 7, 1993（2）.

② 冯恩学：《俄国东西伯利亚与远东考古》，第254页。

③ 1、2、4、5、7采自冯恩学：《我国东北与贝加尔湖周围地区新石器时代文化交流的三个问题》，《辽海文物学刊》1997年第2期；3采自 Nikolai P. Makarov, *The Ancient Stages of the Culture Genesis of the Krasnoyarsk Northern Indigenous Peoples*. Journal of Siberian Federal University, 2013（6）；6由肖波摄于克拉斯诺亚尔斯克国立师范大学民族学考古学博物馆；8采自 Sergey A. Vasilev, Vladimir A. Semenov, *Prehistory of the Upper Yenisei area（southern Siberia）*. Journal of World Prehistory, Volume 7, 1993（2）；9采自 Ковалев А. А., *Могильник Верхний Аскиз I, курган 2. В Савинов Д. Г., Подольский М. Л.（ред.），Окуневский Сборник. Культура. Искусство. Антропология*；10～12采自冯恩学：《俄国东西伯利亚与远东考古》，第249页。

最后，西伯利亚地区发现有大量新石器时代文化石鱼，与红山文化玉鱼具有异曲同工之妙。其中五件出自贝加尔湖沿岸的基托伊文化墓葬（图6.5，1~5）；另外四件出自同一地区的谢罗沃文化墓葬（图6.5，6~9）；还有几件则出自中叶尼塞河地区的新石器时代晚期文化墓葬（图6.5，11~13）。大部分鱼的外形较简单，制作技法比较原始，没有对细部进行过多刻画。但是也有部分制作得非常逼真，尤其是尾巴部分刻画得较具体，以至于能够通过其轮廓判定鱼的种类。大部分石鱼都刻画了眼睛，其中有两件在身体中间部位刻画了类似骨骼的图案（图6.5，2、4）。关于西伯利亚的石鱼，俄国学者普遍认为其属于实用器，是用来捕鱼的诱鱼具，这从鱼的背上普遍钻有小孔可以看出。此外，这种形制的石鱼在贝加尔湖沿岸地区的格拉兹科沃文化中也有发现（图6.5，10）。之前的学者一般将该文化定为青铜时代早期[1]，但据笔者在克拉斯诺亚尔斯克边疆区方志博物馆所见相关介绍，该文化被认为属于铜石并用时代，分布范围一直到下安加拉河地区，年代上有一段与阿凡纳谢沃文化共存的时期。另外，苏联学者曾于20世纪30年代在西伯利亚采集到一件埃文基人的骨质诱鱼具，形状为鱼形，身上刻有鱼鳞状纹饰。与上述石鱼类似，其同样在鱼背部有一小孔，正是用来穿线后置入水中作诱鱼具使用。而在我国东北的红山文化中也发现了不少玉鱼。大部分玉鱼由于年代久远表面已经钙化，从形状上看，与西伯利亚地区的石鱼比较类似，部分玉鱼在其背部或者头部位置同样钻有小孔（图6.5，14、16）。

但是，我们也必须注意到二者的差异，其主要体现在鱼的材质上。对石鱼而言，由于石头本身唾手可得，因此将其用于实用器无可厚非；但是，玉器由于材料的稀缺性而很少被作为实用器使用，从各地的出土文物来看，一般是将其用作装饰品或者宗教祭祀物品。至于东西伯利亚的石鱼，除了实用器之外，是否含有宗教含义还值得探讨。因为其中两件背部刻画的"骨骼"类的图案一般认为与萨满教有关，是萨满教死亡与再生仪式的体现。而吕光天等也指出，"在贝加尔湖畔、昂哥拉河（即安加拉河——笔者注）地区出土的鸟形石质品和鱼形石质品，以及黑龙江海兰泡附近发现软玉制成的各种鱼形制品，也与中原流行的鸟形和鱼形的佩玉有着密切关系，

---

[1]　冯恩学：《俄国东西伯利亚与远东考古》，第282~297页。

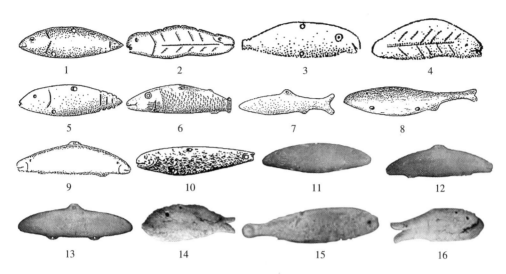

图 6.5　东西伯利亚和中国北方地区的石鱼或玉鱼①

1～5. 基托伊文化石鱼　6～9. 谢罗沃文化石鱼　10. 格拉兹科沃文化石鱼　11～13. 中叶尼塞河新石器时代晚期文化石鱼　14～16. 红山文化玉鱼

用途是相同的。贝加尔湖地区的鱼形石质品都是用作装饰自己的佩具。直到最近，贝加尔湖地区和黑龙江流域的许多民族，还把它作为狩猎、捕鱼的咒物，尚有生产和宗教上的意义"②。

　　此外，红山文化出土的玉鱼绝大多数在鱼背部无孔洞，而少数钻有孔洞的其孔洞也非常小，不太可能将其穿线后用来捕鱼，而更可能用来悬挂。进一步证明了其不是作为实用器来使用，更可能出于宗教目的被制作。但无论如何，我们可以得出如下结论，即在新石器时代中晚期，东西伯利亚和中国东北地区曾广泛存在着以鱼为对象的使用习俗，这种习俗或者出于实用，或者出于宗教目的。另外，在东西伯利亚和我国北方地区还分布着大量的玉器，冯恩学认为，

①　1～9 采自 Студзицкая С. В., *Древнее Искусство Прибайкалья（по Материалам Мелкой Пластики Эпохи Неолита）*. В Бобров В. В., Советова О. С., Миклашевич Е. А.（ред.），Древнее Искусство в Зеркале Археологии. К 70 – летию Д. Г. Савинова. Кемерово：Кузбассвузиздат，2011，с. 43 – 48；10 采自冯恩学：《俄国东西伯利亚与远东考古》，第 288 页；11～13 由肖波拍摄于克拉斯诺亚尔斯克边疆区方志博物馆；14～16 采自柳冬青：《红山文化》。

②　吕光天、古清尧：《贝加尔湖地区和黑龙江流域各族与中原的关系史》，第 17 页。

"基托伊文化的玉器使用最初可能来源于我国东北"①。而吕光天等进一步认为，"中原这种玉石质品和技术也传播和影响到贝加尔湖地区和黑龙江及乌苏里江流域"②。

另据冯恩学介绍："基托伊文化墓葬中发现较多的类人形骨雕像，主要特征是用细长的骨片刻制，上端是圆形或菱形头，细而短的颈部，肩身基本等宽，身体细长而有几何形花纹，下部为鱼尾形。"③ 这种人面鱼尾的造型在人面像岩画以及亚洲北部的考古出土物中多有发现。关于这一点，前文已经详细阐述。

由此可见，叶尼塞河流域与西西伯利亚的托姆河地区、东西伯利亚以及中国北方地区自新石器时代以来就存在着密切的文化联系，而某些地区之间的联系甚至可以上溯至旧石器时代晚期，并经新石器时代一直持续到青铜时代。关于青铜时代上述地区的交往，西伯利亚直至伏尔加河流域均发现了与中国商代形制类似的白玉环就是一个例证。吉谢列夫指出："白玉环的西传完全证实，在塞伊马时期，伏尔加河、卡马河沿岸、西伯利亚、贝加尔湖沿岸和中国北部之间曾有联系。"④ 这表明，该地区大量类似的岩画现象并非偶然，很可能是文化传播、交流的结果。因此，通过人面像岩画传播路径的考察，我们完全可以重建上述地区文化交流的途径和路线，进而将岩画与具体的文化族群联系起来，达到将岩画研究纳入文明进程考察之中的目的。

第二节　人面像岩画见证了亚洲北部地区的文化互动

中叶尼塞河地区人面像岩画数量众多、类型丰富，年代大致与奥库涅夫文化相当，少数可能早到新石器时代晚期或者铜石并用时代。不同类型的人面像岩画分别

---

① 冯恩学：《我国东北与贝加尔湖周围地区新石器时代文化交流的三个问题》，《辽海文物学刊》1997 年第 2 期。

② 吕光天、古清尧：《贝加尔湖地区和黑龙江流域各族与中原的关系史》，第 16 页。

③ 冯恩学：《俄国东西伯利亚与远东考古》，第 139 ~ 141 页。

④ 转引自陈健文：《论中国与古代南西伯利亚间的文化互动》，朱凤玉、汪娟编《张广达先生八十华诞祝寿论文集》，台北：新文丰出版有限公司，2010 年，第 927 页。

与周边类似形象存在着某种关系，不可能笼统地将所有人面像岩画放在一起讨论。因此，本书选定岩画中的几种特殊类型来探讨岩画作画观念在亚洲北部地区的交流。而这几种类型中，尤以"水珠"形眼睛人面像岩画着墨最多，主要是因为这种类型的岩画在亚洲北部地区最具有典型性，且相关出土文物最多，也最能反映整个地区文化的交流情况①。

一　水珠形眼睛人面像岩画反映的文化互动

亚洲北部地区广泛分布着一种水珠形眼睛的人面像岩画，其中部分图像的眼睛更类似鱼形或蝌蚪形，典型特征是眼睛图像的外侧带有尾巴状的线条或端部。这种类型的岩画在我国宁夏的贺兰山、内蒙古阴山和西辽河地区，以及俄罗斯的黑龙江上游和乌苏里江流域、叶尼塞河中游及其支流下安加拉河地区都有发现。所有岩画均由磨刻方式制成。本书拟在对该类型岩画分类的基础上，通过对亚洲北部和东部地区类似形象的广泛讨论，找出这种特殊类型岩画的发生及演变规律。

（一）水珠形眼睛人面像岩画的分类

岩画的分类方式取决于研究者拟解决的问题。就本书而言，岩画的分类主要解决三个问题：一是该类型岩画在整个地区的年代序列；二是该类型岩画的各个亚型在本地区的年代序列；三是各个亚型在不同地区之间的年代序列。基于以上考虑，本书拟将该类型人面像岩画划分为无轮廓型和有轮廓型两大类。那些本身轮廓完整，因岩面剥落而造成部分轮廓缺失的岩画，仍将其归入有轮廓型；有轮廓型又可以根据有无"黥面形纹饰"②划分为两个亚型；随后，根据有无射线状头饰将其进一步划分。需要说明的是，有些图像的类型并不好界定，如一些图像眼睛上方有连续弧线（表 6.1，图 12 ~ 14），究竟是将其视为黥面纹还是眉毛可能会有不同的观点。在这里笔者将这类装饰线条统一视作眉毛或者眉毛的变体，因此将该类人像归入无黥面纹一类。

---

① 在第五章岩画的断代过程中，笔者曾大量引述中国尤其是中国北方地区的相关资料，但主要是从侧面提供一种视角，表明俄罗斯叶尼塞河流域及远东地区与中国北方地区的古代艺术可能存在着某种关系，但尚未对人面像这种符式的具体传播进行探讨。

② 这里的"黥面形纹饰"专指在人的面部刻制的各种图案。

表 6.1　亚洲北部地区水珠形眼睛人面像岩画类型①

类　型		典型岩画
无轮廓型		1 2 3 4 5 6 7 8 9 10 11
有轮廓型	无颧面纹饰型	无射线状头饰型：12 13 14 15 16 17 18 19 20 / 21 22 23 24 25 26 27 28 / 29 30 31 32 33 34 35 36
		有射线状头饰型：37 38 39 40 41
	有颧面纹饰型	无射线状头饰型：42 43 44 45 46 47 48 49 50 51 52 53 / 54 55 56
		有射线状头饰型：57 58 59 60 61

1～5、11～24、36～39、42～47、57. 内蒙古自治区　　6、7、30～32. 叶尼塞河中游　　8、9、34、35、40、48～56、58～60. 黑龙江下游　　10、41、61. 乌苏里江　　25～29. 宁夏回族自治区　　33. 安加拉河下游

① 1、2、12～15、43 采自朱利峰：《环太平洋视域下的中国北方人面岩画》；3、18～21 采自吴甲才：《红山岩画》，呼和浩特：内蒙古文化出版社，2008 年；4、36、37、42 采自盖山林、盖志浩：《内蒙古岩画的文化解读》；5、11、16、17、22～24、38、39、45～47、57 采自盖山林：《阴山岩画》；6、31 采自 Есин Ю. Н., Петроглифы《Шаман - Камня》(Гора Оглахты, Хакасия). Научное Обозрение Саяно - Алтая, 2013 (1)；7 由肖波拍摄并绘制成线图；8～10、34、35、40、41、48～56、58～61 采自 Пономарева И. А., Личины Нижнего Амура (Вопросы Хронологии). В Толпенко И. В. (отв. ред.), VIII Исторические Чтения Памяти Михаила Петровича Грязнова；25～29 采自贺吉德：《贺兰山岩画研究》；30 采自 Дэвлет М. А., Петроглифы Улуг - Хема, с. 15；32 采自 Аннинский Е. С., Заика А. Л., Наскальное Искусство Среднего Енисея. От Каменного Века до Средневековья；33 采自 Заика А. Л., Сердцевидные Личины в Петроглифах Южной Сибири. Научное Обозрение Саяно - Алтая，2013 (1)；44 采自盖山林：《巴丹吉林沙漠岩画》。

从表6.1可以看出，无轮廓型人面像岩画在几个地区都有分布，其中半数在内蒙古地区。有轮廓无黥面纹的人面像中，无射线状头饰型在上述地区同样都有分布；而有射线状头饰型仅分布在中国北方和俄罗斯黑龙江下游地区，西伯利亚中南部地区不见。有轮廓有黥面纹的人面像则全部分布在中国北方和俄罗斯黑龙江下游地区。通过进一步研究，我们可以发现，在人面像的简单构图阶段，即无轮廓阶段和有轮廓无黥面纹无射线状头饰阶段，三个地区均有分布；而到了复杂构图阶段，仅分布在中国北方和俄罗斯黑龙江下游地区。这种划分方法，使我们对不同类型岩画的分布规律有了一个比较直观的认识。但在具体断代过程中，将根据具体情况对分类模式进行调整，以便能够对不同类型岩画之间的年代关系做出最合理的评估。

（二）水珠形眼睛人面像岩画的年代

岩画年代问题是岩画研究中最重要、最核心的问题，只有确定了岩画的年代，我们才能进一步探讨其作者族属、经济形态、文化内涵等诸多方面的内容。下面，本书将分别对无轮廓型和有轮廓型水珠形眼睛人面像岩画的年代进行判定，而有轮廓人面像根据其不同的轮廓及面部特征还可以进一步精确断代。

1. 无轮廓型人面像岩画的年代

该类型人面像在中国和俄罗斯西伯利亚地区均有发现（图6.6）。在西伯利亚南部地区乌准—哈尔墓葬的一块石板上发现了几幅水珠形眼睛人面像，其中一部分人面像无轮廓（图6.6，1~6）。关于其年代，前文已有论述，大约在公元前3300~前2500年之间。该类型人面像在其他墓葬岩画[①]中也有发现（图6.6，7~10）。其中一幅图像位于南西伯利亚墓地石柱[②]上，只有部分轮廓，仅剩下一只眼睛和嘴巴，眼睛呈水珠状，类似鱼的形象（图6.6，7）。该类型石柱广泛分布于南西伯利亚地区，其中尤以哈卡斯—米努辛斯克盆地最为集中，主要用于墓地石围，一般成组出现，其年代均为奥库涅夫文化时期，即公元前2500~前1300年。另外三幅图像则将水珠状的眼睛轮廓与嘴巴连在一起（图6.6，8~10），其中两幅发现于奥库涅夫石柱上（图

---

① 这里的墓葬岩画仅指与墓葬伴出的刻或绘在岩石上的图画，包括墓地石柱或石板、墓葬石棺等，用来与陶器、铜器及玉器等其他载体上的人面像相区别。因墓葬岩画同样是制作在岩石上，所以具有更加直接的比较基础。

② 本书所有墓地石柱均引自 Леонтьев Н. В.，Капелько В. Ф.，Есин Ю. Н.，*Изваяния и Стелы Окуневской Культуры*.

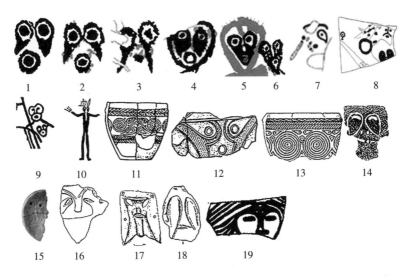

图 6.6　中国和西伯利亚地区出土文物中的无轮廓型水珠形眼睛人面像①

1～6. 乌准—哈尔墓葬　7～9. 奥库涅夫文化石柱　10. 卡拉科尔文化墓葬石板　11. 马雷舍沃文化陶器
12、13. 沃兹涅先诺夫卡文化陶器　14～18. 北福地遗址陶器　19. 马家窑文化马家窑类型陶器

6.6，8、9），人面像使用研磨法将整个轮廓磨去，留下眼睛和嘴巴。

此外，在卡拉科尔文化 2 号墓葬中的 1 号石板上发现了一人形图像，图像由黑红两种颜料绘制而成，面部轮廓与上述图像类似，"其年代被断为公元前 3 千纪末至公元前 2 千纪初"②，即青铜时代早期（图 6.6，10）。这是目前发现的唯一一件由颜料绘制而成的类似图像，图像不仅刻画了人面，而且还有完整的身体。前文已经指出，带有水珠状眼睛人像的年代要晚于带有水珠状眼睛的人面像（图 4.18，6b；图 4.19，a、b）。但是，从乌准—哈尔和卡拉科尔墓葬来看，二者年代相差不大，这从另一方面证明了乌准—哈尔墓葬石板在被安置于墓葬之前已经被用来制作人面像，墓葬的年代只是这些人面像年代的下限。因此，将其年代断在铜石并用时代是合适的。

① 1～6 采自 Заика А. Л.，*Сердцевидные Личины в Петроглифах Южной Сибири*. Научное Обозрение Саяно–Алтая，2013（1）；7～9 采自 Леонтьев Н. В.，Капелько В. Ф.，Есин Ю. Н.，*Изваяния и Стелы Окуневской Культуры*；10 采自 Кубарев В. Д.，*Древние Росписи Каракола*；11～13 采自 Пономарева И. А.，*Личины Нижнего Амура（Вопросы Хронологии）*. В Толпенко И. В.（отв. ред.），VIII Исторические Чтения Памяти Михаила Петровича Грязнова；14～18 采自段宏振：《北福地：易水流域史前遗址》；19 采自李锦山、李光雨：《中国古代面具研究》。

② Кубарев В. Д.，*Древние Росписи Каракола*，с. 102 – 103.

除了岩画之外，具有类似特征的图像还广泛存在于考古出土文物中（图6.6，11~19）。其中三件陶器出自俄罗斯远东黑龙江下游地区的新石器时代文化遗址（图6.6，11~13）。一件来自属于马雷舍沃文化的苏丘遗址，碳十四测定年代为"5180±100至4380±40年"①（图6.6，11）；两件来自孔东遗址，属于沃兹涅先诺夫卡文化格林期（图6.6，12、13）。根据俄罗斯学者И. Я. 舍夫科姆德所做的碳十四实验，"格林期年代校准后为4820±90至4200±35年，即公元前3千纪上半叶"②。同时，我们注意到，其中两幅人面像与螺旋纹、篦点纹、平行短斜线印压纹等纹饰共存（图6.6，11、13），而带螺旋纹的无轮廓水珠形眼睛人面像在该地区同样被发现（表6.1，9），这似乎为我们指明了黥面纹的一个重要来源，即新石器时代的陶器纹饰。

另外，在我国新石器文化中也广泛存在着水珠形眼睛人面像。其中五件出自河北易县北福地遗址的一期陶器（图6.6，14~18）。据学者研究，"北福地新石器时代第一期遗存的典型器物是夹砂夹云母陶的直腹盆和支脚，遗址面貌与兴隆洼文化有一些相近之处，其年代也大致相当。……而一期遗存的绝对年代大约在公元前6000~前5000年间，即距今约8000~7000年之间"③。其主要特征是无轮廓，但都对眼睛部分进行刻画，形状近似于水珠。另一件为马家窑文化马家窑类型的彩陶残片，其面部轮廓呈心形（图6.6，19），与一幅人面像岩画类似（表6.1，31），与之相似的还有南西伯利亚地区墓葬出土的人面像（图6.6，5、6、10）和奥库涅夫石柱上的人面像（图6.6，8、9）；此外，岩画中还有一些图像应该属于该类型图像的变体（表6.1，6、7、10）。关于马家窑文化的年代，据宗日遗址碳十四测年结果并校正，"时间大致可以划在距今5600~4000年之间，延续了大约1600年"④，而其中属于马家窑类型的M157和M192的年代经碳十四测定并校正后分别为"5650±140和

① Пономарева И. А. , *Личины Нижнего Амура（Вопросы Хронологии）*. В Толпенко И. В. （отв. ред.），VIII Исторические Чтения Памяти Михаила Петровича Грязнова，с. 159.

② Шевкомуд И. Я. , *Поздний Неолит Нижнего Амура*. Владивосток：ДВО РАН, 2004. В Толпенко И. В. （отв. ред.），VIII Исторические Чтения Памяти Михаила Петровича Грязнова，с. 159.

③ 段宏振：《北福地：易水流域史前遗址》，第21页。

④ 陈洪海、格桑本、李国林：《试论宗日遗址的文化性质》，《考古》1998年第5期。

5685±225 年"①，比南西伯利亚地区的类似出土物年代要早。马家窑文化是仰韶文化向西发展的一种类型，而"仰韶文化与红山文化的关系也早已为学界所确认"②。

从整个地区来看，无轮廓人面像的发展序列是：中国北方地区最早，俄罗斯远东和西伯利亚中南部地区年代相当。

2. 有轮廓型人面像岩画的年代

在叶尼塞河支流阿巴坎河右岸的塔什—哈扎 1 号墓葬中出土过一块带有人面像的石板，用浅浮雕的形式在盖板内侧接近中心的位置敲凿了一幅水珠形眼睛人面像，年代属于奥库涅夫文化早期（图 6.7，1）。从类型上划分，该幅人面像可以归入无黥面纹无射线状头饰类型，类似图像在岩画中也有发现（表 6.1，30、32）。而在俄罗斯黑龙江下游地区的沃兹涅先诺夫卡遗址发现了两件带有类似图像的陶器，其年代属于沃兹涅先诺夫卡文化伍德尔期（图 6.7，2、3）。根据俄罗斯学者碳十四实验所得到的数据，"伍德尔期年代校准后为 4410±20 至 3725±95 年，即公元前 3 千纪下半叶"③。另外，我们可以发现，无轮廓水珠形眼睛人面像出现在马雷舍沃文化和沃兹涅先诺夫卡文化格林期（图 6.6，11~13），而到了较晚的沃兹涅先诺夫卡文化伍德尔期，人面像出现外部轮廓。这表明，在黑龙江下游地区，无轮廓人面像岩画的年代可能早于有轮廓人面像；带黥面纹的有轮廓人面像可能是从无轮廓类型发展而来；而戴射线状头饰类型目前还没有考古实物出土，不好对其年代进行判定。

此外，内蒙古赤峰市兴隆沟聚落遗址的第一地点 F22 堆积层中出土过一块人头盖骨牌饰（图 6.7，4），该遗址"属于兴隆洼文化中期大型聚落（距今 8000~7500 年）"④。值得注意的是其中一只眼睛为蝌蚪状，但从其镂空的轮廓来看，蝌蚪状的外形应该是后期损毁的结果，其原初形态应与另一只眼睛一样呈弓形。因此，不能将其作为判断该类型岩画年代的依据。而在安徽蚌埠双墩的一处新石器时代遗

① 陈洪海、格桑本、李国林：《试论宗日遗址的文化性质》，《考古》1998 年第 5 期。
② 尹达：《新石器时代》，三联书店出版社，1955 年。转引自索秀芬：《红山文化研究》，《考古学报》2011 年第 3 期。
③ Пономарева И. А., Личины Нижнего Амура（Вопросы Хронологии）. В Толпенко И. В.（отв. ред.），VIII Исторические Чтения Памяти Михаила Петровича Грязнова, с. 159.
④ 刘国祥：《内蒙古赤峰市兴隆沟聚落遗址 2002~2003 年的发掘》，《考古》2004 年第 7 期。

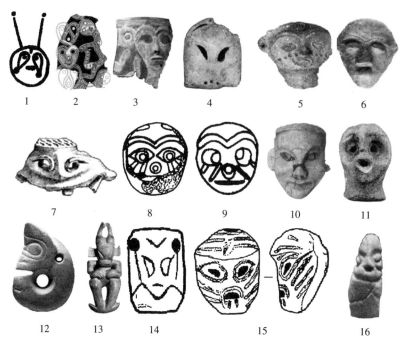

图6.7 部分带水珠形眼睛的出土文物①

1. 塔什—哈扎 1 号墓葬石板 2、3. 沃兹涅先诺夫卡文化陶器 4. 兴隆洼文化人头盖骨牌饰 5. 蚌埠双墩
陶塑人头像 6. 赵宝沟文化陶面具 7~11、15. 红山文化陶面具 12、13. 红山文化玉器 14、16. 红山
文化石面具及人像

址中出土了一件陶塑人头像,编号为 86T0720③:290(图6.7,5)。人头像眉弓突
出,眼睛近似水珠状,脸颊两侧各有五个篦点纹连成一条斜线,额头中间有椭圆形

① 1 采自 Липский А. Н. , Вадецкая Э. Б. , *Могильник Тас Хазаа*. В Савинов Д. Г. , Подольский М. Л. ,
(ред.), Окуневский Сборник 2. Культура и её Окружение;2 采自 Пономарева И. А. , *Личины
Нижнего Амура*(*Вопросы Хронологии*). В Толпенко И. В. (отв. ред.), VIII Исторические Чтения
Памяти Михаила Петровича Грязнова;3 采自 Alexei Okladnikov, *Art of the Amur*: *Ancient Art of the Rus-
sian Far East.* New York: Harry N. Abrams, Inc. , 1982;4 采自刘国祥:《内蒙古赤峰市兴隆沟聚落遗址
2002~2003 年的发掘》,《考古》2004 年第 7 期;5 采自安徽省文物考古研究所、蚌埠市博物馆:《蚌
埠双墩——新石器时代遗址发掘报告》,北京:科学出版社,2008 年;6 采自刘晋祥、朱延平:《内蒙
古敖汉旗赵宝沟一号遗址发掘简报》,《考古》1988 年第 1 期;7 采自庞昊:《翁牛特旗发现红山文化
时期兽面陶塑》,《内蒙古文物考古》2008 年第 2 期;8、9 采自苏布德:《洪格力图红山文化墓葬》,
《内蒙古文物考古》2000 年第 2 期;10 采自贾兰坡、杜耀西、李作智:《中国史前的人类与文化》,台
北:幼师文化事业公司,1995 年;11、12 采自辽宁省文物考古研究所:《牛河梁:红山文化遗址发掘
报告(1983~2003 年度)》(下);13 采自柳冬青:《红山文化》;14~16 采自许玉林、傅仁义、王传
普:《辽宁东沟县后洼遗址发掘概要》,《文物》1989 年第 12 期。

的同心圆。综合利用碳十四测年及交叉比较分析结果，"双墩遗址的绝对年代在距今7300~7100 年左右"①。这种额头带圆孔的图像在岩画中也有发现（表 6.1，3、14）；而额头上带有一条类似弧线的图像在岩画中同样可见（表 6.1，12、13、23）。另外，面部用篦点纹构成斜线的习俗可能是人面像岩画中黥面纹的另一个重要来源。但是，由于地理间隔较远，还不能确定二者之间的关系。即便二者之间存在联系，也是间接的，人面像岩画年代的断定还需要回到岩画所在区域的出土文物中去寻找。

而岩画所在区域，这种水珠形的眼睛图像最早出现在赵宝沟文化中。内蒙古敖汉旗赵宝沟一号遗址出土了一件编号为 F103①：6 的陶面具（图 6.7，6），其眼睛用浮雕的形式表现，呈水珠状。尤其值得注意的是，在其眼睛上方有连续弧线，这种构图方式在前述的蚌埠双墩遗址陶塑人头像中已经出现，而在人面像岩画中同样也有类似图像（表 6.1，13、15）。根据碳十四测年并校正以及综合分析，"赵宝沟文化大体相当于中原老官台文化晚期至仰韶文化半坡类型晚期的阶段，绝对年代约在公元前 5200~前 4200 年左右"②。

在随后的红山文化中，这种具有明确水珠状眼睛轮廓的图像开始大量出现，载体包括陶器、玉器和石器（图 6.7，7~16）。其中一件出自翁牛特旗广德公镇大庙村南一号遗址，属于红山文化时期，具体年代不详（图 6.7，7）。其眼睛部位镂空，整体呈蝌蚪状，末端呈尾巴状。这种类型的图像在水珠形眼睛人面像岩画中经常可见，涵盖了各个亚型，表明这种构图方式在红山文化时期达到了繁荣阶段，也表明所有该类型岩画的绝大部分都可以归入红山文化时期，同时与前述的沃兹涅先诺夫卡文化人面像也很相似（图 6.7，2、3）。另外两幅图像出自洪格力图墓葬陶器，除了水珠状眼睛之外，尤其值得注意的是，在人面的额头部位有两重平行的连续弧纹（图 6.7，8、9），这种构图方式可能受到前述蚌埠双墩陶塑人头像面部造型的影响；而类似的构图方式在有黥面纹无射线状头饰类型的人面像岩画中也大量出现（表 6.1，42、43、47、48、53、54、56）；此外，其他黥面纹人面像均可视为其进一步的变体，反映了类似的观念。另外，这两幅图像的眼眶处均有比较明显的刻痕，这在人面像

---

① 安徽省文物考古研究所、蚌埠市博物馆：《蚌埠双墩——新石器时代遗址发掘报告》，第 414 页。

② 中国社会科学院考古研究所：《敖汉赵宝沟——新石器时代聚落》，北京：中国大百科全书出版社，1997 年，第 216 页。

岩画中也可以发现（表6.1，11、22、38、57），可能是眼睛末端带尾巴的另外一种表现形式。而类似刻痕同时也存在于面部，可能与黥面纹有关。两幅图像的年代"属于红山文化早期"①。有学者认为，"红山文化可以分为四期，年代约为公元前4700～前3000年。其中红山一期年代在公元前4700～前4500年"②。上述两幅人面像的年代应大致与其相当。

　　而在辽宁牛河梁遗址第一地点（女神庙遗址）也发现了两件带有该类型人面像的陶器（图6.7，10、11）。其中一件编号为N1J1B：1的陶塑人头像（图6.7，10），眼内嵌有圆形玉片作为眼珠；面部涂有红彩，出土时仍很鲜艳，初时可能绘有某种纹饰，由于年代过于久远，现仅剩红色颜料残迹，这为我们指明了带黥面纹人面像的另外一个重要来源，即在面具上涂彩的习俗。另一件编号为N1H3：7的陶塑人头像（图6.7，11），眼睛为水珠形，呈外八字状排列，眼窝很深。两幅图像均为红山文化后期作品，"年代为距今5580±110至5000±130年"③。另外两件红山文化时期的玉器同样具有上述特点（图6.7，12、13）。第一件为编号N2Z1M4：3的兽面玦形玉饰，出自牛河梁遗址第二地点1号墓葬，眼睛呈水珠状，两眼内侧部分相连（图6.7，12）；第二件玉兽面神人像出土于内蒙古克什克腾旗，具体年代不详（图6.7，13）。此外，在辽宁东沟后洼遗址出土了几件具有类似形状眼睛的石质和陶质面具及人像（图6.7，14～16）。其中两件石质品位于后洼遗址下层（图6.7，14、16）。编号为ⅢT16④：6的面具（图6.7，14），眼睛呈水珠状，眼角处有尾巴状线条，额头上有"V"形纹饰，两侧脸部分别有一条竖线。另一件编号为VT1④：8的半身人像（图6.7，16），眼睛同样呈水珠状，外眼角向上，头顶有六条装饰线条。在该遗址的上层还发现了一件具有类似特征、编号为VT3②：58的陶塑面具（图6.7，15），为两面陶塑人面像，其中一面的额部凸起，面部向内凹，眼睛外轮廓呈水珠状，面部刻有对称的两条长斜线，顶部刻有三圈平行线，属于典型的黥面纹饰。这种类型的黥面纹与前述的洪格力图墓葬的陶器纹饰（图6.7，8、9）类似，均为刻划纹，而与蚌埠双墩的篦点纹相异，但三者均表达了共同的黥面习俗，可能存在着某种继承关系。

---

① 苏布德：《洪格力图红山文化墓葬》，《内蒙古文物考古》2000年第2期。

② 索秀芬：《红山文化研究》，《考古学报》2011年第3期。

③ 方殿春、魏凡：《辽宁牛河梁红山文化"女神庙"与积石冢群发掘简报》，《文物》1986年第8期。

此外，在人面像岩画中，部分图像的面部纹饰与其非常类似，而且同样用上方向外倾斜的水珠形轮廓表示眼睛（表6.1，46），二者年代可能相近。据部分学者研究，"后洼下层文化与红山文化早期遗址年代相当，为公元前4500～前4000年；而后洼上层文化则与红山文化晚期年代相当，为公元前3500～前3000年"①。综合以上材料，有黥面纹类型在中国北方地区存在的年代约为公元前4700～前3000年。

至于有射线状头饰的人面像，在上述地区的材料中仅发现数例，并且均刻画了人的身体部分（图6.8，1～5）。其中几幅图像出自西伯利亚南部的卡拉科尔文化墓葬（图6.8，1～3），前两幅图像用研磨法制成，另一幅由红色颜料绘制而成，"其人像年代被断为公元前3千纪末至公元前2千纪初"②，即青铜时代早期。而在邻近地区的奥库涅夫文化石柱上同样发现了几幅类似图像（图6.8，4、5），年代稍晚于前者。

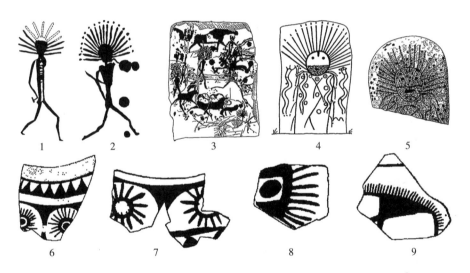

图6.8 墓葬出土及墓葬石围中有射线状头饰的人面像及太阳纹图像③
1～3. 卡拉科尔墓葬石板 4、5. 奥库涅夫文化石柱 6～9. 仰韶文化彩陶

① 赵宾福：《东北新石器文化格局及其与周边文化的关系》，《中国边疆史地研究》2006年第2期。
② Кубарев В. Д., *Древние Росписи Каракола*，с. 102－103。
③ 1～3采自Кубарев В. Д., *Древние Росписи Каракола*；4～5采自Леонтьев Н. В.，Капелько В. Ф.，Есин Ю. Н.，*Изваяния и Стелы Окуневской Культуры*；6～9采自郑州市博物馆：《郑州大河村遗址发掘报告》，《考古学报》1979年第3期。

　　此外，在仰韶文化彩陶纹饰中也发现了类似图案。郑州大河村遗址出土了大量带有射线状纹饰的彩陶残片，均属于仰韶文化时期（图6.8，6～9）。其中两件属于第二期遗存（图6.8，8、9），从其残存部分来看，均带有圆形轮廓，轮廓外面有射线。其中一幅图像近似方形的轮廓内还有一个黑点（图6.8，8）；而另一幅图像内部有十字交叉线，其中靠近轮廓的一个格子内填充了颜料（图6.8，9）。另外两件属于第三期遗存（图6.8，6、7），构图基本类似，均是在两个圆形的白底内绘以太阳状的图像，其中一幅太阳图像内部中心位置有一圆点，使整幅图像类似人的眼睛（图6.8，6）。关于其年代，发掘者认为："大河村遗址的第一、二期应属仰韶文化中期，时代与庙底沟大致相当。第三期属仰韶文化晚期，与秦王寨、洛阳王湾二期的早期相近。"[①] 而根据碳十四测年结果，"庙底沟类型时期的文化遗存的绝对年代为距今5190～4720年，校正后为距今5820～5285年"[②]。虽然这种太阳光芒状的线条还不是以头饰的形式存在，但是毕竟与人的面部发生了关系，可能是该类型岩画的来源之一。这一时期在内蒙古地区正处于红山文化时期。据学者研究，红山文化可以分为四期，其中"红山文化第三期年代在公元前4000～前3500年，相当于庙底沟文化"[③]。所以，我们大致可以判断出，有射线状头饰的人面像岩画在中国北方出现的时间大致在距今5820～5500年之间，而这个年代要早于俄罗斯远东地区。

（三）主要结论

　　通过对整个地区类似图像的年代比较，并运用图像学的方法对其风格进行分析，大致可以得出如下结论。

　　1. 无轮廓人面像起源于我国北方地区的陶器纹饰，代表性的陶器分别来自于河北易县北福地一期遗址（距今约8000～7000年）和马家窑文化的马家窑类型遗址（距今约5910～5510年）。它们分别与两种不同风格的无轮廓人面像岩画相联系，前者将眼睛与嘴巴分开，后者将二者相连，且部分岩画将眼睛轮廓放大，从底部相连，使其构成人面像的心形外轮廓。前者年代与兴隆洼文化年代相当，后者年代约为红山文化中晚期阶段。中国北方地区无轮廓人面像岩画的年代早于俄罗斯远东地区

---

①　郑州市博物馆：《郑州大河村遗址发掘报告》，《考古学报》1979年第3期。

②　王小庆：《论仰韶文化史家类型》，《考古学报》1993年第4期。

③　索秀芬：《红山文化研究》，《考古学报》2011年第3期。

（距今约 5280~4340 年）以及西伯利亚中南部地区（距今约 5300~4500 年），而俄罗斯远东地区和西伯利亚中南部地区的年代大致相当。

2. 有轮廓无黥面纹的人面像最早出现于我国北方地区的赵宝沟文化时期，此时出现的图像在眼睛上方有连续弧纹，可能用来表示眉毛。随后在红山文化早期阶段，即距今约 6700~6500 年间出现了带黥面纹的人面像，图像额头带有双重平行的连续弧纹，面部有刻画纹。而在红山文化晚期阶段出现了更加典型的黥面纹，此时，人面像额头和面部的纹饰更加复杂。西伯利亚中南部地区则无带黥面纹的人面像岩画，而其有轮廓人面像岩画的年代介于阿凡纳谢沃文化和奥库涅夫文化之间，约为前者向后者过渡的阶段，即公元前 3 千纪中期。至于俄罗斯远东地区有轮廓的人面像岩画出现的年代则最晚，约为公元前 3 千纪下半叶。

3. 人面像岩画黥面纹的来源可能有三个：一是新石器时代陶器上的各种纹饰；二是面具上"纹面、雕题"的习俗；三是面具上涂色的习俗。而有轮廓人面像岩画的黥面纹很可能是由更早阶段的无黥面纹人面像岩画在吸收了新石器时代陶器纹饰的基础上发展而来。

4. 在中国北方所有水珠状眼睛人面像岩画中，有射线状头饰类型出现的年代最晚，约在仰韶文化中期之后，即距今约 5820~5500 年之间，与红山文化中期相当。叶尼塞河地区无此类人面像岩画。俄罗斯远东地区该类型岩画出现的年代晚于中国北方地区，大约是在沃兹涅先诺夫卡文化繁荣时期，由带轮廓的人面像发展而来。这主要是基于以下事实，即具有类似眼睛特征的纹饰或人面像在青铜时代以后的考古出土物中并没有被发现，表明其年代应该同属于新石器时代。而一些图像之间的相似点表明二者之间的确存在着某种继承关系，其中一幅戴射线头饰的人面像（表6.1，60）与另一幅没有头饰的人面像（表6.1，56）构图非常类似，除了具有相似的眼睛之外，二者均在脸颊处有两道平行弧线。另外，还有几幅图构图也很类似（表6.1，53、58、59、61），具有相似的轮廓，眼睛均呈蝌蚪状，有眼珠；额头有向上弯曲的弧线，弧线数目不等；眼睛上方有连续弧纹，可能用来表示眉毛。

5. 就整个地区而言，中国北方地区各个阶段人面像岩画的年代都最早，俄罗斯远东地区和西伯利亚中南部地区无轮廓人面像年代相差不大。在中国北方地区，无轮廓类型年代早于有轮廓类型，黥面纹类型年代早于射线状头饰类型；在俄罗斯远东，无轮廓类型年代早于有轮廓类型。具体发展序列如下所示（表6.2）。

表6.2 亚洲北部地区水珠形眼睛人面像岩画发展序列①

年代(年)	考古学文化	典型岩画
公元前 2430~前 1630 年	沃兹涅先诺夫卡奥库涅夫	（编号 1~19 岩画图）
公元前 3300 年	马雷舍沃阿凡纳谢沃	（编号 20~26 岩画图）
公元前 3500 年	红山晚期	（编号 27~30 岩画图）
公元前 3820 年	红山中期	（编号 31~34 岩画图）
公元前 4700 年	红山早期	（编号 35~38 岩画图）
公元前 5200 年	赵宝沟	（编号 39~40 岩画图）
公元前 6000 年	兴隆洼	（编号 41~44 岩画图）

1~15、20、22. 黑龙江下游　16、17、21. 乌苏里江　18、19、23~25. 叶尼塞河中游　26. 安加拉河下游
27~44. 内蒙古

　　由表6.2可见，该类型人面像岩画在我国西辽河流域从兴隆洼文化一直持续到红山文化晚期。其中，赵宝沟文化与红山文化早期的图像之间存在着明显的继承关系，类似的造型一直到红山文化晚期仍然可见。而俄罗斯远东和西伯利亚中南部地区无轮廓人面像岩画年代相近，之间很难说存在着传播关系，而更可能是从中国北

---

① 表6.2中，年代一栏所取值为每个文化的起始年代。其中兴隆洼文化的起始年代为距今 8200 年，但是兴隆洼文化中并无这种类型的无轮廓人面像，年代取值依据北福地遗址年代；马雷洼文化与阿凡纳谢沃起始年代相近，故归在一起进行讨论。

方地区分两个方向分别传播到上述地区。但是必须指出，我们只是对部分岩画进行了类型学的比较并断代，而另外一部分岩画，主要是中国北方地区的部分有轮廓人面像岩画，基于目前的材料还不足以对其年代进行判定，唯一能做出合理推测的是其可能均属于红山文化时期。

大致从新石器时代早期开始，人面形象大量出现在我国北方和中原地区的遗址和墓葬中，载体包括石器、玉器、陶器等。其图像数量之多，类型之丰富，都是其他地区所不能比拟的。从上述地区来看，带水珠形眼睛的人面像最早出现在我国河北易县北福地遗址的一期陶器中；随后，该文化观念被赵宝沟文化吸收。在继之而起的红山文化中，水珠形眼睛人面像的数量达到了这一阶段的顶峰。"部分学者早就指出了中国北方及中原地区与贝加尔湖和俄罗斯黑龙江下游地区的新石器时代文化存在着密切的联系。"[1] 红山文化晚期与俄罗斯远东地区的马雷舍沃文化和沃兹涅先诺夫卡文化发生接触，导致这一形象传入；而传到西伯利亚中南部地区的年代大概在铜石并用时代。关于其传播路径，M. A. 杰夫列特指出："亚洲和美洲太平洋沿岸岩画主题非常类似，一系列北美沿岸人面像岩画的原型似乎可以在中国北方的岩画中找到，来自内蒙古的古代移民经过几个批次推进到北方。通过凿刻在黑龙江下游和安加拉河沿岸地区的人面像岩画可以对其迁徙路径进行仔细研究。来自中亚的移民前往北方的通道有两条，一条沿着太平洋沿岸，另一条沿着安加拉河谷地到达泰加林地区和叶尼塞河地区。不同类型的人面岩画均指向中国北方的若干区域——内蒙古的阴山等地。"[2] 这一论断与事实基本相符。红山文化晚期，古城古国开始出现，岩画在该时期的大量向外扩散可能正与这一文明发展进程有关。而随着文明进程的加快，各文化群体之间及其内部冲突不断加剧，造成了人口外流，构成了该类型人面像岩画从中国北方地区向外传播的一个重要原因。

二　其他类型人面像岩画反映的文化互动

亚洲北部地区人面像岩画之间的相似点非常多，反映了该地区的古代文化之间

---

① 吕光天、古清尧：《贝加尔湖地区和黑龙江流域各族与中原的关系史》，第 10～22 页。

② Дэвлет М. А., *Бронзовый Прототип Наскальных Изображений Личин – Масок в Саянском Каньоне Енисея.* Социальные и Гуманитарные Науки，2013（1）.

曾发生过广泛的交流。除了上述水珠形眼睛人面像岩画之外，该地区还存在着一些类似的文化现象，见证了不同地区之间文化的互动。

（一）人面像与手形图像的组合反映的文化互动

在叶尼塞河地区的岩画中，有一类图像比较特殊，即人面像与手形图像的组合。目前在穆古尔—苏古尔岩画点共发现三幅此类图像（图6.9，1、5、11）。其中一幅图像从人面像头饰的一根线条末端伸出一只巨型手掌，手掌的尺寸比人面像本身还要大（图6.9，1）；另外一幅图像头部有三根线条，中间一根线条顶端连有一幅手形图像（图6.9，5）；还有一幅图像为岩刻类的 Bc 型，人面像左侧伸出一个手臂（图6.9，11）。

此类构图方式在亚洲北部和中部地区还有发现（图6.9，2~4、6~10、12）。其中五幅图像是人面像与手印岩画共存，并且手形图像相对于人面像要小一些（图6.9，2~4、6、9）。其余四幅图像则表现为人面像与手形图像连在一起（图6.9，7、8、10、12）。位于内蒙古阴山地区的一幅图像，将人面像与手形图像通过线条连在一起，而手形图像本身又构成一个单独的人面形象，手掌中绘有眼睛，手指数目多于五根，构成太阳状射线（图6.9，7）。另一幅发现于蒙古丘鲁特河地区的人面像，呈现出面具特征，疑似手形的图像位于其头部顶端的正中间位置，与另外两条左右对称的线条共同构成人面像的头饰，手指数目为三根（图6.9，8）。这种构图方式与穆古尔—苏古尔的一幅图像类似（图6.9，5）。同时前文也指出，这种面具类岩画（岩刻类 Bj 型）在叶尼塞河上游地区广泛存在。

塔兹明村上游1千米处的比尔河右岸石柱上也发现了此类图像（图6.9，9），该图像被认为属于奥库涅夫文化时期，为这一类岩画年代的断定提供了参考。此外，在内蒙古西辽河地区发现一幅类似的人面像岩画（图6.9，10），人面像脸颊处伸出两条手臂，与穆古尔—苏古尔的一幅图像构图类似（图6.9，11），类似图像在宁夏贺兰山地区也有发现（图6.9，6、12）。尤其值得注意的是，西辽河的这幅人面像与"卡门卡"类型人面像岩画有许多相似之处，均无轮廓，眼睛用多重圆圈表示，额头上有双重锐角状头饰，嘴巴张开，并用一排短竖线表示牙齿。

这表明，在亚洲北部地区曾经流传着某种共同的观念。在这种观念中，将手形图像与人面像组合使用来为某种神秘仪式服务。但是，岩画的年代可能并不相同，穆古尔—苏古尔的该类型人面像岩画年代应该与该岩画点的其他人面像岩画年代相同，属于青铜时代晚期；而宁夏和内蒙古的人面像岩画年代还需另行讨论。

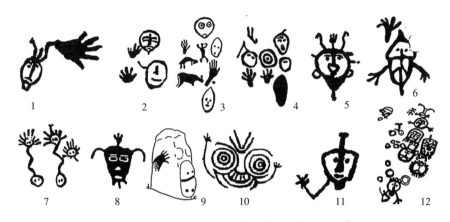

图 6.9　亚洲北部地区人面像与手形图像的组合①

1、5、11. 穆古尔—苏古尔　2. 宁夏大麦地　3、4、6、12. 宁夏贺兰山　7. 内蒙古阴山　8. 蒙古丘鲁特河
9. 奥库涅夫石柱　10. 内蒙古西辽河

（二）颅骨形人面像反映的文化互动

在人面像岩画中有一种类型类似人的颅骨，或者可以称为"骷髅头"。该类型岩画分布广泛，主要集中在西伯利亚东部和中国北方的内蒙古地区（图 6.10，1~7、12~27），在南西伯利亚地区的乌准—哈尔墓葬中也有发现（图 6.10，8~11）。该类型岩画对叶尼塞河地区人面像岩画来说并不典型，之所以将乌准—哈尔墓葬石板中的人面像作为人面像岩画拿来讨论是基于两方面的考虑：第一，乌准—哈尔墓葬石板中的人面像数量众多，很可能是将原先刻有岩画的石板取来用于墓葬构件；第二，该墓葬属于铜石并用时代，是整个南西伯利亚地区有年代可考的最早的带有人面像的墓葬。前文已经述及，该墓葬中一些人面像类型与本地区众多类型的人面像岩画

---

① 1、5、11 采自 Дэвлет М. А.，*Петроглифы Мугур – Саргола*. Москва：Наука，1980a；2 采自朱利峰：《环太平洋视域下的中国北方人面像岩画》，图 1259；3、4、6、12 采自李祥石、朱存世：《贺兰山与北山岩画》，第 92、99、104 页；7 采自盖山林：《阴山岩画》，第 312 页；8 采自 Дэвлет М. А.，*Древнейшие Антропоморфные Изображения Южной Сибири и Центральной Азии*. В Васильевский Р. С.（ред.），Наскальные Рисунки Евразии. Первобытное Искусство，с. 38；9 采自 Леонтьев Н. В.，Капелько В. Ф.，Есин Ю. Н.，*Изваяния и Стелы Окуневской Культуры*；10 采自阮晋逸：《赤峰地区人面像岩画研究》，中央民族大学硕士学位论文，2013 年。

都有相似之处，将其与周边地区具有相似特点的图像进行比较，有助于进一步厘清南西伯利亚人面像岩画的源头所在。

　　总体而言，该类型人面像普遍的特点是人面两侧在下颌处内凹，眼睛和嘴巴呈孔洞状，部分眼睛和嘴巴轮廓中间有圆点或者短横，部分岩画戴有头饰，总体上给人一种狰狞的印象。按其构图繁简程度的不同，可以大致分为两类：第一类图像仅对人面的五官进行刻画（图6.10，1~3、8~14、19~21、23~27）；第二类图像除了五官外，面部还有其他装饰线条（图6.10，4~7、15~18、22）。其中几幅图像出自乌准—哈尔墓葬中的棺材盖板，年代属于青铜时代早期或者铜石并用时代（图6.10，8~11）；这类图像在亚洲北部地区考古出土的陶器和石器中也有发现（图6.10，28~33），为该类型岩画的年代判定提供了进一步参考。其中，山西夏县东下冯遗址出土了三件陶片，均由三个环状图案构成一个骷髅头的形状（图6.10，28~30），其中一件为三期陶器（图6.10，28），另外两件为四期陶器。部分学者认为"以东下冯Ⅰ–Ⅳ期为代表的东下冯类型和以二里头Ⅰ–Ⅳ期为代表的二里头类型，应属于同一个文化系统，其相对年代也应大体相当。……参照二里头类型的年代，粗略估计东下冯类型的相对年代大致为公元前19世纪至公元前16世纪"[1]。另外，在湖北枣阳雕龙碑新石器时代遗址的F13居址中出土了一件"陶塑人头像"[2]（图6.10，31），据专家考证，其年代约为"距今5300~4800年"[3]。该人头像呈现出典型的骷髅形状，与众多岩画的类型最为一致。另在俄罗斯黑龙江下游的孔东文化居址中发现了一件彩陶残片，上面刻有骷髅状的图案（图6.10，32）。该彩陶残片属于沃兹涅先诺夫卡文化格林期，根据俄罗斯学者 И. Я. 舍夫科姆德所做的碳十四实验，"格林期年代校准后为4820±90~4200±35年，即公元前3千纪上半叶"[4]。同样在黑龙江下游的科利切姆还发现了几件人面石雕像（图6.10，33）。根据同时发现的陶片，И. Я. 舍夫科姆德将其年代断为"公元前3千纪中叶至公元前2千纪上半叶，并

---

① 中国社会科学院考古研究所：《夏县东下冯》，北京：文物出版社，1988年，第215页。

② 原书作者将其称为"猴面陶塑"，见中国社会科学院考古研究所：《枣阳雕龙碑》，北京：科学出版社，2006年，图版一〇。

③ 中国社会科学院考古研究所：《枣阳雕龙碑》，第345页。

④ Шевкомуд И. Я., *Поздний Неолит Нижнего Амура*. Владивосток：ДВО РАН, 2004. В Толпенко И. В. (отв. ред.), VIII Исторические Чтения Памяти Михаила Петровича Грязнова, с. 159.

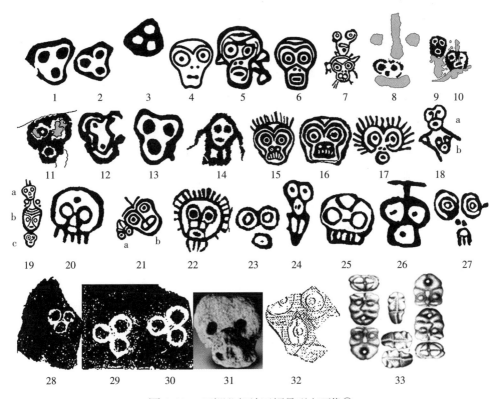

图6.10 亚洲北部地区颅骨形人面像①

1～7. 萨卡齐—阿连岩画 8～11. 乌准—哈尔人面像 12～14. 托姆河岩画 15～17. 谢列梅捷沃岩画 18、19. 奥库涅夫石柱 20～27. 内蒙古岩画 28～30. 山西夏县东下冯遗址陶器 31. 湖北枣阳雕龙碑遗址陶塑人头像 32. 孔东文化陶片 33. 黑龙江下游石雕像

将之视为新石器时代晚期文化的变体"②。

① 1～3、5、7、15～17、32 采自 Пономарева И. А., *Личины Нижнего Амура（Вопросы Хронологии）. В* Толпенко И. В. （отв. ред.），VIII Исторические Чтения Памяти Михаила Петровича Грязнова；4、6 采自朱利峰：《环太平洋视域下的中国北方人面岩画》；8～11 采自 Заика А. Л., *Сердцевидные Личины в Петроглифах Южной Сибири. Научное Обозрение Саяно-Алтая*，2013（1）；12～14 采自 Ковтун И. В., *Петроглифы Висящего Камня и Хронология Томских Писаниц*；18、19 采自 Леонтьев Н. В.，Капелько В. Ф.，Есин Ю. Н.，*Изваяния и Стелы Окуневской Культуры*；20～25、27 采自盖山林：《阴山岩画》；26 采自盖山林：《巴丹吉林沙漠岩画》；28～30 采自中国社会科学院考古研究所：《夏县东下冯》；31 采自中国社会科学院考古研究所：《枣阳雕龙碑》，图版一〇；33 采自 Бродянский Д. Л.，*Полиэйконическая Каменная Скульптура из Кольчёма（Нижний Амур）. Россия и АТР*，2005（2）.

② Шевкомуд И. Я.，*Поздний Неолит Нижнего Амура.*

（三）人面鱼纹图像的组合反映的文化互动

在叶尼塞河流域还有一些人面像与鱼纹结合的图像（图6.11）。事实上，这种图像在欧亚大陆北部地区经常可见，载体包括岩画、青铜器、铁器和陶器等。其中七件为中国北方宁夏和内蒙古地区发现的人面像岩画（图6.11，1～6、15），均具有人面的形状，眼睛和嘴巴部分人的特征尤其明显，轮廓外部刻画出鱼鳍或鱼尾的形状，其中四幅图像鱼尾特征明显（图6.11，1、5、6、15）。但鱼尾的位置有所不同，两幅图像的鱼尾在头顶处（图6.11，1、15），其余两幅图像鱼尾在下巴处（图6.11，5、6）。另外三幅图像鱼尾形状抽象化（图6.11，2～4）。此外，五幅图像刻画了鱼鳍的形状（图6.11，2～5、15），其中两幅图像鱼鳍位于脸部下侧靠近鱼尾的地方（图6.11，3、5），另外三幅图像鱼鳍位于耳朵处（图6.11，2、4、15）。另外一幅图像耳朵处的十字形线条应不是鱼鳍，而是其他类型的装饰线条（图6.11，6），因为一幅同样在耳朵处有十字形线条的图像在脸部下侧单独刻画了鱼鳍（图6.11，5）。

另外，在中叶尼塞河地区的沙拉博利诺岩画点还发现了两幅图像（图6.11，7、8），均由红色颜料绘制而成。其中一幅图像的头发用很长的线条表示，线条不规整，部分盘绕在一起，一根线条的末端连着一个鱼形图像（图6.11，7）。另一幅图像面部轮廓与奥库涅夫早期文化中的部分图像类似，其鱼形特征主要从末端分叉的尾巴可以辨认出（图6.11，8），这些类似的线条在北亚地区其他的人面鱼形图像中同样可见。此外，在下安加拉河地区的曼兹亚岩画点也发现人和鱼合二为一的图像（图6.11，9），由红色颜料绘制而成，胸部以上为人的形象，腿部以下为鱼的形象，尾鳍一端与一只羚羊的蹄子连在一起。该幅图像非常类似传说中的美人鱼形象。另外，莫斯科国立历史博物馆还藏有一件塔加尔文化青铜刀，刀柄上刻有人面鱼纹图像，鱼的形象很完整，唯一不同的是鱼头用人头来表示（图6.11，10），类似图像在我国的鄂尔多斯青铜器中同样出现（图6.11，11）。

在托木斯克的帕拉别利一处祭祀点还发现了一件青铜面具，其水珠形眼睛的外侧分叉，类似鱼尾，整个眼睛图像与鱼的形状非常相似（图6.11，12）。而在安加拉河中游地区同样发现了类似图像（图6.11，13、14）。此外，在贝加尔湖的希什基诺岩画中还发现一幅环斑海豹的图像，其身体构成人面像的外部轮廓，而在眼睛的位置放置了两个人面像，这证明人面像和典型的水生动物环斑海豹之间存在联系。该

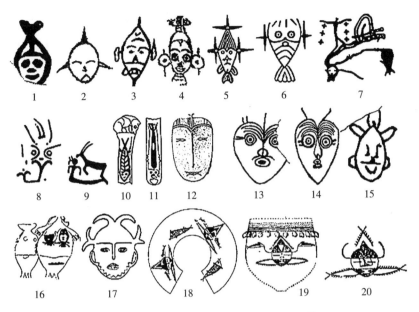

图 6.11　亚洲北部地区的人面鱼纹图像①

1、15. 贺兰山岩画　2～6. 赤峰岩画　7～8. 中叶尼塞河岩画　9. 下安加拉河岩画　10. 塔加尔文化青铜刀上的人面像　11. 鄂尔多斯青铜器　12. 托木斯克地区青铜面具　13、14. 中安加拉河岩画　16. 贝加尔湖岩画　17. 安加拉河地区铁质面具　18～20. 仰韶文化彩陶

幅图像由黑白两种颜色的颜料绘制而成，面部轮廓用白色颜料，眼睛和嘴巴用黑色颜料（图 6.11，16）②。而在东西伯利亚安加拉河地区的森林地带同样发现了一幅具有类似外形的铁质面具（图 6.11，17），"年代约为公元前 3～前 2 世纪"③。发现地点位于安加拉河克热马乡的山谷中，在涅翁河上游离叶尼塞斯克市约 1000 公里的地

---

① 1 采自贺吉德：《贺兰山岩画研究》，第 266 页；2～6 采自朱利峰：《环太平洋视域下的中国北方人面岩画》；7、8 采自 Пяткин Б. Н.，Мартынов А. И.，*Шалаболинские Петроглифы*，с. 185；9、12～14 采自 Заика А. Л.，*Личины Нижней Ангары*；10、11 由 А. Л. 扎伊卡教授提供；15 采自李祥石、朱存世：《贺兰山与北山岩画》，第 71 页；16 采自 Васильевский Р. С.（отв. ред.），*Наскальные Рисунки Евразии. Первобытное Искусство*，с. 70；17 采自 Окладников А. П.，*Древние Шаманские Изображения из Восточной Сибири. Советская Археология*，1948（10）；18 采自中国科学院考古研究所、陕西省西安半坡博物馆：《西安半坡：原始氏族公社聚落遗址》，第 180 页；19、20 采自西安半坡博物馆、陕西省考古研究所、临潼县博物馆：《姜寨：新石器时代遗址发掘报告》，第 255 页。

② Васильевский Р. С.（отв. ред.），*Наскальные Рисунки Евразии. Первобытное Искусство*，с. 70.

③ Окладников А. П.，*Древние Шаманские Изображения из Восточной Сибири. Советская Археология*，1948（10）.

方。该人面像属于收藏品，椭圆形的轮廓，眼睛和嘴巴都为三重椭圆形，并塑造出鼻子和耳朵的轮廓。而最引人注目的是其头饰，共三根，均在末端分叉，似鱼尾状。这也是人面像和鱼形图像结合的一个典型案例。

此外，人面鱼纹的图案在仰韶文化彩陶器中经常可见。"迄今为止，仰韶文化的人面鱼纹已经发现十余例，大都会在彩陶盆的内壁。其基本特征是：圆形人面，有鼻子有眼，两侧或绘写实性游鱼，或绘向上弯曲着的线条，口衔写意性双鱼，顶部则绘三角状装饰，附着近似芒刺形纹样。"[1] 其中一件为 1955 年出土于陕西省西安市半坡遗址的人面鱼纹彩陶盆，编号为 P4691（图 6.11，18），内壁以黑彩绘出两组对称的人面鱼纹和单鱼纹，人面上戴有一尖顶饰物，嘴上衔着两条小鱼，耳朵位置也各有一呈三角形饰物。其年代属于仰韶文化半坡类型，"据碳十四测定，半坡类型的绝对年代为距今 6140～5585 年，校正年代约为距今 6790～6240 年之间"[2]。这种在耳朵和头顶位置有类似装饰图案的人面像在上述内蒙古西辽河岩画中也可以发现（图 6.11，2）。此外，在陕西临潼姜寨遗址发现两件绘有类似图案的陶器（图 6.11，19、20），总体构图与半坡遗址出土陶器上的图像类似，仅在细微之处有些差别。其中一幅图像来自编号为 ZHT37H493：32 的尖底器残片，人面纹饰绘制于口沿突饰之下，耳两侧各伸出一根线条，与一幅鱼形图像的嘴部相连（图 6.11，19）。另外一幅图像来自编号为 T252F84：14 的彩陶盆残片，图案绘于内壁，人面形象与前者类似（图 6.11，20）。这两幅人面像均发现于姜寨遗址二期遗存，年代与仰韶文化史家类型年代相当，晚于仰韶文化半坡类型[3]。根据碳十四测定，史家类型"距今 5490±160～5235±95 年，校正后为距今 6140±165～5935±110 年"[4]，即距今 6000 年左右。上述彩陶中的人面鱼纹图像均是由人面和五条鱼的图像组合而成，嘴巴两侧和头顶的鱼形图像仅剩下身体和尾巴部分，而到了后期，耳朵两侧的鱼形图像图案化，仅呈线条状的装饰（图 6.11，19）。此外，在黑龙江下游的萨卡齐—阿连岩画点还有一幅人面像和船形图像共存的例子，而类似的例子在安加拉河地区也有发现，从另

① 张潮：《仰韶文化人面鱼纹与良渚文化"神徽释读"》，《中国历史文物》2009 年第 6 期。
② 王小庆：《论仰韶文化史家类型》，《考古学报》1993 年第 4 期。
③ 西安半坡博物馆、陕西省考古研究所、临潼县博物馆：《姜寨：新石器时代遗址发掘报告》，第 14 页。
④ 王小庆：《论仰韶文化史家类型》，《考古学报》1993 年第 4 期。

一个方面证明了该类型的人面像和水环境有关系。

从整个亚洲北部地区来看，这种类型的图像最早出现在我国仰韶文化半坡类型中。随后，该文化观念传入内蒙古西辽河地区。而下安加拉河和中叶尼塞河地区可供断代的物品仅为一约公元前 3～前 2 世纪的铁质人面像，年代较晚。但是，由于该幅图像并非考古发掘出土，研究者仅将其与斯基泰时期的相关文化产品进行比较，断代依据并不充分，不能完全反映该地区人面像岩画的年代。但无论如何可以得出结论，直到铁器时代，安加拉河地区还有类似的文化传统存在。

此外，一些学者已经注意到人面像岩画与水环境之间的关系。俄罗斯学者 B. E. 梅德韦杰夫在将水珠形眼睛人面像岩画的基本元素——眼睛的水珠形轮廓与远东新石器时代的类似图像进行对比后，"将之解释为风格化的'鱼'的图像"[1]；A. Л. 扎伊卡将水珠形眼睛轮廓与鱼的形体比较后认为，"与'图伊姆河'类型[2]人面像有关的最早的人群的经济生产方式与水环境有关"[3]。事实上，众多的水珠状眼睛可能就是鱼形的各种变体。而关于该类型人面像的来源，按照 E. Г. 杰夫列特的设想，是由来自内蒙古的古代移民向北方迁徙而扩散开来的，她写道："……来自中亚腹地的居民，就像来自于一口煮沸的大锅，向不同的方向四溢出去，其中就包括向北方地区的移民浪潮。人面像成为他们迁徙路径的见证。来自中亚的居民集中到北方，并沿着太平洋沿岸和安加拉河谷地到达叶尼塞河地区。"[4]

而从作画地点的选择来看，该类型岩画大多位于河流两岸及贺兰山和阴山的山谷地带。而贺兰山岩画大多位于贺兰口地区，贺兰口是整个贺兰山东段水量最为丰富的山口之一，"山泉水出露沟谷地表形成溪流，长度约 2.4 公里。年丰枯期平均涌水量约 600 立方米/日，在岩画密集的沟谷内泉水四季长流"[5]。阴山岩画所在的峡谷

① Медведев В. Е., *Неолитические Культовые Центры в Долине Амура*. Археология，Этнография и Антропология Евразии，2005（4）.

② "图伊姆河"类型岩画指乌准—哈尔墓葬人面像类型，即带有水珠状眼睛轮廓的人面像。

③ Заика А. Л., *Сердцевидные Личины в Петроглифах Южной Сибири*. Научное Обозрение Саяно - Алтая，2013（1）.

④ Дэвлет М. А.，Дэвлет Е. Г.，*Антропоморфные Личины как Маркёры Путей Древних Миграций*. В Савинов Д. Г.，Подольский М. Л.（ред.），Окуневский Сборник 2. Культура и её Окружение. Санкт - Петербург：Элексис Принт，2006，c. 326 - 328.

⑤ 贺吉德：《贺兰山岩画研究》，第 5 页。

内至今仍然可见潺潺水流，而岩画制作时当地自然环境远较今天适合人类生存，风吹草低见牛羊的情景直到南北朝时期还广泛存在于阴山地区。可以合理地推测，这些岩画制作时同样位于河流附近。这表明带有水珠状眼睛轮廓的人面像和人面鱼纹（包括人与鱼以各种方式相结合）的图像之间存在着某种关系。

　　由此可见，人面像岩画的诸多类型均见证了亚洲北部地区曾存在着广泛的文化互动，岩画的相似性正是这种互动的具体体现。但是，人面像岩画传播的具体路线和机制，以及岩画在传播过程中的发展、演变及其原因等都还需要进一步深入探讨。总之，将岩画研究纳入文明发展进程的讨论之中，可以大大拓展岩画研究的广度和深度。

结　语

　　叶尼塞河流域的人面像岩画绝大多数分布在叶尼塞河及其支流两岸的崖壁和石滩上，极少数位于河边的洞穴中。具体来说，可以分为上叶尼塞河、中叶尼塞河、下安加拉河三个分布区。三个地区的人面像岩画之间既有相似之处，也存在着某些差异性。这些相似性和差异性正是该地区民族迁徙以及民族成分复杂性的一种具体表现，而这也反映在相应的考古学文化中。根据前文的分析，我们可以得出如下结论。

　　第一，从类型学上来看，叶尼塞河流域的人面像岩画首先可以根据制作方式的不同划分为岩刻类和岩绘类。岩刻类人面像岩画又可以分为"穆古尔—苏古尔"类型和"伊兹里赫—塔斯"类型。前者的主要特点是普遍有轮廓，下颌处一般有一根短线，似乎用来表示把手，可能是参加某种仪式的人们握住它将面具遮在脸上，因此，这些岩画可能表示某种面具。而另外一部分岩画的面具特征更加明显，似乎进一步证实了上述观点。"伊兹里赫—塔斯"类型同样普遍有轮廓，其典型特征是面颊两侧分别有一条向外张开的括弧形线条，或者眼睛和嘴巴之间有一根水平线条。岩绘类人面像岩画可以进一步分为"焦伊斯基"类型和"卡门卡"类型。"焦伊斯基"类型最大的特点是无轮廓，眼睛和嘴巴之间有水平线条，线条末端有分叉，用圆圈或者圆点表示眼睛，嘴巴为短横线或者水平的椭圆形，绝大部分的人面像在其嘴角外侧有一个呈锐角状的括弧，将嘴巴包合在内。"卡门卡"类型多数也无轮廓，大部分都有头饰和胡须，头饰多表现为头顶中间位置向上伸出一根垂直线条，线条顶端分叉，胡须多表现为嘴巴下面向下伸出一些胡须状的线条。

　　第二，从分布范围来看，岩刻类人面像岩画的分布范围较广，遍布整个研究区域；而岩绘类人面像岩画主要集中于中叶尼塞河和下安加拉河地区，上叶尼塞河地区不见。根据目前的研究结果，还没有发现同时使用上述两种方法进行人面像岩画创作的案例；但是必须注意到，在中叶尼塞河的一些奥库涅夫石柱上，部分人面先由凿刻或者研磨而成，然后在刻槽上面涂以红色颜料。这表明，上述两种方法的确曾同时被使用。据此，我们可以合理地推测，人面像岩画可能也存在着这种先凿刻，后涂色的情况，只是由于年代较久远，且基本位于河流岸边，周围环境非常潮湿，致使颜色消退。而奥库涅夫石柱多位于草原地区，离河流较远，周围环境相对干燥，因此还能在人面像刻槽中保留少许残迹。

另外，奥库涅夫石柱与人面像岩画的分布范围相重合，并且岩刻和岩绘两类人面像岩画均可以在奥库涅夫石柱人面像中找到类似形象，因此本书认为，虽然作画技法不同，但是，岩刻和岩绘法制成的人面像岩画之间应该存在一个模仿的过程。由于岩刻类人面像岩画与奥库涅夫文化分布范围基本一致，而岩绘类人面像岩画的分布范围部分超越了奥库涅夫文化分布区，我们基本上可以得出如下结论，即岩绘类人面像岩画是奥库涅夫艺术传播的结果，是周边其他文化的居民在吸收了奥库涅夫艺术灵感基础上进行的再创作。

但是必须注意到，早在新石器时代晚期，下安加拉河地区已经出现了以"卡门卡"类型为代表的红色涂绘类岩画，因此我们可以认为，这种类型的人面像岩画是下安加拉河地区的绘制技法与奥库涅夫艺术新的构图方式在奥库涅夫边缘地区的一种碰撞、结合。更进一步，我们可以看到，"卡门卡"类型人面像岩画的典型特征是带有"胡须"或"牙齿"状装饰图案，这种类型的装饰在叶尼塞河地区的新石器时代传统中并没有发现，而在中国北方地区的红山文化和马家窑文化中却有大量的发现，故这一类传统的来源似乎指向中国北方地区。

第三，叶尼塞河流域人面像岩画的年代可以分为新石器时代、铜石并用时代、青铜时代三个发展阶段，而青铜时代则又包括奥库涅夫文化的早、晚两期。从地域分布上看，新石器时代的岩画全部位于下安加拉河地区，包括岩刻类和岩绘类两种类型。铜石并用时代（阿凡纳谢沃文化）的人面像岩画基本上位于中叶尼塞河地区，全部为岩刻类。青铜时代早期阶段基本与奥库涅夫文化早期阶段相当，该时期的人面像岩画位于中叶尼塞河和下安加拉河地区，包括岩绘和岩刻两种类型。其中，岩绘类在上述两地都有分布，岩刻类仅分布于中叶尼塞河地区。而青铜时代晚期阶段则从奥库涅夫文化中期开始，直至前塔加尔文化时期为止，人面像岩画主要集中于上叶尼塞河地区，少部分位于中叶尼塞河地区。

从整个地区来看，人面像岩画呈现一种自北向南发展的态势，北部年代最早，中部次之，南部最晚。北部地区的人面像岩画在本地的文化传统中很难找到完全类似的对应物，只是在某些出土器物上有一些类似的元素，但是在中国北方的红山和马家窑文化分布区，不仅有非常类似的出土文物，而且有大量与其高度类似的人面像岩画，表明二者之间存在着密切的关系。据此，我们可以进一步推断，这种类型的人面像岩画起源于中国红山文化和马家窑文化，经外贝加尔、安加拉河传播到本地区，并形成了新的人面像岩画创作中心。

第四，人面像岩画是萨满教观念下的作品。主要表现在以下几个方面：首先，萨满教的观念自古以来就是上述地区居民复杂象征体系的基本组成部分，这种宗教信仰的影响必定在相关文化产品中有所反映。其次，人面像岩画的确非常具象地反映了萨满教的相关观念，具体来说，体现在萨满教的"三界宇宙观""灵魂观"和"通天观"三个方面。再次，某些人面像岩画点被后人直接冠以"萨满石"的称号，其与萨满教的关系不言而喻。最后，相当一部分人面像岩画，尤其是"焦伊斯基"类型和"卡门卡"类型的无轮廓人面像均使用非具象的概括性表现手法，具有非常明显的神灵特征，从这个角度上来说，与我国学者所称谓的"神格人面"具有异曲同工之妙，而天神崇拜是萨满教信仰体系中非常重要的一个方面；另外，"穆古尔—苏古尔"类型的人面像岩画中相当一部分都具有"面具"特征，与北方地区广泛使用的萨满教面具功能类似。

第五，叶尼塞河流域人面像岩画与周边地区人面像岩画存在着密切的关系。一般来说，西西伯利亚托姆河流域的人面像岩画为青铜时代作品，基本可以断定是受到叶尼塞河流域奥库涅夫岩画艺术的影响而发展起来的。而俄罗斯远东黑龙江下游和乌苏里江地区的人面像岩画绝大多数与叶尼塞河地区的人面像岩画差异性较大，而与邻近的中国北方内蒙古地区的人面像岩画相似度非常高。从水珠形眼睛人面像岩画在上述地区的传播来看，最早产生于中国的兴隆洼文化，并在中国北方地区经历了赵宝沟文化、红山文化早期和红山文化晚期三个发展阶段。红山文化晚期，即距今 5500 年之后，该类型图像向东北传播到俄罗斯远东地区，与当地新石器时代晚期的马雷舍沃和沃兹涅先诺夫卡文化相融合；向西北传播到下安加拉河和中叶尼塞河地区，与当地铜石并用时代的阿凡纳谢沃文化相融合。而上述地区自旧石器时代晚期以来的考古学文化表明，西西伯利亚、东西伯利亚和中国北方地区之间一直存在着密切的文化联系，其中人面像岩画的众多相似性正是古代文化交流的一种具体体现。

参考文献

中文部分

一　研究论著

［苏］A. A. 福尔莫佐夫：《苏联境内的原始艺术遗存》，路远译，西安：陕西师范大学出版社，1992 年。

安徽省文物考古研究所、蚌埠市博物馆：《蚌埠双墩——新石器时代遗址发掘报告》，北京：科学出版社，2008 年。

［英］保罗·G·巴恩：《剑桥插图史前艺术史》，郭小凌、叶梅斌译，济南：山东画报出版社，2004 年。

［法］Catherine Louboutin：《新石器时代——世界上最早的农民》，张容译，上海书店出版社，2001 年。

陈德安：《三星堆：古蜀王国的圣地》，成都：四川人民出版社，2000 年。

陈健文：《论中国与古代南西伯利亚间的文化互动》，朱凤玉、汪娟编《张广达先生八十华诞祝寿论文集》，台北：新文丰出版有限公司，2010 年。

陈桥驿译注：《水经注》，北京：中华书局，2009 年。

陈兆复：《中国岩画发现史》，上海人民出版社，1991 年。

陈兆复、邢琏：《外国岩画发现史》，上海人民出版社，1993 年。

陈宗祥：《西康倮倮水田民族之图腾制度》，南京：边政公论，1948 年。

［法］丹尼、马松主编《中亚文明史（第 1 卷）：文明的曙光：远古时代至公元前 700 年》，芮传明译，北京：中国对外翻译出版公司，2000 年。

［汉］东方朔：《神异经》，北京：中华书局，1991 年。

段宏振：《北福地：易水流域史前遗址》，北京：文物出版社，2007 年。

方韬译注：《山海经》，北京：中华书局，2009 年。

冯恩学：《俄国东西伯利亚与远东考古》，长春：吉林大学出版社，2002 年。

富育光、孟慧英：《满族萨满教研究》，北京大学出版社，1991 年。

盖山林：《阴山岩画》，北京：文物出版社，1986 年。

盖山林：《盖山林文集》，哈尔滨：黑龙江教育出版社，1995 年。

盖山林：《中国岩画学》，北京：书目文献出版社，1995 年。

盖山林：《丝绸之路草原民族文化》，乌鲁木齐：新疆人民出版社，1996 年。

盖山林：《巴丹吉林沙漠岩画》，北京图书馆出版社，1997 年。

盖山林、盖志浩：《内蒙古岩画的文化解读》，北京图书馆出版社，2002 年。

甘肃省文物考古研究所：《秦安大地湾——新石器时代遗址发掘报告》（上），北京：文物出版社，2006 年。

郭静：《中国面具文化》，上海人民出版社，1992 年。

郭淑云：《原始活态文化：萨满教透视》，上海人民出版社，2001 年。

国家文物局：《中国文物精华大辞典·陶瓷卷》，上海辞书出版集团，1995 年。

［苏］Н. И. 米哈伊洛夫：《西伯利亚自然地理概述》，周坚操译，北京：商务印书馆，1958 年。

韩康信、谭婧泽、何传坤：《中国远古开颅术》，上海：复旦大学出版社，2007 年。

贺吉德：《贺兰山岩画研究》，银川：宁夏人民出版社，2012 年。

户晓辉：《地母之歌——中国彩陶与岩画的生死母题》，上海文化出版社，2001 年。

［俄］I. M. 别尔德尼科夫等：《新石器时代绳纹陶器器表纹理痕迹解释（中西伯利亚南部）》，内蒙古自治区文物考古研究所编《中国北方及蒙古、贝加尔、西伯利亚地区古代文化》（上），北京：科学出版社，2015 年。

［苏］吉谢列夫：《南西伯利亚古代史》上册，乌鲁木齐：新疆社会科学院民族研究所，1981 年。

贾兰坡、杜耀西、李作智：《中国史前的人类与文化》，台北：幼师文化事业公司，1995 年。

江西省博物馆等：《新干商代大墓》，北京：文物出版社，1997 年。

李洪甫：《太平洋岩画——人类最古老的民俗文化遗迹》，上海文化出版社，1997 年。

李锦山、李光雨：《中国古代面具研究》，济南：山东大学出版社，1994 年。

李淼、刘方编《世界岩画资料图集》，北京：中国工人出版社，1992 年。

李祥石：《发现岩画》，银川：宁夏人民出版社，2004 年。

李祥石、朱存世：《贺兰山与北山岩画》，银川：宁夏人民出版社，1993 年。

李学勤：《十三经注疏·春秋公羊传注疏》，北京大学出版社，1999 年。

李学勤：《十三经注疏·尔雅注疏》，北京大学出版社，1999 年。

李永宪、马云喜：《盐边县岩门公社傈僳族调查报告》，李绍明、童恩正主编《六江流域民族综合科学考察报告之一：雅砻江下游考察报告》，昆明：中国西南民族研究学会编印，1983 年。

[英] 李约瑟：《中国古代科学思想史》，陈立夫等译，南昌：江西人民出版社，1990 年。

[德] 利普斯：《事物的起源》，王宁生译，成都：四川民族出版社，1982 年。

[北魏] 郦道元：《水经注》，长春：时代文艺出版社，2001 年。

梁思永：《昂昂溪史前遗址》，中国科学院考古研究所编《梁思永考古论文集》，北京：科学出版社，1959 年。

辽宁省文物考古研究所：《牛河梁——红山文化遗址报告（1983~2003 年度）》，北京：文物出版社，2012 年。

[苏] 列·谢·瓦西里耶夫：《中国文明的起源问题》，郝镇华等译，北京：文物出版社，1989 年。

林沄：《关于新疆北部切尔木切克类型遗存的几个问题》，《庆祝何炳棣先生九十华诞论文集》编辑委员会编《庆祝何炳棣先生九十华诞论文集》，西安：三秦出版社，2008 年。

凌纯声：《松花江下游的赫哲族》（上册），台湾历史语言研究所单刊甲种之十四，1934 年。

刘小兵：《滇文化史》，昆明：云南人民出版社，1991 年。

柳冬青：《红山文化》，呼和浩特：内蒙古大学出版社，2002 年。

吕大吉、何耀华：《中国各民族原始宗教资料集成：土家族卷、瑶族卷、壮族卷、黎族卷》，北京：中国社会科学出版社，1998 年。

吕大吉、何耀华：《中国各民族原始宗教资料集成：鄂伦春族、鄂温克族、赫哲族、达斡尔族、锡伯族、满族、蒙古族、藏族》，北京：中国社会科学出版社，1999 年。

吕大吉、何耀华：《中国各民族原始宗教资料集成：纳西族卷、羌族卷、独龙族卷、傈僳族卷、怒族卷》，北京：中国社会科学出版社，2000 年。

吕恩国、常喜恩、王炳华：《新疆青铜时代考古文化浅论》，宿白主编《苏秉琦与当代中国考古学》，北京：科学出版社，2001 年。

吕光天、古清尧：《贝加尔湖地区和黑龙江流域各族与中原的关系史》，哈尔滨：黑龙江教育出版社，1991 年。

马胜德、曹娅丽：《青海宗教祭祀舞蹈考察与研究》，北京：文化艺术出版社，2005 年。

[英] 马林诺夫斯基：《自由与文明》，北京：世界图书出版公司，2009 年。

[罗马尼亚] 米尔恰·伊利亚德：《神圣与世俗》，王建光译，北京：华夏出版社，2002 年。

[美] 米尔希·艾利亚德：《神秘主义、巫术与文化风尚》，北京：光明日报出版社，1990 年。

内蒙古自治区编辑组：《鄂温克族社会历史调查》，呼和浩特：内蒙古人民出版社，1986 年。

内蒙古自治区编委会：《鄂伦春族社会历史调查》（一），呼和浩特：内蒙古人民出版社，1985 年。

内蒙古自治区文物考古研究所：《白音长汗：新石器时代遗址发掘报告》，北京：科学出版社，2004 年。

曲枫：《商周青铜器纹饰的神经心理学释读》，辽宁省博物馆馆刊（第 2 辑），沈阳：辽海出版社，2007 年。

色音：《东北亚的萨满教——韩中日俄蒙萨满教比较研究》，北京：中国社会科学出版社，1998 年。

陕西省考古研究所：《龙岗寺——新石器时代遗址发掘报告》，北京：文物出版社，1990 年。

上海市文物管理委员会：《福泉山新石器时代遗址发掘报告》，北京：文物出版社，2000 年。

十三经注疏整理委员会：《周礼注疏（十三经注疏）》卷第三十一，北京大学出版社，2000 年。

水涛：《新疆青铜时代诸文化的比较研究——附论早期中西文化交流的历史进程》，袁行霈主编《国学研究》第一卷，北京大学出版社，1993 年。

四川省文物考古研究所：《三星堆祭祀坑》，北京：文物出版社，1994 年。

四川省编辑组：《四川省纳西族社会历史调查》，成都：四川省社会科学院出版社，2009 年。

宋恩常：《中国少数民族宗教初编》，昆明：云南人民出版社，1985 年。

宋耀良：《中国史前神格人面岩画》，上海：生活·读书·新知三联书店上海分店，1992 年。

孙华：《四川盆地的青铜时代》，北京：科学出版社，2000 年。

汤惠生：《青海岩画：史前艺术中二元对立思维及其观念的研究》，北京：科学出版社，2001 年。

汤惠生：《将军崖史前岩画的微腐蚀年代》，《2007 年江苏省哲学社会科学界学术大会论文集》（下）。

田广金、郭素新：《鄂尔多斯式青铜器》，北京：文物出版社，1986 年。

［意］托斯卡诺：《魂牵雪域——西藏最早的天主教传教会》，伍昆明、区易炳译，北京：中国藏学出版社，1997 年。

［法］V·戈鹭波：《东京和安南北部的青铜时代》，刘雪红、杨保筠译，云南省博物馆、中国古代铜鼓研究会编《民族考古译文集》，昆明：云南民族博物馆，1985 年。

王乘礼：《辽金契丹女真史译文集》第一集，长春：吉林文史出版社，1990 年。

王大有：《龙凤文化源流》，北京工艺美术出版社，1988 年。

乌兰：《巴林右旗博物馆收藏史前人面饰初探》，朱士光等编《中国古都研究（第十八辑上册）——中国古都学会 2001 年年会暨赤峰辽王朝故都历史文化研讨会论文集》，香港：国际华文出版社，2001 年。

吴甲才：《红山岩画》，呼伦贝尔：内蒙古文化出版社，2008 年。

西安半坡博物馆、陕西省考古研究所、临潼县博物馆：《姜寨：新石器时代遗址发掘报告》，北京：文物出版社，1988 年。

西双版纳州民委：《巴塔麻嘎捧尚罗》，昆明：云南人民出版社，1989 年。

萧兵：《中庸的文化省察——一个字的思想史》，武汉：湖北人民出版社，1997 年。

［汉］许慎：《说文解字》，北京：九州出版社，2001 年。

杨伯达：《中国玉器全集》，石家庄：河北美术出版社，2005 年。

杨建和：《怒江傈僳族的宗教信仰》，宋恩常编《中国少数民族宗教初编》，昆明：云南人民出版社，

1985 年。

　　杨天宇：《周礼译注》，上海古籍出版社，2004 年。

　　袁珂：《中国古代神话》，北京：中华书局，1981 年。

　　袁珂：《中国神话通论》，成都：巴蜀书社，1991 年。

　　张保胜译：《薄伽梵歌》，北京：中国社会科学出版社，1989 年。

　　张光直：《考古学专题六讲》，北京：文物出版社，1986 年。

　　张光直：《中国青铜时代》，北京：生活·读书·新知三联书店，1990 年。

　　张光直：《美术、神话与祭祀》，北京：民族出版社，1999 年。

　　张朋川：《中国彩陶图谱》，北京：文物出版社，1990 年。

　　张亚莎：《赤峰岩画在中国岩画研究格局中的地位与意义》，内蒙古自治区文物考古研究所编《中国北方及蒙古、贝加尔、西伯利亚地区古代文化》（下），北京：科学出版社，2015 年。

　　浙江省文物考古研究所：《良渚遗址群报告之一：瑶山》，北京：文物出版社，2003 年。

　　浙江省文物考古研究所：《良渚遗址群报告之二：反山》，北京：文物出版社，2005 年。

　　郑为：《中国彩陶艺术》，上海人民出版社，1985 年。

　　中国大百科全书出版社编辑部：《中国大百科全书·考古学》，北京·上海：中国大百科全书出版社，1986 年。

　　中国科学院考古研究所、陕西省西安半坡博物馆：《西安半坡：原始氏族公社聚落遗址》，北京：文物出版社，1963 年。

　　中国社会科学院考古研究所：《夏县东下冯》，北京：文物出版社，1988 年。

　　中国社会科学院考古研究所：《敖汉赵宝沟——新石器时代聚落》，北京：中国大百科全书出版社，1997 年。

　　中国社会科学院考古研究所：《枣阳雕龙碑》，北京：科学出版社，2006 年。

　　［宋］周辉等：《四部丛刊续编子部［56］：清波杂志 程史 括异志 续幽怪录》，上海书店出版社，1934 年。

　　周兴华：《中卫岩画》，银川：宁夏人民出版社，1991 年。

　　朱利峰：《环太平洋视域下的中国北方人面岩画》，北京：中国社会科学出版社，2017 年。

二　研究论文

　　安志敏、郑乃武：《内蒙古宁城县南山根 102 号石椁墓》，《考古》1981 年第 4 期。

　　巴林右旗博物馆：《内蒙古巴林右旗那斯台遗址调查》，《考古》1987 年第 6 期。

　　［美］C. Melvin Aikens：《萨满教：研究中石器文化和早期宗教的文化历史工具》，张锋译，《农业考古》2000 年第 1 期。

　　陈淳、殷敏：《三星堆青铜树象征性研究》，《四川文物》2005 年第 6 期。

陈洪海、格桑本、李国林：《试论宗日遗址的文化性质》，《考古》1998 年第 5 期。

陈萌萌：《谈蒙古族萨满教中的灵魂观》，《语文学刊》2015 年第 5 期。

陈兆复：《中国的人面像岩画》，《寻根》1994 年第 2 期。

成友宝：《神秘数字"三"新探》，《中南民族大学学报》2003 年第 3 期。

额尔德木图：《蒙古英雄史诗与宇额唱词中的"腾格理"》，《内蒙古社会科学》1995 年第 5 期。

樊菲、张碧波：《灵性世界探秘——关于颅骨、面具崇拜的文化人类学考察》，《东北史地》2006 年第 5 期。

樊一、吴维羲：《三星堆神坛考》，《四川文物》2003 年第 2 期。

方殿春、魏凡：《辽宁牛河梁红山文化"女神庙"与积石冢群发掘简报》，《文物》1986 年第 8 期。

冯恩学：《东北平底筒形罐区系研究》，《北方文物》1991 年第 4 期。

冯恩学：《我国东北与贝加尔湖周围地区新石器时代文化交流的三个问题》，《辽海文物学刊》1997 年第 2 期。

冯恩学：《贝加尔湖岩画与辽代羽厥里部》，《北方文物》2002 年第 1 期。

尕藏扎西：《论藏传佛教寺院羌姆舞蹈的源流》，《西藏研究》2009 年第 4 期。

龚田夫、张亚莎：《中国人面像岩画文化浅谈》，《中央民族大学学报》（哲学社会科学版）2006 年第 3 期。

郭宏、赵静：《岩画断代研究——科技考古学领域中一个亟待解决的问题》，《文物保护与考古科学》2005 年第 2 期。

郭淑云：《萨满教灵魂观及其哲学思想》，《云南社会科学》2001 年第 3 期。

郭淑云：《北方丧葬面具与萨满教灵魂观念》，《北方文物》2005 年第 1 期。

郭淑云：《致幻药物与萨满通神体验》，《西域研究》2006 年第 3 期。

郭引强：《试论大河村仰韶文化的分期及类型》，《中原文物》1984 年第 4 期。

郭治中，胡春柏：《赤峰三座店夏家店下层文化石城址发掘全面结束》，《中国文物报》2006 年 12 月 13 日 002 版。

海丽其汗·卡德尔：《驯马、马具和马车在新疆的传播》，新疆师范大学硕士学位论文，2011 年。

何星亮：《生前开颅还是死后穿孔？——关于"中国五千年前开颅术"之商榷》，《广西民族大学学报》（哲学社会科学版）2010 年第 1 期。

贺吉德：《人面像岩画探析》，《三峡论坛》2013 年第 3 期。

黑龙江省文物考古研究所、饶河县文物管理所：《黑龙江饶河县小南山遗址 2015 年Ⅲ区发掘简报》，《考古》2019 年第 8 期。

胡昌钰、蔡革：《鱼凫考——也谈三星堆遗址》，《四川文物》1992 年第 S1 期。

［日］荒木日吕子：《东京国立博物馆保管的甲骨片——有关人颅骨刻字的考察》，《南方文物》1994

年第 1 期。

霍巍：《四川汉代神话图像中的象征意义——浅析陶摇钱树座与陶灯台》，《华夏考古》2005 年第 2 期。

[日] 江上波夫：《关于旧石器时代的女神像》，于可可、殷稼、王子今译，《北方文物》1987 年第 4 期。

邝国敦等：《左江花山岩画颜料合成及其机理早期分析研究》，《中国文化遗产》2016 年第 4 期。

李东风：《赤峰市阴河人面形岩画研究》，中央民族大学硕士学位论文，2013 年。

李福顺：《贺兰山岩画中的面具神形象》，《化石》1991 年第 4 期。

李明斌：《羊子山土台再考》，《成都考古研究》2009 年第 0 期。

李琪：《史前东西民族的迁移运动——关于卡拉苏克文化的思考》，《西北民族研究》1998 年第 2 期。

李世武：《岩画的萨满教起源假说辨析》，《民族艺术》2015 年第 4 期。

李夏廷、张奎：《天马——曲村遗址北赵晋侯墓地第四次发掘》，《文物》1994 年第 8 期。

李祥石：《人面像岩画探究》，《文化学刊》2011 年第 5 期。

李肖、吕恩国、张永兵：《新疆鄯善洋海墓地发掘报告》，《考古学报》2011 年第 1 期。

李新伟：《洪都拉斯玛雅文明城邦科潘遗址 8N‑11 贵族居址的发掘》，中国考古网 2016 年 1 月 5 日版。

李仰松、严文明：《洛阳王湾遗址发掘简报》，《考古》1961 年第 4 期。

梁庭望：《花山崖壁画——壮族上古的形象历史》，《中央民族学院学报》1988 年第 2 期。

刘国祥：《内蒙古赤峰市兴隆沟聚落遗址 2002～2003 年的发掘》，《考古》2004 年第 7 期。

刘晋祥、朱延平：《内蒙古敖汉旗赵宝沟一号遗址发掘简报》，《考古》1988 年第 1 期。

刘学堂、李文瑛：《新疆史前考古研究的新进展》，《新疆大学学报》（哲学·人文社会科学版）2012 年第 1 期。

罗芳贤、魏兴兴：《1995 年扶风黄堆老堡子西周墓清理简报》，《文物》2005 年第 4 期。

孟华平：《"太阳人"与东门头遗址》，《文物天地》2003 年第 6 期。

孟慧英：《中国通古斯语族民族的萨满教特点》，《满语研究》2001 年第 1 期。

米哈伊·霍珀尔：《西伯利亚岩画中的表演性萨满教》，户晓辉译，《西域研究》1997 年第 3 期。

潘玲：《俄罗斯孔东遗址的陶器及孔东文化》，《北方文物》2004 年第 1 期。

潘玲：《蒙古和外贝加尔的赭石岩画的含义和年代》，《边疆考古研究》2005 年第 4 期。

庞昊：《翁牛特旗发现红山文化时期兽面陶塑》，《内蒙古文物考古》2008 年第 2 期。

秦岭：《福泉山墓地研究》，《古代文明》2005 年第 4 期。

阮晋逸：《赤峰地区人面像岩画研究》，中央民族大学硕士学位论文，2013 年。

芮国耀：《余杭瑶山良渚文化祭坛遗址发掘简报》，《文物》1988 年第 1 期。

邵会秋：《试论新疆阿勒泰地区的两类青铜文化》，《西域研究》2008 年第 4 期。

邵会秋：《新疆地区安德罗诺沃文化相关遗存探析》，《边疆考古研究》2009 年第 8 期。

朔知：《良渚文化的初步分析》，《考古学报》2000 年第 4 期。

宋宝忠、王大有：《阿斯特克太阳历及其文明》，《社会科学战线》1985 年第 3 期。

宋建忠等：《山西绛县横水西周墓发掘简报》，《文物》2006 年第 8 期。

苏布德：《洪格力图红山文化墓葬》，《内蒙古文物考古》2000 年第 2 期。

孙华：《羊子山土台考》，《四川文物》1993 年第 1 期。

孙华：《三星堆器物坑的埋藏问题——埋藏年代、性质、主人和背景》，《南方民族考古》2013 年第 9 期。

孙晓勇：《作为一种眼睛信仰的岩画——西辽河流域人面岩画探究》，《南京艺术学院学报》（美术与设计版）2012 年第 6 期。

孙晓勇、黄彦震：《东北西辽河流域人面岩画初探》，《东北史地》2013 年第 2 期。

孙晓勇：《西辽河流域人面岩画考古年代分析研究》，《南京艺术学院学报》（美术与设计版）2014 年第 2 期。

孙晓勇：《西辽河流域同心圆纹眼睛人面岩画文化内涵探析》，《民族艺术》2015 年第 2 期。

孙晓勇：《赤峰翁牛特旗人面岩画考古年代探究》，《西北大学学报》（哲学社会科学版）2015 年第 3 期。

索秀芬、李少兵：《牛河梁遗址红山文化遗存分期的初探》，《考古》2007 年第 10 期。

索秀芬：《红山文化研究》，《考古学报》2011 年第 3 期。

汤惠生：《萨满教二元对立思维及其文化观念》，《东南文化》1996 年第 4 期。

汤惠生：《神话中之昆仑山考述——昆仑山神话与萨满教宇宙观》，《中国社会科学》1996 年第 5 期。

汤惠生：《关于萨满教及其汉译名称的思考》，《青海社会科学》1996 年第 5 期。

汤惠生：《关于萨满教和萨满教研究的思考》，《青海社会科学》1997 年第 2 期。

汤惠生：《凹穴岩画的分期与断代——中国史前艺术研究之一》，《考古与文物》2004 年第 6 期。

汤惠生、梅亚文：《将军崖史前岩画遗址的断代及相关问题的讨论》，《东南文化》2008 年第 2 期。

汤惠生：《玦、阙、凹穴以及蹄印岩画》，《民族艺术》2011 年第 3 期。

田广林：《内蒙古赤峰市阴河中下游古代岩画的调查》，《考古》2004 年第 12 期。

王继潮：《中国古代萨满昏迷中的药物问题》，《自然科学史研究》2005 年第 1 期。

王娟：《藏戏和羌姆中的面具》，《西藏民族学院学报》（哲学社会科学版）2003 年第 3 期。

王明达：《浙江余杭反山良渚墓地发掘简报》，《文物》1988 年第 1 期。

王明钦：《湖北荆州秦家山二号墓清理简报》，《文物》1999 年第 4 期。

王明哲：《论克尔木齐文化和克尔木齐墓地的时代》，《西域研究》2013 年第 2 期。

王晓琨、张文静：《中国人面像岩画传播路线探析——以将军崖和赤峰人面像岩画为例》，《东南文化》2014 年第 4 期。

王毓红、冯少波：《贺兰山岩画人面式样结构的建构、功能和意义》，《宁夏社会科学》2010 年第 1 期。

乌恩：《论夏家店上层文化在欧亚大陆草原古代文化中的重要地位》，《边疆考古研究》2002 年第 1 期。

吴诗池、吴宏辉．林莉丽：《仰韶文化的原始艺术》，《史前研究》2004 年第 0 期。

肖波：《从"日首人身"形岩画看"皇"字起源》，《艺术探索》2015 年第 4 期。

肖波：《苏联考古学家 А. П. 奥克拉德尼科夫岩画研究学术史回顾》，《北方民族考古》2017 年第 4 期。

肖波：《俄罗斯考古学家 М. А. 杰夫列特岩画研究学术史回顾》，《北方民族考古》2018 年第 5 期。

徐天进等：《天马——曲村遗址北赵晋侯墓地第五次发掘》，《文物》1995 年第 7 期。

许高鸿译：《阿纳蒂谈中国岩画》，《博览群书》1998 年第 3 期。

许玉林、傅仁义、王传普：《辽宁东沟县后洼遗址发掘概要》，《文物》1989 年第 12 期。

闫凯凯：《磁山文化研究》，山东大学硕士学位论文，2012 年。

羊毅勇：《试析新疆古代葬俗》，《新疆社会科学》1990 年第 4 期。

杨雪梅：《距今三百三十万年的石器、三万余年的洞穴岩画等考古新发现去年相继出炉补上认知世界的缺环》，《人民日报》2016 年 1 月 4 日版。

于建军等：《新疆哈巴河托干拜 2 号墓地发掘简报》，《文物》2014 年第 12 期。

原胜文、石文嘉：《玉石覆面研究》，《中原文物》2009 年第 3 期。

岳岚：《藏传佛教羌姆面具的审美探析——以青海佑宁寺羌姆面具为例》，青海民族大学硕士学位论文，2014 年。

张潮：《仰韶文化人面鱼纹与良渚文化"神徽释读"》，《中国历史文物》2009 年第 6 期。

张崇宁、孙庆伟、张奎：《天马——曲村遗址北赵晋侯墓地第三次发掘》，《文物》1994 年第 8 期。

张光直：《中国古代文明的环太平洋的底层》，《辽海文物学刊》1989 年第 2 期。

张敬国：《含山凌家滩遗址第三次考古发掘主要收获》，《东南文化》1999 年第 5 期。

赵宾福：《东北新石器文化格局及其与周边文化的关系》，《中国边疆史地研究》2006 年第 2 期。

郑州市博物馆：《郑州大河村遗址发掘报告》，《考古学报》1979 年第 3 期。

祖晓伟：《神话学视域下的人—马关系》，《陕西师范大学学报》（哲学社会科学版）2014 年第 5 期。

俄文部分

Адрианов А. В., *Путешествие на Алтай и за Саяны, Совершенное в 1881 г. по Поручению Императорского Русского Географического Общества Членом - сотрудником А. В. Адриановым*:

［*Предварит. отчет*］. Томск：Сибирская Газета，1881（38 – 39）.

Адрианов А. В.，*Писаницы Енисейской Губернии. Отчет за 1904 Год.* Архив Ленинградского Отделения Института Археологии Академии Наук СССР . ф. 2. оп. 2. 1904（12）.

Адрианов А. В.，*Писаница Боярская.* Известия Русского Комитета для Изучения Средней и Восточной Азии，1906.

Адрианов А. В.，*Обследование Писаниц в Минусинском Крае Летом 1907 г.* Известия Русского Комитета для Изучения Средней и Восточной Азии，1908（8）.

Адрианов А. В.，*Отчет по Обследованию Писаниц Ачинского Округа*［*Минусинского Края*］. Известия Русского Комитета для Изучения Средней и Восточной Азии，1910（10）.

Адрианов А. В.，*Писаницы по Реке Мане.* Записки Отделения Русской и Славянской Археологии Императорского Русского Археологического Общества，1913（9）.

Альфтан Н.，*Заметки о Рисунках на Скалах по Рекам Уссури и Бикину.* Труды Приамурского Отдела Императорского Русского Географического Общества. Т. II. 1895.

Аннинский Е. С.，Заика А. Л.，*Наскальное Искусство Среднего Енисея. От Каменного Века до Средневековья.* Железногорск：Фонд《Память о Решетнёве》，2007.

Асеев И. В.，*Шаманская Символика на Петроглифах в Бухте Саган – Заба на Байкале и Этнографические Параллели.* В Алкин С. В.（отв. ред.），История и Культура Востока Азии：Материалы Международной Научной Конференции. Том 2. Новосибирск：Институт Археологии и Этнографии Сибирского Отделения Российской Академии Наук，2002.

Беднарик Р.，Дэвлет Е. Г.，*Консервация Памятников Наскального Искусства Верхней Лены.* В Симченко Ю. В.，Тишков В. А.（ред.），Памятники Наскального Искусства. Москва：Институт Археологии Российской Академии Наук，1993.

Блаженов В. А.，Худякова Т. М.，*География России：Пособие.* Книга I. Воронеж：Воронежский Государственный Педагогический Университет，2000.

Боковенко Н. А. и др.，*Наскальные Изображения Центральной Азии.* Без Места：Фонд Истории Северо – Восточной Азии，Институт Истории Материальной Культуры Российской Академии Наук，2007.

Бродянский Д. Л.，*Портрет Лесного Кота, Поймавшего Мышь：（Неолитический Сюжетный рисунок на Плитке Песчаника）.* Проблемы Истории，Филологии，Культуры，2002（12）.

Бродянский Д. Л.，*История Первобытного Общества.* Владивосток：Издательство Дальневосточного Университета，2003.

Бродянский Д. Л.，*Персонажи Берингийских Мифов в Неолитическом Искусстве Приморья.* Проблемы Истории，Филологии，Культуры，2003（13）.

Бродянский Д. Л. , *Антропоморфные Персонажи в Неолитическом Искусстве Приморья.* Проблемы Истории, Филологии, Культуры, 2004 (14).

Брюсов А. Я. , *К Критике Ошибок Археологов при Истолковании Древних Петроглифов.* В Удальцов А. Д. (отв. ред.), Против Вульгаризации Марксизма в Археологии. Москва: Академия Наук СССР, 1953.

Будогоский К. Ф. , *Юго-восточная Часть Русской Маньчжурии.* Иркутск: Газета 《Амур》, 1860 (1–2).

Булгаков А. И. , *Верховья Енисея в Урянхае и Саянских Горах.* Известия Императорское Русское Географическое Общество. Т. 44. Вып 6, 1908 (1909).

Быконя Г. Ф. , Дроздов Н. И. , *Памятники Истории и Культуры Красноярского Края.* Красноярск: Красноярское Книжное Издательство, 1989 (1).

Вадецкая Э. Б. , *Археологические Памятники в Степях Среднего Енисея.* Ленинград: Наука, 1986.

Вадецкая Э. Б. , *Древние Маски Енисея.* Санкт-Петербург & Красноярск: Версо, 2009.

Вайнштейна С. И. , Маннай-оола М. Х. , *История Тувы.* Т. I. Новосибирск: Наука, 2001.

Ван Цзяньлинь. , Забияко. , *Петроглифы Северо-Восточного Китая в Контексте Социальной и Религиозной Истории Региона.* Религиоветение, 2012 (4).

Ветлицын П. И. , *Заметки о Древних Гольдских Памятниках Близ Селения Малышевского.* Приамурские Ведомости, 1895 (56).

Галицкий А. И. , *Открытие Догээ-Бары: Уникальным Курганам на Вавилинском Затоне Грозит Уничтожение.* Центр Азии, 2002 (38).

Гиря Е. Ю. , Дэвлет Е. Г. , *Некоторые Результаты Разработки Методики Изучения Техники Выполнения Петроглифов Пикетажем.* Уральский Исторический Вестник, 2010 (1).

Готлиб А. И. , Зубков В. С. , Поселянин А. И. , *История Хакасии. Древность Учебно-методический Комплекс по Дисциплине : Учебное Пособие.* Абакан: Издательство ФГБОУ ВПО 《Хакасский Государственный Университет им. Н. Ф. Катанова》, 2014.

Грач А. Д. , *Петроглифы Тувы I (Проблема Датировки и Интерпретации, Этнографические Традиции).* В Толстов С. П. (отв. ред.), Сборник Музея Антропологии и Этнографии. Т. 17. Москва–Ленинград: Издательство Академии Наук СССР, 1957.

Грач А. Д. , *Петроглифы Тувы II. (Публикация Комплексов, Обнаруженных в 1955 г) .* В Толстов С. П. (отв. ред.), Сборник Музея Антропологии и Этнографии. Т. 18. Москва–Ленинград: Издательство Академии Наук СССР, 1958.

Грач А. Д. , *Вопросы Изучения Петроглифов Тувы.* В Окладников А. П. (ред.), Новейшие Исследования по Археологии Тувы и Этногенезу Тувинцев. Кызыл: Б. И. 1980.

Грушин С. П., Кокшенев В. В., *Захоронение с Антропоморфной Скульптурой в Среднем Причумыше.* В Кирюшин Ю. Ф. (отв. ред.), Аридная Зона юга Западной Сибири в Эпоху Бронзы. Барнаул: Алтайский Государственный Университет, 2004.

Грязнов М. П., *Неолитическое Погребение в с. Батени на Енисее.* Материалы и Исследования по Археологии СССР, 1953 (39).

Диков Н. Н., *Наскальные Загадки Древней Чукотки: Петроглифы Пегтымеля.* Москва: Наука, 1971.

Дэвлет Е. Г., *Памятники Наскального Искусства: Изучение, Сохранение, Использование.* Москва: Научный Мир, 2002.

Дэвлет Е. Г., Дэвлет М. А., *Мифы в Камне. Мир Наскального Искусства России.* Москва: Алетейя, 2005.

Дэвлет Е. Г., Гиря Е. Ю., 《*Изобразительный Пласт*》 *в Наскальном Искусстве и Исследовании Техники Выполнения Петроглифов Северной Евразии.* В Бобров В. В., Советова О. С., Миклашевич Е. А. (ред.), Древнее Искусство в Зеркале Археологии. К 70 - летию Д. Г. Савинова. Кемерово: Кузбассвузиздат, 2011.

Дэвлет Е. Г., Дэвлет М. А., *Сокровища Наскального Искусства Северной и Центральной Азии.* Москва: Институт Археологии Российской Академии Наук, 2011.

Дэвлет М. А., *Древние Антропоморфные Изображения из Саянского Каньона Енисея.* В Окладников А. П. (отв. ред.), Соотношение Древних Культур Сибири с Культурами Сопредельных Территорий. Новосибирск: ИФФ, 1975а.

Дэвлет М. А., Панова Н. В., Спилиоти М. Н., *Обследование Наскальных Изображений Правобережья Улуг - Хема.* В Рыбаков Б. А. (отв. ред.), Археологические Открытия 1974 Года. Москва: Наука, 1975b.

Дэвлет М. А., *Петроглифы Улуг - Хема.* Москва: Наука, 1976а.

Дэвлет М. А., *Большая Боярская Писаница.* Москва: Наука, 1976b.

Дэвлет М. А., *Новые 《Оленные》 Писаницы.* Природа. № 5, 1977.

Дэвлет М. А., *Петроглифы Мугур - Саргола.* Москва: Наука, 1980а.

Дэвлет М. А., *О Головных Уборах Антропоморфных Изображений Эпохи Бронзы на Верхнем Енисее.* В Сунчугашев Я. И. (отв. ред.), Вопросы Археологии Хакасии. Abakan: Без Издательства, 1980b.

Дэвлет М. А., *Петроглифы Верхнего Енисея.* В Рыбаков Б. А. (отв. ред.), Археологические Открытия 1980 Года. Москва: Наука, 1981.

Дэвлет М. А., *Петроглифы на Кочевой Тропе.* Москва: Наука, 1982.

Дэвлет М. А., *Петроглифы Алды - Мозага.* В Асеев И. В., Резун Д. Я. (отв. ред.), Памятники

Быта и Хозяйственное Освоение Сибири. Новосибирск: Наука, 1989.

Дэвлет М. А., *Листы Каменной Книги Улуг – Хема*. Кызыл: Тувинское Книжное Издательство, 1990a.

Дэвлет М. А. (отв. ред.), *Проблемы Изучения Наскальных Изображений в СССР*. Москва: Наука, 1990b.

Дэвлет М. А., *Древнейшие Антропоморфные Изображения Южной Сибири и Центральной Азии*. В Васильевский Р. С. (ред.), Наскальные Рисунки Евразии. Первобытное Искусство. Новосибирск: Наука, 1992.

Дэвлет М. А., *Петроглифы Енисея. История Изучения (XVIII – Начало XX вв)*. Москва: Институт Археологии Российской Академии Наук, 1996.

Дэвлет М. А., *Окуневские Антропоморфные Личины в Ряду Наскальных Изображений Северной и Центральной Азии*. В Савинов Д. Г., Подольский М. Л. (ред.), Окуневский Сборник. Культура. Искусство. Антропология. Санкт – Петербург: Петро – РИФ, 1997.

Дэвлет М. А., *Петроглифы на Дне Саянского Моря (Гора Алды – Мозага)*. Москва: Памятники Исторической Мысли, 1998.

Дэвлет М. А., *Каменный《Компас》в Саянском Каньоне Енисея*. Москва: Научный Мир, 2004.

Дэвлет М. А., Дэвлет Е. Г., *Антропоморфные Личины как Маркёры Путей Древних Миграций*. В Савинов Д. Г., Подольский М. Л. (ред.), Окуневский Сборник 2. Культура и её Окружение. Санкт – Петербург: Элексис Принт, 2006.

Дэвлет М. А., *Небо в Скалах*. В Вохменцев М. П. (отв. ред.), Проблемы Археологии: Урал и Западная Сибирь (К 70 – летию Т. М. Потёмкиной). Курган: Курганский Государственный Университет, 2007.

Дэвлет М. А., *Мозага – Комужап — Памятник Наскального Искусствава в Зоне Затопления Саянской ГЭС*. Москва: Институт Археологии Российской Академии Наук, 2009.

Дэвлет М. А., *Человек и его Место в Системе Мироздания (по Материалам Петроглифов Бассейна Верхнего Енисея)*. В Советова О. С., Король Г. Г. (отв. ред.), Изобразительные и Технологические Традиции в Искусстве Северной и Центральной Азии. Кемерово: Кузбассвузиздат, 2012 (9).

Дэвлет М. А., *Бронзовый Прототип Наскальных Изображений Личин – масокв Саянскомканьоне Енисея*. Социальные и Гуманитарные Науки, 2013 (1).

Есин Ю. Н., *О Некоторых Проблемах Интерпретации Изображений Эпохи Бронзы Центральной и Северной Азии*. Археология, Этнография и Антропология Евразии, 2005 (2).

Есин Ю. Н., *Тайна Богов Древней Степи*. Красноярск: Поликор, 2009a.

Есин Ю. Н., *Древнее Искусство Сибири: Самусьская Культура*. Томск: Томский Государственный Университет, 2009b.

Есин Ю. Н., *Стела с Изображением《Солнцеголового》Божества на Реке Туим в Хакасии（К120 – летию Экспедиции на Енисей Общества Древностей Финляндии под Руководством И. Р. Аспелина）*. Археология, Ээтнография и Антропология Евразии, 2009c（3）.

Есин Ю. Н., *Проблемы Выделения Изображений Афанасьевской Кульуры в Наскальном Минусинской Котловины*. В Степанова Н. Ф., Поляков А. В.（отв. ред.）, Афанасьевский Сборник. Барнаул: Азбука, 2010a.

Есин Ю. Н., *Наскальные Изображения Памятника Чалпан –1 в Минусинской Котловине*. Уральский Исторический Вестник, 2010b（1）.

Есин Ю. Н., *Малоарбатская Писаница: Изображения Эпохи Бронзы Археология*. Этнография и Антропология Евразии, 2012（3）.

Есин Ю. Н., *Петроглифы《Шаман – Камня》（Гора Оглахты, Хакасия）*. Научное Обозрение Саяно – Алтая, 2013（1）.

Есин Ю. Н., Магай Ж., Руссельер Э., Вальтер Ф., *Краска в Наскальном Искусстве Окуневской Культуры Минусинской Котловины*. Российская Археология, 2014（3）.

Есин Ю. Н., *Петроглифы Окуневской Культуры на Севере Хакасии*. Научное обозрение Саяно – Алтая, 2016（1）.

Заика А. Л., *К Интерпретации Окуневских Изображений*. В Проблемы Археологии и Этнографии Сибири и Дальнего Востока. Т. 2. Красноярск, 1991.

Заика А. Л., *Культовые Озображения в Наскальном Искусстве р. Маны*. В Этносы Сибири. История и Современность. Красноярск: Без издательства, 1994.

Заика А. Л., *Личины Нижней Ангары（Результаты Стилистического Анализа）*. В География на Службе Науки, Практики, Образования: Материалы VII Научно – практической и Методической Конференции, Посвященной 100 – летию Красноярского Отдела РГО. Красноярск: Красноярский Государственный Педагогический Университет, 2001.

Заика А. Л., *Личины в Наскальном Искусстве Нижней Ангары*. Археология, Этнография и Антропология Евразии, 2012（1）.

Заика А. Л., *Личины Нижней Ангары*. Красноярск: Красноярский Государственный Педагогический Университет им. В. П. Астафьева, 2013a.

Заика А. Л., *Сердцевидные Личины в Петроглифах Южной Сибири*. Научное Обозрение Саяно – Алтая, 2013b（1）.

Завитухина М. П. , *Древнее Искусство на Енисее. Скифское Время*. Ленинград: Искусство, 1983.

Зяблин Л. П. , *Неолитическое Поселение Унюк на Верхнем Енисее*. В Смирнов А. П. (отв. ред.), Проблемы Археологии Урала и Сибири. Москва: Наука, 1973.

Иванов В. В. , *Опыт Истолкования Древнеиндийских Ритуальных Мифологических Терминов, Образованных от Asva – Конь*. В Зограф Г. А. , Топоров В. Н. (отв. ред.), Проблемы Истории Языков и Культуры Народов Индии. Москва: Наука, 1974.

Килуновская М. Е. , *Мониторинг Археологических Памятников Республики Тыва*. В Субботин А. В. (отв. ред.), Археологические Памятники России: Охрана и Мониторинг. Группа Археологического Мониторинга Институт Истории Материальной Культуры Российской Академии Наук (2001 – 2010). Санкт – Петербург: Инфо Ол, 2012.

Киселев С. В. , *Древняя История Южной Сибири*. Москва: Академия Наук СССР, 1951.

Кобланды – Батыр. *Казахский Героический Эпос*. Москва: Наука, 1975.

Ковалёва О. V. , *Наскальные Рисунки Эпохи Поздней Бронзы Минусинской Котловины*. Новосибирск: Институт Археологии и Этнографии Сибирского Отделения РАН, 2011.

Ковалев А. А. , *Могильник Верхний Аскиз I, курган 2*. В Савинов Д. Г. , Подольский М. Л. (ред.), Окуневский Сборник. Культура. Искусство. Антропология. Санкт – Петербург: Петро – РИФ, 1997.

Ковалева О. В. , *Наскальные Рисунки Эпохи Поздней Бронзы Минусинской Котловины*. Новосибирск: Институт Археологии и Этнографии Сибирское Отделение Российской Академии Наук, 2011.

Ковтун И. В. , *Петроглифы Висящего Камня и Хронология Томских Писаниц*. Кемерово: Кузбассвузиздат, 1993.

Колпаков Е. М. , Шумкин В. Я. , *Петроглифы Канозера*. Санкт – Петербург: Искусство России, 2012.

Корнилов И. П. , *Воспоминания о Восточной Сибири. Город Ачинск и Поездка в 1848 г. на Божьи Озера*. В Фролов Н. , Магазин Землеведения и Путешествий. Т. 3. , Москва: Типография Александра Семена, 1854.

Королькова Е. Ф. , *Властители Степей*. Санкт – Петербург: Государственный Эрмитаж, 2006.

Кубарев В. Д. , *Древние Росписи Каракола*. Новосибирск: Наука, 1988.

Кубарев В. Д. , Маточкин Е. П. , *Петроглифы Алтая*. Новосибирск: Институт Археологии и Этнографии Сибирское Отделение Российской Академии Наук, 1992.

Кубарев В. Д. , *Шаманистские Сюжеты в Петроглифах и Погребальных Росписях Алтая*. Древности Алтая, 2001 (6).

Кубарев В. Д. , *Наскальное Искусство Алтая*. Новосибирск: Институт Археологии и Этнографии

Сибирское Отделение Российской Академии Наук, 2003.

Кубарев В. Д., Цэвээндорж Д., Якобсон Э., *Петроглифы Цагаан – Салаа и Бага – Ойгура（Монгольский Алтай）*. Новосибирск: Институт Археологии и Этнографии Сибирское Отделение Российской Академии Наук, 2005.

Кубарев В. Д., *Мифы и Ритуалы, Запечатленные в Петроглифах Алтая*. Археология, Этнография и Антропология Евразии, 2006（3）.

Кубарев В. Д., *Петроглифы Шивээт – Хайрхана（Монгольский Алтай）*. Новосибирск: Институт Археологии и Этнографии Сибирское Отделение Российской Академии Наук, 2009.

Кубарев В. Д., *Петроглифы Калбак – Таша I（Российский Алтай）*. Новосибирск: Институт Археологии и Этнографии Сибирское Отделение Российской Академии Наук, 2011.

Кызласов Л. Р., *Начало Сибирской Археологии*. В Авдусин Д. А., Янин В. Л.（ред.）, Историко – Археологический Сборник. Москва: Московский Государственный Университет, 1962.

Кызласов Л. Р., *Древнейшая Хакасия*. Москва: Московский Государственный Университет, 1986.

Лапшина З. С., *Личины Петроглифов Амуро – Уссурийского Комплекса: Структура Рисунка и Художественный Образ*. В Ермоленко Л. Н. и т. д.（ред.）, Наскальное Искусство в Современном Обществе（К 290 – летию Научного Открытия Томской Писаницы）. Кемерово: Кузбассвузиздат. Том 2, 2011.

Лазаретов И. П., *Окуневские Личины Джойского Типа — Маркёры Древних Путей*. В Ермоленко Л. Н. и т. д.（ред.）, Наскальное Искусство в Современном Обществе（К 290 – летию Научного Открытия Томской Писаницы）. Кемерово: Кузбассвузиздат. Том 2, 2011.

Лаушкин К. Д., *Онежское Святилище. Ч. I（Новая Расшифровка Петроглифов Карелии）*. Скандинавский Сборник, 1959（4）.

Лаушкин К. Д., *Онежское Святилище. Ч. II（Опыт Новой Расшифровки Некоторых Петроглифов Карелии）*. Скандинавский Сборник, 1962（5）.

Леонтьев Н. В., *Кундусукские Росписи*. Советская Археология, 1969（4）.

Леонтьев Н. В., *Писаницы Правобережья Р. Абакана*. В Рыбаков Б. А.（отв. ред.）, Археологические Открытия 1969 Года. Москва: Наука, 1970.

Леонтьев Н. В., *Наскальные Рисунки Коровьего Лога（к Вопросу о Периодизации Антропоморфных Изображений Окуневской Культуры）*. Известия Сибирского Отделения Академии Наук СССР, 1976（3）.

Леонтьев Н. В., *Антропоморфные Изображения Окуневской Культуры*. В Савинов Д. Г., Подольский М. Л.（ред.）, Окуневский Сборник. Культура. Искусство. Антропология. Санкт – Петербург: Петро – РИФ, 1997.

Леонтьев Н. В. , Капелько В. Ф. , Есин Ю. Н. , *Изваяния и Стелы Окуневской Культуры.* Абакан： Хакасское Книжное Издательство, 2006.

Линевский А. М. , *Петроглифы Карелии.* Ч. 1. Петрозаводск：Каргосиздат, 1939.

Липский А. Н. , Вадецкая Э. Б. , *Могильник Тас Хазаа.* В Савинов Д. Г. , Подольский М. Л. (ред.), Окуневский Сборник 2. Культура и её Окружение. Санкт － Петербург：Элексис Принт, 2006.

Лойко В. Н. , *Шаманизм： По Ту Сторону.* Минск：Плопресс, 2003.

Маак Р. К. , *Путешествие на Амур.* Санкт － Петербург：В Типографии Карла Вульфа, 1859.

Маак Р. К. , *Путешествие по Долине Реки Уссури.* Санкт － Петербург：Типография В. Безобразова и Комп, 1861.

Мазин А. И. , *Таежные Писаницы Приамурья.* Новосибирск：Наука, 1986.

Максименков Г. А. , *Андроновская Культура на Енисее.* Ленинград：Наука, 1978.

Мандельштам А. М. , *О Некоторых Результатах Новых Археологических Исследований в Центральной Туве.* Информационный Бюллетень Международная Ассоциация по Изучению Культур Центральной Азии, 1983 (4).

Маннай － оол М. Х. , *К Вопросу о Генезиситувинского Шаманиство.* В Гоголев А. И. (отв. ред.), Шаманизмкак Религия： Генезис, Реконструкция, Традиции. Якутск： Якутский Государственный Университет, 1992.

Мартынов А. И. , *Лодки － в Страну Предков.* Кемерово：Кемеровское Книжное Издательство, 1966.

Матющенко В. И. , *К Вопросу о Бронзовом Веке в Низовьях р. Томи.* Советская Археология, 1959 (4).

Матющенко В. И. , *Об Антропоморфных Изображениях на Глиняных Сосудах из Поселения Самусь IV.* Советская Археология, 1961 (4).

Матющенко В. И. , *Некоторые Новые Материалы по Самусьской Культуре.* В Смирнов А. П. (отв. ред.), Проблемы Археологии Урала и Сибири. Москва：Наука, 1973.

Медведев В. Е. , *Неолитические Культовые Центры в Долине Амура.* Археология, Этнография и Антропология Евразии, 2005 (4).

Мессершмидт Д. Г. , *Извлечение из Путевого Дневника Д. Г. Мессершмидта.* В Радлов В. В. , Сибирские Древности. Т. 1. Вып. 1. Материалы по Археологии России, Издаваемые Императорскою Археологическою Комиссиею. № 3. Санкт － Петербург： Типография Императорской Академии Наук, 1888.

Миклашевич Е. А. , *Исследование Наскального Искусства Северной и Центральной Азии в1995 － 1999 гг.* Кемерово：Кузбассвузиздат, 2007.

Миклашевич Е. А., *Окуневские Лошади: к Проблеме Появления Одомашненной Лошади в Южной Сибири.* В Савинов Д. Г., Подольский М. Л. （ред.）, Окуневский Сборник 2. Культура и её Окружение. Санкт－Петербург: Элексис Принт, 2006.

Миллер Г. Ф., *История Сибири.* Т. 1. Москва － Ленинград: Издательство Академии Наук СССР, 1937.

Миллер Г. Ф., *Из Рукописной Инструкции, Составленной Миллером для Адъюнкта Фишера.* В Радлов В. В., Сибирские Древности. Т. I. Вып. 3. Материалы по Археологии России, Издаваемые мператорскою Археологическою Комиссиею. № 15. Санкт－Петербург: Типография Императорской Академии Наук, 1894.

Миллер Г. Ф., *О Сибирских Надписях. Ч 1. О Сибирских Писаных Камнях.* В Миллер Г. Ф. История Сибири. Т. 1. Москва － Ленинград: Издательство Академии Наук СССР, 1937.

Новгородова Э. А., *Древнейшие Изображения Колесниц в Горах Монголии.* Советская Археология, 1978（4）.

Молчанов В. И., *Системный Анализ Социологической Информации.* Москва: Наука. 1981.

Новлянская М. Г., *Даниил Готлиб Мессершмидт и его Работы по Исследованию Сибири.* Ленинград: Наука, 1970.

Окладников А. П., *Древние Шаманские Изображения из Восточной Сибири.* Советская Археология, 1948（10）.

Окладников А. П., Запорожская В. Д., *Ленские Писаницы. Наскальные Рисунки у Деревни Шишкино.* Москва － Ленинград: Издательство Академии Наук СССР, 1959.

Окладников А. П., *Шишкинские Писаницы － Памятники Древней Культуры Прибайкалья.* Иркутск: Иркутское Книжное Издательство, 1959.

Окладников А. П., *Олень Золотые Рога: Рассказы об Охоте за Наскальными Рисунками.* Ленинград － Москва: Искусство, 1964.

Окладников А. П., *Петроглифы Ангары.* Москва－Ленинград: Наука, 1966.

Окладников А. П., *Лики Древнего Амура.* Новосибирск: Западно－Сибирское Книжное Издательство, 1968a.

Окладников А. П. （отв. ред.）, *История Сибири с Древнейших Времен до Наших Дней.* В Пяти Томах. Т. 1. Древняя Сибирь. Ленинград: Наука, 1968b.

Окладников А. П., Запорожская В. Д., *Петроглифы Забайкалья.* Ленинград: Наука, 1969.

Окладников А. П., *Петроглифы Нижнего Амура.* Ленинград: Наука, 1971.

Окладников А. П., *Центрально － Азиатский Очаг Первобытного Искусства.* Новосибирск:

Наука，1972a.

Окладников А. П., Запорожская В. Д., *Петроглифы Средней Лены*. Ленинград：Наука. 1972b.

Окладников А. П., Мартынов А. И., *Сокровища Томских Писаниц. Наскальные Рисунки Эпохи Неолита и Бронзы*. Москва：Искусство，1972с.

Окладников А. П., *Петроглифы Байкала — Памятники Древней Культуры Народов Сибири*. Новосибирск：Наука，1974.

Окладников А. П., Мазин А. И., *Писаницы Реки Олёкмы и Верхнего Приамурья*. Новосибирск：Наука，1976.

Окладников А. П., *Взаимодействие Древних Культур Тихого Океана. (На Материалах Петроглифов)*. В Членова Н. Л. (отв. ред.), Проблемы Археологии Евразии и Северной Америки. Москва：Наука，1977a.

Окладников А. П., *Петроглифы Верхней Лены*. Ленинград：Наука，1977b.

Окладников А. П., Мазин А. И., *Писаницы Бассейна Реки Алдан*. Новосибирск：Наука. 1979a.

Окладников А. П., Окладникова Е. А., Запорожская В. Д. и др., *Петроглифы Долины Реки Елангаш (юг Горного Алтая)*. Новосибирск：Наука，1979b.

Окладников А. П., Окладникова Е. А., Запорожская В. Д. и др., *Петроглифы Горного Алтая*. Новосибирск：Наука，1980.

Окладников А. П., *Петроглифы Монголии*. Ленинград：Наука，1980.

Окладников А. П., Молодин В. И., Конопацкий А. К., *Новые Петроглифы Прибайкалья и Забайкалья*. Новосибирск：Наука，1980.

Окладников А. П., *Петроглифы Чулутын — Гола (Монголия)*. Новосибирск：Наука，1981.

Окладников А. П., *Петроглифы Чанкыр — Кёля*. Новосибирск：Наука，1981.

Окладников А. П., *Петроглифы у Села Калиновки на Нижнем Амуре*. В Убрятова Е. И. (отв. ред.), Языки и фольклор Народов Севера. Новосибирск：Наука，1981.

Окладников А. П., *Петроглифы Сары — Сатак*. Новосибирск：Наука，1982.

Окладников А. П., Окладникова Е. А., *Древние Рисунки Кызыл — Кёля*. Новосибирск：Наука，1985.

Окладникова Е. А., *Загадочные Личины Азии и Америки*. Новосибирск：Наука，1979.

Окладникова Е. А., *Череповидные Маски Сикачи — Аляна*. Природа，1980 (8).

Окладникова Е. А., *Модель Вселенной в Системе Образов Наскального Искусства Тихоокеанского Побережья Северной Америки*. Санкт — Петербург：МАЭ РАН，1995.

Панкратова Л. В., *Образ Мирового Древа в Кулайской Металлопластике*. В Белоусова Н. А. и т. д. (ред.), Археология Южной Сибири. К 80 — летию А. И. Мартынова. Кемерово：Кемеровский

Государственный Университет. Выпуск 26, 2013.

Панкратова Л. В., *О Возможных Истоках Иконографии Образа Медведя в Кулайской Металлопластике*. Вестник Томского Государственного Педагогического Университета, 2015 (9).

Пенглин Ванг., *Графические Метафоры Состояний Шамана в Петроглифах и Концептуализация Шаманизма с Помощью Чисел*. Антропологический Форум, 2006 (5).

Пиотровский Ю. Ю., *Бронзовый Век. Европа Без Границ. Четвертое – Первое Тысячелетия до н. э.* Санкт – Петербург: Чистый Лист, 2013.

Поляков А. В., *Радиоуглеродные Даты Афанасьевской Культуры*. В Степанова Н. Ф., Поляков А. В. (отв. ред.), Афанасьевский Сборник. Барнаул: Азбука, 2010.

Поляков А. В., Есин Ю. Н., *Миниатюрные Изображения из Погребения Окуневской Культуры на Озере Иткуль в Хакасии*. Археология, Этнография и Антропология Евразии, 2015 (2).

Пономарева И. А., *Личины Нижнего Амура (Вопросы Хронологии)*. В Толпенко И. В. (отв. ред.), VIII Исторические Чтения Памяти Михаила Петровича Грязнова. Омск: Амфора, 2012.

Попов А. Н. *Погребальные Комплексы на Многослойном Памятнике Бойсмана –2 в Южном Приморье*. Археология, Этнография и Антропология Евразии, 2008 (2).

Попов Н. И., *Общий Взгляд на Писаницы Минусинского Края*. Известия Сибирского Отдела Императорского Русского Географического Общества. Т. 6, 1875 (5 – 6).

Попов Н. И., *О Рунических Письменах в Минусинском Крае*. Известия Сибирского Отдела Императорского Русского Географического Общества. Т. 5, 1874 (2).

Попов Н. И., *Общий Взгляд на Писаницы Минусинского Края (Окончание)*. Известия Сибирского Отдела Императорского Русского Географического Общества. Т. 7, 1876 (1).

Пяткин Б. Н., Мартынов А. И., *Шалаболинские Петроглифы*. Красноярск: Издательство Красноярского Университета, 1985.

Равдоникас В. И., *К Изучению Наскальных Изображений Онежского Озера и Белого Моря*. Советская Археология, 1936.

Радлов В. В., *О Новом Способе Приготовления Эстампажей с Надписей на Камнях*. Записки Восточного Отделения Российского Археологического Общества, 1892 (7).

Радлов В. В., *Сибирские Древности. Из Путевых Заметок В. В. Радлова. (Перевод с Немецкого)*. Записки Императорского Русского Археологического Общества. Новая серия. Т. 7, 1895 (3 – 4).

Радлов В. В., *Из Сибири. Страницы Дневника*. Москва: Наука, 1989.

Ракитов А. И., *Философские Проблемы Науки*. Москва: Наука, 1977.

Рогожинский А. Е. (отв. ред.), *Памятники Наскального Искусства Центральной Азии:*

Общественное Участие, *Менеджмент*, *Консервация*, *Документация*. Алматы：Искандер，2004.

Савенков И. Т.，*К Разведочным Материалам по Археологии Среднего Течения Енисея*. Известия Восточно－Сибирского Отдела Русского Географического Общества. Т. 17，1886（3－4）.

Савенков И. Т.，*О Древних Памятниках Изобразительного Искусства На Енисее*：*Сравнительные Археолого－этнографические Очерки*. Москва：Типография Г. Лисснера и Д. Собко，1910.

Савватеев Ю. А.，*Петроглифы Карелии*. Петрозаводск：Карелия，1976.

Савватеев Ю. А.，*Наскальные Рисунки Карелии*. Петрозаводск：Карелия，1983.

Савватеев Ю. А.，*Вечные Письмена（Наскальные Изображения Карелии）*. Петрозаводск：Карелия，2007.

Савинов Д. Г.，*О Выделении Стилей и Иконографических Групп Изображений Окуневского Искусства*. В Савинов Д. Г.，Подольский М. Л.（ред.），Окуневский Сборник 2. Культура и её Окружение. Санкт－Петербург：Элексис Принт，2006.

Святко С. В.，Поляков А. В.，*Новые Радиоуглеродные Даты Памятников Эпохи Бронзы－Начала Железного Века Среднего Енисея*. В Кирюшин Ю. Ф.，Тишкин А. А.（отв. ред.），Роль Естественно－научных Методов в Археологических Исследованиях. Барнаул：Издательство Алтайского Государственного Университета，2009.

Сем Т. Ю.，*Шаманизм Народов Сибири. Этнографические Материалы XVIII－XX вв.* Санкт－Петербург：Филологический Факультет Санкт－Петербургский Государственный Университет，2006.

Семёнов В. А.，*Многослойная Стоянка Тоора－Даш на Енисее（К Проблеме Периодизации Культур Эпох Неолита и Бронзы Тувы）*. В Массон В. М.（отв. ред.），Древние Культуры Евразийских Степей（По Материалам Археологических Работ на Новостройках）. Ленинград：Наука，1983.

Семёнов В. А.，Васильев С. А.，Килуновская М. Е.，*Куйлуг－Хемский I Грот — Новый Многослойный Памятник Каменного Века в Туве*. Записки Института Истории Материальной Культуры Российской Академии Наук，2006.

Семёнов В. А.，*Плита с Окуневской Личиной со Стоянки Кара－орга в Туве*. В Ермоленко Л. Н. и т. д.（ред.），Наскальное Искусство в Современном Обществе（К 290－летию Научного Открытия Томской Писаницы）. Кемерово：Кузбассвузиздат. Том 2，2011.

Соколова Л. А.，*Проблема Сложения Окуневской Культуры*. В Савинов Д. Г.（отв. ред.），Проблемы Изучения Окуневской Культуры. Санкт－Петербург：Музей Антропологии и Этнографии Российская Академия Наук，1995.

Соколова Л. А.，*Характеристика и Типология Окуневского Керамического Ком－плекса*. В Пиотровский Ю. Ю.（отв. ред.），Степи Евразии в Древности и Средневековье. Санкт－Петербург：

Государственный Эрмитаж. Книга 1, 2002.

Соколова Л. А., *Многокомпонентность в Окуневской Культурной Традиции*. В Деревянко А. П., Молодин В. И. (отв. ред.), Современные Проблемы Археологии России: Материалы Всероссийского Археологического Съезда. Новосибирск: Институт Археологии и Этнографии Сибирского Отделения Российской Академии Наук, 2006.

Спасский Г. И., *Древности Сибири*. Сибирский Вестник, 1818 (1).

Спасский Г. И., *О Древних Сибирских Начертаниях и Надписях*. Сибирский Вестник, 1818 (1).

Спасский Г. И., *О Достопримечательных Памятниках Сибирских Древностей и Сходстве Некоторых из Них с Великорусскими*. Записки Императорского Русского Географического Общества, 1857.

Спафарий Н. М., *Сибирь и Китай*. Кишинев: Картя Молдовеняскэ, 1960.

Степанова Н. Ф., Поляков А. В., *Афанасьевская Культура: История Изучения и Современное Состояние*. В Степанова Н. Ф., Поляков А. В. (отв. ред.), Афанасьевский Сборник. Барнаул: Азбука, 2010.

Студзицкая С. В., *Древнее Искусство Прибайкалья (по Материалам Мелкой Пластики Эпохи Неолита)*. В Бобров В. В., Советова О. С., Миклашевич Е. А. (ред.), Древнее Искусство в Зеркале Археологии. К 70-летию Д. Г. Савинова. Кемерово: Кузбассвузиздат, 2011.

Тишкин А. А., Горбунов В. В., *Средневековые Воины Алтая*. Природа, 2002 (9).

Филиппова Е. Е., *Погребальные Петроглифы Среднего Енисея и Их Место в Идеологических Представлениях Карасукских Племен*. В Белоцерковская И. В. (отв. ред.), Археологический Сборник. Погребальный Обряд. (Труды Государственного Исторического Музея). Вып. 93. Москва: Государственный Исторический Музей, 1997.

Формозов А. А., *Наскальные Изображения в Центральной Туве*. В Рыбаков Б. А. (отв. ред.), Археологические Открытия 1966 Года. Москва: Наука, 1967.

Хороших П. П., *Писаницы Алтая (Предварительное Сообщение)*. Краткие Сообщения Института Истории Материальной Культуры, 1947 (14).

Хороших П. П., *Изображения на Скале Ялбан-Таш (Горно-Алтайская АО)*. Краткие Сообщения Института Истории Материальной Культуры, 1949 (25).

Хороших П. П., *Наскальные Рисунки на Горе Манхай II (Кудинские Степи)*. Краткие Сообщения Института Истории Материальной Культуры, 1951 (36).

Худяков Ю. С., *Образ Воина в Наскальном Искусстве Южной Сибири и Центральной Азии*. В Васильевский Р. С. (отв. ред.), Антропоморфные Изображения. Первобытное Искусство. Новосибирск: Наука, 1987.

Худяков Ю. С. , *Стилистические Особенности Изображения Воинов на Петроглифах Раннего Железного Века и Хунно – Сарматского Времени в Минусинской Котловине.* В Савинов Д. Г. （ отв. ред. ）, Изобразительные Памятники：Стиль, Эпоха, Композиции. Санкт – Петербург：Исторический факультет Санкт – Петербургский Государственный Университет, 2004.

Худяков Ю. С. , *Изображения Оружия на Петроглифах Скифского и Хуннского Времени в Минусинской Котловине как Хронологический Индикатор.* В Дэвлет Е. Г. （ред. ）, Мир Наскального Искусства（Сборник Докладов Международной Конференции）. Москва：Институт Археологии Российской Академии Наук, 2005.

Чадамба Л. Д. , *Памятники Наскального Искусства в Саяноском Каньоне Енисея（ Республика Тыва）.* Известия Российского Государственного Педагогического Университета им. А. И. Герцена, 2008 （3）.

Чадамба Л. Д. , *Сюжеты и Стили в Наскальном Искусстве Тувы.* Известия Российского Государственного Педагогического Университета им. Герцена А. И. 2008 （74 – 1）.

Чемякин Ю. П. , *Культовая Металлопластика Сургутского Варианта Кулайской Культуры.* Вестник Томского Государственного Университета, 2013 （2）.

Чернецов В. Н. , *Наскальные Изображения Урала.* Москва：Наука. 1964 （1）.

Чернецов В. Н. , *О Приемах Сопоставления Наскальных Изображений.* Советская Этнография, 1969 （4）.

Чернецов В. Н. , *Наскальные Изображения Урала.* Москва：Наука, 1971 （2）.

Чжан Со Хо. , *Наскальные Изображения Центральной и Восточной Азии（ Культурно – Историческое Развитие и Вопросы Интерпретации）.* Санкт – Петербург：Российская Академия Художеств, 1999.

Чугунов К. В. , *Новые Находки Личин в Верховьях Енисея.* В Савинов Д. Г. , Подольский М. Л. （ред. ）, Окуневский Сборник. Культура. Искусство. Антропология. Санкт – Петербург：Петро – РИФ, 1997.

Шер Я. А. , *Петроглифы Средней и Центральной Азии.* Москва：Наука, 1980.

Ядов В. А. , *Социологическое Исследование：Методология, Программа, Методы.* Москва：Наука, 1972.

Янина В. Л. , *Археология：Учебник.* Москва：Издательство Москоского Университета, 2006.

其他外文部分

Alexei Okladnikov, *Art of the Amur：Ancient Art of the Russian Far East.* New York：Harry N. Abrams,

Inc. , 1982.

Alice Tratebas, *North American – Siberian Connections: Regional Rock Art Patterning Using Multivariate Statistics*. In McDonald J. , Veth P. (eds.), A companion to Rock Art. Oxford, Malden: Wiley – Blackwell, 2012.

Andrzej Rozwadowski, *Rock Art, Shamanism and History: Implications From a Central Asian Case Study*. In B. W. Smith, K. Helskog & D. Morris (eds.), Working With Rock Art: Recording, Presenting and Understanding Rock Art Using Indigenous Knowledge. Johannesburg: Wits University Press, 2014.

Artamonov M. , *The Dawn of Art / Древнее Искусство*. Leningrad: Aurora Art Publishers. 1974.

Arthur Waley, *The Nine Songs, A Study of Shamanism in Ancient China*. London: Allen & Unwin, 1955.

Bednarik R. G. , *The Potential of Rock Patination Analysis in Australian Archaeological – part 2* . The Artefact, 1980 (5).

Bednarik R. G. , *Geoarchaeological Dating of Petroglyphs at Lake Onega, Russia*. Geoarchaeology: An International Journal, Vol. 8, 1993 (6).

Bednarik R. G. , *Cupules: the Oldest Surviving Rock Art*. International Newsletter on Rock Art, 2001 (30).

Chlachula Jiří, *Climate History and Early Peopling of Siberia*. In Dar I. A. , Dar M. A. (eds.), Earth and Environmental Sciences. In Tech, 2011.

Christina Pratt, *An Encyclopedia of Shamanism*, Volume 1. New York: Rosen Publishing Group, 2007.

Daniel Leen, *The Rock Art of Northwest Washington*. Northwest Anthropological Research Notes, Vol. 15, 1981 (1).

Devlet M. A. , *Petroglyphs on the Bottom of the Sayan Sea (Mount Aldy – Mozaga)*. Anthropology & Archeology of Eurasia, Vol. 40, 2002 (1).

Dirksen V. G. , Van Geel B. , Koulkova M. A, etc. , *Chronology of Holocene Climate and Vegetation Changes and Their Connection to Cultural Dynamics in Southern Siberia*. Radiocarbon 49, 2007 (2).

Edwin Michael Bridges, *Northern Asia // World Geomorphology*. London: Cambridge University Press, 1990.

Ekaterina Devlet, *Rock Art and the Material Culture of Siberian and Central Asian Shamanism*. In Neil S. Price (ed.), The Archaeology of Shamannism. London – New York: Routledge, 2001.

Eliade M. , *Shamanism: Archaic Techniques of Esctasy*. New Jersey: Princeton University Press, 1972.

Esther Jacobson, Vladimir Kubarev, Damdensurenjin Tseevendorj, *Mongolie Du Nord – ouest Tsagaan Salaa/ Baga Oigor*. Paris: Deboccard. 2001.

Grant C. , *The Rock Paintings of the Chumash*. Berkeley: University of California Press, 1965.

Irina A. Ponomareva, *Continuity in the Rock Art Tradition of the Siberian Lower Amur Basin*. Rock Art Research. 2018 (1).

Jean – pierre Mohen, *The World of Megalithiths*. Facts on File, Inc, 1990.

Jones et al. , *Radiocarbon age constraints for a Pleistocene – Holocene transition rock art style*: The Northern Running Figures of the East Alligator River region, western Arnhem Land, Australia. Journal of Archaeological Science: Reports, 2017 (11).

Kirchner H. , *Ein Archäologischer Beitrag zur Urgeschixhte des Schamanismus*. Anthropos, 1952 (47).

Kubarev D. , Jakobson E. , *Sibérie du Sud 3 : Kalbak – Tash I (République de l' Altai)*. In H. – P. Francfort. , Ja. A. Sher. (eds.), Mémoires de la Mission Archéologique Française en Asie Centrale, t. V. 6). – (Répertoire des Pétroglyphes d' Asie Centrale, N 3). Paris: De Boccard, 1996.

Laufer B. , *Petroglyphs of the Amur*. American Anthropologist, 1899 (1).

Laurianne Bruneau, John Vincent Bellezza, *The Rock Art of Upper Tibet and Ladakh : Inner Asian Cultural Adaptation, Regional Differentiation and the Western Tibetan Plateau Style*. Revue d' Études Tibétaines, CNRS, 2013 (28).

Lewis – Williams J. D, etc. , *The Economic and Social Context of Southern San Rock Art*. Current Anthropology, Volume 23, 1982 (4).

Lewis – Williams J. D. , Dowson T. A. , *The Signs of All Times: Entoptic Phenomena in Upper Palaeolithic Art*. Current Anthropology, 1988 (29).

Lewis – Williams J. D. , *Harnessing the Brain: Vision and Shamanism in Upper Palaeolithic Western Europe*. In Margaret W. Conkey, etc. (eds.), Beyond Art: Pleistocene Image and Symbol. Berkeley: University of California Press, 1996.

Lewis – Williams D. J. , *A Cosmos in Stone: Interpreting Religion and Society through Rock Art*. Walnut Creek, California: Altamira Press. 2002.

Lewis – Williams J. D. , *Rock Art and Shamanism*. In McDonald J. , Veth P. (eds.), A Companion to Rock Art. Wiley – Blackwell, Online Library, 2012.

Lommel Andreas, *Shamanism: The Beginnings of Art*. Translation from German by Micheal Bullock, New York: McGraw – Hill, 1967.

Mallory J. P. , Adams D. Q. , *Encyclopedia of the Indo – European Culture*. London: Fitzroy Dearborn Publishers. 1997.

Messerschmidt D. G. , *Forschungsreise durch Sibirien. 1720 – 1727 . Teil 1. Tagebuchaufzeichnungen. Januar 1721 – 1722*. Berlin: Akademie – Verlag, 1962.

Mikhail P. Gryaznov, Translated from the Russian by James Hogarth, *The Ancient Civilization of Southern Siberia: An Archaeological Adventure*. New York: Cowles Book, 1969.

Nikolai P. Makarov, *The Ancient Stages of the Culture Genesis of the Krasnoyarsk Northern Indigenous Peoples*. Journal of Siberian Federal University, 2013 (6).

Paul S. C. Taçon, et al. , *Uranium – series Age Estimates for Rock Art in Southwest China*. Journal of Archaeo-logical Science, 2012, 39 (2).

Radloff W. , *Aus Sibirien*. Bd. 1 – 2. Leipzig: T. O. Weigel, 1893.

Russ J. , Palma R. L. , et al. , *Analysis of the Rock Accretions in the Lower Pecos Region of Southwest Texas*. Geoarchaeology, 1995, 10 (1).

Sergey A. Vasilev, *The Late Paleolithic of the Yenisei: A New Outline*. Journal of World Prehistory. Vol. 6, 1992 (3).

Sergey A. Vasilev, Vladimir A. Semenov, *Prehistory of the Upper Yenisei Area (Southern Siberia)*. Journal of World Prehistory, Volume 7, 1993 (2).

Strahlenberg F. I. , *Das Nord – und Östliche Theil von Europa und Asia*. Stockholm: Verlegung des Auf, 1730.

Svyatko S. V. et al. , *New Radiocarbon Dates and a Review of the Chronology of Prehistoric Populations from the Minusinsk Basin, Southern Siberia, Russia*. Radiocarbon. Vol. 51, Nr 1, 2009.

Tang Huisheng, Jiriraj Kumar, Liu Wuyi, Xiao Bo, et al. , *The 2014 Microerosion Dating Project in China*, Rock Art Research, 2017 (1).

Thomas A. DuBois, *Trends in Contemporary Research on Shamanism*. Numen, Volume 58, 2011 (1).

Watchman A. L. , *Evidence of a 25, 000 year old pictograph in northen Australia*. Geoarchaeology, 1993 (8).

Weber, A. W. , McKenzie, H. G. , Beukens, R. , *Radiocarbon Dating of Middle Holocene Culture History in the Cis – Baikal*. In Andrzej W. Weber, M. Anne Katzenberg, Theodore G. Schurr (eds.), Prehistoric Hunter – Gatherers of the Baikal Region, Siberia: Bioarchaeological Studies of Past Lifeways. Philadelphia: University of Pennsylvania Museum of Archaeology and Anthropology, 2010.

Whitley, David Scott, *The Study of North American Rock Art: A Case Study from South – Central California*. UCLA Department of Anthropology, Los Angeles, California, 1982.

Yaoliang Song, *Prehistotic Human – Face Petroglyphs of the North Pacific Region*. Arctic Studies Center Supple-ment, 1998 (1).

Znamenski A. , *The Beauty of the Primitive. Shamanism and the Western Imagination*. New York: Oxford Univer-sity Press, 2007.

图 1.6 下安加拉河地区部分新石器时代出土文物（肖波摄于克拉斯诺亚尔斯克边疆区方志博物馆）

图 1.13 中叶尼塞河地区的部分奥库涅夫文化出土文物（肖波摄于克拉斯诺亚尔斯克边疆区方志博物馆）

1. 岩画点全景

2. 岩画点外景

3. 岩画照片

4. 岩画点附近"尤尔塔"式样博物馆

图 2.26 普洛斯库尔亚科娃岩画及哈卡斯人传统民居（肖波拍摄）

图 2.37　小阿尔巴特岩画点局部（肖波拍摄）

图 2.61　曼兹亚岩画中的人像（А.Л.
　　　　　扎伊卡拍摄）

图 2.62　曼兹亚岩画中的部分美人鱼图像
　　　　　（А.П.别列佐夫斯基拍摄）

彩版四

图 2.65　伊瓦什金—克留齐岩画中的人面像（A.Π.别列佐夫斯基拍摄）

图 2.70　卡门卡河口新石器时代人面纹陶器（现保存于克拉斯诺亚尔斯克国立师范大学，肖波拍摄）

1　　　　　　　　　　　　　2

图 4.8　三座店夏家店下层文化石城遗址内出土人面像（采自张亚莎:《赤峰岩画在中国岩画研究格局中的地位与意义》，内蒙古自治区文物考古研究所编《中国北方及蒙古、贝加尔、西伯利亚地区古代文化》（下），彩版二，图 2、3）

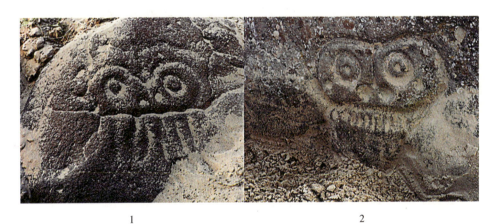

1　　　　　　　　　　　　　2

图 4.9　翁牛特旗白庙子山人面像岩画（采自张亚莎:《赤峰岩画在中国岩画研究格局中的地位与意义》，内蒙古自治区文物考古研究所编《中国北方及蒙古、贝加尔、西伯利亚地区古代文化》（下），彩版二，图 4、5）

图 4.19　乌准—哈尔墓葬石板上的人面像（肖波拍摄于米努辛斯克博物馆）

图 4.27　印度拉达克地区水珠形轮廓人面像（采自 Laurianne Bruneau, John Vincent Bellezza, *The Rock Art of Upper Tibet and Ladakh: Inner Asian Cultural Adaptation, Regional Differentiation and the Western Tibetan Plateau Style*）

图 4.30　新疆哈巴河托干拜 2 号墓地出土带人面像的石板（由新疆文物考古研究所于建军研究员提供）

图 4.31　新疆哈巴河托干拜 2 号墓地出土的带红色图案的石板（采自于建军等：《新疆哈巴河托干拜 2 号墓地发掘简报》,《文物》2014 年第 12 期）

彩版八

图 4.40　西藏任姆栋岩画中被刻以六字真言的豹逐鹿图像（采自 Laurianne Bruneau, John Vincent Bellezza, *The Rock Art of Upper Tibet and Ladakh: Inner Asian Cultural Adaptation, Regional Differentiation and the Western Tibetan Plateau Style*）

1. 中国西藏西部　　　　　　　　　2. 印度拉达克

图 4.51　中国西藏西部和印度拉达克地区的双轮战车图像（采自 Laurianne Bruneau, John Vincent Bellezza, *The Rock Art of Upper Tibet and Ladakh: Inner Asian Cultural Adaptation, Regional Differentiation and the Western Tibetan Plateau Style*）

考古新视野

考古新视野
青年学人系列

2016 年

彭明浩：《云冈石窟的营造工程》

刘　韬：《唐与回鹘时期龟兹石窟壁画研究》

朱雪菲：《仰韶时代彩陶的考古学研究》

于　薇：《圣物制造与中古中国佛教舍利供养》

2017 年

潘　攀：《汉代神兽图像研究》

吴端涛：《蒙元时期山西地区全真教艺术研究》

邓　菲：《中原北方地区宋金墓葬艺术研究》

王晓敏、梅惠杰：《于家沟遗址的动物考古学研究》

2018 年

李宏飞：《商末周初文化变迁的考古学研究》

王书林：《北宋西京城市考古研究》

袁　泉：《蒙元时期中原北方地区墓葬研究》

肖　波：《俄罗斯叶尼塞河流域人面像岩画研究》

2019 年（待出版）

罗 伊：《云南地区新石器时代考古学文化研究》
赵献超：《二至十四世纪法宝崇拜视角下的藏经建筑研究》